Texte zur Typografie
Positionen zur Schrift

Texte zur Typografie
Positionen zur Schrift

herausgegeben von
Petra Eisele und Isabel Naegele

Texte zur Typografie

Niggli

Inhalt

6 /
Vorwort
Annette Ludwig

7 /
Intro
Diskurse ›über‹ und ›durch‹ Typografie
Isabel Naegele und Petra Eisele

A 9–33 /
Der Typografie verschrieben
Protagonisten und Diskurse
Petra Eisele

B 35–217 /
Texte zur Typografie
222 bibliografische Quellen, Zitate
und Originalabbildungen

C 219–231 /
Chronologie
Schriften, Fakten, Publikationen

D 233–237 /
Anhang
Autoren und Empfehlungen

E 239–243 /
Index
Personen- und Schlagwortregister
Danksagung
Bildnachweis

244 /
Impressum

Vorwort

»Beziehungen zu schaffen, ist das Ziel aller Typographie.«
Kurt SCHWITTERS, 1930 → #49

Was Kurt Schwitters 1930 in Bezug auf die sachliche, spannungsreiche ›neue‹ oder ›elementare‹ Typografie als These formulierte, lässt sich, mit Blick auf das Projekt ›Texte zur Typografie‹, auch metaphorisch verstehen. Denn die Sammlung von Grundlagentexten zur Typografie im 20. und 21. Jahrhundert aus dem deutschsprachigen Raum, die unter der Leitung der beiden Professorinnen Dr. Isabel Naegele und Dr. Petra Eisele im Institut Designlabor Gutenberg der Fachhochschule Mainz durch die Befragung von Schriftgestaltern, Typografen und Wissenschaftlern zusammengetragen wurde, knüpft Verbindungen zwischen verschiedenen Disziplinen und ihren Vertretern, spannt einen faszinierenden Bogen von der Vergangenheit ins Hier und Heute, verortet Nah und Fern, vereint Charakteristisches mit Eigenwilligem, Standardwerke mit Fundstücken, Originale mit Reprints und bibliophile Kostbarkeiten mit aktuellen Insider-Magazinen. Der 222 Texte, Thesen und Manifeste umfassende Querschnitt aus 111 Jahren klärt Traditionen und Diskurse, dokumentiert Viten, Positionen und Entwicklungen, schafft einen Bezug zur beruflichen Praxis und schließt ein längst überfälliges Desiderat.

Die Quellen dieser Sammlung stammen zum größten Teil aus der Bibliothek des Mainzer Gutenberg-Museums, das anlässlich des 500. Geburtstags von Johannes Gutenberg im Jahr 1900 gegründet wurde und zu den ältesten Druckmuseen der Welt gehört. Neben den Abteilungen Buchkunst, Drucktechnik, Grafik, Papier und Schriftgeschichte aller Kulturen beheimatet es unter anderem eine gewachsene, heute mehr als 85.000 Medieneinheiten umfassende, jedermann zugängliche Spezialbibliothek. Nicht zuletzt um diesen Wissensspeicher in den Fokus zu rücken, wurde das Forschungsprojekt ›Texte zur Typografie‹ im Zusammenspiel zwischen den Protagonistinnen des Instituts Designlabor Gutenberg und des Gutenberg-Museums weiterentwickelt und in einer gleichnamigen Ausstellung vom 10. November 2011 bis 6. Mai 2012 im Gutenberg-Museum Mainz der Öffentlichkeit vorgestellt.

All jenen, die sich unabhängig von den zeitlichen und räumlichen Grenzen des Gutenberg-Museums mit den grundlegenden ›Texten zur Typografie‹ beschäftigen möchten, bietet die vorliegende Publikation eine vertiefende Auseinandersetzung. Durch zahlreiche Originalabdrucke im Maßstab 1:1, die deutlich werden lassen, dass die Frage des Formats bereits am Beginn des gestalterischen Prozesses konstitutiv ist, stellt sie über typografische und designhistorische Standortbestimmungen hinaus ein Kompendium der Buchgestaltung im 20. Jahrhundert dar – eine ›beziehungsreiche‹ Sammlung in Wort, Schrift und Bild.

Annette Ludwig
Direktorin Gutenberg-Museum

Intro
Diskurse ›über‹ und ›durch‹ Typografie.

Um es gleich vorwegzunehmen: ›Texte zur Typografie‹ ist kein Buch *über* Typografie im klassischen Sinne. Es ist ein Verzeichnis der 222 wichtigsten Texte, Thesen und Manifeste zum Thema Schrift im deutschsprachigen Raum. Gesammelt, gescannt und sortiert.

Die Auswahl der Quellen folgt bewusst subjektiven Kriterien: Schriftgestalter und Typografen, aber auch Wissenschaftler, die sich intensiv mit typografischen Fragestellungen beschäftigen, haben unsere Frage, welche Texte über Typografie für sie persönlich von besonderer Bedeutung sind und warum, nicht nur beantwortet, sondern auch begründet. Insofern beinhalten ›Texte zur Typografie‹ auch persönliche Kommentare und Empfehlungen, die als Anregungen zum Weiterlesen dienen können.

›Texte zur Typografie‹ will aber nicht nur zum Weiterlesen, sondern auch zum Weiterblättern verführen: So enthält die Publikation, einer streng historisch-chronologischen Systematik folgend, alle notwendigen bibliografischen Informationen, ausgewählte Zitate und Kommentare und den entsprechenden designhistorischen Kontext. Darüber hinaus möchte ›Texte zur Typografie‹ charakteristische typografische Entwicklungen, aber auch ganz eigenwillige Positionen zur Schrift anhand der *ausgewählten Originale* abbilden, um die Geschichte der Typografie im 20. Jahrhundert direkt erfahrbar werden zu lassen.

Wie auch immer Sie dieses Buch lesen oder darin blättern – ob von vorn nach hinten oder kreuz und quer: Der Einführungstext → **A** bietet einen Überblick zu charakteristischen Diskursen und den designgeschichtlichen Kontext. Die gelben Doppelseiten-Icons [→ 🟨] verweisen dabei auf die Originalabbildungen im Kapitel **B**. Kapitel → **B** listet, der historischen Entwicklung folgend, die bibliografischen Quellen sowie ausgewählte Zitate auf und präsentiert die Quellen auf ausgewählten Doppelseiten in Originalgröße, um die gestalterischen Diskurse durch Typografie zu veranschaulichen. Denn: In vielen Fällen sind die Autoren dieser programmatischen Texte über Typografie auch gleichzeitig Buchgestalter; ihre eigene typografische Handschrift veranschaulicht ihre eigene gestalterische und orthografische Auffassung. Entsprechend können die Doppelseiten als historische Abfolge der typografischen Entwicklungen auch visuell ›gelesen‹ werden. In diesem Kapitel verweist das Icon mit dem ›Z‹ [→ z] jeweils auf ein groß abgesetztes Zitat; das Icon mit den Linien [→ ▤] verweist von den Originalabbildungen zu den bibliografischen Quellen. Die Chronologie → **C** und ein ausführliches Register → **E** erleichtern es dem Leser, historische und inhaltliche Zusammenhänge herzustellen. Das Schaubild in → **D** erlaubt einen Gesamtüberblick über alle Autoren und deren Empfehlungen.

Für uns persönlich haben sich in diesem Buchprojekt Erkenntnisse aus der typografischen Praxis einerseits und der Designtheorie bzw. -geschichte andererseits geradezu ideal ergänzt. Wir hoffen und würden uns wünschen, dass dieses Buch sich auch als Grundlage für andere, ganz unterschiedliche Diskurse *über* und *durch* Typografie als nützlich erweisen kann.

Für ihre wertvollen Hinweise, Kommentare und Empfehlungen, die diese Publikation wesentlich mit beeinflusst haben, danken wir ganz besonders unseren Kolleginnen und Kollegen. Für die konstruktive und besonders vertrauensvolle Zusammenarbeit danken wir der Direktorin des Gutenberg-Museums, Dr. Annette Ludwig. Zudem danken wir unseren Studierenden, die dieses Projekt begleitet haben und für die ›Texte zur Typografie‹ letztlich gedacht ist, sowie unserem Präsidenten der Fachhochschule Mainz, Prof. Dr. Gerhard Muth für die wohlwollende Unterstützung. Ohne die Basler Gestalterin Stephanie Kaplan wäre unsere Konzeption sicher nicht derart stringent und überzeugend umgesetzt – auch ihr gilt unser ganz besonderer Dank.

Isabel Naegele und Petra Eisele

/
9–33
DER
TYPO
GRA
FIE
VER
SCHRIE
BEN

/

Petra Eisele

Der Typografie verschrieben
Protagonisten und Diskurse

Als geschriebene Sprache stellt Schrift ein Abbild kultureller Eigenheiten dar. Entsprechend müssen, um theoretische Diskurse über Typografie besser verstehen und nachvollziehen zu können, kulturelle Eigenheiten und spezielle gesellschaftspolitische Entwicklungen besonders berücksichtigt werden.

Im deutschsprachigen Raum werden zwei Schriftformen unterschieden, die weniger durch nationalstaatliche als vielmehr religionspolitische, aber auch ökonomische Entwicklungen entstanden sind: Zum einen die gebrochenen Schriften, landläufig als Fraktur bezeichnet, die nach wie vor mit ›altdeutscher Kultur‹ in Verbindung gebracht werden. Bei ihrer Verbreitung spielte die Reformation eine zentrale Rolle, hatte Martin Luther doch 1522 das ›Neue Testament‹ ins Deutsche übersetzt. Gesetzt wurde die erste deutsche Bibel zwar zunächst in einer zur Schwabacher neigenden, breit laufenden, groben Bastarda;[1] weitere Ausgaben wurden dann allerdings in einer Fraktur gedruckt, mit der die Tradition begründet wurde, diese Schrift für deutschsprachige Druckwerke zu bevorzugen.[2]

Zum anderen favorisierten die deutschen Humanisten, die sich von Luther abwandten, die Lateinschrift. So wurde die Antiqua Ende des 16. Jahrhunderts zur Schrift in denjenigen Ländern, die sich zur römisch-katholischen Kirche bekannten oder ihr nahestanden.[3] Gleichzeitig avancierten Antiqua-Schriften zum Kennzeichen wissenschaftlicher, zumeist in Latein verfasster Publikationen. So manifestierte sich die (religions-)politische Opposition der deutschen Gelehrten durch die Bevorzugung der Antiqua als Druckschrift – eine Schriftspaltung, die sich als sogenannter ›Antiqua-Fraktur-Streit‹ wie ein tiefer Riss durch die Geschichte der deutschen Typografie bis weit ins 20. Jahrhundert ziehen sollte.

Wesenhaftigkeit und Einfachheit:
Werkbund-Denken

In gewisser Weise hat Peter Behrens mit seiner Behrens-Schrift 1902 den Versuch unternommen, neue Perspektiven für die Schriftgestaltung aufzuzeigen, → #2 indem sich die Form dieser Schrift zwar noch auf »*das technische Prinzip der gotischen Schrift, des Striches der Kielfeder*« bezog,[4] jedoch gleichzeitig auch auf die Tradition der Antiqua-Schriften baute. Schließlich könne sich, so Behrens, ein neuer Schriftcharakter »*nur organisch, fast unmerklich aus der Tradition heraus entwickeln, nur im Einklang mit der Neugestaltung des geistigen und materiellen Stoffes der ganzen Zeit.*«[5]

Wie bewusst sich Behrens von den individuellen, künstlerisch inspirierten Schriften des zeitgenössischen Jugendstils abgrenzte [beispielsweise von der Eckmann-Schrift (1901)] → #1 und wie modern seine Haltung war, verdeutlicht seine Argumentation: »*Wir haben das Verlangen, den überflüssigen Tand von uns weg zu tun und an seine Stelle das Praktische, Gediegene zu setzen, das seine Zweckmäßigkeit deutlich zur Schau trägt und seine Brauchbarkeit und Tüchtigkeit kennzeichnet.*«[6] → #2 Alle Dinge sollten, so Behrens, »*einfacher, solider und somit instinktiv künstlerischer*« sein.[7] → #2 Mehr noch: Bezogen auf Typografie antizipiert Behrens bereits erstaunlich funktionale Argumente, indem er die Form seiner Typen aus praktischen Versuchen zu Lesegewohnheiten ableitete:

»Man nimmt eine Schrift beim Lesen wahr, wie den Flug eines Vogels oder den Galopp eines Pferdes. Beides ist eine graziöse wohltuende Erscheinung, ohne daß man die einzelnen Gliedmaßen der Tiere oder die momentanen Stellungen erkennt. Es ist die Gesamtlinie, und diese ist auch das Wesentliche bei der Schrift.«[8]

Peter BEHRENS, 1902 → #2

Ähnlich reformorientiert argumentierten zwei Jahre später Rudolf von Larisch und Carl Ernst

Poeschel. Larisch legte in seinem Pamphlet ›Über Leserlichkeit von ornamentalen Schriften‹[9] → #3 die grundsätzlichen Aspekte der Lesbarkeit dar, wie er sie in einem Experiment mit seinen Schülern herausgefunden hatte, während Poeschel »*grösste Einfachheit*« sowie »*ein deutliches Kennzeichen des Zweckes der Drucksache*« als »*Hauptbedingungen zeitgemässer Buchdruckkunst*« forderte.[10] → #4 Zwar müsse jede Drucksache »*dekorativ, d.h. schmückend wirken.*« Erzielt werden könne diese dekorative Wirkung allerdings auch, indem man auf Ornamente verzichte. Schließlich könne auch ein guter Satz »*im Verhältnis zum Papierformat und zu der ausgesparten weissen Fläche*« die gewünschte dekorative Wirkung erzeugen.[11] → #4

Mit diesen Argumenten rezipierte Poeschel in seiner ›Zeitgemäßen Buchdruckkunst‹ zwar deutlich Forderungen der englischen Arts-and-Crafts-Bewegung;[12] gleichzeitig antizipierte der Leipziger Typograf und Verleger auch die Überzeugung, dass auf schmückende Zutat verzichtet werden kann. Seine Forderungen nach Gleichmäßigkeit des Satzes, Leserlichkeit der Schrift, Vermeidung verschiedener Schriften in ein und demselben Druckwerk, vernünftigen Stegproportionen sowie druckgenehmem Papier verweisen auf eine neue, aus Materialqualitäten und Maßverhältnissen abgeleitete Reformästhetik, wie sie bei der Gründung des Deutschen Werkbundes (DWB) 1907 eine zentrale Rolle spielen sollte.

Eskalationen: Der Schriftstreit 1911

Wie stark gebrochene Schriften an nationale Identität gebunden und welch enorm polarisierende Kräfte daran gekoppelt waren, verdeutlicht ein hitziger ›Schriftstreit‹, der 1911 im Berliner Reichstag ausgetragen wurde: Nach Gründung des Deutschen Reichs war die Fraktur zur offiziellen Amtsschrift geworden; Otto von Bismarck, selbst erklärter Befürworter der Fraktur, lehnte es ab, Drucksachen in lateinischer Schrift zu lesen.[13] → #157 Dennoch wurde im Mai 1911 eine Petition des Allgemeinen Vereins für Altschrift in den Reichstag eingebracht, mit der die Antiqua im amtlichen Verkehr sowie beim ersten Schreiblese-unterricht in Volksschulen eingeführt werden sollte. Sie wurde jedoch nach kontroversen Diskussionen denkbar knapp mit 85 zu 82 Stimmen abgelehnt.[14] → #157

In der Folge verschaffte vaterländischer Enthusiasmus, gepaart mit einer massiven, immer unverhohlener auftretenden Ausländerfeindlichkeit, den Befürwortern der ›deutschen‹ gebrochenen Schriften weiter Auftrieb. Auch nach dem verlorenen Ersten Weltkrieg machten sich diffuse Ängste um den Verlust ›deutscher Kultur‹ breit. Daraus erwuchs auf der einen Seite ein nationaler Traditionalismus, der Fortschritt tendenziell als Gefahr begriff. Auf der anderen Seite habe der Krieg, so Jan Tschichold rückblickend, einen »*Wendepunkt der Entwicklung*« bedeutet: Der Dadaismus habe »*das Durcheinander der Formen auf allen Gebieten*« artikuliert. Das einzige, was sich diesem Chaos habe entgegenstellen können, seien die »*Werke der Ingenieure und Techniker*« gewesen.[15] → #21

Klarheit und Exaktheit. Die ›Neue Typografie‹

Anlässlich der Bauhaus-Ausstellung 1923 proklamierte Walter Gropius mit seinem Vortrag ›Kunst und Technik, eine neue Einheit‹ eine Kehrtwende in der Arbeit des Bauhauses, das sich fortan an typischen Produkten für die industrielle Produktion ausrichten sollte. Entschiedener Mitstreiter war László Moholy-Nagy, der kurz zuvor berufen worden war. Der ungarische Konstruktivist betreute nicht nur die Werbemittel zur ersten großen Leistungsschau dieser Schule, sondern konzipierte auch die typografische Gestaltung des Ausstellungskataloges, in dem er die Leitsätze für eine ›Neue Typographie‹ festlegte:

»Die Typographie ist ein Instrument der Mitteilung. Sie muß eine klare Mitteilung in der eindringlichsten Form sein. […] Die Lesbarkeit – die Mitteilung darf nie unter einer a priori angenommenen Ästhetik leiden.

Die Buchstabentypen dürfen nie in eine vorbestimmte Form z.B. Quadrat gezwängt werden. Der Druck korrespondiere mit dem Inhalt durch seine den optischen und psychischen Gesetzen untergeordnete Gestaltung. Wesen und Zweck eines Druckes bestimmen den hemmungslosen Gebrauch aller Zeilenrichtungen (also nicht nur horizontale Gliederung), aller Typen, Schriftgrade, geometrischen Formen, Farben usw. Mit der Elastizität, Variabilität und Frische des Satzmaterials soll eine neue typographische Sprache geschaffen werden, deren Inanspruchnahme nur der Gesetzmäßigkeit des Ausdrucks und seiner Wirkung unterliegt.«[16] → #11

Moholy-Nagy war kein ausgebildeter Typograf, sondern Künstler. Doch gerade sein unbeschwertes Experimentieren mit dem vorhandenen Satzmaterial fern aller technischen Regeln führte zu einer vollkommenen typografischen Neuorientierung, die Friedrich Vordemberge-Gildewart rückblickend folgendermaßen beschrieb: »*Ich muß [...] darauf aufmerksam machen – es ist geradezu das Schicksal der Typografie jener Zeit –, daß Revision plus Impuls nicht durch die Berufsgenossen in der Typografie geschehen sind, sondern durch Outsider. Diese Tatsache ist symptomatisch für die ganze Situation in der typografischen Gestaltung. Das gute Handwerk in seiner Tradition entfernt sich von der gesunden, nicht formalistischen Typografie und wird durch eine Müdigkeit aufgefressen und angegähnt, eine Müdigkeit, die alle nur erdenklichen Greul nebst Langweiligkeit des Satzspiegels aufkommen läßt.*«[17] → #148

Ein Fachmann, der von dieser Ausstellung und den unbefangenen radikalen typografischen Manifestationen zunächst schockiert war, dann aber schnell ihre Qualitäten erkannte und sich begeistern ließ, war Jan Tschichold, der zum maßgeblichen Vertreter der ›elementaren‹ oder ›neuen‹ Typografie avancierte. In der Folge setzte er seine große typografische Erfahrung in den Dienste einer neuen typografischen Ästhetik – sowohl als Gestalter als auch in zahlreichen theoretischen Reflexionen: Das 1925 von Tschichold herausgegebene und in einer Auflage von 28.000 Exemplaren verbreitete Sonderheft der ›Typografischen Mitteilungen‹ zum Thema ›elementare typografie‹ fasste die neuen Bestrebungen erstmals zusammen und machte sie »*dem breiten Publikum der Setzer bekannt*«.[18] → #52 Seine 1928 veröffentlichte Publikation ›Die Neue Typographie‹, mit der der damals erst 26-Jährige nicht nur ›Ein Handbuch für zeitgemäss Schaffende‹, sondern auch die historische Genese dieser Entwicklungen darlegte,[19] → #43 wurde (bis heute) zum viel gelesenen Standardwerk.

Normung und Standardisierung

Vor dem Ersten Weltkrieg hatte der Deutsche Werkbund die Vor- und Nachteile der Typisierung theoretisch diskutiert;[20] dass und wie dringend industrielle Produktion und Organisation verbessert werden müssen, verdeutlichten die Nachschubprobleme während des Krieges. Noch zur Zeit des Krieges wurde der Normenausschuß der Deutschen Industrie (NADI) gegründet – eine Vereinigung, die keine künstlerischen oder gestalterischen Ambitionen besaß, jedoch großen Einfluss auf die gestalterische Avantgarde der zwanziger Jahre ausübte. Eine zentrale Figur stellte hier der Berliner Mathematiker und Ingenieur Walter Porstmann dar, der sich schon früh der Normung und Standardisierung zugewandt hatte und sich insbesondere bei der Definition und Verbreitung der DIN-Papierformate einen Namen machen sollte.[21] Darüber hinaus widmete sich Porstmann der radikalen Vereinfachung von Sprache und Schrift, die auf eine Weltsprache abzielte.

Bereits 1920 hatte Porstmann in seiner Publikation ›Sprache und Schrift‹ entscheidende Argumente für eine neue Gestaltungsauffassung geliefert, die im Verlauf der zwanziger Jahre unter dem Schlagwort ›Neue Typografie‹ für Furore sorgen sollten. Denn: Was Porstmann als Ingenieur theoretisch begründete, fiel bei der typografischen Avantgarde, die den Gestalter als ›Gestaltungsingenieur‹ interpretieren wollte, auf fruchtbaren Boden.

Kleinschreibung

»ist es etwa ökonomisch gleichgiltig [sic!], ob der schriftsetzer sich nur mit der hälfte der lettern abzugeben hat, ob der guss der lettern durch die grosstaben belastet ist, ob letternmetall brach liegt, ob raumersparnis bei der aufbewahrung der lettern, kürzerer arbeitsweg bei ihrer verwendung und verminderung an aufbewahrungsgerät eintritt, ob schliesslich bei der korrektur eine ständige quelle fehler und kosten bedingt! welch kräfte werden gespart, wenn die schreibmaschine die grossen staben fallen lässt?«[22]

Walter PORSTMANN, 1920 → #7

Diese Argumente für die Kleinschreibung, bei denen Porstmann als Ingenieur auf Materialeinsparung und Wirtschaftlichkeit abzielte, wurden von der gestalterischen Avantgarde stark rezipiert, allen voran von Tschichold, der im Oktober 1925 im Sonderheft der ›Typographischen Mitteilungen‹ proklamierte: »*Eine ausserordentliche Ersparnis würde durch die ausschliessliche Verwendung des kleinen Alphabets unter Ausschaltung aller Grossbuchstaben erreicht, eine Schreibweise, die von allen Neuerern der Schrift als unsre Zukunftsschrift empfohlen wird. Vgl. das Buch ›Sprache und Schrift‹ von Dr. Porstmann, Beuth-Verlag, G.m.b.H., Berlin SW 19, Beuthstrasse 8. Preis Mark 5.25. – durch kleinschreibung verliert unsre schrift nichts, wird aber leichter lesbar, leichter lernbar, wesentlich wirtschaftlicher. warum für einen laut, z. b. a zwei zeichen A und a? ein laut ein zeichen. warum zwei alfabete für ein wort, warum die doppelte menge zeichen, wenn die hälfte dasselbe erreicht?*«[23] → #22

Umgesetzt wurden diese Forderungen in der Werkstatt für Druck und Reklame am Dessauer Bauhaus,[24] in der Herbert Bayer die Hinwendung zu einer normierten typografischen Gestaltung verstärkte, die auf Kleinschreibung setzt. So wurden Bayers eigene Briefbögen mit dem Hinweis »*ich schreibe alles klein, denn ich spare damit zeit*«[25] → #27 als Werbemittel für die neuen Ideen genutzt, und auch der ›Normbriefbogen‹ des Bauhaus-Direktors propagierte die neuen Ziele publikumswirksam: »*wir schreiben alles klein, denn wir sparen damit zeit. außerdem: warum 2 alfabete, wenn eins dasselbe erreicht? Warum groß schreiben, wenn man nicht groß sprechen kann?*«[26] → #27

Groteskschriften

Dass sich die Neuerer der Schrift gegen die ›Fraktur‹ entschieden, liegt auf der Hand.[27] Zwar favorisierten sie die »*lateinische Schrift*« als »*internationale Schrift der Zukunft*«,[28] → #43 traten allerdings in kompromisslosem Tonfall für eine noch stärkere Abstraktion ein. Auch hier hatte Porstmann die Argumente geliefert mit seinem Hinweis, die Zeichen der ›neuschriften‹ müssten radikal vereinfacht werden: »*die letzte einheit der staben, wie auch die jeder geometrischen figur und aller kunstformen ist der einfache strich, die linie, gerade oder gebogen.*«[29] → #7

»Den heutigen Forderungen am meisten entsprechend ist die sogenannte Groteskschrift.«

Herbert BAYER, 1926 → #26

Wie stark Groteskschriften als vollkommen auf ihre elementaren Bestandteile reduzierte Buchstaben[30] tatsächlich zum Inbegriff der Abstraktion in der Typografie avancierten, verdeutlicht Tschichold, der in seinem Standardwerk 1928 ausdrücklich betonte: »*Alle Schriftformen, deren Wesen durch zum Skelett hinzutretende Ornamente (Schraffuren bei der Antiqua, Rauten und Rüssel bei der Fraktur) entstellt ist, entsprechen nicht unserem Streben nach Klarheit und Reinheit. Unter allen vorhandenen Schriftarten ist die sogenannte ›Grotesk‹ oder Blockschrift (die richtige Bezeichnung wäre Skelettschrift) die einzige, die unserer Zeit geistig gemäß ist.*«[31] → #43 Vor allem das Argument internationaler Verständigung, das von den Befürwortern der lateinischen Schrift vorgebracht worden war, wurde aufgegriffen, etwa von Herbert Bayer: »*Schriften nationalen Charakters, wie Fraktur, gotische, russische usw., sind […] unmöglich,* weil beschränkt.«³² → #26 Und Moholy-Nagy kritisierte: »*Vorläufig aber haben wir nicht einmal eine Werkschrift in richtiger Größe, äußerst klar lesbar, ohne individuelle Eigenart, ausgehend von der funktionellen optischen Erscheinungsform, ohne Verzerrungen und Schnörkel. Als Auszeichnungs- und Titelschrift besitzen wir dagegen annähernd brauchbare und gute Schriften, deren geometrische und fonetische Urform, wie Quadrat oder Kreis, ohne Verzerrung zur Geltung kommt. Das sind die ›Venus-Grotesk‹ und die ›Lapidar‹.*«³³ → #28

Natürlich diente diese Kritik als Aufforderung, ›elementare‹ Schriften aus geometrischen Formen zu konstruieren, die sich von den ›ungestalteten‹ Groteskschriften der Vergangenheit unterscheiden.³⁴ Die wohl wichtigste Groteskschrift der zwanziger Jahre stammt von Paul Renner. Seine Futura wurde von der Bauerschen Schriftgießerei in Frankfurt a. M. in allen nötigen Figuren und Graden und in verschiedensten Garnituren geschnitten und 1927 als ›Schrift unserer Zeit‹ herausgebracht.³⁵ → #36 Etwa parallel dazu erarbeiteten Herbert Bayer mit seiner universal und Josef Albers mit seiner Schablonenschrift, die er später als Kombinationsschrift ausbaute, Schriften aus geometrischen Grundformen.³⁶ → #23

Phonetische Alphabete

»Schrift ist das niedergeschriebene Bild der Sprache, das Bild des Klanges.«

Kurt SCHWITTERS, 1927 → #37

»*schreib, wie du sprichst!*«³⁷ → #7 – »*ain laut – ain zeichen / ain zeichen – ain laut*«³⁸; → #7 bereits Porstmann plädierte zu Beginn der zwanziger Jahre für neue »*lautschriften*« anstelle der bis dato gebräuchlichen »*wortschriften*«.³⁹ → #7 Damit zielte er auf eine phonetische Schreibweise, die in sogenannten phonetischen Alphabeten exemplarisch umgesetzt wurde. In seiner Systemschrift ging Kurt Schwitters beispielsweise weit über eine lediglich grafisch orientierte Konstruktion von Buchstaben hinaus, indem er den Klang in ein System optischer Zeichen übersetzte: »*Systemschrift verlangt, dass das ganze Bild der Schrift dem ganzen Klang der Sprache entspricht, und nicht, dass hier und da einmal ein Buchstabe mehr oder weniger dem durch ihn dargestellten Laut entspräche, wenn er einzeln aus dem Klang herausgenommen werden würde. Um nun zu erreichen, dass das Schriftbild dem Sprachklang entspricht, muss man die Buchstaben untersuchen auf ihre Ähnlichkeiten oder Verschiedenheiten unter einander.*«⁴⁰ → #37 Ziel war es, aus dieser Systemschrift, bei der die »*Konsonanten mager und eckig, aber alle Vokale fett und rund geschrieben*« werden sollten,⁴¹ → #37 auch Drucktypen zu entwickeln – ein Unterfangen, das ihm jedoch nicht gelingen sollte.

Optisch-typografische Gestaltung

»Bei der Typographie ist die Mitteilung bildhaft zu gestalten.«

Willi BAUMEISTER, 1926 → #25

Der Bruch mit gestalterischen Traditionen und bürgerlichen Konventionen, wie sie die Neue Typografie vollzog, war bereits von künstlerischen Avantgarde-Bewegungen vorbereitet worden: Wichtige Anreger, so Tschichold, seien insbesondere der Dadaismus um Raoul Hausmann, John Heartfield und George Grosz gewesen, deren Flugblätter als früheste Dokumente der Neuen Typografie anzusehen seien.⁴² → #52 Zudem hatten der holländische Neoplastizismus (bes. Piet Mondrian und Theo van Doesburg) und russische Suprematismus (bes. Kasimir Malewitsch) eine radikal abstrakte Flächengestaltung vorgestellt.⁴³ → #52 Vor allem der russische Konstruktivismus und hier insbesondere El Lissitzkys ›Prounen‹ hatten die »*Illusionen von Spannungen plastisch-gesehener Körper in unendlichen Räumen*« dargestellt.⁴⁴ → #21 Sie hatten nicht nur verdeutlicht, dass typografische Gestaltung als »*Ausdruck von Druck- und Zugspannungen des textlichen Inhalts*« aufgefasst werden kann, sondern dass auch die »*nichtbedruckten Stellen des bedruckten Papiers*« als »*typographisch positive Werte*« anzusehen seien.⁴⁵

Nachdem Künstler wie Moholy-Nagy in ihren freien Arbeiten die Spannungsverhältnisse auf der Fläche, aber auch im Dreidimensionalen ausgelotet hatten, konnten diese Erfahrungen auf typografische Gestaltung übertragen und das traditionell symmetrische Satzbild durch spannungsreiche Anordnungen des Satzmaterials ersetzt werden. So betonte Schwitters in Anlehnung an seinen konstruktivistischen

Künstlerfreund Lissitzky: »BEZIEHUNGEN zu schaffen, ist das Ziel aller Typographie. Dabei folgt die Text-Form literarischen Gesetzen, die Bild-Form optischen. Die Drucksache soll den gedachten oder gesprochenen Text optisch ausdrücken. […]. Die Bild-Form muß den Zug- und Druckspannungen der Text-Form entsprechen.«[46] → #49 Künstler-Typografen wie Moholy-Nagy betonten, es müsse darum gehen, eine ›optisch-typografische Gestaltung‹ umzusetzen, bei der »Form, Größe, Farbe und Anordnung der typografischen Materialien (Buchstaben, Zeichen) starke optische Faßbarkeiten enthalten.« Ziel sei es durch die »Organisierung dieser optischen Wirkungsmöglichkeiten […] dem Inhalt der Mitteilung eine auch optisch gültige Gestalt« zu verleihen.[47] → #28

Typo-Photo

1925 publizierte Moholy-Nagy seinen Beitrag ›Typographie-Photographie / Typo-Photo‹, in dem er zukunftsweisende medientechnische Entwicklungen und medientheoretische Überlegungen vorstellte.[48] Eingerückt und mit zwei roten Punkten optisch hervorgehoben erscheint der Einschub: »*Was ist Typographie? Was ist Photographie? Was ist Typophoto? —*

Typographie ist im Druck gestaltete Mitteilung, Gedankendarstellung. Photographie ist visuelle Darstellung des optisch Fassbaren. Das Typophoto ist die visuell exaktest dargestellte Mitteilung.«[49]

László MOHOLY-NAGY, 1925 → #17

Die nachfolgende stakkatohafte Erklärung verdeutlicht mit sprachlichen Mitteln das Tempo simultanen Medienerlebens: »*Jede Zeit hat ihre eigene optische Einstellung. Unsre Zeit die des Films, der Lichtreklame, der Simultanität (Gleichzeitigkeit) sinnlich wahrnehmbarer Ereignisse. Sie hat eine neue, sich ständig weiter entwickelnde Schaffensgrundlage auch für die Typographie hervorgebracht.*«[50] → #18

Ihr gestalterisches Pendant finden diese Ausführungen in Moholy-Nagys ›Entwurf zu einem Photoplakat (Photoplastik)‹, → #17 in dem das Foto eines Rennwagens über den schwungvoll sich nach hinten verkürzenden Schriftzug ›PNEUMATIK‹ gestellt wird. Bild und Text ergeben auf einen Blick eine »*visuell-assoziativ-begrifflich-synthetische Kontinuität*«, die das Produkt und den Markennamen mit Dynamik, Waghalsigkeit und ungebremster Schnelligkeit in Zusammenhang bringt. Damit demonstriert Moholy-Nagy die Synthese von Typografie und Fotografie, die wahrnehmungspsychologisch auf eine schnelle und simultane Aufnahme beider Gestaltungsmittel zielt. Diese starke Verschränkung von Typografie und Fotografie war damals neu, waren Fotografien bis dato zumeist auf extra Seiten und auf einem speziellen Bilderdruckpapier gedruckt worden. Entsprechend antizipierte Moholy-Nagys ›Typo-Photo‹ mit seiner fein abgewogenen Gewichtung von Wort und Bild das moderne Layout, wie wir es heute kennen.

»gerade auf dem kontrast zwischen den scheinbar dreidimensionalen gebilden der fotos und den flächigen formen der schrift beruht die starke wirkung der typografie der gegenwart.«

Jan TSCHICHOLD, 1928 → #44

Höhe- und Wendepunkte

Um 1927 waren die Ideen der Neuen Typografie bereits so weit verbreitet, dass sie in Form eines »bauhausstils«[51] → #38 unreflektiert adaptiert, aber auch angegriffen wurden. In Fachkreisen formierte sich massiver Unmut gegen »*Versuche, der Entwicklung unserer Schrift neue Wege zu weisen*«, wie sie im »*Kreise des Dessauer Bauhauses*« betrieben würden.[52] → #29 Konrad Friedrich Bauer kritisierte Bayers Forderungen nach einer einheitlichen internationalen Schrift, die »*leichte Einprägsamkeit, ›optische Exaktheit‹, daher gleiche Strichstärke, einfachste Formen und Aufhebung des Unterschiedes zwischen Gemeinen und Versalien*« beinhaltet, um »*mit der Haltlosigkeit der*

A

»Die ›Form‹ ist ein Arbeitsergebnis, nicht die Realisierung einer äußerlichen Form-Vorstellung.«

Jan TSCHICHOLD, 1930 → #52

Thesen« harsch ins Gericht zu gehen:[53] → #29 *»Die Groteskschriften – auch die besten – sind der klare Beweis dafür, wie notwendig Schraffierungen in der Werkschrift sind. Der unbefangene Laie empfindet es noch viel stärker als der Fachmann, welche Qual es ist, einen Groteskext zu lesen, in dem sich die einzelnen Buchstaben nicht zu geschlossenen Wortbildern vereinen und das Auge ständig von einer Zeile in die andere gerät, weil jede Betonung der Waagerechten fehlt.«*[54] → #29

In der darauffolgenden Ausgabe verteidigte Moholy-Nagy seine Kollegen und stellte klar, »*daß das Problem der zukünftigen Typographie nicht eine Verbesserung der gestrigen Schriftform ist, das wird sowieso nebenbei erledigt, sondern die Anpassung der Satz- und Druckmethoden an die Fortschritte der Technik.«*[55] → #35 Dabei spielte er wohl auf den Fotosatz an, der wenige Jahre später eingeführt werden sollte.[56] → #35

Tatsächlich stellte die unreflektierte Adaption formal auffallender Gestaltungselemente wie Kreise, Dreiecke oder Balken im Sinne eines modernen »*bauhausstiles*«[57] → #38 ein zunehmendes Problem dar und wurde von den Protagonisten der Neuen Typografie, insbesondere von Tschichold, als »*Scheinkonstruktivismus*« und »*Formalismus*« scharf verurteilt.[58] → #43 Auch Walter Dexel polemisierte: »*Man treibt heute ganz fraglos Missbrauch mit Linien aller Grade, mit Pfeilen, Quadraten und Strichen. Alle diese Mittel sind Krücken, sind ›moderne Geste‹, die vom Standpunkt bestmöglicher Lesbarkeit abzulehnen sind als verunklärende Momente. Rein dekorativ verwendet, wie man sie nur zu häufig sieht, sind diese Formen nicht anders zu werten als die ornamentale Zierleiste und die Schlußvignette auf dem Programm eines kleinstädtischen Gesangvereins.*«[59] → #31

Differenzierungen und Relativierungen

In der zweiten Hälfte der zwanziger Jahre feierte nicht nur die Neue Typografie, sondern auch die ›Neue

Reklame‹ ihren Siegeszug: Nachdem die Neue Typografie Eingang in den Lehrplan zahlreicher Kunst- und Gestaltungsschulen gefunden hatte,[60] schlossen sich 1927 avantgardistische Werbegestalter aus verschiedenen Städten zum ring neue werbegestalter zusammen,[61] um die neue visuelle Sprache auf die inzwischen boomende Reklameindustrie zu übertragen.[62] Mit ihrer Publikation ›Gefesselter Blick‹[63] → #48 gaben Heinz und Bodo Rasch 1930 einen Überblick über das Who´s who dieser neu entstandenen Reklameszene. Hier präsentierte sich nicht nur der ›ring neue werbegestalter‹ mit Kommentaren über Typografie und Werbegestaltung. Auch Max Bill, der sich nach seinem Studium am Dessauer Bauhaus in Zürich als grafischer Berater selbstständig gemacht hatte, postulierte seine typografischen Richtlinien: »jede gestaltung, im sinne unserer heutigen lebensbedingungen, erfordert größtmöglichste wirtschaftlichkeit. größtenteils ist klarheit das wirtschaftlichste. jedoch kann unter gewissen voraussetzungen das gegenteil eintreten. druckgestaltung ist organisation von satzbildern, die durch lesbarkeit bedingt sind und erfordert psychologische gedankengänge. die typisierung einer drucksache ist eine zweckmäßigkeitsforderung, die variabilität hingegen eine forderung der artenverschiedenheit der verbraucher. es entspringt daher derselben logik einem industrieunternehmen den vorschlag zur kleinschreibung überzugehen zu machen, wie einem historisch-antiquarischen Verein sein ihm entsprechendes gesicht zu verleihen.«[64] → #48

»Es wird also nicht gefordert, alles in Grotesk zu setzen.«

Jan TSCHICHOLD, 1930 → #52

Schriftmischungen

In seiner Schrift ›Eine Stunde Druckgestaltung‹ argumentierte Tschichold 1930, die Neue Typografie sei nicht anti-, sondern unhistorisch, da sie »*keine formalistischen Beschränkungen*« kenne. Entsprechend forderte er vollkommene Freiheit, auch im Umgang mit Schrift: »*Die Befreiung von den historischen Handschellen bringt völlige Freiheit in der Wahl der Mittel. Zur Erreichung einer typografischen Gestaltung können z. B. alle historischen und nichthistorischen Schriften, alle Arten der Flächengliederung, alle Zeilenrichtungen angewandt werden. Ziel ist allein die Gestaltung: Zweckmäßigkeit und schöpferische Ordnung der optischen Elemente. Daher sind Grenzen, wie die Forderung nach ›Einheit der Schrift‹, zulässige und ›verbotene‹ Schriftmischungen, nicht gezogen.*«[65] → #52 Zwar stehe der Neuen Typografie die Grotesk- oder Blockschrift am nächsten; dennoch sei »*die Verwendung anderer gut lesbarer, auch historischer Schriften im neuen Sinne […] durchaus möglich, wenn die Schriftart gegen andere zugleich auftretende Schriften ›gewertet‹ ist, d. h. die zwischen ihnen auftretenden Spannungen gestaltet sind.*« Schließlich ergäben »*sich aus der Mitverwendung von Antiqua-Schriften (Egyptienne, Walbaum, Garamond, Kursiv usw.)*« anders geartete Kontraste.[66] → #52

Von besonderer Bedeutung waren auch die neuen technischen Verfahren. Genormte Papierformate setzten sich in den dreißiger Jahren immer stärker durch. Zudem wurde der Handsatz durch Maschinen- und sogar Fotosatz ergänzt: 1932 wurde mit der Uher-Type-Setzmaschine die erste Fotosetzmaschine der Welt vorgestellt. Ihre Technik erlaubte jetzt Buchstaben in beliebiger Größe sowie Positiv- bzw. Negativformen.

Schrift und Typografie unter dem Hakenkreuz

Bezogen auf ›moderne‹ Gestaltung manifestiert sich die nationalsozialistische Ideologie antagonistisch und inkonsequent: Die Nationalsozialisten verfolgten avantgardistische Künstler und Gestalter insbesondere aus dem Bauhaus und dessen Umfeld, das sie als kulturbolschewistisch verunglimpften.[67] Auch führende Typografen wie Paul Renner wurden diffamiert, in Schutzhaft genommen und ihres Amtes enthoben.[68] Ihm wurde nicht nur zur Last gelegt, zur Demonstration des Themas ›Fotomontage‹ Einbände von Büchern mit sozialistischem Inhalt verwendet zu haben, sondern insbesondere seine Förderung Tschicholds, dem kommunistische Betätigung »*mindestens in künstlerischer Richtung*« vorgeworfen wurde.[69] Tschichold selbst wanderte, nachdem er und seine Frau aus der ›Schutzhaft‹ entlassen worden waren, nach Basel aus, wo er an der Allgemeinen Gewerbeschule tätig war.

Zwar war Hitlers persönlicher Geschmack weit von den gestalterischen Experimenten der typografischen Avantgarde entfernt – er favorisierte einen monumentalen Neoklassizismus, gepaart mit moderner Technikfaszination. Entsprechend, so berichtet seine ehemalige Sekretärin Henriette von Schirach, habe er die Schwabacher Letter gehasst und auf Versalbuchstaben aus einer Antiqua auf dem Titelkopf des

A

›Völkischen Beobachters‹[70] bestanden. Oft habe er vor der stampfenden Rotationspresse gestanden, um das erste Exemplar in Empfang zu nehmen.[71]

Bereits Ende der zwanziger Jahre waren im Streit Fraktur versus Antiqua zunehmend ›völkisch‹ orientierte Argumente vorgebracht worden. Nach der Machtergreifung wurden diese Entwicklungen weiter verstärkt, als Georg Usadel zum Sachbearbeiter ›Sprache und Schrift‹ im Reichsministerium des Inneren ernannt wurde.[72] Als Vorsitzender des Bundes für deutsche Schrift, der sich vehement für die ausschließliche Verwendung der Fraktur eingesetzt hatte, war eigentlich mit einer schnellen politischen Durchsetzung zu rechnen.[73]

Dennoch unterblieb eine konsequente Umstellung. Im Wesentlichen blieben die Nationalsozialisten dem bekannten Muster treu, Massenkommunikationsmittel, die auf breite Bevölkerungsschichten zielten, wie Zeitungen, Flugblätter und insbesondere Plakate, aber auch Hitlers Buch ›Mein Kampf‹, im gebrochenen, dagegen wissenschaftliche Texte, Kataloge und Fachbücher oder Zeitschriften, die auf das Ausland zielten, im Antiqua-Satz zu publizieren.[74] Aber auch Groteskschriften wurden, wenn auch seltener, verwendet: Nicht zuletzt wurde die Futura zur Schrift der deutschen Bahnhöfe.[75]

Hintergrund für diese inkonsequente Haltung dürfte Hitlers persönliche Einstellung gewesen sein, wie er sie im September 1934 in seiner Rede auf dem Nürnberger Reichsparteitag zum Ausdruck gebracht hatte, als er vor »Rückwärtsen« gewarnt hatte, die »dem deutschen Volk Straßenbenennungen und Maschinenschrift in echt gotischen Lettern aufdrängen«, und postuliert hatte: »So wie wir […] in unserem übrigen Leben dem deutschen Geist die freie Bahn zu seiner Entwicklung geben, können wir auch auf dem Gebiet der Kunst nicht die Neuzeit zugunsten des Mittelalters vergewaltigen. Eure vermeintlich gotische Verinnerlichung paßt schlecht in das Zeitalter von Stahl und Eisen, Glas und Beton, von Frauenschönheit und Männerkraft, von hochgehobenem Haupt und trotzigem Sinn. – Der Nationalsozialismus lebt nicht in der Düsterheit eurer Vorurteile, und wir sind glücklich genug zu wissen, daß zwischen den Schriftzeichen eines Griechentums und den Runen unserer Vorfahren eine sichtbare Übereinstimmung in der großen Stilempfindung besteht.«[76]

Ein gewisser Kompromiss scheint in ›Schaftstiefelgrotesk‹-Schriften[77] wie der National, Tannenberg[78], Element, Gotenburg, Wallau[79] oder Kurmark gefunden worden zu sein, die vor allem von Gestaltern der Offenbacher Schule von und um Rudolf Koch stammten, der aus seiner christlichen Überzeugung heraus gebrochene Schriften gestaltet hatte[80] – einfache Schriften, die man, so betont Hans Peter Willberg, zwar leicht erlernen und für Transparente, bei Heim- oder Kasernenbeschriftungen habe anwenden können, deren Resultat jedoch vor allem Vergröberung und Brutalisierung gewesen sei.[81] → #158

Politische Kehrtwende: der Schrifterlass

Am 2. Februar 1941 schrieb Joseph Goebbels in sein Tagebuch:

> »Der Führer ordnet an, daß die Antiqua künftig nur noch als deutsche Schrift gewertet wird. Sehr gut. Dann brauchen die Kinder wenigstens keine acht Alphabete mehr zu lernen. Und unsere Sprache kann wirklich Weltsprache werden.«[82]
>
> Joseph GOEBBELS, zit. n. BOSE, 2010 → #217

In der Tat dürfte die Tatsache, dass die Deutsche Wehrmacht Frankreich besiegt und Polen, Dänemark, Norwegen, die Niederlande, Belgien und Luxemburg besetzt hatte und Hitler weitere Feldzüge nach Jugoslawien und Griechenland sowie den Einmarsch in die Sowjetunion vorbereitete, das Augenmerk auf die praktische Kommunikation mit der Bevölkerung in den besetzten Gebieten gerichtet haben. Da sich die als ›typisch nationaldeutsch‹ instrumentalisierten gebrochenen Schriften für ebendiese internationale Verständigung nicht eigneten, entschied Hitler bei einer Besprechung auf dem Obersalzberg am 3. Januar 1941 das Verbot gebrochener Schriften.[83] Rückdatiert auf den 1. Januar wurde daraufhin von Martin Bormann, Stellvertreter des Führers, der sogenannte Schrifterlass angeordnet, der an alle Reichs-, Gauleiter und Verbändeführer geschickt wurde, jedoch nicht zur Veröffentlichung bestimmt war – eine öffentliche Diskussion war also keinesfalls erwünscht.

Begründet wurde die Umstellung mit der absurden Behauptung, die bisher ›deutschen‹ Schriften seien »*Schwabacher Judenlettern*« – eine antisemitische Argumentation, derer sich Rudolf Lebius bereits 1916 bedient hatte.[84] Dieser Schrifterlass, der auch als ›Frakturverbot‹ bekannt geworden ist, definierte »*Antiqua-Schrift künftig als Normalschrift*« und sah vor, dass nach und nach »*alle Druckerzeugnisse*« auf diese Normalschrift umgestellt und auch »*in den Dorfschulen und Volksschulen nur mehr die Normalschrift gelehrt*« wird, zudem für »*Ernennungsurkunden für Beamte, Straßenschilder u. dergl.*« sowie »*Zeitungen und Zeitschriften, die bereits im Ausland Verbreitung haben, oder deren Auslandsverbreitung erwünscht ist*«.[85] Ab September 1941 setzte das Reichsministerium für Wissenschaft, Erziehung und Volksbildung (RMfWEV) diese Vorgaben um – von nun an mussten die Kinder nur noch ein Alphabet lernen; ab dem 1. Juni 1941 erschien der ›Völkische Beobachter‹ im Antiqua-Satz. Insgesamt erfolgte die Umsetzung des Frakturverbotes allerdings wenig stringent: Der zunehmend katastrophale Kriegsverlauf verhinderte eine rigide Überwachung der politischen Vorgaben. Auch wurde die technische Umsetzung immer schwieriger, da mitten im Krieg viele Tausend Tonnen Blei hätten umgegossen werden müssen.[86] → #65

Dass gebrochene Schriften jedoch mit nationalsozialistischer Ideologie gerade im Ausland assoziiert wurden, verdeutlicht das Verbot der Fraktur bei der Lizenzvergabe für Zeitungen durch die Besatzungsmächte in der Nachkriegszeit.[87] → #157 Dabei hat sicherlich auch das Argument internationaler Verständigung eine Rolle gespielt – schließlich habe, so Stanley Morison, »*der Übergang zur Antiqua auf der Tagesordnung der Geschichte*« gestanden.[88] → #157

Swiss Style: Konkrete Typografie

Bereits Ende der zwanziger Jahre waren die Ideen der Neuen Typografie in der Schweiz präsent.[89] Im Verlauf der dreißiger Jahre entwickelte sich insbesondere in Zürich eine progressive Kunst- und Designszene, die sich den Prinzipien der konkreten Kunst verschrieb: 1936 zeigte das Kunsthaus Zürich die Ausstellung ›zeitprobleme in der schweizer malerei und plastik‹, bei der auch Max Bill und Richard Paul Lohse vertreten waren. 1938 fand in der Basler Kunsthalle die erste Ausstellung der ›allianz‹ statt – einer Künstlervereinigung, die im Jahr zuvor gegründet worden war. Es war diese Gruppe, die vor allem durch die von Richard Paul Lohse oder Max Bill gestalteten Ausstellungskataloge und Plakate »*eine elegante Strenge*« und »*die mathematischen Elemente der konkreten Kunst*« im Schweizer Grafikdesign verankerte.[90] → #201

Dass sich auch Tschichold ebenso wie seine jüngeren Schweizer Kollegen an der konkreten Kunst orientierte, verdeutlicht sein Lehrbuch ›Typographische Gestaltung‹, in dem er schreibt: »*Für die flächig-graphische Gestaltung der Typographie liefert die konkrete Malerei […] die besten Beispiele für Proportionen und Rhythmus; Aufgaben, die selten so wichtig gewesen sind für unsere Arbeit wie heute. Durch die Befreiung vom Ornament werden alle Elemente einer Druckarbeit in einem neuen Sinn wirksam, und ihre gegenseitigen optischen Beziehungen, die früher nur selten beachtet wurden, erhalten eine wichtige Bedeutung für das Gesamtaussehen.*«[91] → #61

Dennoch verabschiedete sich Tschichold weiter, wenn auch vorsichtig, von der Dogmatik der Neuen Typografie: Zum einen erneuerte er seine Forderungen nach Schriftmischung und plädierte insbesondere für den Einsatz von Antiqua-Schriften nach den Regeln der Neuen Typografie.[92] → #61 Zum anderen milderte er die radikalen Forderungen nach konsequenter Kleinschreibung ab, indem er die gemäßigte Kleinschreibung (»*nur Satzanfang und Eigennamen groß*«) als realistisches Ziel anvisierte.[93] → #61

Tschicholds Neubewertung moderner Gestaltungsgrundsätze führte unmittelbar nach dem Zweiten Weltkrieg zu einer heftigen Kontroverse mit Max Bill, die in der Zeitschrift ›Schweizer Graphische Mitteilungen‹ ausgetragen wurde.[94] Im Kern standen sich dabei zwei Positionen gegenüber: Auf der einen Seite Tschichold, der sich von der Regelhaftigkeit der Neuen Typografie verabschiedete und daraus, vor allem in der Buchgestaltung, die Freiheit ableitete, auch historische Schriften und Gestaltungsprinzipien wie den Mittelachsensatz einzusetzen – allerdings bewusst und ausdrücklich vor dem Hintergrund der positiven Erfahrungen, die mit der Neuen Typografie gemacht worden waren. Auf der anderen Seite Bill, der sich mit aller Entschiedenheit gegen diese vermeintlich reaktionäre Haltung zur Wehr setzte. Angesichts der jüngsten politischen Entwicklungen in Deutschland interpretierte er derartige Argumente als Verrat an modernen Gestaltungsüberzeugungen, denen er seine Auffassung eines funktionellen oder ›organischen‹ Satzbildes entgegenstellte.

A

Konkret Anlass gegeben hatte ein Vortrag Tschicholds im Dezember 1945 zum Thema ›Konstanten der Typographie‹, in dem er mit der Neuen Typografie – wie er selbst schrieb – schonungslos ins Gericht gegangen war und seine veränderte Einstellung erklärt hatte.⁹⁵ → #73 Auf diese Ausführungen reagierte Bill im April 1946 mit seinem Aufsatz ›über typografie‹,⁹⁶ → #68 den er in einem eigens von ihm gestalteten achtseitigen Sonderdruck der ›Schweizer Graphischen Mitteilungen‹ publizierte – einer grau und schwarz gedruckten Einlage, die auch gestalterisch für Furore sorgen und in der Folge zum gestalterischen Vorbild für progressive Schweizer Typografen avancieren sollte.

In seinem Aufsatz umriss Bill Typografie zunächst als Mittel »*kulturdokumente zu gestalten und produkte der gegenwart zu kulturdokumenten werden zu lassen.*«⁹⁷ → #68 Zwar griff er Tschichold nicht namentlich an, bezog sich aber auf einen »*der bekannten typografietheoretiker*«, der erklärt habe, »*die ›neue typografie‹, die um 1925 bis 1933 sich in deutschland zunehmender beliebtheit erfreut hatte*« sei »*vorwiegend für reklamedrucksachen verwendet worden*« und sei heute überlebt: »*für die gestaltung normaler drucksachen, wie bücher, vor allem literarischer werke, sei sie ungeeignet und zu verwerfen.*«⁹⁸ → #68 Eingedenk der aktuellen politischen Situation kritisierte Bill »*gegenströmungen*« und »*reaktionäre[n] formen*« insbesondere in den bildenden Künsten und der Architektur, die unter der Bezeichnung »*heimatstil*« zur Genüge bekannt geworden seien.⁹⁹ Aktuell, so bemängelte er, greife nun die »*zurück-zum-alten-satzbild-seuche*« um sich.¹⁰⁰ → #68 Bill verwahrte sich entschieden gegen das Argument, »*das buch müßte im stil seiner zeit gestaltet sein*« und betonte, dieses Prinzip sei nicht nur oftmals nicht anwendbar, sondern es verrate »*eine ausgesprochene furcht vor den problemen und konsequenzen, die sich aus einer funktionellen typografie ergeben.*«¹⁰¹ → #68 Es sei »*eine flucht ins hergebrachte als ausdruck eines rückwärtsgerichteten historizismus*«.¹⁰² → #68 Vehement wehrte er sich dagegen, »*die grundprinzipien vergangener zeiten*« zur Anwendung zu bringen »*unter zuhilfenahme verschiedener schriftmischungen und unter verwendung von veralteten schnörkeln und ornamentlinien*«. Auf diese Weise werde nur »*eine ›neue‹ modisch bedingte typografie propagiert, eine art typografischen ›heimatstils‹, selbst für bücher neuzeitlichen und fortschrittlichen inhalts, die mit der setzmaschine, [sic!] in unserer zeit hergestellt werden.*«¹⁰³ → #68

Dem Mittelachsensatz, dem er vorwirft, »*vorwiegend dekorativen, nicht funktionellen gesichtspunkten*« zu entsprechen, stellte er das »*asymmetrische*« oder »*organisch geformte satzbild*«¹⁰⁴ → #68 entgegen, das er als ideale Verbindung funktionaler und ästhetischer Aspekte begriff. Seine Aussagen gipfelten in folgender Definition eines, wie ich es nennen möchte, ›konkreten Satzbildes‹:

»**typografie ist die gestaltung von satzbildern, in ähnlicher weise, wie die moderne, konkrete malerei die gestaltung von flächenrhythmen ist.**

diese satzbilder bestehen aus buchstaben, die sich zu worten fügen. die verhältnisse und größenunterschiede der buchstaben und der verschiedenen schriftgrade sind genau festgelegt. in keiner kunstgewerblichen berufsgruppe besteht ein solches maß von präzisen voraussetzungen für die gestaltung wie in der typografie. dieses präzise grundmaterial bestimmt den charakter der typografie. betrachten wir dieses grundmaterial genauer, dann können wir beobachten, daß es geeignet ist, einen genauen rhythmus zu entwickeln, der sich in berechenbaren proportionen ausdrückt, die das gesicht der drucksache ausmachen und das charakteristische der typografischen kunst darstellen. mit diesem mathematisch exakten material, das zum zufälligen des geschriebenen wort-bildes in krassem gegensatz steht, immer völlig zufriedenstellende resultate zu erzielen und ihm eine einwandfreie form zu geben, ist nicht immer einfach, bleibt aber das ziel jeder typografisch-künstlerischen bemühung.«¹⁰⁵ → #68

Zunächst seien natürlich immer praktisch-funktionale Aspekte (»*die notwendigkeiten der sprache und des lesens*«) zu berücksichtigen; danach könnten »*rein ästhetische überlegungen*« angestellt werden, die im Idealfall jedoch funktionale und ästhetische Notwendigkeiten miteinander verbinden: »*eine typografie, die ganz aus ihren gegebenheiten heraus entwickelt ist, das heißt, die in elementarer weise mit den typografischen grundeinheiten arbeitet, nennen wir ›elementare typografie‹, und wenn sie gleichzeitig darauf ausgeht, das satzbild so zu gestalten, daß es ein lebendiger satzorganismus wird, ohne dekorative zutat und ohne verquälung, möchten wir sie ›funktionelle‹ oder ›organische typografie‹ nennen. das heißt also, daß alle faktoren, sowohl die technischen, ökonomischen, funktionellen und ästhetischen erfordernisse gleichermaßen erfüllt sein sollen und das satzbild gemeinsam bestimmen.«*[106] → #68

Gerade diese Konzentration auf funktionale und ästhetische Prinzipien, vor allem aber die Organisation des Satzbildes nach den Prinzipien der konkreten Kunst führte dazu, dass charakteristische Gestaltungsmerkmale der Neuen Typografie wie fette Balken und Linien, große Punkte oder überdimensionierte Paginaziffern von Bill als unnötige »modische zutat« interpretiert wurden.[107] → #68

Tschicholds Antwort ließ nicht lange auf sich warten. Im nächsten Heft veröffentlichten die ›Schweizer Graphischen Mitteilungen‹ seinen Text ›Glaube und Wirklichkeit‹,[108] → #73 den er im Gegensatz zu Bill nicht selbst gestaltet hatte, sondern der im üblichen Layout der Zeitschrift erschien. Nachdem er einige Seitenhiebe gegen Bill ausgeteilt hatte, schilderte Tschichold seinen Weg hin zur Neuen Typografie, rechtfertigte aber auch die Modifikation seiner eigenen radikalen Haltung: Die Neue Typografie, die fast nur in Deutschland ausgeübt worden sei, entspreche in ihrer unduldsamen Haltung *»ganz besonders dem deutschen Hang zum Unbedingten, ihr militärischer Ordnungswille und ihr Anspruch auf Alleinherrschaft«*; sie manifestiere jene fürchterliche *»Komponente deutschen Wesens, die Hitlers Herrschaft und den zweiten Weltkrieg ausgelöst«* habe.[109] → #73 An der Neuen Typografie bemängelt er vor allem einen *»extrem persönlichen Charakter«*. Zudem seien die scheinbar einfachen Formgesetze der Neuen Typografie nur einem kleinen Zirkel Eingeweihter geläufig. Bills Arbeit sei gekennzeichnet durch eine *»naive Überschätzung des sogenannten technischen Fortschrittes.«* Und er stellte klar: *»Das Werk eines hundertprozentig ›modernen‹ Entwerfers ist weit individualistischer als das ohne Ehrgeiz, sozusagen absichtslos und anonym entstandene …«.*[110] → #73 Tschichold vertrat die Meinung, für Bücher, die sich inhaltlich der konkreten Malerei oder der neuen Architektur widmen, sei es durchaus sinnvoll, den *»typografischen Stil solcher Werke aus den Formgesetzen der konkreten Malerei abzuleiten.«* Ebenso konsequent sei aber auch, *»einen Band Barocklyrik ein wenig der Barocktypographie zu nähern. Eines wie das andere ist Kunstgewerbe.«*[111] → #73

Diese kontrovers ausgetragene Diskussion[112] wurde mit Tschicholds Umzug nach England zunächst beendet, wo er für die ›Penguin Books‹ zuständig war, und Max Bill schrieb erleichtert an Paul Rand, er sei froh, dass das Übel, das sie in die Schweiz eingeladen hätten, nun wieder verschwinde.[113]

Natürlich waren diese Diskussionen in der typografischen Szene der Schweiz interessiert verfolgt worden; in der Folge etablierte sich Bills progressivere Position vor allem unter den jungen Grafikdesignern in Zürich und Basel: Sie entwickelten eine ›sachlich-informative visuelle Kommunikation‹, die als Schweizer Grafik bekannt werden sollte und die Josef Müller-Brockmann folgendermaßen definierte: *»häufig verwendete Sachfotografie und Akzidenz-Grotesk, themabezogene Farbgebung, Schmucklosigkeit, sachliche Textformulierung und strenge Komposition auf der Basis des Rastersystems«*.[114] → #119

1958 organisierte Müller-Brockmann die Ausstellung ›Konstruktive Grafik‹ im Zürcher Kunstgewerbemuseum, in der Arbeiten von Hans Neuburg, Richard Paul Lohse und Carlo Vivarelli gezeigt wurden.[115] → #85 Ein Treffen im Vorfeld der Ausstellung sollte die Gründung der ›Neue Grafik‹ beflügeln, einer dreisprachigen Zeitschrift, die eine starre, strenge Seite der Schweizer Grafik repräsentieren und die dafür sorgen sollte, dass die Schweizer Typografie auch im internationalen Kontext immer stärker wahrgenommen wurde. Die ab 1958 erscheinende Vierteljahreszeitschrift mit ihrem weißen, hochglänzenden, fast quadratischen Format, einem stringenten Rastersystem[116] und dem vierspaltigen, in Monotype Grotesk gesetzten Text erlangte in der Folge Vorbildcharakter.

Univers und Helvetica

Obwohl sicherlich auch serifenlose Schriften der zwanziger Jahre wie die Futura, Gill oder die Erbar denkbar gewesen wären, hingen die progressiven Schweizer Typografen doch an der vergleichsweise alten Akzidenz-Grotesk.[117] Allerdings konzentrierten sich die Schweizer Firmen mehr und mehr darauf, die Nachteile der inzwischen sechzig Jahre alten Schrift zu beheben:

Mit der Univers erarbeitete Adrian Frutiger die zusammenhängende Schriftenfamilie einer modernen Groteskschrift für die Lumitype-Fotosetzmaschine der Pariser Fonderie Deberny & Peignot, deren 21 Schnitte erstmals in einem eigenen, in sich schlüssigen Konzept optisch aufeinander abgestimmt und in einem übersichtlichen System organisiert wurden. 1954 wurde die Univers von Deberny & Peignot auf einem eigenen Musterblatt herausgegeben, auf dem

Strichstärken und Dicke in einen klaren Zusammenhang gestellt und (statt wie bisher mit unpräzisen Umschreibungen wie ›extra fett‹) mit Nummern versehen waren.

> »Die Typographie wird in erster Linie als Mittel zum Ordnen verschiedener Dinge aufgefaßt. Es geht nicht mehr um anspruchsvolle künstlerische Postulate und Kreationen, sondern um das Bemühen, den täglichen Ansprüchen formal und funktionell gerecht zu werden.«
>
> Emil RUDER, 1959 → #96

Ab 1956 erarbeitete Max Miedinger für Eduard Hoffmann die Neue Haas Grotesk,[118] die später als Helvetica international bekannt werden sollte.[119] → #94 Interessanterweise wurden beide neuen serifenlosen Schriften auf der ›graphic 57‹ in Lausanne präsentiert: Zum einen die eher traditionelle, handwerklich konzipierte Neue Haas Grotesk, die als ganzes Schriftprogramm mit drei Schnitten angeboten wurde und die in nur acht Monaten entstanden war; zum anderen die über Jahre entwickelte, in 21 Schnitten angebotene Univers für Foto- und Bleisatz, die Emil Ruder bereits einen Monat zuvor in den ›Typographischen Monatsblättern‹ mit Empathie vorgestellt hatte.[120] → #95 Damit wurden bereits die Weichen gestellt: Insgesamt entschieden sich die Zürcher Typografen, unterstützt durch die Zeitschrift ›Neue Grafik‹, für die Akzidenz- und Monotype-Groteskschriften und die Helvetica;[121] → #94 ihre Basler Kollegen hingegen setzten, unterstützt durch die ›Typographischen Monatsblätter‹, auf die Univers.[122] → #95

1959 wurden gleich drei programmatische Schriften zum ›Swiss Style‹ veröffentlicht: Das Buch ›Die neue Graphik‹ von Karl Gerstner und seinem Büropartner Markus Kutter[123] (ehemals PR-Berater bei Geigy) – ebenfalls mehrspaltig und in einem fast quadratischen Format – bietet eine Übersicht über die Geschichte der Werbegrafik, natürlich auch der konstruktiven Schweizer Werbegrafik.[124] → #89 Zudem erschien ein Artikel von Emil Ruder über ›Ordnende Typographie‹ in der Zeitschrift ›Graphis‹.[125] → #96

Integrale Typografie

Als wegweisend gilt die Sonderausgabe der ›Typografischen Monatsblätter‹ zum Thema ›Integrale Typografie‹, in der Gerstner, ausgehend von Bills Artikel ›über typografie‹, auf die gestaltungstheoretischen Diskussionen der Neuen Typografie zurückweist, die darauf abzielten, »*die Erscheinungsform aus den Funktionen des Textes zu entwickeln.*«[126] → #90 Inzwischen, so bemerkt Gerstner, seien diese Thesen unbestritten und allgemein anerkannt – damit aber auch gegenstandslos, da die Thesen der Pioniere grösstenteils selbstverständlich geworden seien und »*sich die ästhetschen Kriterien mehrheitlich überlebt*« hätten:[127] → #90 »*Heute brauchen die massgeblichen Typographen sowohl die Grotesk als auch die Antiqua, setzen Bücher sowohl symmetrisch als auch asymmetrisch, verwenden sowohl den freien Zeilenfall als auch den geschlossenen Satz. Alles ist stilistisch möglich, zeitgemäss möglich geworden. Geblieben sind nur noch offene Türen zum Einrennen.*«[128] → #90 Es gelte nun neue Kriterien zu suchen. Gerstner stellt die Idee einer ›integralen Typografie‹ vor:

> »Die Freiheit des Entwerfers liegt nicht am Rand seiner Aufgabe, sondern in deren Mittelpunkt. Erst dann ist der Typograph frei, etwas Künstlerisches zu leisten, wenn er seine Aufgabe in

allen Teilen versteht und denkt. Und jede auf diesen Grundlagen gefundene Lösung wird eine integrale sein, wird eine Einheit von Sprache und Schrift, von Inhalt und Form bilden.«[129]

Karl GERSTNER, 1959 → #90

Entsprechend verstand er integrale Typografie als »*Verbindung von Sprache und Schrift zu einer neuen Einheit, zu einer übergeordneten Ganzheit.*« Dabei sollten textliche und typografische Gestaltung nicht länger in zwei aufeinanderfolgenden Arbeitsgängen entstehen. Vielmehr sollten sie sich durchdringen und gegenseitig entsprechen, um so eine integrale Einheit zwischen Inhalt und Form herstellen zu können.[130] → #90

Nachdem sich Müller-Brockmann von seiner Lehrtätigkeit an der Zürcher Kunstgewerbeschule zurückgezogen hatte, veröffentlichte er 1961 die ›Gestaltungsprobleme des Grafikers‹, worin er nicht nur seine eigene Arbeit, sondern auch die Überzeugung der Neo-Funktionalisten im Dienste einer objektiven und informativen Kommunikation zusammenfasste: »*Die ›neue‹ Typografie hat die Aufgabe, als Trägerin der Information rein funktionell zu wirken. Mit gut lesbaren Schriften soll der Gedanke zum Ausdruck gebracht und durch hochwertige Reproduktionsmaschinen in kurzer Zeit vervielfältigt werden. Der Gestalter ist gezwungen, die technischen Möglichkeiten der neuzeitlichen Typografie zu kennen und zu akzeptieren, um – statt ornamentale Versuche anzustellen – eine formale Konzeption planen zu können. Die wirtschaftliche, zeitsparende und zweckmässige Setzweise entspricht unserer Zeit der technischen Perfektion und Klarheit und hat zu folgenden Postulaten geführt: a) An die Stelle der willkürlichen, zufälligen und individuellen Zusammenstellung der typografischen Elemente tritt die sachliche, objektive, den typografischen Gesetzmässigkeiten entsprechende Gestaltung. b) Erstes Gebot ist die ungeschmückte, rein der Mitteilung dienende typografische Form. So angewandt, wird Typografie funktionell, sachlich und informativ. Funktionell durch die Beachtung ihrer technischen Voraussetzungen, sachlich durch ihre logische Fügung der Buchstaben zu Worten, der Worte zu Sätzen, durch die Aufreihung der Sätze nach ihrem Inhalt und schliesslich durch die formale Gliederung des Inhalts nach seinem inneren Zusammenhang. Informativ ist diese Typografie dank der optisch übersichtlichen und leicht ablesbaren Anordnung aller Satzgruppen und der daraus resultierenden schnellen Erfassbarkeit der Mitteilung.*«[131] → #104 Diese Publikation sollte zu einem wichtigen Dokument für die internationale Rezeption des Schweizer Stils werden.

Ulm

Max Bill war nicht nur in der Schweiz eine zentrale Figur, sondern avancierte mit Gründung der Ulmer Hochschule für Gestaltung auch in der jungen Bundesrepublik zum Shootingstar. Er war der Typ des Künstlerdesigners, der den anwendungsbezogenen Bereich nicht aus den Augen verlor: In erster Linie Architekt und konkreter Künstler, aber auch Produkt- und Grafikdesigner, schlug er Otl Aicher und Inge Scholl eine Hochschule für Gestaltung in der Tradition des Bauhauses vor. In der Folge wurde eine Geschwister-Scholl-Stiftung ins Leben gerufen, die, von der Deutschen Industrie und den amerikanischen Besatzern unterstützt, 1953 als Hochschule für Gestaltung Ulm eröffnen und zwei Jahre später in einen von Bill entworfenen Neubau oberhalb der Stadt umziehen konnte. Orientiert an den pädagogischen und gestalterischen Prinzipien des Bauhauses und basierend auf den zeitgenössischen Überlegungen in der Schweiz, leitete dort Friedrich Vordemberge-Gildewart die Abteilung Visuelle Kommunikation.

Im März 1956 trat Max Bill als Rektor der Ulmer HfG zurück und verließ 1957 die Hochschule wegen Meinungsverschiedenheiten über das pädagogische Programm der Schule. Daraufhin übernahm ein Rektoratskollegium (Otl Aicher, Tomás Maldonado, Hans Gugelot und Friedrich Vordemberge-Gildewart) die Hochschulleitung. Dass der Beruf des Visuellen Gestalters nun endgültig vom Künstlerklischee befreit werden sollte,[132] betonte Vordemberge-Gildewart:

»Die ›künstlerische‹ Typografie ist ein Trugschluß.«[133]

F. VORDEMBERGE-GILDEWART, 1990 → #148

und definierte die Prinzipien der Visuellen Kommunikation folgendermaßen: »*Heute wissen wir genau, daß nicht die jeweilige Form der Letter automatisch eine exakt funktionierende Typografie ergibt, sondern daß es eben die Ordnungsbeziehungen von Buchstaben und Buchstabengruppen zum gegebenen Format ist, das heißt also das Inbeziehungsetzen von nicht gewählten, sondern gegebenen Elementen, wie eben neben Text das Format, die Anzahl der Farben, Firmenzeichen, Abbildungen und anderes mehr. Die Typografie wirkt im zeitlichen Verlauf, wie die Musik. Und wie in der Musik die endlose Anhäufung von Tönen niemals das Wesentliche sein kann und ist, so ist die Typografie ebenfalls keine endlose Anhäufung von Buchstaben. Erst durch das Intervall, durch die Begrenzung wird die maßlose Anhäufung zu einer beherrschten, optisch aufnehmbaren Sprache.*«[134] → #148

1962 wandte sich die Zeitschrift ›Neue Grafik‹ der Ulmer Hochschule zu und ließ ein Mitglied der Abteilung Visuelle Kommunikation über studentische Projekte berichten. Dabei wurde der Umstand als durchaus bemerkenswert erachtet, dass auch Spezialisten für verbale Kommunikation und die Leiter anderer Abteilungen (Soziologie, Psychologie, Methodologie oder Fotografie und Werbung) eingeladen werden, um gemeinsam Projekte zu entwickeln. Außerdem würden auch die Reaktionen der Konsumenten bei den Entwürfen berücksichtigt.[135] → #201 In der Tat wurden an der HfG nun auch Informationstheorie, Semiotik und Methodologie gelehrt. Insbesondere Gui Bonsiepe und Tomás Maldonado übertrugen zeichentheoretische Erkenntnisse auf den Bereich der Visuellen Kommunikation[136] → #110 – neue wissenschaftliche Felder, die sich auch in der seit 1958 erscheinenden Zeitschrift ›ulm‹ niederschlagen, die von den Schweizer Kollegen der ›Neuen Grafik‹ als »*in äußerer und innerer Haltung als vorbildlich*« gelobt wurde.[137] → #97

In der Bundesrepublik erreichten die Studentenproteste 1968 ihren Höhepunkt und auch die Studierenden der Ulmer HfG, die sich als Gestalter als Speerspitze der Konsumkritik sahen, engagierten sich politisch. Gleichzeitig entfernte sich die radikal rationale Gestaltung immer stärker vom ästhetischen Empfinden der Durchschnittsbevölkerung, sodass die öffentliche Meinung über die Schule letztlich zum Desaster für die HfG wurde. Selbst die liberale »DIE ZEIT« urteilte 1968: »*Die avantgardistische Hochschule […] mit ihrem unverständlichen, hochgestochenen Jargon (›visuelle Kommunikation‹) und ihrer Gewohnheit, alles klein zu schreiben […] ist vielen Bürgern nicht nur im Bereich des Ulmer Münsters schon lange unheimlich.*«[138] Am 2. Februar beschloss der Stiftungsrat der Geschwister-Scholl-Stiftung ihre Auflösung und sprach sich für den Anschluss an die Ingenieurschule Stuttgart aus – eine Entscheidung, die de facto das Ende der Ulmer HfG bedeutete.

Postmoderne Umdeutungen

Ende der sechziger Jahre führten wissenschaftliche, gesellschaftliche und technische Veränderungen zu Neuerungen in der Typografie. Aus designtheoretischer Perspektive wurde das Erreichte infrage gestellt und immer heftiger diskutiert. Dabei reichte das Spektrum der Kritik von der Idee eines ›erweiterten Funktionalismus‹ bis hin zu antifunktionalistischen Statements und Manifesten, die von einer neuen Sinnlichkeit und Emotionalität geprägt waren.[139]

Typografie als semiotische Ressource

»*Neutrale Typographie gibt es nicht.*«[140] Insbesondere nachdem Erkenntnisse aus der Linguistik auf den Gestaltungsbereich übertragen worden waren, konnten auf designtheoretischer Ebene neue ›postmoderne‹ Positionen erarbeitet werden. Die Erkenntnis, dass alle Formen – also auch die einer formreduzierten Gestaltung – mit ganz unterschiedlichen Bedeutungsinhalten gleichsam aufgeladen sind, führte die Vorstellung von einer objektiven, rein aus ihrem Zweck und einer daraus abgeleiteten ›neutralen‹ Gestaltung ad absurdum.

Der Einfluss linguistischer Erkenntnisse ist bereits in den siebziger Jahren deutlich zu spüren, so etwa bei Gerstner, der schreibt: »*Die Standardfrage des Typographen: darf (oder soll) die ›Heilige‹ Schrift in der gleichen Type gesetzt werden wie der Taschenbuch-Krimi? ist falsch gestellt. Die Bibel in Grotesk ist eine andere als in Fraktur; die Frage ist nicht von der Typographie, sondern von der Absicht her zu beantworten – in diesem Fall: Was soll durch die Typographie manifestiert werden? […] Hier sind beide Möglichkeiten legitim: die Bibel dem Krimi möglichst anzugleichen – oder möglichst zu distanzieren.*«[141] → #120

Dementsprechend setzte sich die Überzeugung durch, dass auch typografische Elemente an der Ausbildung von Bedeutungsinhalten beteiligt sind – sie dienen als ›semiotische Ressource‹: Selbst ohne die Kenntnis des Inhalts eines Textes, ›spricht‹ der Charakter einer Schrift, ihre Anordnung, technische Ausführung und materielle Präsenz im wahrsten

»Neutrale Typographie gibt es nicht.«

Hans Peter WILLBERG, 1984 → #133

Sinne des Wortes Bände. So ordnet typografische Gestaltung Buchstaben nicht einfach nach einer bestimmten vorgegebenen Reihenfolge an und gliedert zweidimensionale Flächen beispielsweise eines Buches, eines Magazins, eines Plakates oder einer Internetseite. Sie geht weit darüber hinaus. Die Wahl der Schrift, ihre Größe, Gewicht und Farbe, ja sogar die Abstände zwischen den Buchstaben oder Zeilen tragen zur Sinnkonstruktion eines Textes bei oder erschweren sie. Dass und wie selbstverständlich solche semantischen Aspekte in der Gestaltungsarbeit, insbesondere im Umgang mit Schrift, verinnerlicht waren, verdeutlichen Ausführungen von Jost Hochuli, der 1987 betonte, dass Schriften »*durch die Formensprache beim Leser bestimmte Gefühle auslösen und positiv oder negativ wirken können*«. Dies bewertet er als Indiz dafür, »*daß Schriften über ihre erste und eigentliche Aufgabe hinaus, visuelles Transportmittel für Sprache zu sein, auch Atmosphärisches vermitteln können.*«[142] → ▯ #139 Und Hans-Rudolf Lutz betont 1996, typografische Gestaltung mache eine gedruckte Botschaft »*besser oder schlechter lesbar. Und sie ›sagt immer etwas aus‹! Schreibende, die glauben, mit der Fertigstellung des Manuskriptes sei die Botschaft endgültig formuliert, irren sich, denn die typografische Gestaltung wird den Sinn unausweichlich beeinflussen. Sie wird die Aussage verstärken oder abschwächen, im Extremfall sogar ins Gegenteil verkehren. Denn neutrale Typografie gibt es nicht und wird es nie geben.*«[143] → #165

Es ist also sinnvoll, die typografischen Mittel sorgsam abzuwägen, um einen Text – ähnlich wie eine Oper, die von verschiedenen Künstlern immer wieder unterschiedlich inszeniert werden kann – zu gestalten. Allerdings, so betont Albert Kapr, sollte der nachschaffende Künstler darum bemüht sein, »*dem Geist des vorgegebenen Kunstwerks zu entsprechen, er darf ihm nicht entgegenarbeiten.*«[144] Und natürlich gelten diese Beobachtungen nicht nur bezüglich der Schriftwahl und ihrer typografischen Gestaltung (Größe, Anordnung, Auszeichnung etc.) – denn letztlich ist doch jedes Gestaltungsdetail, also etwa Zeilenlänge, Zeilenabstand sowie auch die Format- und Papierwahl, an der Konstruktion von Bedeutungen beteiligt.

Allerdings, so betont der Schweizer Linguist Jürgen Spitzmüller, könnten typografische Elemente nur dann als ›semiotische Ressource‹ wirksam werden, wenn sich Produzenten und Rezipienten denselben ›Wissensraum‹ teilten.[145] Und eben dieser gemeinsame Wissensraum wird, eingebunden in kulturelle, soziale und historische Zusammenhänge, immer wieder neu verhandelt – sowohl im Diskurs *über* Typografie als auch *durch* Typografie.

Bilderwelten des Pop

»Das Bild kann manchmal aussagen, was das Wort nicht deutlich machen kann, oder das gleiche auf eine andere Weise sagen und beleuchten. Das Bild wird mitsprechen und nicht nacherzählen.«[146]

Hans Peter WILLBERG, 1970 → #115

Die Pop- und Jugendkultur der sechziger Jahre lotete das Verhältnis von Text und Bild neu aus. Neue mediale Bilderwelten vor allem des Fernsehens und des Comics, aber auch avantgardistische Zeitschriften wie die ›twen‹ prägten eine neue Kultur, die immer stärker auf Visuelles ausgerichtet war. So hatte diese Zeitschrift neue Formen der Grafik und des Layouts erprobt, indem die Gestaltung eines Heftes nach ähnlichen dramaturgischen Regeln wie im Films durchkomponiert wurde, sodass ein inhaltlich-visueller Spannungsbogen erzeugt werden konnte – ein Rhythmus, der den der Betrachter bzw. Leser immer wieder überraschen und damit zum Weiterlesen animieren sollte. Dabei setzte Willy Fleckhaus auf die Gestaltung der Doppelseite durch Bilder, deren suggestive Kraft sie aus einer rein illustrativen Rolle befreite. Vor allem aber interpretierte Fleckhaus Schrift nicht mehr in erster Linie funktionell, sondern setzte sie häufig stellvertretend für Fotografie oder Illustration übergroß und plakativ ein, sodass sie nicht nur informierende, sondern auch bildhafte Qualitäten mit assoziativen und suggestiven Komponenten entwickelte.

Entsprechend betonte Willberg den Einfluss »*der Popart auf die Entstehung einer neuen Art von Buch, bei der literarischer Inhalt und optische Realisierung identisch sind, bei der das Wort nicht ohne das Bild und das Bild nicht ohne das Wort verständlich ist*«.[147] → #115 Das »*Layout der illustrierten Zeitschriften, der Magazine und der Werbetypographie, mit ihrer Kunst*

Leseanreize zu schaffen und zu erhalten, bis hin zur perfiden Technik der Boulevard-Zeitungen, Nichtzusammengehöriges durch typographische Mittel in Beziehung zu setzen und dadurch Emotionen zu wecken«, sei zwar »*ein entsetzlicher Gedanke für einen klassisch geschulten Buchtypographen*«. Aber er werde »*diese Künste studieren und erlernen müssen, sie positiv einzusetzen.*«[148] → #115 Zudem, so prognostizierte Willberg, verstärke sich der Einfluss neuer Informationsmedien wie Datenbank oder Fernsehen: »*Durch Fernsehen, Film, die Illustrierten und durch die Werbungslawine spielt das Bild die Hauptrolle in unserem Leben.*«[149] → #115 Noch spiele das Bild in der Buchgestaltung eine dem Text untergeordnete Rolle – das werde sich allerdings ändern: »*Das Bild – als Photo, Zeichnung, Montage, als Assoziationshinweis, als Erinnerungsstütze zur Herausarbeitung einer zentralen Stelle [...] wird bei vielen Büchern gleichwertig neben das Wort treten, das eine wird das andere ergänzen und vertiefen.*«[150] → #115

Technische Neuerungen

Ende der sechziger Jahre spielte die Auseinandersetzung mit neuen technischen Entwicklungen – die Durchsetzung des Fotosatzes und die beginnende Digitalisierung – eine wesentliche Rolle in den theoretischen Reflexionen über Typografie. Hatte es Anfang der sechziger Jahre nur raum- oder zumindest schrankhohe Großrechner zumeist in den USA gegeben, die zudem nicht miteinander kompatibel waren, wurde im Verlauf der siebziger Jahre schnell klar, dass Computer und Bildschirm die wichtigsten Werkzeuge für den Kommunikationsdesigner werden sollten.[151]

Vorerst dominierte jedoch die Auseinandersetzung mit dem Fotosatz, der den ersten Versuchen, Schriften über Rechner und die ersten Matrixdrucker in lesbare Form zu bringen, noch weit überlegen war. Es war das freie Sperren und sogar das Überlappen von Schriftbildern des Fotosatzes, ein stufenloses und gradloses Vergrößern und Verkleinern sowie das fotografische Verformen von Buchstaben, das die designtheoretischen Überlegungen dominierte.[152] → #167 Emil Ruder etwa schrieb in seinem Handbuch ›Typographie‹ 1967, die »*Filmsatzverfahren [...] erlauben eine freie Handhabung des Materials, die bis zur Verformung der Typen reicht. Wenn eine solche Freiheit auch ihre Nachteile hat, da sie jede Formulierung zulässt, so kann sie vom Typographen doch in einem guten Sinne genutzt werden.*«[153] → ▯ #112 Dabei vergaß er nicht zu betonen, dass »*trotz allem [...] auch in Zukunft Disziplin, Kühlheit und Sachlichkeit die Merkmale der Typographie sein [werden], da ihr Wesen weitgehend von ihrer technischen und funktionellen Abhängigkeit geprägt ist.*«[154] → ▯ #112 Auch wurden erste Versuche zu Computerschriften, sogenannte OCR-Schriften (Optical Character Recognition) unternommen, die sich für die Bildschirmdarstellung und die Eingabe eigneten.[155] → #192

Kritik und Experimente

»Die bekannten Auflagen der *Schweizer Typographie* [...] lieferten begrenzte Ergebnisse. Das Wissen von der Notwendigkeit eines entgegengesetzten Unterrichtes war seit dem Bauhaus an vielen Orten vergessen.«[156]

Wolfgang WEINGART, 2000 → #181

Das Zusammenspiel zwischen gesellschaftspolitischen und neuen (medien-)technischen Entwicklungen führte schließlich zu neuen ›postmodernen‹ Positionen. Sie hinterfragten nicht nur typografische Konventionen, die nun als allzu starres Regelwerk empfunden wurden, sondern führten sie schließlich ad absurdum.

Wolfgang Weingart beispielsweise hinterfragte essenzielle Regeln der Schweizer Typografie. Weingart, der in Stuttgart eine Schriftsetzerlehre absolviert hatte, war durch seine Ausbildung nicht nur bestens mit typografischen Regeln vertraut, sondern hatte auch Arbeiten der Schweizer Typographie kennengelernt.[157] → #181 1964 schrieb er sich an der Allgemeinen Gewerbeschule in Basel ein, wo er in der Schulsetzerei eigenständige Projekte realisieren konnte, in denen er sich keinesfalls als unreflektierter Adept der Schweizer Typografie zeigte: Die antithetische Argumentation von ›richtig‹ und ›falsch‹, wie sie in den traditionellen typografischen Regelwerken zur Anwendung kam, veranlasste ihn, etablierte Regeln infrage zu stellen und eigene typografische Forschungen anzustellen: Zwar bevorzugte Weingart immer noch die Akzidenz Grotesk, Helvetica und Univers – sie wurden jedoch für typografische Experimente eingesetzt, bei denen die Regeln des Bleisatzes auf den Kopf gestellt wurden, etwa indem Textblöcke stufig angeordnet wurden, der Abstand zwischen den Buchstaben variiert und die Grundlinie verlassen wurde. 1968 wurde Weingart zu einer Lehrtätigkeit an der neu gegründeten Weiterbildungsklasse für Grafik an der Basler Kunstgewerbeschule eingeladen, wo er einen Unterricht aufbaute, »*der die ehrwürdigen Typographie-Gesetze in Frage stellen sollte, ohne das Vorangegangene an der Baseler Kunstgewerbeschule zu missachten.*«[158] → #181 Er ermunterte seine Schüler dazu, die Grundlagen der typografischen Komposition selbst herauszufinden und mit der Reprokamera zu experimentieren, um so die eigene Gestalterpersönlichkeit und individuelle Gestaltungsmethoden ausbilden zu können – jenseits tradierter Regeln, jedoch auf höchstem handwerklichem Niveau.

Typographic Turn

Die Digitalisierung löste die jahrtausendealte Einheit von physischem Schriftträger und Text auf.[159] Stattdessen gibt es jetzt ›Daten‹, die, im binären Code verfasst, in höchstem Maße fluid sind und zu einer neuen ›elektronischen Schrift‹ werden können. So entstanden im Zuge digitaler Medienerweiterung schriftliche Datenflüsse ohne Papier, die von der Textbearbeitung am Computer über elektronische Bücher, Zeitungen und Zeitschriften bis hin zur Netzkommunikation via Chat, SMS und E-Mail reichen.[160] Zudem verlagern sich Informationen, die früher durch Zeitungen oder Zeitschriften publiziert wurden, auf das Internet und werden über Blogs und/oder Newsfeeds verbreitet.[161]

Mit diesen technischen und medialen Veränderungen hat sich Schrift jedoch keinesfalls erübrigt. Im Gegenteil: Gesamtgesellschaftlich kann nicht nur ein ›iconic turn‹[162], sondern auch ein ›typographic turn‹ festgestellt werden, denn: Schrift ist Kommunikation, sie visualisiert Sprache und ist damit nach wie vor *das* Medium, mit dem Wissen und Gedanken kommuniziert werden: Schließlich wurde »*noch nie in den vergangenen fünfzig Jahren [...] in Beruf, Lebensführung und Freizeit von so vielen Menschen so viel gelesen bzw. musste so viel gelesen werden*« wie heute.[163]

Zudem mobilisierte die Verbreitung elektronischer Kommunikationsmittel wie E-Mail, aber auch SMS oder Chat nicht nur die Lese-, sondern auch die Schreibpraxis auf breiter Ebene. Auch wenn tradierte orthografische Regeln dabei kurzerhand über Bord geworfen wurden und immer noch werden, sogenannte Emoticons Gefühle auszudrücken vermögen, kombinieren diese neuen Formen der Kommunikation doch weiterhin Buchstaben, Zeichen bzw. Satzzeichen zu sinngebenden Aussagen: *Es sind also nicht die Schriftzeichen, die verschwinden.* Im Gegenteil. Vielmehr hat ihre Materialität sowie der Umgang mit ihnen eine Veränderung erfahren.

Mit der Transformation von einer Industrie- in eine Informationsgesellschaft ändern sich nicht nur die technischen, sondern auch die gestalterischen Bedingungen. Die Einführung des Computers als Entwurfs- und Publikationswerkzeug führt seit den achtziger Jahren zu einem selbstbestimmten Umgang mit Schrift – auch für Laien, sodass das Thema ›Typografie‹ vollkommen neu ins Bewusstsein breiter Bevölkerungskreise rückt.

Bis in die achtziger Jahre war Typografie ein Spezialwissen, von dem selbst ausgebildete Graphikdesigner oftmals nur wenig Ahnung hatten. Mit den immer preiswerter, aber auch leistungsstärker werdenden Personal Computern setzte sich Ende der achtziger Jahre und vor allem in den neunziger Jahren Desktop Publishing (DTP) – ein rechnergestütztes Setzen von Bildern und Texten – durch. Die sukzessive Verbesserung der Grafikprogramme und die immer größere Auswahl an digitalen Schriften eröffneten Gestaltungsprofis vollkommen neue experimentelle Spielräume und forcierten postmoderne Regelverletzungen.

Die technischen Möglichkeiten erlaubten es bald auch, vorhandene Schriften zu modifizieren oder eigene Schriften zu entwerfen, was nicht nur eine Demokratisierung, sondern auch Popularisierung von Typografie bedingte. Praktisch jeder kann heute mit digitalen Schriften arbeiten. Auch typografische Laien können das für sie eigentlich fremde Feld schnell erobern und nicht nur mit vorhandenen Schriften gestalten, sondern mithilfe spezieller Programme wie Fontographer sogar eigene Schriften entwerfen – mit all den für professionelle Gestalter unliebsamen Folgen.

Aus dieser Entwicklung resultiert eine unglaubliche Inflation von Schriften. Wurden in den siebziger Jahren noch jährlich wenige hundert Schriften veröffentlicht, an denen die Designer Monate oder gar Jahre gearbeitet hatten, können Gestalter, aber auch Laien, heute zwischen zehntausenden digitalen Schriften zu einem Bruchteil der Kosten oder gar kostenlos wählen.[164]

Zudem bedingen die veränderten technologischen Möglichkeiten des Internets auch neue selbstbestimmte Publikations- und Vertriebsformen. Print on demand erlaubt es, beliebige Printprodukte der tatsächlichen Nachfrage entsprechend zu produzieren und ohne kostenintensive Lagerung zu vertreiben; web basierte Präsentationen und ein web basierter Vertrieb lassen individuelle gestalterische Statements oder eigenmotivierte Gestaltungsprojekte in Klein(st-)Auflagen an die entsprechenden Zielgruppen gelangen. Und während die großen Schriftgießereien früher allein die handwerklichen und finanziellen Voraussetzung besaßen, um eine Schrift zur Marktreife zu entwickeln und zu vertreiben, werden Schriften heute in Zeiten des Internets ebenfalls im Eigenvertrieb angeboten. Diese Vielfalt neuer Publikations- und Vertriebsformen ermöglicht ein selbstbestimmtes Arbeiten jenseits auftragsorientierter Vorgaben und neue Formen eigenverantwortlicher Autorschaft, auch im Umgang mit Schrift.

Die aktuelle Situation zeichnet sich durch zahlreiche, extrem vielfältige und individuell motivierte Gestaltungsentwürfe aus, die jedoch einige charakteristische Gemeinsamkeiten aufweisen:

Analoges und Gedrucktes

Auf Papier Gedrucktes versucht mit gestalterischen Mitteln wieder Orientierung im Datenfluss zu bieten, etwas wertvoll Greifbares zu schaffen, das nicht durch ›copy and paste‹ beliebig reproduziert und im Datenfluss an jeden beliebigen Ort der Welt transformiert werden kann – auch durch Typografie. Im Detail liebevoll durchgearbeitete Printmedien, die auch die Eigenschaften und besonderen Qualitäten des Papiers bewusst nutzen, sollen – so zumindest die Hoffnung – eine ästhetisch-materielle Qualität erzielen, die auch historisch Bestand erlangt.

Zudem entstehen vermehrt ›typografische Handarbeiten‹, die mit traditionellen Blei- und Holzlettern oder Holz- und Linoldruckplatten experimentieren. Aber auch so unkonventionelle Materialien wie Karton- oder Kartoffelstempel, Klebebänder, Selbstklebepunkte, Streichhölzer und Kieselsteine kommen zum Einsatz, um eine Typografie mit einer eigenen physischen Präsenz zu erzeugen, die räumlich erlebt werden kann. Es wird gesprüht, geschäumt, geklebt, gebaut, gezeichnet und gedruckt; Holzschnitte lassen grafische Arbeiten mit einer eigenständigen Materialität und Ästhetik entstehen, die am Computer *so* nie oder nur schwerlich hätte erzeugt werden können.[165]

Bilderschriften und Schriftbilder

Oft wird der Umstand thematisiert, dass Schrift nicht nur den Inhalt eines Textes transportiert, sondern auch visuelle Zeichen zu einem Bild verknüpfen kann. So funktionieren Wortmarken (Logos), aber auch SMS-Emoticons als Bilder – ihre Bedeutung wird auf einen Blick verstanden. Aktuell treten die Muster und Anordnungen der visuellen Zeichen in den Vordergrund und loten mittels Typografie die Grenzen der Schriftlichkeit neu aus[166] – bis hin zu typografischen Experimenten in ›Processing‹, die textähnliche Gebilde erzeugen, bei denen Lesbarkeit und Sinnkonstruktion zugunsten Dekonstruktionen oder gar radikaler Zerlegungen vollkommen in den Hintergrund treten.[167]

Futuretro

Besonders beliebt sind historische Schriften, die auf eine große Geschichte verweisen und die auf Anhieb mit bestimmten historischen Assoziationen verbunden werden. Sie werden wie ›Objets trouvés‹ gesammelt, jedoch nicht nur um des bloßen historischen Rückgriffs wegen. Neuerlich werden vornehmlich Schriften eingesetzt, die sich einst mit Klarheit gegen ornamentale Überfrachtung richteten und die für eine bestimmte Zeit und Haltung stehen. Besonders gerne werden Gestaltungscharakteristika des internationalen Stils der Schweizer Grafik rezipiert, indem die weitverbreiteten ›modernen‹ Groteskschriften, insbesondere die Akzidenz-Grotesk, die Univers oder Helvetica, aber auch Schreibmaschinenschriften (sog. Typewriter) eingesetzt werden. Sie dienen nicht nur als Vorlagen für immer neue Überarbeitungen im Rahmen von Auftragsarbeiten als sogenannte Hausschriften oder ›Corporate Fonts‹. Vielmehr besteht die gestalterische Herausforderung heute ganz offensichtlich darin, diese bekannten und eigentlich als unspektakulär wahrgenommenen Schriften, denen die Idee ›Neutralität durch Perfektion‹ zugeschrieben wird,[168] neu zu interpretieren.

Entsprechend brechen eigenwillige Interpretationen beispielsweise des Amsterdamer Grafikdesign-Studios Experimental Jetset (Marieke Stolk, Danny van den Dungen und Erwin Brinkers) mit den strengen Regeln und gestalterischen Konventionen, die traditionellerweise im Umgang mit diesen Schriften gepflegt wurden, um neue poetische Dimension herauszuarbeiten: »[...] *This particular language, so called late-Modernism, shaped us profoundly, leaving an irreversible imprint on our way of thinking, working, and living. Moreover, as children we intuitively grasped the poetic dimension that, to this day, is denied not only by the critics of late-Modernism, but also by the late-Modernists themselves.*

[…] Critics may regard Modernism as a failed project, but they cannot stop us from speaking the poetic mother tongue in which we were brought up. Modernism might be dismissed as a dead language, but it lives on as a forbidden dialect, spoken in various networks and undercurrents, surviving in fanzines, weblogs, esoteric publishing projects, shortlived exhibitions, and in the day-to-day practice of a small, marginalized subculture of graphic designers.«[169]

So werden neue Buchstaben entwickelt, die an ihre historischen Vorbilder erinnern, etwa die Akkurat von Laurenz Brunner (2004), die zwar »*an die Zurückhaltung klassisch-moderner Typografien an[knüpft], wie man sie gerade aus der Schweiz kennt*«, jedoch auch »*bewusst vom Gedanken einer allzu transparenten Neutralität*« abweicht.[170] In ähnlicher Weise argumentiert Radim Peško bezogen auf seine Fugue (2010), die er in Anklang an Renners Futura entwickelt hat: »*Fugue […] was conceived as an appreciation of and going-back-to-the-future-and-back-again with Paul Renner.*«[171] Aber natürlich werden auch betont expressive Schriften wie die WoodtliUnivers (2000) entwickelt, die bewusst Zurückhaltung und Transparenz, in diesem Falle von Adrian Frutigers Univers, konterkarieren.[172]

Hatte die Avantgarde der Moderne ihr Selbstverständnis also aus dem radikalen Bruch mit ihrer gestalterischen Vergangenheit bezogen, gilt es heute offensichtlich, angesichts global kommunizierter transkultureller Standards gestalterische Identität aus der Aneignung von und der Auseinandersetzung mit Vergangenheit zu konstituieren.

1 — Die Bibel mit Illustrationen von Lucas Cranach d. Ä. (sogenannte Septemberbibel) war in einer für damalige Verhältnisse hohen Auflage von 3.000 bis 5.000 Exemplaren erschienen und schnell vergriffen. Im Dezember wurde eine neue Auflage publiziert. Zwischen 1522 und 1534 erschienen insgesamt 85 Auflagen; zwischen 1534 und 1574 wurden 100.000 Exemplare der vollständigen Lutherbibel verkauft. Vgl. KAPR, Albert: Fraktur. Form und Geschichte der gebrochenen Schriften. Mainz: Hermann Schmidt, 1993, S. 37f.

2 — Die Andreä-Fraktur stammte – ebenso wie die Werke des berühmtesten Künstlers der damaligen Zeit, Albrecht Dürer – aus der Werkstatt von Hieronymus Andreä, der dort Frakturstempel in verschiedenen Graden herstellte, vielleicht auch Lettern, die schnell Verbreitung fanden. Vgl. KAPR (1993), S. 39f.

3 — Ebenda, S. 44f.

4 — BEHRENS, Peter: Von der Entwicklung der Schrift. In: Ders.: Schrift und Zierat. Schriften, Initialen und Schmuck nach Zeichnungen von Professor Behrens. Offenbach am Main: Rudhard'sche Gießerei, ca. 1902, S. 9.

5 — Ebenda.

6 — Ebenda, S. 8.

7 — Ebenda.

8 — Ebenda, S. 11.

9 — LARISCH, Rudolf von: Über Leserlichkeit von ornamentalen Schriften. Wien: Anton Schroll, 1904.

10 — POESCHEL, Carl Ernst: Der Satz. In: Ders.: Zeitgemäße Buchdruckkunst. Leipzig: Poeschel & Trepte, 1904, S. 38. – Das Buch ist nach einem Besuch in England, wo Poeschel die Arts-and-Crafts-Bewegung kennengelernt hatte, aus einem Vortrag für Drucker entstanden.

11 — Ebenda, S. 39.

12 — Vgl. Printing. An essay by William Morris and Emery Walker. In: ›Arts & crafts essays by members of the Arts and Crafts Exhibition Society‹. Park Ridge (Ill.): Village Press, 1903.

13 — KAPR: (1993), S. 68.

14 — Ebenda, S. 89.

15 — TSCHICHOLD, Iwan: Die neue Gestaltung. In: Typographische Mitteilungen. Zeitschrift des Bildungsverbandes der Deutschen Buchdrucker (Leipzig; Sonderheft ›elementare typographie‹), 22. Jg., Oktober 1925, H. 10, S. 193.

16 — MOHOLY-NAGY, László: Die neue Typographie. In: Staatliches Bauhaus in Weimar 1919-1923, hrsg. von Karl Nierendorf. Weimar / München: Bauhausverlag, 1923, S. 141.

17 — VORDEMBERGE-GILDEWART, Friedrich: Zur Geschichte der Typographie (Vortrag mit Lichtbildern, 1959–1962, an mehreren Orten gehalten. Nach Manuskript im Archiv der Stiftung Vordemberge-Gildewart, gekürzt). In: Typographie kann unter Umständen Kunst sein. Kat. Landesmuseum Wiesbaden, Wiesbaden, 1990, S. 94.

18 — TSCHICHOLD, Jan: Was ist und was will die Neue Typografie? In: Ders.: Eine Stunde Druckgestaltung. Grundbegriffe der Neuen Typografie in Bildbeispielen für Setzer, Werbefachleute, Drucksachenverbraucher und Bibliofilen. Stuttgart: Akademischer Verlag Dr. Fritz Wedekind & Co., 1930, S. 7.

19 — TSCHICHOLD, Jan: Die neue Typoprahie. Ein Handbuch für zeigemäß Schaffende. Berlin: Verlag des Bildungsverbandes der deutschen Buchdrucker, 1928.

20 — Der sogenannte Werkbund-Streit wurde 1914 auf der Kölner Werkbund-Ausstellung ausgetragen. Hier hatte sich Hermann Muthesius für Typisierung eingesetzt, während sich Henry van de Velde leidenschaftlich für ein individuelles künstlerisches Arbeiten aussprach, das sich keiner Disziplinierung oder Typisierung unterordnen könne; vgl. Zwischen Kunst und Industrie. Der Deutsche Werkbund, hrsg. von Wend Fischer für den Deutschen Werkbund. Stuttgart: Deutsche Verlagsanstalt, 1987, S. 85ff.

21 — Von besonderer Bedeutung ist Porstmanns Dissertation ›Untersuchungen über Aufbau und Zusammenschluss der Maßsysteme.‹ Leipzig: A. Priess, 1920. – Nachdem Porstmann 1921 im Auftrag des Normausschusses der Deutschen Industrie die DIN-Formate festgelegt hatte, die 1922 als DIN 476 eingeführt wurden, verschrieb er sich in den folgenden Jahren engagiert der Durchsetzung der DIN-Normen in der Praxis. Vgl. PORSTMANN, Walter (bearb. im Auftrag des Normausschusses der Deutschen Industrie): Papierformate DIN, Buch; 1). Berlin 1921 sowie PORSTMANN, Walter: Papierformate. Die DIN-Formate und ihre Einführung in die Praxis. Berlin: Normausschuss der Deutschen Industrie, 1923.

22 — PORSTMANN, Walter: Sprache und Schrift. Berlin: Verlag des Vereins Deutscher Ingenieure, 1920, o. Pg. (S. 70)

23 — TSCHICHOLD, Iwan: Elementare Typographie. In: Typographische Mitteilungen. Zeitschrift des Bildungsverbandes der Deutschen Buchdrucker (Leipzig; Sonderheft ›elementare typographie‹), 22. Jg., Oktober 1925, H. 10, S. 198.

24 — In Anlehnung an Porstmann wurde die Kleinschreibung auch als ›Einheitsschrift‹ bezeichnet, so 1926 von Moholy-Nagy, der betonte: »Zu fordern ist zum Beispiel eine Einheitsschrift, ohne Minuskeln und Majuskeln; nur Einheitsbuchstaben – nicht der Größe, sondern der Form nach.« Vgl. MOHOLY-NAGY, László: Zeitgemäße Typografie. (Ziele, Praxis, Kritik). In: Offset, Buch und Werbekunst (Leipzig), Nr. 7, 1926, S. 379.

25 — BAYER, Herbert: Vier Geschäftsformulare in DIN-Norm. In: Offset, Buch- und Werbekunst (Leipzig), Nr. 7, 1926, S. 402.

26 — Vgl. Das A und O des Bauhauses. Bauhauswerbung: Schriftbilder, Drucksachen, Ausstellungsdesign, hrsg. für das Bauhaus-Archiv von Ute Brüning. Leipzig: Edition Leipzig, 1995, S. 95.

27 — So betonte Tschichold, der in Leipzig an der Akademie für graphische Künste und Buchgewerbe studiert hatte und, wie seine typografischen Studien zeigen, sehr gut mit den Formen und der Geschichte der ›deutschen Schrift‹ vertraut war: »Schriften, die bestimmten Stilarten angehören oder beschränkt-nationalen Charakter tragen (Gotisch, Fraktur, Kirchenslavisch), sind nicht elementar gestaltet und beschränken zum Teil die internationale Verständigungsmöglichkeit.« Vgl. TSCHICHOLD: Elementare Typographie (1925), S. 198.

28 — TSCHICHOLD: Die neue Typographie (1928), S. 77.

29 — PORSTMANN: Sprache und Schrift (1920), S. 83.

30 — 1925 definierte El Lissitzky die Waagrechte, Senkrechte, die Schiefe und den Bogen als die Elemente des Buchstaben. Vgl. El LISSITZKY: Typographische Tatsachen. In: Gutenberg-Festschrift zur Feier des 25jährigen Bestehens des Gutenbergmuseums Mainz, hrsg. von A. Ruppel. Mainz: Gutenberggesellschaft, 1925, S. 152.

31 — TSCHICHOLD: Die Neue Typographie (1928), S. 75. – Groteskschriften waren natürlich keine Neuerungen der zwanziger Jahre.

32 — BAYER, Herbert: Versuch einer neuen Schrift. In: Offset, Buch und Werbekunst (Leipzig), Nr. 7, 1926, S. 400.

33 — MOHOLY-NAGY: Zeitgemäße Typografie (1926), S. 380.

34 — Die Vorliebe für serifenlose Alphabete lässt sich bis um 1800 zurückverfolgen, als neoklassizistische Künstler und Architekten die Kultur der Antike als Vorbild entdeckten. Vgl. dazu: MOSLEY, James: The Nymph and the Grot. The Revival of the Sanserif. In: Typographica (Neue Serie), Nr. 12, 1965, S. 9–12; interessant erscheint der ›nüchterne‹, fast unprätentiöse Charakter, den Groteskschriften zu Beginn des 20. Jahrhundert zugeordnet war. So hatte Peter Behrens für die AEG neben den Antiqua-Varianten, die eher als Schmuckschrift für Urkunden, Titelzeilen und Überschriften verwendet wurden, auch eine Groteskschrift für einfache Werbebroschüren entwickelt.

35 — Vgl. RENNER, Paul: Die Schrift unserer Zeit. In: Die Form (Berlin), Jg. 2, 1927, Nr. 2, S. 109.

36 — ALBERS, Josef: Zur Ökonomie der Schriftform. In: Offset, Buch und Werbekunst (Leipzig), Nr. 7, 1926, S. 397.

37 — PORSTMANN: Sprache und Schrift (1920), S. 80.

38 — Ebenda, S. 70.

39 — Ebenda, S. 81.

40 — SCHWITTERS, Kurt: Anregungen zur Erlangung einer Systemschrift. In: i10. Internationale Revue (Amsterdam), 1. Jg., Aug./Sept. 1927, H. 8/9, S. 313.

41 — Ebenda.

42 — TSCHICHOLD, Jan: Was ist und was will die Neue Typografie? In: Ders.: Eine Stunde Druckgestaltung (1930), S. 6f.

43 — TSCHICHOLD: Die neue Gestaltung (1925), S. 194.

44 — Ebenda.

45 — So versteht Schwitters Lissitzkys Beitrag zur ›Neuen Typografie‹; vgl. IV. und V. These zur Typografie. In: SCHWITTERS, Kurt: Thesen über Typografie. In: Merz (Hannover), Nr. 11, 1924, S. 91.

46 — SCHWITTERS, Kurt: Die neue Gestaltung in der Typografie (1930). Ern. abgedr. in: Kurt Schwitters. Das literarische Werk, Bd. 5 (Manifeste und kritische Prosa), hrsg. von Friedhelm Lach. Köln: DuMont, 1981, S. 218.

47 — MOHOLY-NAGY: Zeitgemäße Typografie (1926), S. 379.

48 — Moholy-Nagy schlägt den Bogen von der Erfindung des Buchdrucks bis hin zum Röntgenapparat, Telehor und Fernsehen. Telehor war ein mechanisches Fernsehsystem, das von dem ungarischen Physiker und Techniker Dénes von Mihály entwickelt worden war. 1919 gelang es ihm, sich bewegende Schattenbilder via Kabel über eine Distanz von fünf Kilometern zu übertragen. Ähnliches gelang Max Dieckmann mit der Braun'schen Röhre 1925.

49 — MOHOLY-NAGY, László: Typographie-Photographie. Typo-Photo. In: Typographische Mitteilungen (Sonderheft ›elementare typographie‹), 22. Jg., Oktober 1925, S. 202; vgl. auch: EISELE, Petra: László Moholy-Nagy und die ›Neue Reklame‹ der zwanziger Jahre. In: bauhauskommunikation. Innovative Strategien im Umgang mit Medien, interner und externer Öffentlichkeit, hrsg. vom Bauhaus-Archiv Berlin und Patrick Rössler (Neue Bauhausbücher Band 1). Berlin 2009, S. 244ff.

50 — MOHOLY-NAGY: Typo-Photo (1925), S. 202.

51 — BAYER, Herbert: typografie und werbsachengestaltung. In: bauhaus (Dessau), 2, 1928, S. 10.

52 — BAUER, Konrad Friedrich: Die Zukunft der Schrift. In: Klimschs Druckerei-Anzeiger (Frankfurt a. M.), 54. Jg., 1927, H. 56, S. 1329.

53 — Ebenda.

54 — Ebenda, S. 1330. – Aus einer neueren Perspektive schließt sich Gerd Fleischmann Bauers Kritik an: »[…] alle Versuche gegen die seit der Renaissance tradierten Schriftformen neue, vereinfachte zu setzen, sind […] gescheitert – zumindest für Lesetexte. Die Bauhaus-Ideen zur Schrift […] übersehen, dass gerade die Vielgestaltigkeit der Einzelzeichen innerhalb einer formalen rhythmischen Einheit oder eines gemeinsamen Duktus die Qualität einer guten und lesbaren Schrift ausmacht. Die Protagonisten der Moderne hatten allerdings eher formale Aspekte der Reklame, des Films oder von Werbe- und Ausstellungsarchitekturen im Blick, nicht die Lese- und Buchtypografie. Sie waren fasziniert von der Geschwindigkeit und den neuen Kommunikationsmitteln. Die Zeitung mit ihren Schlagzeilen, ihren knappen Meldungen und ihrer ins Auge springenden Form sollte auch Vorbild für das Buch sein.« Vgl. FLEISCHMANN, Gerd: Max Bill – Bauhaus: Schrift. In: max bill. typografie, reklame, buchgestaltung, hrsg. von Gerd Fleischmann und Max Bill. Sulgen / Zürich: Niggli, 1999, S. 33.

55 — MOHOLY-NAGY, László: Die Zukunft unserer Schrift. In: Klimschs Druckerei-Anzeiger (Frankfurt a. M.), 1927, H. 66, S. 1538.

56 — Ebenda.

57 — BAYER: typografie und werbsachengestaltung (1928), S. 10.

58 — TSCHICHOLD: Die neue Typographie (1928), S. 85.

59 — DEXEL, Walter: Was ist neue Typographie? In: Frankfurter Zeitung (Frankfurt a. M.), 05.02.1927.

60 — Neben Herbert Bayer am Dessauer Bauhaus lehrten Max Buchartz in Essen, Willi Baumeister, Hans und Grete Leistikow in Frankfurt, Otto Arpke in Mainz, Johannes Molzahn in Magdeburg, Georg Trump in Bielefeld und natürlich Paul Renner und Jan Tschichold in München die Prinzipien der Neuen Typografie.

61 — Vgl. EISELE, Petra: László Moholy-Nagy und die ›Neue Reklame‹ der zwanziger Jahre. (2009), S. 249ff.

62 — Entsprechend betonte Stanley Morison 1929 in seinen Grunaregeln der Buchtypographie, in der Werbetypografie sei typografische Geschicklichkeit bei der Erarbeitung exzentrischer oder verspielter Typografie unerlässlich. Vgl. MORISON, Stanley: Grundregeln der Buchtypographie (1929), in: Typographie und Bibliophilie. Aufsätze und Vorträge über die Kunst des Buchdrucks aus zwei Jahrhunderten. Ausgewählt und erläutert von Richard von Sichowsky und Hermann Tiedemann, Maximilian-Gesellschaft Hamburg. Hannover 1971, S. 75.

63 — RASCH, Heinz und Bodo: Gefesselter Blick. 25 kurze Monografien und Beiträge über neue Werbegestaltung. Stuttgart: Wissenschaftlicher Verlag

A

Dr. Zaugg & Co., 1930; vgl. dazu: Ludwig, Annette: Die Architekten Brüder Heinz und Bodo Rasch. Ein Beitrag zur Architekturgeschichte der zwanziger Jahre. Tübingen: Wasmuth, 2009.
64 — Ebenda, S. 23f.
65 — Tschichold: *Eine Stunde Druckgestaltung* (1930), S. 7.
66 — Ebenda.
67 — Das Bauhaus wurde als Privatinstitut unter der Leitung von Mies van der Rohe am 11. April 1933 aufgelöst. Vgl. Eisele, Petra: *Adolf H. beim Zeitungslesen unter dem Adventsbaum.* In: bauhausideen 1919–1994. bibliografie und beiträge zur rezeption des bauhausgedankens, hrsg. von Andreas Haus. Berlin: Reimer, 1994, S. 30ff.
68 — Besonders unbeliebt gemacht hatte sich Paul Renner, als er sich 1926 Seite an Seite mit Thomas und Heinrich Mann gegen den Münchner Traditionalismus gestellt und mit seiner Schrift ›Kulturbolschewismus?‹ die Überzeugungen der Moderne klug und kompromisslos verteidigt hatte. Vgl. Renner, Paul: Kulturbolschewismus? Zürich / München / Leipzig 1932.
69 — Tschichold und Renner waren Mitglieder im Münchner Bund, der vom Kampfbund deutscher Architekten und Ingenieure bekämpft wurde mit dem Argument, er habe mit dem »links eingestellten und verjudeten Werkbund zusammengearbeitet und sich an dessen Richtlinien gehalten«. Renner wurde als »Edelkommunist« denunziert; vgl. Chowaniec, Elisabeth: Der ›Fall Dohnanyi‹ 1943–1945. Widerstand, Militärjustiz, SS-Willkür. München: R. Oldenbourg, 1991, S. 501f.
70 — Der ›Völkische Beobachter‹ erschien 1920 bis 1944. Die Zeitung verwendete die Antiqua als Titel- und Auszeichnungsschrift; der Kolumnensatz erfolgte jedoch in Fraktur.
71 — Schirach, Henriette von: Der Preis der Herrlichkeit. Erlebte Zeitgeschichte. München: Herwig, 1975, S. 183.
72 — So hieß es 1932 in ›Der Kampf um die deutsche Schrift‹: »Beide(,) Schrift und Sprache, verdanken ihre Entwicklung Gesetzen, die durch Rasse und Blut« gegeben sind. Vgl. Sammer, Friedrich / Schlegel, Maximilian / Freitag, Kurt: Der Kampf um die deutsche Schrift. Dresden 1932, S. 20.
73 — Im Mai 1933 verkündete Innenminister Wilhelm Frick in einer Rede vor den Kultusministerien, der deutschen Schrift sei unbedingt Vorrang vor der lateinischen Schrift einzuräumen. Zudem wurde eine offizielle Verfügung durch das Innenministerium erlassen, die für amtliche Drucksachen deutsche Schrift festlegte. Vgl. Bose, Günter Karl: *Normalschrift. Zur Geschichte des Streits um Fraktur und Antiqua.* In: Welt aus Schrift. Das 20. Jahrhundert in Europa und den USA, hrsg. von Anita Kühnel. Kat. Staatliche Museen zu Berlin. Köln: König, 2010, S. 94f. sowie Willberg, Hans Peter: *Schrift und Typografie im dritten Reich.* In: Umbruch: 8. Bundestreffen des Forum Typografie, 31. Mai bis 2. Juni 1991 in Berlin, Kunsthochschule Berlin-Weißensee. Mainz: Hermann Schmidt, 1993, S. 31.
74 — 56,8 Prozent der Bücher waren in Fraktur, 43,2 Prozent in Antiqua gesetzt worden; 59,8 Prozent der Zeitschriften in Fraktur, 40,2 Prozent in Antiqua. Vgl. Kapr (1993), S. 78 sowie Bose, Günter Karl: *Normalschrift.* In: Welt aus Schrift (2010), S. 90; 93.
75 — In Skizziervorlagen für Schriftsetzerlehrlinge wurden nicht nur gebrochene Schriften und Antiqua, sondern auch Groteskschriften vorgeschrieben; vgl. Schauz, Georg: Typographisches Skizzieren und Drucksachenentwerfen. Teil I: Typoskizze, 18 Übungsabende, hrsg. vom Reichsorganisationsleiter der NSDAP, bearbeitet vom Amt für Berufserziehung und Betriebsführung der Deutschen Arbeitsfront, Berlin: Lehrmittelzentrale der Deutschen Arbeitsfront, 1940; Willberg (1993), S. 34; 1939 erschien zudem Renners Publikation ›Die Kunst der Typographie‹ – ebenfalls in der Futura gesetzt. Die inhaltlichen Ausführungen beschränken sich allerdings dezidiert unpolitisch auf die Geschichte der europäischen Schrift sowie typografisches Regelwerk für Setzer und Drucker. Vgl. Renner, Paul: Die Kunst der Typographie. Berlin: Frenzel & Engelbrecher ›Gebrauchsgraphik‹, 1939.
76 — Völkischer Beobachter, Nr. 250, 7. September 1934, S. 4, zit. n. Bose: *Normalschrift.* In: Welt aus Schrift (2010), S. 96.
77 — Die ›Schaftstiefelgrotesken‹ werden als ›Gebrochene Grotesk‹ oder ›Fraktur-Grotesk‹ bezeichnet; Bose ist der Meinung, die Bezeichnung ›Schaftstiefelgrotesk‹ sei nicht, wie oftmals behauptet, im Setzerjargon der dreißiger Jahre entstanden, sondern stamme von Tschichold; vgl. exemplarisch: *Zur Typografie der Gegenwart* (1960). In: Jan Tschichold. Schriften, Bd. 2, hrsg. von Günter Karl Bose und Erich Brinkmann. Berlin 1991, S. 261.
78 — Die Tannenberg wurde 1929 von dem Offenbacher Grafiker Erich Meyer gestaltet und kam 1933 auf den Markt. Die Schriftgießerei D. Stempel AG warb für sie mit dem Slogan ›Tannenberg. Eine neue deutsche Schrift! Der erste Ausdruck neuer deutscher Formgesinnung.‹ Die Schaftstiefelgrotesken kamen stark als Auszeichnungsschrift in der Gebrauchsgrafik zum Einsatz und wurden von großen deutschen Industrieunternehmen für Plakate und Anzeigen genutzt. Im Buchwesen spielten sie nur eine untergeordnete Rolle. Vgl. Bose: *Normalschrift.* In: Welt aus Schrift (2010), S. 99.
79 — Robert Koch gestaltete die Wallau 1930; sie sollte zu einer der beliebtesten Schriften der Nationalsozialisten werden.
80 — Diese Schriften waren teilweise schon in den zwanziger Jahren entwickelt worden, aber erst ab 1933 gegossen und – ebenso wie die seiner weniger begabten Schüler und Epigonen – auf den Markt gebracht worden. Hier manifestiere sich, so betont Albert Giesecke, der Wunsch nach Vereinfachung und eine »Anlehnung an die konstruktivistischen Bestrebungen« der letzten Jahrzehnte. Vgl. Giesecke, Albert: Schriftschaffen im neuen Deutschland. Ein Rundgang durch die neuesten Schöpfungen der deutschen Schriftgießereien. In: Schrift und Schreiben (Bonn), 5. Jg. 1935, S. 130.
81 — Willberg (1993), S. 33.
82 — Goebbels, zit. n. Bose: *Normalschrift.* In: Welt aus Schrift (2010), S. 99.
83 — Willberg weist zurecht darauf hin, der Schrifterlass sei imperialistischer Natur gewesen; es habe sich um einen ›Kulturopportunismus‹ der Macht gehandelt, vgl. Willberg (1993), S. 39.
84 — Lebius, Rudolf: Schriftreform. Fronau b. Berlin: Spree-Verlag, 1916.
85 — Boormann (Stellvertreter des Führers / Stabsleiter): Rundschreiben (nicht zur Veröffentlichung) vom 3.1.1941, ern. abgedr. in Kapr (1993), S. 81.
86 — Schautz (1940); Willberg (1993), S. 38.
87 — Kapr (1993), S. 85.
88 — Ebenda, S. 84.
89 — Vom 28. Dezember 1927 bis 20. Januar 1928 hatte das Gewerbemuseum Basel die Ausstellung ›Neue Typografie‹ mit Arbeiten von Theo Ballmer, Walter Cyliax, Walter Käch und Ernst Keller aus der Schweiz, von Willi Baumeister, Herbert Bayer, Max Buchartz, Walter Dexel, Paul Renner, Kurt Schwitters und Jan Tschichold aus Deutschland sowie von Vilmos Huszar, Paul Schuitema und Mart Stam aus Holland gezeigt. Zudem enthielt der Katalog Dexels Aufsatz ›Was ist neue Typographie?‹, der am 5. Februar 1927 auf der Titelseite der Frankfurter Zeitung veröffentlicht worden war.
90 — Hollis, Richard: Schweizer Grafik. Die Entwicklung eines internationalen Stils 1920–1965. Basel / Berlin / Boston: Birkhäuser, 2006, S. 125.
91 — Tschichold, Jan: *Typographische Gestaltung.* Basel: Schwabe, 1935, S. 24f.
92 — Ebenda, S. 29.
93 — Ebenda, S. 30 – Dennoch stellte Tschichold hier seine persönlichen Präferenzen klar mit seiner Bemerkung, hin und wieder könne doch die Gelegenheit genutzt werden, eine Arbeit klein zu setzen, um sich daran zu erfreuen.
94 — Erstmals zusammenhängend abgedruckt wurde diese Auseinandersetzung zwischen Bill und Tschichold 1997 im Sonderheft ›Pioniere der Typografie des 20. Jahrhunderts‹ der ›Typografischen Mitteilungen‹, das von Gerd Fleischmann über Max Bill zusammengestellt wurde. Vgl. TM (Typografische Monatsblätter), 65. Jg. 1997, Nr. 4. Vgl. zudem: Bosshard, Hans Rudolf: Der Typografiestreit der Moderne. Max Bill kontra Jan Tschichold. Sulgen / Zürich: Niggli, 2012.
95 — Vgl. Tschichold, Jan: *Glaube und Wirklichkeit.* In: Schweizer Graphische Mitteilungen (St. Gallen), 65. Jg., Juni 1946, H. 6, S. 233–243. Hauptargumente dazu fasste Tschichold zudem im Juli 1946 in den ›Typographischen Monatsblättern‹ in seinem Artikel ›Graphik und Buchkunst‹ zusammen: Hier unterschied er zwischen den Zielsetzungen eines kommerziellen Grafikdesigners und den Aufgaben in der Buchgestaltung, die auf Dauerhaftigkeit zielen müsse und auf Methoden und Regeln aus den vergangenen Jahrhunderten zurückblicken könne, die nicht mehr zu verbessern seien. Zudem bezeichnet er Groteskschriften als Modeschriften. Vgl. Tschichold, Jan: *Graphik und Buchkunst.* In: Typographische Monatsblätter (Bern), 13. Jg., Juli 1946, H. 9, S. 263 – Ähnlich moderat plädiert auch Paul Renner bei einem Vortrag im August 1946 auf der ersten Tagung der Verleger und Buchhändler der französisch besetzten Zone in Lindau für klassische Antiqua-Schriften der älteren Zeit, etwa von Didot oder Bodoni, die er als ›modern‹, da gut lesbar, beurteilt, wenngleich er seiner Futura eine große Zukunft versprach; Vgl. Renner, Paul: Das moderne Buch. Lindau: Jan Thorbecke, 1947.
96 — Bill, Max: *über typografie.* In: Schweizer Graphische Mitteilungen (St. Gallen / Sonderdruck), 65. Jg., April 1946, Nr. 4, S. 193–200.
97 — Ebenda, S. 193.
98 — Ebenda.
99 — Auch in der Schweiz gab es eine Tendenz zum ›Heimatstil‹, vgl. Schilder Bär, Lotte / Wild, Norbert: Designland Schweiz. Gebrauchsgüterkultur im 20. Jahrhundert, hrsg. von der Pro Helvetica / Schweizer Kulturstiftung. St. Gallen: Typotron, 2001.
100 — Bill (über typografie, 1946), S. 194.
101 — Ebenda, S. 199.
102 — Ebenda, S. 200.
103 — Ebenda, S. 199.
104 — Ebenda, S. 194f.
105 — Ebenda, S. 197.
106 — Ebenda, S. 198.
107 — Ebenda.
108 — Tschichold, Jan: *Glaube und Wirklichkeit.* In: Schweizer Graphische Mitteilungen (St. Gallen), 65. Jg., Juni 1946, H. 6, S. 233–243.
109 — Ebenda, S. 234.
110 — Ebenda, S. 235.
111 — Ebenda, S. 237.
112 — In seinem Artikel ›Typographische Strömungen in der Schweiz‹ unterstützte Rudolf Hostettler, Mitherausgeber der ›Schweizer Graphischen Mitteilungen‹, Tschicholds Argumentation. Die vernünftigste Reaktion allerdings kam von Paul Renner, der in zwei verschiedenen Artikeln einen Mittelweg empfahl. Vgl. Hostettler, Rudolf: *Typographische Strömungen in der Schweiz.* In: Schweizer Graphische Mitteilungen (St. Gallen), Dezember 1946, S. 455–463 sowie Renner, Paul: Über moderne Typografie. In: Schweizer Graphische Mitteilungen (St. Gallen), März 1948, H. 3, S. 119-120 sowie Renner, Paul: *Die moderne Typografie wird funktionell sein.* In: Schweizer Graphische Mitteilungen (St. Gallen), Juli 1948, H. 7, S. 312.
113 — Brief von Max Bill an Paul Rand, in: Barnes, Paul: Jan Tschichold. Reflections and Reappraisals. New York: Typoscope, 1995, S. 48.
114 — Müller-Brockmann, Josef: *Geschichte der visuellen Kommunikation,* Natick MA: Alphabet Pr., 1986, S. 282.
115 — Konstruktive Grafik. Kat. Kunstgewerbemuseum Zürich. Zürich: Kunstgewerbemuseum, 1958, 6 Bl.
116 — Das Rastersystem der Neuen Grafik leitet sich, der Funktion entsprechend, von der in der Schweiz verbreiteten Dreisprachigkeit ab. Abweichend von den Amtssprachen war die Zeitschrift jedoch in Deutsch, Englisch und Französisch gehalten.
117 — Die Schrift war bereits 1896 von der H. Berthold AG eingeführt worden und im deutschsprachigen Bereich, vor allem in der Schweiz, zum Standard geworden. Wohl aus diesem Grund wurde sie im englischsprachigen Bereich auch als ›Standard‹ bezeichnet.
118 — Die Neue Haas Grotesk erschien 1957.
119 — Neuburg, Hans: *Anmerkungen zu einer neuen Grotesk-Schrift. Die neue Haas-Grotesk.* In: Neue Grafik (Olten), 4. Ausg., Dez. 1959, S. 52.
120 — Ruder, Emil: *›Univers‹. Eine neue Groteskschrift von Adrian Frutiger.* In: Typographische Monatsblätter (Zürich), Mai 1957, S. 367–374.
121 — Neuburg (1959), S. 52.
122 — Vgl. Ruder (1958), S. 55ff.
123 — ›Gerstner + Kutter, Werbung, Graphik, Publizität‹ war 1958 gegründet worden. Die Agentur wurde 1961 zur legendären GGK – Gerstner, Gredinger und Kutter.
124 — Gerstner, Karl / Kutter, Markus: *Die neue Graphik.* Teufen: Niggli,

125 — Ruder, Emil: *Ordnende Typographie*. In: Graphis (Zürich), Jg. 15, 1959, Nr. 85, S. 404–413.
126 — Gerstner, Karl: *Integrale Typografie*. In: Typografische Monatsblätter (Zürich, Sonderheft ›Integrale Typographie‹), Jg. 27, 1959, Nr. 5/6, 340–350; ern. abgedr. und hier zitiert: Gerstner, Karl: Programme entwerfen. Statt Lösungen für Aufgaben Programme für Lösungen. Teufen: Niggli, 1963, S. 57.
127 — Ebenda, S. 58.
128 — Ebenda.
129 — Ebenda.
130 — Ebenda, S. 74 – Die Einheit der ›integralen Typographie‹ kommt in verschiedenen Phasen zustande, deren nachfolgende stets die vorhergehenden enthalten: in der Integration verschiedener Zeichen, verschiedener Buchstaben im Wort, in der Integration verschiedener Worte im Satzbild, in der Integration verschiedener Satzbilder im zeitlichen Ablauf und in der Integration selbstständiger Einzelaufgaben und Funktionen.
131 — *Die Typografie in der Werbung.* In: Müller-Brockmann, Josef: Gestaltungsprobleme des Grafikers. Gestalterische und erzieherische Probleme in der Werbegrafik. Teufen: Niggli, 1961, S. 16.
132 — Kritik an diesem neuen Konzept bezogen auf die Visuelle Kommunikation übt Scheidegger; vgl. Scheidegger, Ernst: *Experiment Ulm und die Ausbildung des Grafikers.* In: Neue Grafik (Olten), 1. Ausg., Sept. 1958, S. 64ff.
133 — Vordemberge-Gildewart, Friedrich: *Zur Geschichte der Typographie* (Vortrag mit Lichtbildern, 1959–1962, an mehreren Orten gehalten. Nach Manuskript, im Archiv der Stiftung Vordemberge-Gildewart, gekürzt). In: Typographie kann unter Umständen Kunst sein. Kat. Landesmuseum Wiesbaden, Wiesbaden, 1990, S. 93.
134 — Ebenda.
135 — Hollis (2006), S. 211.
136 — Vgl. Bonsiepe, Gui: *Visuell / verbale Rhetorik.* In: ulm. Zeitschrift der Hochschule für Gestaltung (Ulm), Nr. 14/15/16, 1965, S. 23–40.
137 — LMNV [Lohse / Müller-Brockmann / Neuburg / Vivarelli]: *Eine Hochschulzeitung.* In: Neue Grafik (Olten), Ausg. 8, Dez. 1960, S. 32.
138 — Funke, Hermann: *Kuhandel in Ulm.* In: Die Zeit (Hamburg), 08.03.1968, Nr. 10.
139 — Eisele, Petra: *BRDesign. Deutsches Design als Experiment seit den 1960er Jahren,* Köln / Weimar / Wien: Böhlau, 2005.
140 — Willberg, Hans Peter: Buchkunst im Wandel. Die Entwicklung der Buchgestaltung in der Bundesrepublik Deutschland. Frankfurt a. M.: Stiftung Buchkunst, 1984, S. 81.
141 — Gerstner, Karl: Kompendium für Alphabeten. Eine Systematik der Schrift. Teufen: Niggli, 1972, S. 145.
142 — Hochuli, Jost: Das Detail in der Typografie. Buchstabe, Buchstabenabstand, Wort, Wortabstand, Zeile, Zeilenabstand, Kolumne. Wilmington / Mass.: Compugraphic Corp., 1987, S. 38.
143 — Lutz, Hans-Rudolf: Typoundso. Zürich: Verlag Hans-Rudolf Lutz, 1996, S. 87.
144 — Albert Kapr zitiert nach Hochuli, Jost: Das Detail in der Typografie. (1987), S. 38.
145 — Spitzmüller, Jürgen: *Typographisches Wissen. Die Oberfläche als semiotische Ressource.* In: Linke, Angelika / Feilke, Helmuth: Oberfläche und Performanz. Untersuchungen zur Sprache als dynamischer Gestalt (Reihe Germanistische Linguistik). Tübingen 2009, S. 464.
146 — Willberg, Hans Peter: *Typographen über die Aussichten der Typographie.* In: Von den Möglichkeiten und den Notwendigkeiten künftiger Buchgestaltung. Ein Symposium mit G.W. Ovink, Ludwig Muth, Robert Ranc, Jan Tschichold, Kurt Weidemann, Hans Peter Willberg, hrsg. von Kurt Christians und Richard Sichowsky. Hamburg: Hans Christians, 1970, S. 48f.
147 — Ebenda, S. 49.
148 — Ebenda, S. 46.
149 — Ebenda, S. 48.
150 — Ebenda.
151 — In seinem ›Kompendium für Alphabeten‹ schließt Gerstner an die Computertypografie an, indem er Parameter für die Programmierung einer elektronisch gesteuerten Typografie leistet. Vgl. Gerstner, Karl: Kompendium für Alphabeten. Eine Systematik der Schrift. Teufen: Niggli, 1972 (Klappentext).
152 — Setola, Geert / Pohlen, Joep: Letterfontäne. Roermond: Fontana, 1996, S. 11.
153 — Ruder, Emil: Typographie. Ein Gestaltungslehrbuch. Teufen: Niggli, 1967, S. 200.
154 — Ebenda.
155 — Blackwell, Lewis: Schrift als Experiment. Typographie im 20. Jahrhundert. Basel / Boston / Berlin: Birkhäuser, 2004, S. 121f.
156 — Weingart, Wolfgang: Typography. Baden: Lars Müller, 2000, S. 139.
157 — Ebenda, S. 55.
158 — Ebenda, S. 115.
159 — Mitte der neunziger Jahre wurde entsprechend das ›End of print‹ ausgerufen. Vgl. Blackwell, Lewis: The end of print. the graphic design of David Carson. London: King, 1995 Dt. Ausg.: Carlson, David / Blackwell, Lewis: The end of print. München: Bangert, 1995.
160 — Vgl. Stein, Peter: Schriftkultur. Eine Geschichte des Schreibens und des Lesens. Darmstadt: Wissenschaftliche Buchgesellschaft, 2006, S. 312.
161 — Vgl. Klanten, Robert: *Regular / Dada.* In: Regular. Graphic Design Today. Berlin: Gestalten: 2009, S. 7.
162 — Iconic turn. Die neue Macht der Bilder, hrsg. von Christa Maar. Köln: DuMont, 2004.
163 — Böck, Margit / Langenbucher Wolfgang R.: Der kompetente Leser, die kompetente Leserin – Plädoyer wider den Pessimismus in Sachen Lesen, zit. n. Stein (2006), S. 307.
164 — Darunter aber auch Display-Schriften mit nur einem oder zwei Schnitten. Vgl. Janser, Andres: *Mehr Schrift!* In: Ders.: Frische Schriften / Fresh Type, Kat. Museum für Gestaltung Zürich. Zürich: Edition Museum für Gestaltung, 2004, S. 5.
165 — Brumnjak, Boris: *Handarbeiten.* In: Page (München), Nr. 3, 2006, S. 47.
166 — Vgl. Janser, Andres: *Mehr Schrift!* In: Frische Schriften (2004), S. 4.
167 — Klanten (2009), S. 34. Vgl. zudem Bilz, Silja: *Introduction.* In: type one. Discipline and progress in modern typography. Berlin: Gestalten, 2004, S. 4.
168 — Vgl. Balland, Ludovic: In: Frische Schriften (2004), S. 39.
169 — Experimental Jetset: *Modern poetry, relative poetry, and shimmers of hope.* In: Hardisty, Namdev J.: Function, Restraint, and Subversion in Typography. New York: Princeton Architectural Press, 2010, S. 247.
170 — Janser, Andres: *Mehr Schrift!* In: Frische Schriften (2004), S. 24; vgl. zudem: Function, Restraint, and Subversion in Typography (2010), S. 7.
171 — Peško, zit. n. Lupton, Ellen: *The Making of Typographic Man.* In: Graphic Design: Now in Production, hrsg. von Andrew Blauvelt und Ellen Lupton. Kat. Walker Art Center Minneapolis. New York, 2011, S. 114.
172 — *Frische Schriften* (2004), S. 74.

/
35-217
**TEXTE
ZUR
TYPO
GRA
FIE**

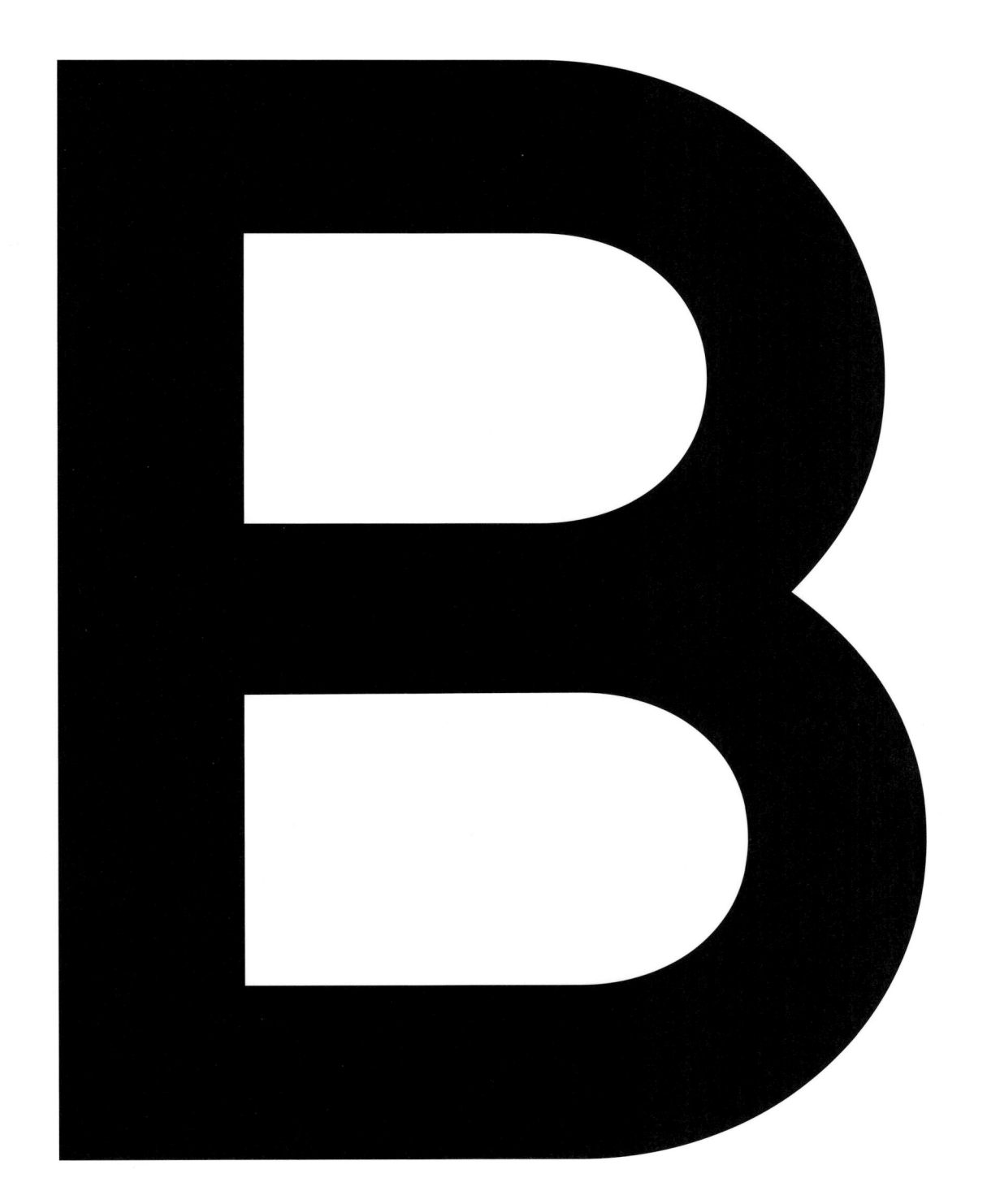

/

B

#1 Otto ECKMANN: Schriftmusterbuch.

Ich soll zu meiner Schrift begleitende Worte sagen und möchte angesichts der überaus freundlichen Aufnahme, welche sie gefunden, lieber schweigen, wenn ich nicht in vielen Besprechungen einen Hinweis auf Wesentliches vermißte. Ferner geben mir diese Zeilen Gelegenheit, der Firma, welche diese Schrift herausgiebt, zu danken für die unermüdliche Bereitwilligkeit, mit der sie in jahrelanger Arbeit die schier zahllosen Versuche mit jedem einzelnen Buchstaben ermöglichte. Nur auf diese Weise kann ein ersprießliches Weiterschreiten gewährleistet werden. Den Mißerfolg jeder anderen Art künstlerischer Eingriffs in die Praxis kann man jedesmal darauf zurückführen, daß der Betreffende entweder zu bequem oder zu hochmütig war, um sich die Erfahrungen der Jahrtausende zu nutze zu machen. Wir sehen Möbel entstehen, welche ihr Schattendasein nur tollen Bleistiftschnörkeln verdanken, ohne Rücksicht auf die praktischen Erfordernisse der Herstellung. Diese souveräne Mißachtung rächt sich am Werk, es dauert nicht. Wir sehen die tollen Holzbogen und Schnörkel schnell zerreißen und aus dem Leim gehen, ohne daß den Praktiker die Schuld trifft, man hat ihn nicht zu Worte kommen lassen. In leserlicher Schrift haben Verschnörkelungen am allerwenigsten Berechtigung. Meine Schrift sucht daher nur im Rahmen der bewährten Praxis künstlerische Gedanken zum Ausdruck zu bringen, die sich auf die Komposition der einzelnen Buchstaben und deren Gesammtcharakter beschränken. Es tritt natürlich bei solchem Vorhaben zunächst die Frage auf, inwieweit gut oder verfehlt gearbeitet wurde. Das Beste der Produktion in jüngster Zeit ist Nachdruck oder eine starke Anlehnung an alte Muster. Neue Schrift-Proben, wie z. B. eine amerikanische bekannte Type, ist wohl originell aber außergewöhnlich geschmacklos. Diese letztere führt zu keinem Fortschritt und mag deshalb unberührt bleiben. Bei den Schriften in stark archaisierender Art büßt sehr oft die Leserlichkeit ein. Außerdem macht sich in ihnen ein Prinzip geltend, welches als mittelalterlich in die Rumpelkammer wandern darf. Es wird gesagt, daß Schrift den Handschriftcharakter der früheren Bücher haben müsse, wie sie die Zeit vor Erfindung der Buchdruckerkunst uns überbracht. Warum? Zunächst ahmte der Stempelschneider wohl die Schriftform nach. Wir haben aber jetzt viereinhalb Jahrhunderte Zeit gehabt, über die Sache nachzudenken und müssen zu dem Ergebnis kommen, daß eine solche Regel bei unserer heutigen Herstellung unnötige Hemmung der künstlerischen Gestaltung einer Schrift mit sich bringt, ohne daß das Befolgen derselben irgend einen Gegenwert bietet. Diesen Hemmschuh verlangt die Praxis keineswegs. Bei einer jüngst erschienenen Schrift wurde dagegen als subtilste Feinheit gepriesen, daß sie bestrebt sei, alle Formen in harte Winkel aufzulösen, weil das Buch rechteckige Form habe. Solche geometrischen Experimente beugen den Geschmack, und die etwa gewahrte

Leserlichkeit entschuldigt nicht für den Verlust an Schönheit. Diese absonderlichen und unnötigen Prinzipien pflegen meist erst nach der Arbeit zu entstehen und sollen nur zu oft empfindliche Mängel mundgerecht machen. Ein Fortschritt wird damit nicht erzielt. Der liegt nur in freier künstlerischer Entfaltung im Rahmen dessen, was die Praxis erheischt. Diese verlangt Leserlichkeit und Schönheit. Leserlich ist die lateinische Schrift. Schön ist sie nur in bedingtem Maße. Ihre schönste Form nähert sich den geschriebenen italienischen Büchern des Quatrocento; mit der Schönheit mindert sich meist ein wenig ihre Leserlichkeit. Ihre häßlichste Form erscheint uns bis jetzt als die leserlichste, lediglich aus Gewohnheit, sie wird uns eben überall geboten. Künstlerischer Geschmack hat schon einmal die starre Form der lateinischen Schrift zu modeln gewußt, als wir der Blüte unserer Kunst in der Gotik entgegen gingen. In langer Wandlung konnte damals der Schönheit viel Deutlichkeit geopfert werden, weil die Lesenden jener Zeit in ihrem ganzen Leben nicht mehr lasen wie ein Zwanzigjähriger heute gelesen haben muß. Künstlerischer Geschmack darf es auch heute unternehmen, unserer erstarrten gebräuchlichen Schriftform Wärme und Leben einzuflößen. ==Da die lateinische Form dem Anspruch an Klarheit am besten genügt, so wird man von ihr ausgehen und bei der Durcharbeitung versuchen, ihre Härten und Unschönheiten zu vermeiden, ohne sie durch andere zu ersetzen. Unserem künstlerischen Empfinden genügt die lateinische Schrift nicht so, wie sie ist.== Kaum irgend ein Künstler verwendet sie freiwillig, ohne an ihr zu ändern und die gähnenden Lücken im Versal L, M, O, unter dem P, F auf allerlei Weise zu meiden. Wie oft wird aus Verlegenheit das häßliche U durch das ebenso häßliche V ersetzt! Man hilft sich durch humoristische Ligaturen. Man pfropft ein Miniatur L in ein danebenstehendes etwas größeres: IL, oder man läßt ein A mit einem Schenkel einem benachbarten friedlichen L auf den Fuß steigen: IA usw. Das alles sind Verlegenheitsformen, die ihren Ursprung in Unschönheiten der Antiqua haben. Eine künstlerische Schrift wird hier ausgleichen und Formen suchen, welche dem Auge feineren ornamentalen Reiz darbieten, ohne der Leserlichkeit zu schaden. Bei solcher Komposition braucht der Künstler sich nicht an Dogmen zu binden. Unsere Lettern werden geschnitten und nicht geschrieben. Für die künstlerische Arbeit, welche als Muster dient, ist es durchaus gleichgültig, ob sie mit Hülfe der Feder oder des Pinsels hergestellt ist. Die Schwellung eines Druckstriches oder die sorgsame Minderung einer Kurve bedürfen so eingehender Behandlung, daß von einem flotten Hinschreiben der Lettern gar keine Rede ist. Warum soll man also ohne Grund anderen etwas vorgaukeln? Inwieweit die hier angeführten Gesichtspunkte in meiner Schrift zu einem brauchbaren Resultat geführt haben, möge die Praxis entscheiden!

Berlin Prof. O. Eckmann

B

Von der Entwicklung der Schrift!

Die von mir gezeichnete, in der Rudhard'schen Gießerei in Offenbach a. M. geschnittene Druck=Schrift liegt nunmehr fertig vor. Zu dieser Gelegenheit möge es mir gestattet sein, einiges über das Prinzip meiner Schrift und ihr Verhältnis zu den früheren Schriften zu sagen. — Eines der sprechendsten Ausdrucksmittel jeder Stil=Epoche ist die Schrift. Sie gibt, nächst der Architektur, wohl das am meisten charakteristische Bild einer Zeit und das strengste Zeugnis für die geistige Entwicklungs=Stufe eines Volkes. Wie sich in der Architektur ein voller Schein des ganzen Wogens einer Zeit und äußeren Lebens eines Volkes wiederspiegelt, so deutet die Schrift Zeichen inneren Wollens, sie verrät von Stolz und Demut, von Zuversicht und Zweifel der Geschlechter.

Eine in Stein gemeißelte antike Schrift auf den Quadern römischer Denkmäler erscheint uns, auch ohne daß wir den Sinn der Worte zu Verstande führen, oft als eine letzte künstlerische Notwendigkeit zur vollständigen Abrundung eines ganzen Kunstwerkes. Sie wirkt wie ein kostbares Ornament, symbolisch, auf einem bevorzugten Platze. Die Anordnung der Querbalken zu den steilen Grundstrichen, die Verbindung durch regelmäßige Bögen, die füllenden Striche, die trennenden Punkte, alles gruppiert sich, wie feingegliederte Architektur. Und lesen wir den Inhalt der Worte, so spricht er in dieser Gestalt zu uns, so klar und würdevoll, wie wohl einst schön gebaute Sätze und Wendungen aus dem Munde römischer Redner überzeugt haben mögen. Wenn man nun solche Tafeln vom technischen Standpunkt aus betrachtet, so ergibt sich, wie an der Schrift nichts gekünstelt und auf die einfachste Weise mit dem gebräuchlichen Werkzeug der Stein

4

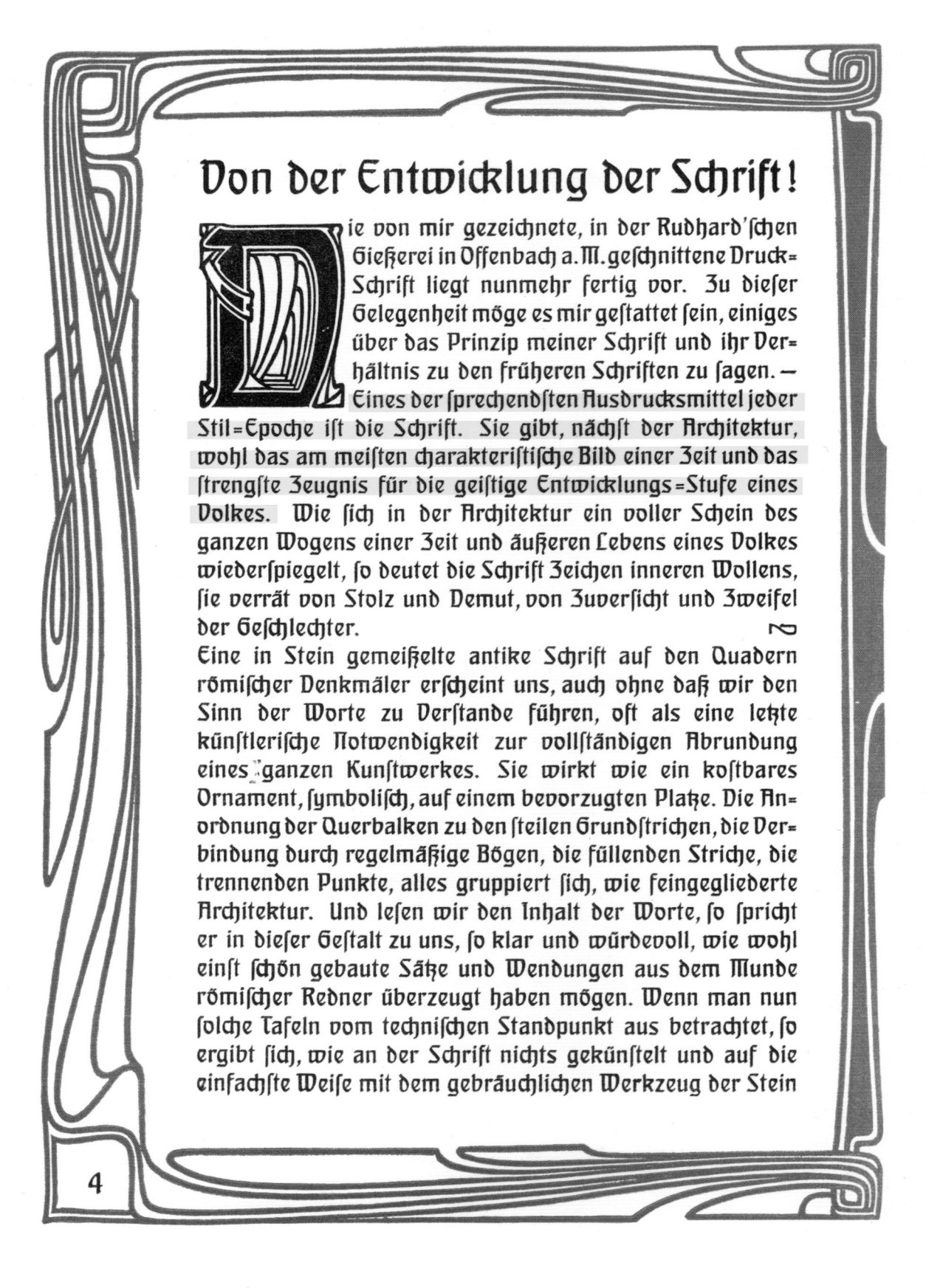

#2

Peter BEHRENS:
Von der Entwicklung der Schrift!

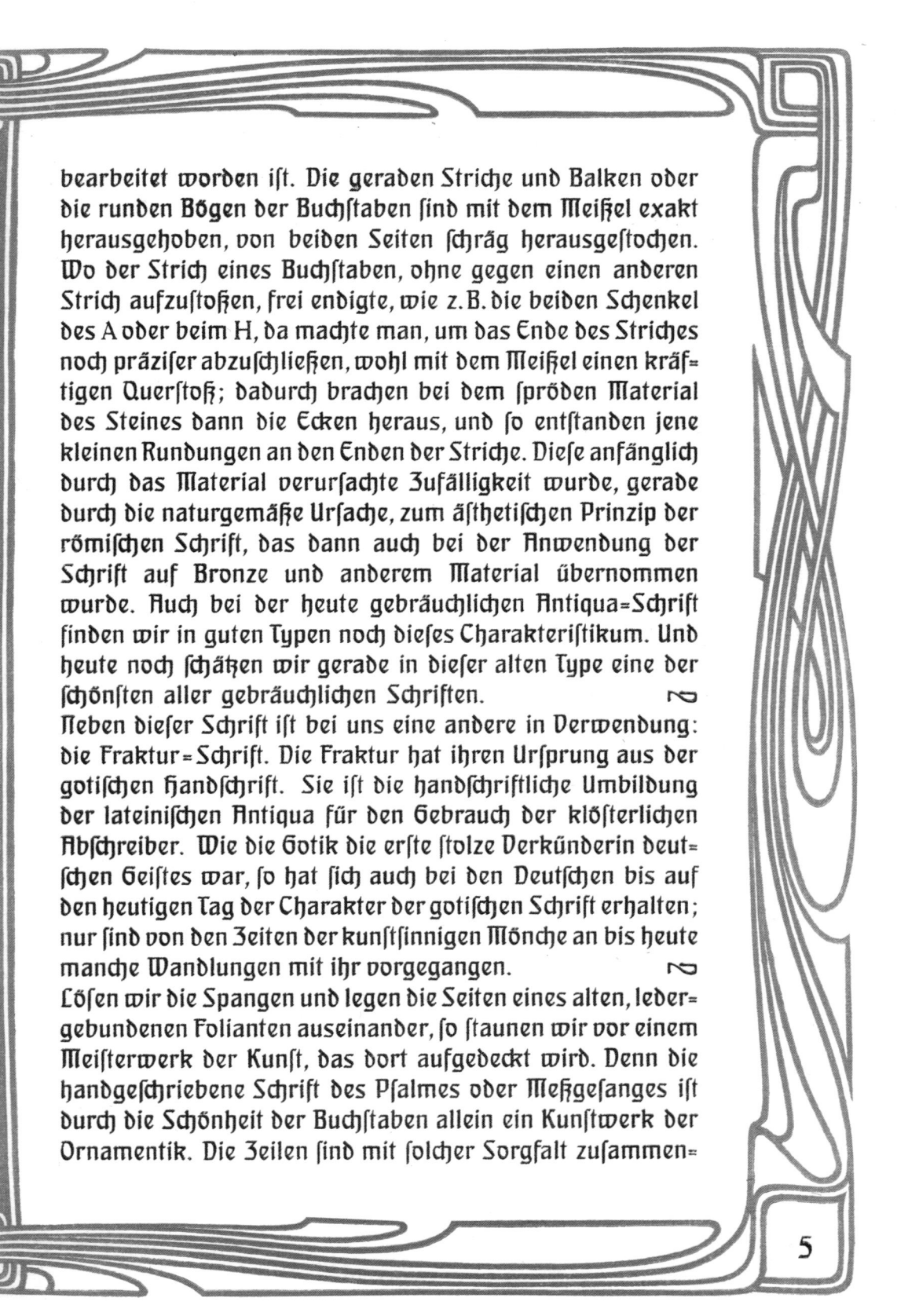

bearbeitet worden ist. Die geraden Striche und Balken oder die runden Bögen der Buchstaben sind mit dem Meißel exakt herausgehoben, von beiden Seiten schräg herausgestochen. Wo der Strich eines Buchstaben, ohne gegen einen anderen Strich aufzustoßen, frei endigte, wie z. B. die beiden Schenkel des A oder beim H, da machte man, um das Ende des Striches noch präziser abzuschließen, wohl mit dem Meißel einen kräftigen Querstoß; dadurch brachen bei dem spröden Material des Steines dann die Ecken heraus, und so entstanden jene kleinen Rundungen an den Enden der Striche. Diese anfänglich durch das Material verursachte Zufälligkeit wurde, gerade durch die naturgemäße Ursache, zum ästhetischen Prinzip der römischen Schrift, das dann auch bei der Anwendung der Schrift auf Bronze und anderem Material übernommen wurde. Auch bei der heute gebräuchlichen Antiqua=Schrift finden wir in guten Typen noch dieses Charakteristikum. Und heute noch schätzen wir gerade in dieser alten Type eine der schönsten aller gebräuchlichen Schriften.

Neben dieser Schrift ist bei uns eine andere in Verwendung: die Fraktur=Schrift. Die Fraktur hat ihren Ursprung aus der gotischen Handschrift. Sie ist die handschriftliche Umbildung der lateinischen Antiqua für den Gebrauch der klösterlichen Abschreiber. Wie die Gotik die erste stolze Verkünderin deutschen Geistes war, so hat sich auch bei den Deutschen bis auf den heutigen Tag der Charakter der gotischen Schrift erhalten; nur sind von den Zeiten der kunstsinnigen Mönche an bis heute manche Wandlungen mit ihr vorgegangen.

Lösen wir die Spangen und legen die Seiten eines alten, ledergebundenen Folianten auseinander, so staunen wir vor einem Meisterwerk der Kunst, das dort aufgedeckt wird. Denn die handgeschriebene Schrift des Psalmes oder Meßgesanges ist durch die Schönheit der Buchstaben allein ein Kunstwerk der Ornamentik. Die Zeilen sind mit solcher Sorgfalt zusammen=

Umrahmung 7013 M. 15.—

B

#1
Otto ECKMANN:
Schriftmusterbuch.
Offenbach am Main:
Rudhard'sche Gießerei
Jahr: 1900
—
Seiten: 22 S.
Format: 23,5×29,3 cm

→

#2
Peter BEHRENS:
Von der Entwicklung der Schrift!
In: Behrens. Schrift und Zierrat.
Schriften, Initialen und Schmuck nach
Zeichnungen von Professor Behrens.
Offenbach am Main: Rudhard'sche
Gießerei
Jahr: ca. 1902
—
Seiten: S. 4–11
Format: 20×27×0,7 cm

→

#3
Rudolf von LARISCH:
Über Leserlichkeit von ornamentalen
Schriften.
Wien: Anton Schroll
Jahr: 1904
—
Seiten: 48 S.
Format: 15,8×23 cm

→

Wie kommt es denn, so höre ich längst schon fragen, daß wir unsere Romane und Zeitungen doch so rasch und gut lesen können?

Als Antwort folgender Vergleich: Hast du je zu jonglieren versucht? Zwei Ballen oder Äpfel werfen treffen viele, 3 schon wenige, 4 erscheint bereits verblüffend schwer, wenn man's sieht, und 10 mal schwerer, wenn man's versucht. Und wie weit ist's von da noch zum Virtuosen oder gar zu den im Schwarme Messer schleudernden Japanern. Der Schlüssel zu dieser unabsehbaren Abstufung ist die Übung von Kindheit auf.

Ähnlich verhält es sich mit dem Lesen unserer Frakturtype. Diese durch den Einfluß des Industriellen und des Handelsmannes bis zur Jämmerlichkeit verblaßte und verkommene Gotik „jonglieren" wir alle seit frühester Jugend in so reichem Maße, daß wir diese unleserliche und verschnörkelte Schrift schließlich fließend lesen können. Wenn man aber bedenkt, welche Anstrengung unserem Auge allein schon damit zugemutet wird, aus dem kleinen, dünnen kaum sichtbaren Querstrichlein den Unterschied zwischen, unmm usw. zu erfassen oder die ähnlich verschlungenen 𝔅, 𝔙 zu unterscheiden, so erkennt man den Hauptgrund, warum eine so große Anzahl der Deutschen schon in jungen Lebensjahren kurzsichtig wird.

Es ist dies ein Übel, das sich naturgemäß in erschreckender Weise steigern und zur geringeren Wehr- und Seetüchtigkeit des deutschen Volksstammes führen muß.

In deutschen Landen, wo in den Elementarklassen die Antiquabuchstaben erst gelehrt werden, wenn die Fraktur mit vieler Mühe bereits überwunden ist, kann es nicht leicht zu einem Vergleich bezüglich der Schwierigkeit im Erlernen dieser beiden Schriftarten kommen. In Ländern aber, die bereits zur Antiqua übergegangen sind, wie Schweden usw., und wo in den Schulen das Alphabet beider Typen gleichzeitig durchgenommen wird, sprechen die Kinder selbst von der „schweren" und von der „leichten Schrift", wobei sie die Fraktur als schwer und die Antiqua als leicht bezeichnen.

Einigermaßen gemildert werden alle diese ernsten Vorwürfe durch die bereits angestellten Erwägungen über das Erfassen, beziehungsweise Erraten ganzer Wortbilder. Wer aus dem Stadium des BUCHSTABEN-lesens zum „Lesen" der SILBEN UND WORT-SILHOUETTEN übergegangen ist, genießt auch bei der Frakturschrift den Vorteil des Unterscheidens der einzelnen WORTgestalten.

Zu hoher Not dagegen wird das Übel gesteigert durch die Art und Weise, wie wir mit

B

»Denken wir uns, um das Schriftenmischen an einem Beispiel zu illustrieren, einen Mann angetan mit einem altdeutschen Wamms [sic!], römischen Sandalen, einen modernen Zylinder auf dem Kopf und in der Hand einen Regenschirm, und wir haben dasselbe lächerliche Bild wie bei einer Drucksache, die aus einer alten Schwabacher, einer römischen Antiqua und vielleicht einer Sezessions-Grotesk gesetzt ist.«

#4
Carl Ernst POESCHEL:
Zeitgemässe Buchdruckkunst.
Leipzig: Poeschel & Trepte
Jahr: 1904
—
Seiten: 79 S.
Zitat: S. 34
Format: 12×18×0,4 cm

1904

»Und unsere Aufgabe ist außerdem ziemlich einfach – schöne Buchstaben zu machen und sie gefällig anzuordnen. Um schöne Buchstaben zu machen, ist es nicht nötig, sie von neuem zu entwerfen – sie sind vor langer Zeit entworfen worden – sondern es heißt, die besten Buchstaben, die wir finden können, zum Vorbild zu nehmen, sie zu den unseren zu machen.«

#6
Edward JOHNSTON:
Schreibschrift, Zierschrift und angewandte Schrift.

→

B

#5
Rudolf von LARISCH:
Unterricht in ornamentaler Schrift.
Hrsg. vom Lehrmittelbureau für
gewerbliche Unterrichtsanstalten am k.k.
Österreichischen Museum für Kunst und
Industrie in Wien.
Wien: k.k. Hof- und Staatsdruckerei
Jahr: 1905
—
Seiten: 85 S.
Format: 16×24,3 cm

→

#6
Edward JOHNSTON:
Schreibschrift, Zierschrift und
angewandte Schrift.
Leipzig: Klinkhardt und Biermann
Jahr: 1910
—
Seiten: 492 S.
Zitat: S. 18
Format: 12×18,5 cm

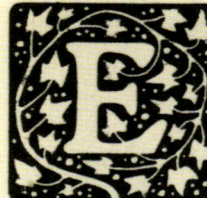

→ z

Ein charakteristisches Merkmal unserer modernen Schriftentwicklung bildet die neuartige Behandlung der ornamentalen Massenverteilung der Buchstaben. Diese wieder gipfelt in dem Bestreben, jede Einzelheit der Gesamtbilderscheinung unterzuordnen.

▫ **Nachdem Jahrzehnte hindurch der bildende Künstler der Schrift den Rücken gekehrt hatte, begann er dieses Gebiet vor wenigen Jahren (und zwar zuerst in England und später dann auch auf dem Kontinent) wieder mit seiner künstlerischen Individualität und Schaffenslust zu beleben.**

▫ Gleichfalls bezeichnend für die neue Zeit ist das Streben nach Engführung der Buchstaben, also das Schaffen von Verteilungsschwierigkeiten, zugleich aber auch der Kampf mit diesen Schwierigkeiten und ihre allmähliche Überwindung.

▫ Daß es auf diesem Wege zu mancher Entgleisung kam, schmälert nicht den Wert der künstlerischen Arbeit, der unserem Gebiete gewidmet war und für immer erhalten bleiben wird.

▫ Jene gedankenlosen Nachahmer freilich, welche — zuerst meist nörgelnd — dann aber, wenn sie den Erfolg wittern, ohne jede Vertiefung die äußeren Allüren einer künstlerischen Bewegung erhaschen, um sie dann ohne Zweck, ohne Geist und ohne Geschmack am

8

unrechten Platz zu kopieren, können nicht genug gegeißelt werden. Sie sind Kulturschädlinge. Wenn zum Beispiel ein Künstler zu Anfang der Bewegung dem ununterbrochenen Rhythmus zuliebe in einem ganz bestimmten Falle, die Lösung ||||LA|||| oder ||||TU|||| wagte, so war es andererseits ein arger Mißgriff, nunmehr überall verstümmelte Buchstaben als „Moderne" anzupreisen, besonders wenn der angeschlagene Rhythmus diese Verstümmelung in keiner Weise motivierte und wenn es gar nicht darum zu tun war, eine Formenkollision zu vermeiden. ▫
▫ Eine ganze Reihe von solchen Beispielen, welche hier vorgeführt werden könnten, ersparen wir uns um so lieber, als der aufmerksame Leser im folgenden aus den verschiedenen Ratschlägen und Bemerkungen gar manchen Fall von „falsch verstandener Moderne" erkennen mag. ▫
▫ Die Auseinandersetzung dieses Entwicklungsganges ist notwendig, weil wir erkennen müssen, wie wichtig es heute ist, die Herrschaft über die ornamentale Massenverteilung der Buchstaben zu gewinnen. ▫
▫ Ein höheres Maß dieser Herrschaft aber kann nur durch Übung und durch Studium erreicht werden. ▫

Es ist also unbedingt notwendig, daß der Schüler Schriftflächen rhythmisch einheitlich schließen lerne, daß er lerne, Worte zu schreiben, in welchen die Buchstaben

B

#7
Walter PORSTMANN:
Sprache und Schrift.
Berlin: Verlag des Vereins Deutscher Ingenieure
Jahr: 1920

Seiten: 108 S.
Format: 23,5 × 29,8 × 0,5 cm

→ 🟨

---

staben eben nicht ähnliche Umrisse zeigen, sondern sehr verschieden geartete Formen aufweisen.

☐ Als Effekt zeigt sich daher auch, daß diese Buchstaben voneinander SEHR VERSCHIEDEN entfernt erscheinen, trotzdem offenbar das Gegenteil beabsichtigt ist. Handelt es sich doch hier um die ERSCHEINUNG und nicht um das geometrische Maß.

☐ Zu jener Zeit wurde überdies der Irrtum gelehrt, daß Schrift am besten in ein Linien-Netz von Quadraten einzuzeichnen sei, damit die Buchstaben gleich weit voneinander abstehen.

☐ Daß mit dem unglückseligen Netze das Gegenteil erreicht wird, und das Wort Ultima, zum Beispiel dadurch in zwei Teile gerissen erscheint, zeigt die nachstehende Zeichnung.

VLTIMA

☐ Unbegreiflich bleibt hiebei, daß nicht gerade das Netz es war, das den Irrtum AUFKLÄRTE. Die Quadratchen erscheinen doch hier als wahre Lückenmesser. Sie stellen sich als bequem abzählbares Flächeneinheitsmaß dar und gestatten förmlich das Ablesen der optischen Eindruckswerte.

☐ Das Zählresultat lautet nämlich

V ^{12} L ^{31} T ^{16} I ^{6} M ^{12} A

die Buchstaben erscheinen also im Verhältnis von 12 : 31 : 16 : 6 : 12, also nichts weniger als

14

gleich weit voneinander entfernt. Wenn wir zum Beispiel die Zahlen 6 und 31 in Betracht ziehen, so finden wir, daß 6 in 31 fünfmal enthalten ist. Wir haben also ganz richtig den Eindruck, daß das I zum M fünfmal näher gerückt erscheint als das L zum T. ◻
◻ Dieses lineare Abstandsprinzip ist leider auch heute noch nicht ganz überwunden und wird — insbesondere beim Zeichenunterrichte an mehreren Schulkategorien, dann durch eine große Anzahl von „Vorlagen" — weiter verbreitet. Vor solchen Vorbildern ist also der Schüler auch ausdrücklich zu warnen. ◻

Wie ich in meiner Arbeit „über Leserlichkeit ornamentaler Schriften"*
des näheren

*Ant. Schroll & Co., Wien 1904.

ausgeführt habe, wissen wir aus Erfahrung, daß jeder Mensch, der eine Elementar-Schulbildung genossen hat, eine bestimmte Vorstellung von den 24 Buchstaben des Alphabets einer ornamentalen Schrift besitzt und stets in der Lage ist, diese Vorstellung ins Graphische umzusetzen, ohne sich dabei irgend einer Vorlage zu bedienen. Es bedarf nur des Anstoßes, um ihm die graphische Festhaltung dieser Vorstellung zu entlocken.
◻ Mit dem Entlocken solcher ornamentaler Buchstaben bei strengster Vermeidung des Nachmachens aber wird gleichzeitig eine bisher zu wenig beachtete Fähigkeit des menschlichen Geistes aufgedeckt. Es ist dies die

15

> »Dieses bis heute immer noch zu wenig beachtete Standardwerk zur Diskussion über Kleinschreibung sowie Sprach- und Schriftreform war eine wichtige Grundlage der Überlegungen am Bauhaus; wie wichtig die Publikation war, zeigt, dass sich auch Tschichold in seinem ›Zehn-Punkte-Manifest‹ zur ›Elementaren Typografie‹ darauf bezieht, als er Kleinschreibung und eine Rechtschreibreform fordert.« — [PE]

die schrift der stahlzeit

a i n   l a u t — a i n   z e i c h e n
a i n   z e i c h e n — a i n   l a u t

dieser Satz, dem es an einfachheit nicht fehlt, sei als leitstern für die schrift der stahlzeit aufgestellt. er ist eine selbstverständlichkeit. er bedarf keiner erläuterung; er harrt bloss der tat.

grosstaben

zählen wir einen deutschen text ab, so finden wir innerhalb hundert staben etwa fünf „grosse buchstaben". also um fünf prozent unseres schreibens belasten wir die gesamte schreibwirtschaft vom erlernen bis zur anwendung mit der doppelten menge von zeichen für die lautelemente: grosse und kleine staben. ain laut — tsvai zeichen. wegen fünf prozent der staben leisten wir uns hundert prozent vermehrung an stabenzeichen. — hier ist der erste hieb beim schmieden der neuen schrift anzusetzen. dieser zustand ist unwirtschaftlich und unhaltbar.

b e d e u s *) schreibt über die grossen staben:

„in der zeit des finstersten mittelalters, in der zeit des verrohens und des unwissens, wie sie weder früher noch später je wiederkehrte, griff die unsitte des grossschreibens der hauptworte um sich, indem man grosse staben zunächst nicht nur am anfang des satzes und der namen schrieb, sondern namentlich auch den namen gottes oder des herrn oft durchgängig mit grossen staben schrieb. das ging dann über auf andere titel und würden, bis man schliesslich bald jedem hauptwort seine untertänigkeit durch gross-schreiben bezeigte. (mitunter schrieb man übrigens auch mitten im worte einzelne grosse staben. es herrschte volles durcheinander.) dieses überbleibsel mittelalterlichen geistes wird nun als nationalheiligtum hinzustellen gesucht. ja, es heisst, dass diese schreibung das lesen erleichtere. wenn auch, so gewiss nur minimal, liest man doch sämtliche andere schriften der welt, ohne dass sie grosse staben schreiben würden! nur die deutsche belastet sich mit dieser erschwerung! und dass sie auch für diese vollständig überflüssig ist, beweist am besten die stenografi, die auch im deutschen keine grossen staben verwendet. dagegen wird das schreiben unendlich erschwert. denn es müssen nicht nur die hauptworte, sondern auch gewisse, aus ihnen gebildete beiworte gross geschrieben werden, aber andere, ganz aus denselben hauptworten gebildete beiworte sind wieder nicht gross zu schreiben!"

die sinnlosigkeit des „grossschreibens" ist schon unzähligemale nachgewiesen worden. die schrift lässt sich aber nicht aus ihrem jahrtausendtroddel bringen. einzelne menschen, führende körperschaften müssen anfangen, dann würde bald luft. die lehrerschaft steht sofort dahinter, um den grossen staben ebenfalls trai kreuze nachzuschlagen. es würde kaum fröhlicher bei einer leiche hergehen als beim verscharren dieses stückes behäbigster und morschester holzzeit.

die fremden sprachen schreiben auch die d i n g wörter klein, aber für eigennamen und satzbeginn benützen sie die grossen staben. nehmen wir, um einen anhalt zu haben, einen mittelgrossen satz mit etwa 100 staben, (meist sind die sätze länger; eigennamen kommen in den wenigsten sätzen vor), so gehört dazu a i n grosser stabe am anfang. das bedeutet: wegen 1 % in der anwendung der staben wird die wirtschaft mit 100 % überschuss an staben belastet.

der kaufmann ist entsetzt über solche wirtschaft. der techniker erschreckt vor der minimalen nutzung auf einem der technik so naheliegenden gebiet.

dass sich solch eine schrift hartnäckig der mechan(isier)ung entzieht, ist begreiflich. überfluss und regellosigkeit kann nicht gemechant werden. sollen satzbeginn und eigenname hervorgehoben werden, so ist ain sonderzeichen dafür einzuführen, nicht aber tsvaifünf (25). die stahlzeit braucht dann nur f i r prozent des aufwandes der holzzeit für dieselbe aufgabe.

das aufgeben der grosstaben bedeutet für die gesamtheit verminderung der zu beherrschenden staben um die hälfte, für den kaufmann ausschluss übler fehlerquellen, für den techniker — — es wird oft als ökonomisch belanglos hingestellt, an diesem krebsschaden der schrift zu mäkeln. ==ist es etwa ökonomisch gleichgiltig, ob der schriftsetzer sich nur mit der hälfte der lettern abzugeben hat, ob der guss der lettern durch die grosstaben belastet ist, ob letternmetall brach liegt, ob raumersparnis bei der aufbewahrung der lettern, kürzerer arbeitweg bei ihrer verwendung und verminderung an aufbewahrunggerät eintritt, ob schliesslich bei der korrektur eine ständige quelle fehler und kosten bedingt!==

==welche kräfte werden erspart, wenn die s c h r e i b m a s c h i n e die grossen staben fallen lässt?==

---

*) *reform der schrift* hermannstadt 1913 s. 12

#7
Walter PORSTMANN:
Sprache und Schrift.

(94%)

die auslösung jedes grosstaben bei maschinenschrift bedeutet eine **unterbrechung des schreibflusses**. der fast rein mechanische tippvorgang innerhalb der kleinstaben, der gleichmässig, kontinuirlich strömt, wird durch die grossen staben dauernd unterbrochen. die unterbrechung bedeutet immer auch eine geistige umstellung, die zeit und kraft verschlingt. innerhalb der zeit, die ein grosstabe erfordert, können **mehre kleine** im ununterbrochenen schreibfluss getippt werden. die **verdichtung der denkkraft auf den stoff** wird dabei nicht gestört, was auf die **geistige frische des schreibers** vorteilhaft wirkt.

für die schreibmaschine selbst wird eine grosse freiheit zur weiterentwicklung geschaffen. etwa ein drittel der tipen fällt weg. die schreibmaschine scheitert in ihrer entwicklung auf die grösste höhe an dem wust von gerümpel in unserer schrift. selbst wenn die heutigen maschinensisteme beibehalten werden, fällt durch die unterdrückung der grosstaben die zugehörige mechanik weg; die **herstellung wird erleichtert und verbilligt**.

---

es gibt wenig punkte unsrer gesamtwirtschaft, an denen in gleich einfacher weise so grosser vorteil unter verschwindend geringem aufwand erzielt wird, wie durch verlassen des grosstaben.

erfolg: auf allen gebieten nutzen
mittel: lediglich der wille, die
frucht zu pflücken

keine materielle umstellung ist notwendig; keine umstellungkosten entstehen: nur auslösungenergie wird benötigt.

---

wie naiv unser volkgewissen in dingen der schrift noch ist, hat der jüngste sturm der tagespresse gezeigt, soweit er gegen die amtlich geplante stutzung unserer schreibweise tobte. ein **professor** vollzog diese schlussfolge: „*nun hat eine münchner revolutionäre studentengruppe (nicht erfunden, sondern tatsache) ein motto, das in der neuen ortografi so aussehen würde: „wir wolen weg sein". mit „weg" ist „Weg" gemeint — aber auch „weg sein" = „von der universität fort sein" gäbe einen sinn; und vergebens zerbreche ich mir den kopf, wie diese studentengruppe sich wohl künftig vor dieser zweideutigkeit wird schützen können . . . ."* — der arme zerbrochene kopf. weil sich der hund in den schwanz beisst, beisst sich der hund in den schwanz. weil die grosstaben in ihrer sinnlosen anwendung zufällig auch benutzt worden sind, einige wenige schriftdoppelsinne auszuschalten (vgl.: *Mann, man, Sie sie*), müssen wir sie nun auch beibehalten. weil eine studentengruppe . . dürfen wir die grosstaben nicht aufgeben. weil wir hier einmal den grosstaben benützen, um **langen vokal** anzudeuten, denn darin unterscheidet sich *Weg* und *weg*, deshalb müssen wir fernerhin unser zeichengut um 100 % belasten. der grosstabe bekommt plötzlich sinn und gehalt; bisher hatte er keinen, der sein dasein rechtfertigte. — wäre es nicht besser, am **vokal** selbst länge und kürze anzudeuten! und wie steht es mit: „*wir wollen der (ein) weg sein*"?

eine anderweite rechtfertigung sagt: „**die dingworte werden durch die grosstaben im schriftfluss hervorgehoben . . . .**" warum sollen gerade die **dingworte** schriftbetont sein? den ton im sprachfluss kann **jedes** wort haben, oft ist das verbum die hauptsache . . . also könnten wir in zukunft die stammsilbe jedes verbums mit **griechischen staben** schreiben.

„**im schriftfluss bieten die grosstaben fixpunkte für das auge, sie erleichtern dadurch lesen und erfassen**". das ist nicht unrichtig. das ist die einzige **gute** wirkung der grosstaben, die man zur not ausfindig machen kann. die erleichterung des lesens ist aber nur minimal. versuche müssten schon sehr empfindlich sein, wenn **diese** wirkung der grosstaben experimental nachgewiesen werden sollte. das rechtfertigt noch lange nicht eine vermehrung des zeichenguts um 100 %, und noch weniger rechtfertigt dies eine amtliche regelung der frage. man nehme sinnfällige stabenformen, hinreichend grossen druck, genügenden wort-, satz- und zeilenabstand, kurzen und klaren satzbau — und dieselbe erleichterung wird **ohne** jede belastung erreicht.

zielarme feingeisterei tüftelt noch allerlei vorteile aus, die der grosstabe bringen soll. das bestehende soll unter allen umständen gerechtfertigt werden, selbst unter verzicht auf jeden grosszügigen gesichtspunkt, unter den die schrift gebeugt werden könnte.

* * *

der römer schrieb nur in lateinischen grosstaben, aus diesen entwickelten sich unsere übrigen schriftarten. das nebeneinander von klein- und grosstaben bedeutet nichts mehr und nichts weniger als **gleichzeitige anwendung verschiedener schriften**. mit gleichem rechte könnten wir die griechischen und lateinischen grosstaben zu einer schrift zusammenwürfeln, oder griechische und lateinische kleinstaben usf. wir gewinnen hier plötzlich einen höheren standpunkt für unsere frage. benutzung mehrer schriften ist es auch, wenn wir **normal und kursiv** oder **fett, normal und gesperrt** im selben schriftfluss anwenden. dies tun wir andauernd. dieser brauch unsrer schrift ist im wesen dasselbe wie die benutzung der grosstaben. wir können ihn aber in keiner weise angreifen. denn „sollen worte hervorgehoben", „worte betont", „grammatikalische eigenheiten nähergebracht" werden, so kursiven, fetten, sperren oder unterstreichen wir diese worte. — all das, was angeblich der grosstabe nützliches leistet, das erreichen wir praktisch durch **andere** mittel in vortrefflicher weise. wir verwenden zu diesen zwecken bereits mehre schriftarten. aber all diesen sekundären verfahren ist wiederum der grosstabe aufgepfropft. kursiv und fett wenden wir gross und klein an, gesperrte und unterstrichene worte werden nebenher noch gross

B

#8
Jakob ERBAR:
Zehn Leitsätze für die Jünger der Schwarzen Kunst.
In: Friedrich Bauer. Handbuch für Schriftsetzer, 6. Aufl.
Frankfurt am Main: Klimsch
Jahr: 1922

—

Seiten: 310 S.
Format: 15,5 × 23,3 cm

ZEHN LEITSÄTZE FÜR DIE JÜNGER DER SCHWARZEN KUNST

VON J. ERBAR

1. Für den Satzbau sind die allgemeinen, stets und überall gültigen Gesetze der natürlichen Schönheit maßgebend

2. Setzet immer so, daß man stets den Zweck einer Drucksache sofort erkennt; verwendet deshalb zu einem Totenzettel keine Einfassung, die zu einem Frühlings- oder Liebesgedicht gut passen würde, und den gewissen schwarzen Rand nicht zu einer Weinkarte

3. Beim Entwurf einer Arbeit suchet nicht zuerst nach einer „Idee", sondern erfaßt vor allen Dingen den Inhalt des Textes richtig; aus ihm ergibt sich dann Idee und Form von selbst

4. Quält euch nicht damit, den Satz mit Gewalt in eine willkürlich gewählte Form zu pressen, sondern gebt der Arbeit bei klarer Gesamtwirkung eine Form, durch die der Wortlaut nicht verunstaltet wird

5. Um eine Druckarbeit gut lesbar zu machen, verwendet möglichst wenige Schriftgrade dazu; denn zuviele verschiedene Schriftgrade verwirren nur

6. Die Wortzwischenräume müssen sehr gut ausgeglichen sein und sich der Schrift – nach ihrem Charakter – ob eng oder weit, schlank oder gedrungen – anpassen. Der Satz Gutenbergs und seiner Zeitgenossen ist hierfür vorbildlich

7. Verwendet euer schönes Material mit Bedacht; vergeßt nie, daß unser Gewerbe ein Kunstgewerbe ist

8. Sorgt für eine gute Geschmacksbildung und reifes Schönheitsgefühl. Wer beides noch nicht hat, suche Mittel und Wege, sie sich anzueignen

9. Hütet euch, wenn ihr einige Zeichenfertigkeit besitzet, sie als künstlerische Begabtheit anzusehen. Hütet euch stets, Dilettant zu sein, sondern bleibt Buchdrucker und skizziert mit euren Buchstaben und typographischen Ornamenten

10. Tragt alle mit dazu bei, daß der auf der Höhe stehende Kaufmann für die Ausführung seiner Drucksachen nicht einen zeichnenden Künstler, sondern einen künstlerisch arbeitenden Buchdrucker wählt

HANDBUCH FÜR SCHRIFTSETZER

ERBAR-MEDIAEVAL DER SCHRIFTGIESSEREI LUDWIG & MAYER
FRANKFURT AM MAIN

#8
Jakob ERBAR:
Zehn Leitsätze für die Jünger der Schwarzen Kunst.

B

#9
Paul RENNER:
Typographie als Kunst.
München: Georg Müller
Jahr: 1922

Seiten: 174 S.
Format: 12,5 × 21,5 × 1 cm

#10
El LISSITZKY:
Topographie der Typographie.
In: Merz (Hannover) Nr. 4
Jahr: Juli 1923

Seiten: S. 47
Format: 23 × 14,5 cm

→

A. SEGAL   LANDSCHAFT

De booten hebben zwarte schoorstenen.

Vliegende vonken
Rockelooze machines
De geduldige vonken
Gillende balken
Brekende romantiek
De ontslagen sensatie
Het trouwe paard
Het doovende paar
De jonge moeder
Tevredenheid en geluk tot slot
The steamers have black funnels.   K. S.

KRIEG.

Aus einer Resolution der Internationalen Vereinigung ernster Bibelforscher am 10. 9. 22 zu Cedar Point, Ohio, U. S. A. „...bekunden wir Folgendes: ...Daß Satan, seit langem der Gott dieser Welt, die Staatsmänner, Finanzfürsten und Geistlichen irregeführt hat... Daß im Gegenteil die Geistlichkeit der verschiedenen kirchlichen Benennungen sich während des Weltkrieges dem Herrn Jesus Christus gegenüber als treulos erwiesen hat, indem sie ...die Männer in die Schützengräben hineinpredigte und ihnen trügerisch und gotteslästerlich den Tod auf dem Schlachtfelde als einen Anteil an dem für die Menschheit dargebrachten Sühnopfer Jesu Christi vortäuschte..." Cet été les éléphants porterout des monstaches.

46   **ET VOUS?**

HERR, HERR, GIB MIR DEINEN STURM!

TOPOGRAPHIE DER TYPOGRAPHIE

(Einige Thesen aus dem demnächst erscheinenden Buche von EL LISSITZKY.)

1. Die Wörter des gedruckten Bogens werden abgesehen, nicht abgehört.
2. Durch konventionelle Worte teilt man Begriffe mit, durch Buchstaben soll der Begriff gestaltet werden.
3. Oeconomie des Ausdrucks — Optik anstatt Phonetik.
4. Die Gestaltung des Buchraumes durch das Material des Satzes nach den Gesetzen der typographischen Mechanik muß den Zug- und Druckspannungen des Inhaltes entsprechen.
5. Die Gestaltung des Buchraumes durch das Material der Klischees, die die neue Optik realisieren. Die supernaturalistische Realität des vervollkommneten
6. Die kontinuierliche Seitenfolge — das bioskopische Buch. \ Auges.
7. Das neue Buch fordert den neuen Schrift-Steller. Tintenfaß und Gänsekiel sind tot.
8. Der gedruckte Bogen überwindet Raum und Zeit. Der gedruckte Bogen, die Unendlichkeit der Bücher, muß überwunden werden. DIE ELEKTRO-BIBLIOTHEK.

Die Redaktion ist nicht mit allen Thesen einverstanden, da sie einen Zusammenhang zwischen Text und Buchstabengestaltung nur bedingt anerkennt.

HANS ARP   PLASTIK

47

#10
EI LISSITZKY:
Topographie der Typographie.

B

#11
László MOHOLY-NAGY:
Die neue Typographie.
In: Staatliches Bauhaus Weimar
1919–1923.
Weimar / München: Bauhausverlag
Jahr: 1923
–
Seiten: S. 141
Format: 25 × 25 × 2,5 cm

→ 🟨

#12
Kurt SCHWITTERS:
Thesen über Typographie.
In: Merz (Hannover), Nr. 11
Jahr: 1924
–
Seiten: S. 91
Format: 22 × 29 cm

→ 🟨

#13
Fritz Helmuth EHMCKE:
Schrift. Ihre Gestaltung und
Entwicklung in neuerer Zeit.
Versuch einer zusammenfassenden
Schilderung.
Hannover: Günther Wagner
Jahr: 1925
–
Seiten: 70 S.
Format: 21,5 × 32 × 1 cm

→ 🟨

#14
Fritz Helmuth EHMCKE:
Neuzeitliche Typographie.
(Neu bearbeitet). In: Hannoverscher
Anzeiger (Hannover), 24. November
1925, ern. abgedr. in: F. H. Ehmcke:
Persönliches und Sachliches.
Gesammelte Aufsätze und Arbeiten
aus fünfundzwanzig Jahren.
Berlin: Hermann Reckendorf
Jahr: 1928
–
Seiten: S. 120–125
Format: 14,8 × 25 × 2,5 cm

#15
El LISSITZKY:
Typographische Tatsachen.
In: Gutenberg-Festschrift zur Feier
des 25jährigen Bestehens des
Gutenbergmuseums Mainz, hrsg. von
A. Ruppel.
Mainz: Gutenberggesellschaft
Jahr: 1925
–
Seiten: S. 152 ff.
Format: 22 × 29 × 6 cm

→ 🟨

#16
László MOHOLY-NAGY:
Bauhaus und Typographie.
In: Anhaltische Rundschau (Dessau)
Jahr: 14.09.1925

#17
László MOHOLY-NAGY:
Typographie-Photographie.
Typo-Photo.
In: Typographische Mitteilungen.
Zeitschrift des Bildungsverbandes der
Deutschen Buchdrucker (Sonderheft
›elementare typographie‹), 22. Jg.;
(Nachdruck: Mainz: Hermann Schmidt,
1986)
Jahr: Oktober 1925
–
Seiten: S. 202 ff.
Format: 23 × 30 × 0,5 cm

→ 🟨

DIE NEUE TYPOGRAPHIE

Die Typographie ist ein Instrument der Mitteilung.
Sie muß eine klare Mitteilung in der eindringlichsten Form sein.
Die Klarheit muß besonders betont werden, weil dies das Wesen unserer Schrift gegenüber den urzeitlichen Bildschriften ist.
Unsere geistige Einstellung zu der Welt ist individuell-exakt (bzw. diese individuell-exakte Einstellung ist heute in der Wandlung zu der kollektiv-exakten), im Gegensatz zu der alten individuell- und später kollektiv-amorphen.
Also zu allererst: eindeutige Klarheit in allen typographischen Werken. Die Lesbarkeit — die Mitteilung darf nie unter einer a priori angenommenen Ästhetik leiden. Die Buchstabentypen dürfen nie in eine vorbestimmte Form z. B. Quadrat gezwängt werden.
Der Druck korrespondiere mit dem Inhalt durch seine den optischen und psychischen Gesetzen untergeordnete Gestaltung.
Wesen und Zweck eines Druckes bestimmen den hemmungslosen Gebrauch aller Zeilenrichtungen (also nicht nur horizontale Gliederung), aller Typen, Schriftgrade, geometrischen Formen, Farben usw.
Mit der Elastizität, Variabilität und Frische des Satzmaterials soll eine neue typographische Sprache geschaffen werden, deren Inanspruchnahme nur der Gesetzmäßigkeit des Ausdrucks und seiner Wirkung unterliegt.
Das Wichtigste für die heutige Typographie ist die Verwendung der zinkographischen Techniken, die mechanische Herstellung von photographischen Reproduktionen in allen Formaten. Was die unexakte Urbildschrift der Ägypter begonnen hat, welche damals ein jeder nach Tradition und persönlicher Fähigkeit deuten konnte, führt die Einbeziehung der Photographie in das heutige Druckverfahren zu ganz exaktem Ausdruck. Bücher (meist wissenschaftliche) mit photographischen Reproduktionen existieren heute schon, aber die Photographien sind darin nur sekundäre Erläuterung zu dem Text. Die Entwicklung überwindet auch diese Phase, und die kleinen wie großen Photographien werden in dem Text an die Stelle heute noch immer individuell interpretierbarer Begriffe, Ausdrücke gesetzt. Die Objektivität der Photographie befreit den bisher rezeptiven Menschen z. B. von den Krücken einer persönlichen Beschreibung und er wird zur Formung einer eigenen Meinung mehr gezwungen sein, als je.
Man könnte sagen, daß eine derartige Verwendung der Photographie in kurzer Zeit dazu führen muß, einen wesentlichen Teil der Literatur durch den Film zu ersetzen. Die Entwicklung geht tatsächlich dahin (wie heute z. B. durch den Gebrauch des Telephons viel weniger Briefe geschrieben werden, als früher). Es ist kein Einwand, daß der Film einen größeren Apparat braucht. Dies ist nur scheinbar so; der Film wird bald eine ebenso geläufige Technik sein, wie jetzt der Buchdruck.
Eine ebenso wesentliche Veränderung wird durch das Einbeziehen der Photographie bei dem Plakat erzielt. Das Plakat muß alle psychischen Momente des sofortigen Wirkens in Anspruch nehmen. Durch die richtige Verwendung des photographischen Apparates und der verschiedenen photographischen Techniken: Retusche, Decken, Übereinanderkopieren, Verzerrung, Vergrößerung usw. ist der größte Wirkungsbereich geöffnet.
Die zwei neuen Möglichkeiten für das Plakat sind 1. die Photographie, mittels welcher wir heute den größten und frappantesten Erzählungsapparat besitzen, 2. die kontrastierend-eindringlich verwendete Typographie mit den unzähligen Variationen der überraschenden Buchstabenanordnung, der gleichen und gemischten Typen, verschiedenen Satzmaterialien Farben usw. je nach der Forderung der Wirkung.

#11
László MOHOLY-NAGY:
Die neue Typographie.
(88%)

ES IST BEI JEDER PROPAGANDA WICHTIG, DASS SIE DEN EINDRUCK ERWECKT, DASS ES SICH HIER UM EINE FIRMA HANDELT, DIE WEITERARBEITET AN WARE, AUFMACHUNG UND ANGEBOTSFORM.

DIE NORMALE BÜHNE MERZ IST EINE NORMALE MONTIERBÜHNE. SIE VERWENDET NUR NORMALE FORMEN UND FARBEN ALS BEGLEITUNG UND HINTERGRUND FÜR TYPISCHE UND INDIVIDUELLE FORMEN UND FARBEN. DIE NORMALE BÜHNE MERZ IST EINFACH UND ZEITGEMÄSS, BILLIG, STÖRT NICHT DIE HANDLUNG, IST LEICHT ZU VERÄNDERN, UNTERSTÜTZT DIE HANDLUNG DURCH UNTERSTREICHEN DER BEABSICHTIGTEN WIRKUNG, KANN MITSPIELEN, SICH BEWEGEN, PASST FÜR JEDES STÜCK.

SIEHE THEATERAUSSTELLUNG WIEN, SEPTEMBER-OKTOBER 1924.

NORMALBÜHNE MERZ. K. SCHWITTERS.

Thesen über Typographie

F. 91

SCHNURUHR VON HANS ARP AUS DER ARPMAPPE, MERZ 5, VERKLEINERT. DIE MAPPE ENTHÄLT 7 SOLCHE ARPADEN UND KOSTET 80 MARK.

Über Typographie lassen sich unzählige Gesetze schreiben. Das Wichtigste ist: Mach es niemals so, wie es jemand vor Dir gemacht hat. Oder man kann auch sagen: mach es stets anders, als es die anderen machen. Zunächst einige allgemeine Thesen über Typographie: I. Typographie kann unter Umständen Kunst sein. II. Ursprünglich besteht keine Parallelität zwischen dem Inhalt des Textes und seiner typographischen Form. III. Gestaltung ist Wesen aller Kunst, die typographische Gestaltung ist nicht Abmalen des textlichen Inhalts. IV. Die typographische Gestaltung ist Ausdruck von Druck- und Zugspannungen des textlichen Inhaltes (Lissitzky). V. Auch die textlich negativen Teile, die nichtbedruckten Stellen des bedruckten Papiers, sind typographisch positive Werte. Typographischer Wert ist jedes Teilchen des Materials, also: Buchstabe, Wort, Textteil, Zahl, Satzzeichen, Linie, Signet, Abbildung, Zwischenraum, Gesamtraum. VI. Vom Standpunkt der künstlerischen Typographie ist das Verhältnis der typographischen Werte wichtig, hingegen die Qualität der Type selbst, des typographischen Wertes gleichgültig. VII. Vom Standpunkt der Type selbst ist die Qualität der Type Hauptforderung. VIII. Qualität der Type bedeutet Einfachheit und Schönheit. Die Einfachheit schließt in sich Klarheit, eindeutige, zweckentsprechende Form, Verzicht auf allen entbehrlichen Ballast, wie Schnörkel und alle für den notwendigen Kern der Type entbehrlichen Formen. Schönheit bedeutet gutes Ausbalancieren der Verhältnisse. Die photographische Abbildung ist klarer und deshalb besser als die gezeichnete. IX. Anzeige oder Plakat aus vorhandenen Buchstaben konstruiert ist prinzipiell einfacher und deshalb besser als ein gezeichnetes Schriftplakat. Auch die unpersönliche Drucktype ist besser als die individuelle Schrift eines Künstlers. X. Die Forderung des Inhaltes an die Typographie ist, daß der Zweck betont wird, zu dem der Inhalt gedruckt werden soll. — Das typographische Plakat ist also das Resultat aus den Forderungen der Typographie und den Forderungen des textlichen Inhaltes. Es ist unbegreiflich, daß man bislang die Forderungen der Typographie so vernachlässigt hat, indem man allein die Forderungen des textlichen Inhalts berücksichtigte. So wird heute noch die qualitätsvolle Ware durch barbarische Anzeigen angekündigt. Und noch unglaublicher ist es, daß fast alle älteren Kunstzeitschriften von Typographie ebenso wenig verstehen wie von Kunst. Umgekehrt bedienen sich die führenden neuzeitlichen Kunstzeitschriften der Typographie als eines ihrer Hauptwerbemittel. Ich erwähne hier besonders die Zeitschrift „G", Redakteur Hans Richter, Berlin-Friedenau, Eschenstraße 7, „Gestaltung der Reklame", Herausgeber Max Burchartz, Bochum, die Zeitschrift „ABC", Zürich, und ich könnte noch einige wenige andere nennen. Die Reklame hat schon längst die Wichtigkeit der Gestaltung von Anzeige und Plakat für den Eindruck der angepriesenen Ware erkannt und hat schon längst Reklamekünstler beschäftigt. Aber leider waren diese Reklamekünstler der kurz vergangenen Zeit Individualisten und hatten keine Ahnung von konsequenter Gestaltung der Gesamtanzeige und von Typographie. Sie gestalteten mit mehr oder weniger Geschick Einzelheiten, strebten nach extravagantem Aufbau, zeichneten verschnörkelte oder sonst unlesbare Buchstaben, malten auffällige und verbogene Abbildungen, indem sie dadurch die angepriesene Ware vor sachlich denkenden Menschen kompromittierten. Es ist hier gleichgültig, daß von ihrem Standpunkt aus betrachtet gute Leistungen entstanden, wenn der Standpunkt falsch war. Heute beginnt die Reklame ihren Irrtum der Wahl von Individualisten einzusehen und bedient sich statt der Künstler für ihre Reklamezwecke der Kunst, oder deutlicher gesagt: DER TYPOGRAPHIE. Besser keine Reklame, als minderwertige; denn der Leser schließt aus dem Eindruck der Reklame und nicht aus dem textlichen Inhalt auf die Ware.

Unter dem Namen APOSS-Verlag wurde in Hannover, Waldhausenstr. 5 II., ein neuer Verlag gegründet, der das gute wohlfeile Buch herausgibt. Als Aposs 2 erscheint demnächst eine wohlfeile Ausgabe der ersten 3 Hahnepetermärchen. Als Aposs 3 erscheint die Aposstelgeschichte, ein Märchen.

Das MERZRELIEF VON SEITE 90 IST MIT ZAHLREICHEN MERZBILDERN, MERZZEICHNUNGEN, ENTWÜRFEN, TYPOGRAPHISCHEN ARBEITEN, KÄSTEN, PACKUNGEN AUSGESTELLT AUF DEN BEIDEN GROSSEN MERZAUSSTELLUNGEN NOVEMBER 1924, HANNOVER, KESTNERGESELLSCHAFT, FEBRUAR 1925 BERLIN, STURM, POTSDAMERSTRASSE 134a, UND ANDEREN.
Besuchen Sie die großen Merzausstellungen.

1924

Pelikan

92

8000
8001
8002
8000 Z
8001 Z
8002 Z
?
8002 A
8020
8021
8022

HALTBAR — ERGIEBIG — PREISWERT
HALTBAR — ERGIEBIG — PREISWERT

?

PELIKAN SCHREIBBAND

IN PLOMBIERTER BLECHDOSE

Herbert Lang + Cie AG, 1975
ISBN 3 261 01297 8

TAMBOUR

IWAN TSCHICHOLD: ZEITSCHRIFTTITEL, LEIPZIG 1924

größeren Textmengen eine wichtige Rolle, wie das der Psychologe Dr. Kirschmann in seinen Untersuchungen über den Wert von Antiqua und Fraktur wissenschaftlich nachgewiesen hat. Jedenfalls stellen die Schriftversuche des Herrn Kaufmann wohl den weitest gehenden Vorstoß in der Richtung auf das Zukunftsland unserer Schrift dar und drum möchte ich sie an das Ende dieser Betrachtungen setzen.

Wenn wir rückblickend noch einmal kurz das Gewimmel der sich schneidenden und vermeidenden, sich verbindenden und ergänzenden Richtungen betrachten, so wird es deutlich, daß sich die neuzeitliche Form dort am entschiedensten durchsetzt, wo auch ein neues Bedürfnis am stärksten sich fühlbar macht. Nämlich bei der modernen Gebrauchsgraphik, beim Plakat, jeglicher geschäftlichen Propaganda. Das geht oft sehr weit, geht bis zur Andersmacherei um jeden Preis. Und das ruft wiederum die Reaktion auf den Plan. Aber diese bleibt, ich möchte sagen, örtlich beschränkt. Sie greift nicht weit über das Gebiet der konservativen Zigarren-, Likör-, Parfümpackung hinaus und auch innerhalb dieses Gebiets findet sie eine moderne Gegenbewegung. Sehr viel langsamer vollzieht sich der Umwandlungsprozeß im Buche. Der Konservativismus der bloß Gebildeten, die Gedankenträgheit des Gros der Vermittler, der Verleger, Drucker, Buchhändler, die stumpfe Gleichgültigkeit der Masse bilden die hemmenden Faktoren. Aber die moderne Jugendbewegung, die auf allen Gebieten einem neuen Lebensgefühl den neuen Ausdruck zu schaffen sucht, wird auch an dem Problem der Schrift nicht vorübergehen. Sie wird aus dem, was bis jetzt als Vorarbeit geleistet ist, sich das für ihre Zukunftszwecke Brauchbare suchen und es zu finden wissen.
WIDDERSBERG, Pfingsten 1925.   F. H. EHMCKE.

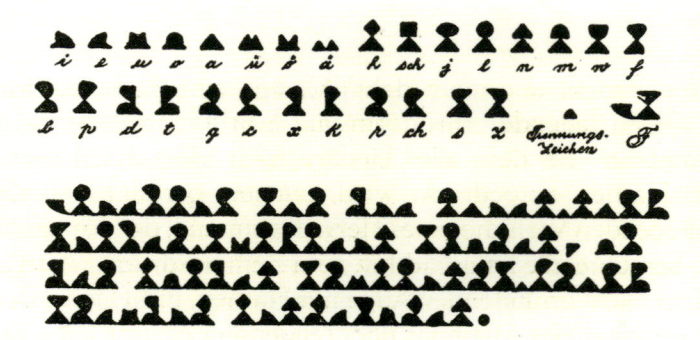

HERMANN KAUFMANN: NEUES SCHRIFTSYSTEM 1911

EIN NACHWORT ALS GEBRAUCHSANWEISUNG

Wenn in der vorhergehenden Abhandlung der Verlauf einer Entwicklungsreihe gezeigt wurde, so mußte dabei die persönliche Ansicht des Schreibenden möglichst hinter den Dingen zurückstehen. Es galt, eine sachliche Aufzählung der wichtigsten Erscheinungen zu geben und im Literatur-Nachweis die Quellen zu zeigen, aus denen Wissensdurstige weitere Belehrung schöpfen mögen.

Der Wunsch der Firma, deren Munifizenz diese Abhandlung ihr Dasein verdankt, geht nun dahin, einige erläuternde Worte anzufügen, die den Gebrauch des angehäuften Stoffes für den Lesenden und Lernenden noch erleichtern sollen. Es ist verständlich, daß diese Forderung mich dazu zwingt, selber deutlicher zu den Dingen Stellung zu nehmen.

СПЕЦИАЛЬНОСТЬ:

Либретто / Мандолины / Гитары / Музыкальн. литература / Струны для всех инструментов / Большой выбор немецкой и иностранной музыки / Пианино / Рояли Фис-гармонии / Струнные инструменты / Русская музыка

RUSSISCHE TYPOGRAPHIE. EL LISSITZKY: INSERAT 1922

Vorweg muß ich aussprechen, daß ich auf keinen Fall irgend eine Anleitung zum Schreiben geben möchte. Das hat seinen triftigen Grund. Es hieße Eulen nach Athen tragen, wollte man angesichts der beiden ausgezeichneten Werke von Larisch und Johnston noch einen weiteren Versuch einer Anleitung zum Schreiben machen. In den letzten zwei Jahrzehnten sind ja derlei Lehrbücher wie Pilze aus dem Boden geschossen. Sie haben aber nur dahin gewirkt, den Suchenden den Weg zu den besten Quellen zu versperren. Wer schreiben lernen will und mangels einer direkten Anleitung Zuflucht zu Büchern nehmen muß, der verschaffe sich diese zwei Standardwerke! Das kleine Mehr der Anschaffungskosten gegenüber den billigen Werken wird sich gewiß bezahlt machen. Bei der erstaunlichen Fülle des Materials, der gründlichen Behandlung aller Fragen und – was noch wichtiger ist – bei der geschmacklich und geistig überlegenen Art ihrer Gesamthaltung sind sie wohlfeil.

63

TYPOGRAPHISCHE TATSACHEN ➡ z. B:

Von El Lissitzky, Moskau.

ABCDEFGHIJKLMNOPQRSTUVWXYZ UmihreGedankenschriftlichmitzuteilenbrauchenSienurbestimmteKombinationenausdiesenZeichenzubildenundsieununterbrochenaneinanderzuketten.

aber, — NEIN.

SIE sehen hier, daß das Gedankengebilde durch mechanisches Kombinieren der 26 Buchstaben sich nicht ableiern läßt. Die Sprache ist mehr als nur eine akustische Wellenbewegung und bloß Mittel der Gedankenübergabe. So ist auch die Typographie mehr als nur eine optische Wellenbewegung für denselben Zweck. Von dem passiven, zusammengegossenen, unartikulierten Schriftgebilde geht man zum aktiven, artikulierten über. Die Geste der lebendigen Sprache wird notiert.
z. B.: Die Hamurabitafeln und die Drucksachen einer modernen Wahlpropaganda.

SIE haben den Tag in 24 Stunden aufgeteilt. Für überschwengliche Gefühlsergüsse ist keine Stunde mehr. Immer knapper wird das Gesprächgebilde. Die Geste scharf geprägt. Ebenso die Typographie.
z. B.: Prospekte, Werbeschriften und moderne Romane.

SIE sind von ihrem ersten Tag an von bedrucktem Papier begleitet und Ihr Auge ist prächtig trainiert sich in diesem spezifischen Gebiet schnell, präzis, ohne zu irren zurechtzufinden. Sie werfen ihre Blicke mit derselben Sicherheit in diese Wälder, wie der Australier seinen Bumerang.
z. B.: Der Druckbogen einer großen Tageszeitung.

SIE verlangen klare Gebilde für ihre Augen. Die sind nur aus eindeutigen Elementen zusammensetzbar. Die Elemente der Buchstaben sind:

    die Wagerechte —
    die Senkrechte |
    die Schiefe /
    der Bogen (

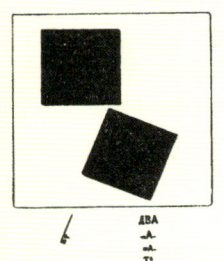

Das sind die Grundrichtungen der Fläche. Die Zusammensetzung erfolgt in wagerechter und senkrechter Richtung. Diese beide ergeben den geraden (eindeutigen) Winkel. Der kann in der Richtung der Flächengrenzen gestellt werden, dann wirkt er statisch (Ruhe). Er kann diagonal gestellt werden, dann wirkt er dynamisch (Bewegtheit). Das sind die Axiome der Typographie.
z. B.: Diese Seite.

SIE überwinden schon das Vorurteil, das nur den Hochdruck als reine Typographie betrachtet. Der Hochdruck gehört der Vergangenheit. Die Zukunft: — dem Tiefdruck und allen photomechanischen Verfahren. Auf diesem Wege wird die ehemalige Freskomalerei von der neuen Typographie abgelöst.
z. B.: Litfaßsäulen und Plakatwände.

SIE haben gemerkt, daß in einem organischen Gebilde alle Facetten dieselbe Struktureinheit aufweisen. Die moderne Typographie ist beim Ausbau ihrer Struktureinheit.
z. B.: Das Papier (Kunstdruck), die Type (Schnörkellosigkeit), die Farbe (die neuen spektralklaren Erzeugnisse).

SIE können sehen wie dort wo neue Gebiete den gedanklichen und sprachlichen Gebilden sich erschließen, wie dort organisch neue typographische Gestaltungen entstehen. Das sind: die moderne Reklame und moderne Dichtung.
z. B.: Einige Seiten der amerikanischen und europäischen Magazin- und Fachzeitschriften. Die internationalen Publikationen der Dadabewegung.

In dieser Mär von 2 Quadraten (Tatsache 1) habe ich mir die Aufgabe gestellt, eine elementare Idee mit den elementaren Mitteln so zu gestalten, daß es für Kinder eine Anregung zu aktivem Spiel und für Erwachsene ein Schauspiel sein soll. Die Handlung läuft filmartig ab. Die Worte bewegen sich in den Kraftfeldern der handelnden Figuren: — Quadraten. Die allgemeinen und speziellen plastischen Momente sollten hier typographisch gestaltet werden.

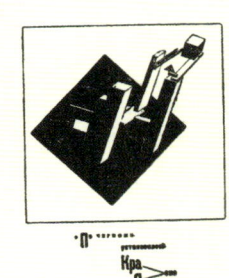

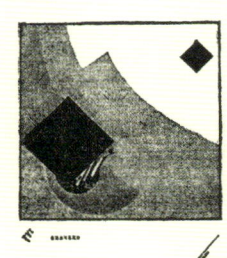

EL LISSITZKY von 2 Quadraten.

153

SIE sollen von dem Schriftsteller fordern, daß er seine Schrift wirklich stellt. Denn seine Gedanken kommen zu ihnen durch das Auge und nicht durch das Ohr. Darum soll die typographische Plastik durch ihre Optik das tun was die Stimme und die Geste des Redners für seine Gedanken schafft.

z. B.: Da Sie den Großeltern mehr trauen, wollen wir diese kleine Tatsache von Meister Franz Rabelais, dem Abstraktor der Quintessenz betrachten:

O, i?.. am der große Bändiger der Cimbern.
: : ˙. ugs durch die Luft, weil ihn der Tau verdroß.
≡≡≡ er erschien, tät man die Trög beklümpern.
1. frischer Butter, die mit Mulden goß:

Gargantua.
1. Buch. 2. Kapitel

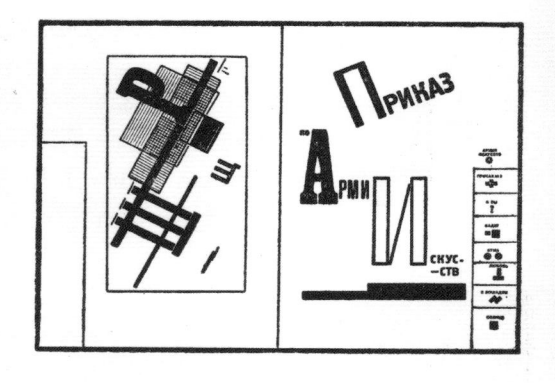

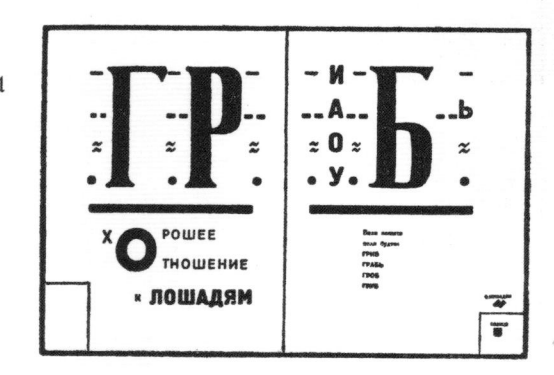

EL LISSITZKY
Majakowski-Buch. Gedichte.

Dieses Gedichtbuch von Majakowski (Tatsache 2) ist zum Vorlesen bestimmt. Um dem Vortragenden das Suchen der einzelnen Gedichte zu ersparen, verwendete ich das Register. Dies Buch ist nur mit dem Material des Setzkastens ausgeführt. Die Möglichkeiten des Zweifarbendruckes (Überlagerungen, Schraffurkreuzungen u. a. m.) ausgenutzt. Meine Seiten stehen zu den Gedichten etwa in ähnlichem Verhältnis wie das die Geige begleitende Klavier. So wie bei dem Dichter aus dem Gedanken und dem Laut das Einheitsgebilde, das Gedicht, entsteht, so wollte ich eine gleichwertige Einheit aus dem Gedicht und den Elementen der Typographie schaffen·

154

FRANZ VON KAZINCZY UND DIE UNGARISCHE BUCHKUNST.

Von Paul Gulyás, Budapest.

Die literarische Renaissance Ungarns, welche mit der im Stile Voltaires 1772 in Wien verfaßten Tragödie des Agis des ungarischen Leibgardisten Georg von Bessenyei angeht, zog natürlicherweise auch den Aufschwung der ungarischen Druckertätigkeit nach sich. Im Jahre 1787 gab es in Ungarn 29 Druckereien und in dreißig Jahren stieg diese Zahl auf 50, die jährlich 25 Millionen Bogen Papier verbrauchten. Leider kam dieser typographische Aufschwung eher der Quantität als der Qualität zu gute. Die Typographen arbeiteten im allgemeinen fehlerhaft und mit verbrauchtem Material. Ein schön ausgestattetes, sorgfältig gesetztes Buch gehörte zu den Ausnahmefällen. Die Autoren waren froh, wenn ihre Werke überhaupt die Druckerschwärze erhielten und ihr schwach entwickelter Schönheitssinn war gar leicht zu befriedigen. Einige Abzüge auf Schreib- oder Velinpapier, eine Titelvignette oder gar ein Titelkupfer, meistens das Bildnis des Verfassers oder des die Drucklegung ermöglichenden Kunstfreundes darstellend, war alles, was sie als Höchstleistung der Typographie erwünschten. Ein auf die harmonische Durchbildung des Ganzen gerichteter ästhetischer Feinsinn scheint ihnen durchwegs gefehlt zu haben.

Eine rühmliche Ausnahme war in dieser Hinsicht der große Sprachreformator und feinfühligste Stilkünstler der Epoche, Franz von Kazinczy, dessen umfangreiche Korrespondenz[1] auch diesbezüglich einige interessante Aufschlüsse gibt. Er versuchte es mit mehreren Buchdruckern in Kaschau, Preßburg, Pest, Ofen und Sárospatak, ja er ging sogar nach Wien, fand aber keinen einzigen Typographen, der ihn ganz zufriedenzustellen vermochte. 1823 schreibt er an seinen Freund Dulházy: „Seit vierzig Jahren hatte ich soviel zu tun mit den Typographen, daß ich erlernt habe, nicht blindlings zu vertrauen".[2] Er pflegt Papier, Format, Typen, ja sogar die Druckerschwärze aufs sorgfältigste zu bestimmen und es war wirklich nicht seine Schuld, wenn das Ergebnis nicht immer seinem feinen Geschmack entsprach. Mit dem Pester Typographen Trattner, klagt er in demselben Briefe, war es abgemacht, wie er seine gesammelten Werke auszustatten habe, „aber er gab zu den späteren Bänden gelbes und rauhes Papier und abgenutzte Typen, und überhaupt machte er es nach seinem eigenen Geschmack".

Vielleicht das Einheitlichste aller seiner Bücher ist der erste und einzige Band seiner Vermischten Übersetzungen (Fordított egyveleg írásai) Széphalom, 1808 datiert, dessen Ausstellung in den Annalen der Literatur und Kunst in dem österr. Kaisertume folgender-

---

[1] Kazinczy Ferenc levelezése. Veröff. v. Johann Váczy. Budapest, 1890—1911, 21 Bde.
[2] Korrespondenz, Bd. XVII, S. 476.

155

TYPOGRAPHIE-PHOTOGRAPHIE
TYPO-PHOTO

L. MOHOLY-NAGY, DESSAU

Weder Rose noch Maschine bilden ein Thema der Dichtung oder Malerei; sie belehren nur über Aufbau und Gestaltung ● OBJET

Nicht Neugier, nicht wirtschaftliche Rücksichten allein, sondern ein tiefes menschliches Interesse an den Vorgängen in der Welt, der starke Wunsch, in jedem Augenblick in jede Situation eingeschaltet zu sein, haben die ungeheure Verbreitung des Nachrichtendienstes: der Typographie, des Films und des Radio, geschaffen.

Die gestaltende Arbeit des Künstlers, die Versuche des Wissenschaftlers, die Kalkulation des Kaufmanns, des heutigen Politikers, alles was sich bewegt, alles was formt, ist in der Gemeinsamkeit der aufeinander wirkenden Geschehnisse gebunden. Das im Augenblick aktuelle Tun des einzelnen wirkt stets gleichzeitig auf lange Sicht. Der Techniker hat die Maschine in der Hand: Befriedigung augenblicklicher Bedürfnisse. Aber im Grunde weit mehr: er ist Begründer der neuen sozialen Schichtung, Vorbereiter der Zukunft. Eine solche Wirkung auf lange Sicht hat die heute noch immer nicht genügend beachtete Arbeit des Druckers (wie eines jeden Gestalters): internationale Verständigung mit ihren Folgerungen. Die Arbeit des Druckers ist ein Teil des Fundamentes, auf dem die NEUE Welt aufgerichtet wird.

Das strenge, klare Werk der Organisation ist geisterfüllte Konsequenz, die alle Elemente menschlichen Schaffens in eine Synthese (einen sinnvollen Zusammenhang) bringt: Spieltrieb, Anteilnahme, Erfindungen, wirtschaftliche Notwendigkeiten in Wechselbeziehung. Der eine erfindet das Drucken mit beweglichen Lettern, der andre die Photographie, ein dritter das Rasterverfahren des Klischees, ein vierter die Galvanoplastik, den Lichtdruck, das mit Licht gehärtete Zelluloidklischee. Die Menschen schlagen einander noch tot, sie haben noch nicht erfasst, wie sie leben, warum sie leben. Politiker merken nicht, dass die Erde eine Einheit ist — aber man erfindet das Telehor, den Fernseher; man kann morgen in das Herz des Nächsten schauen, überall sein und doch allein sein. Man druckt illustrierte Bücher, Zeitungen, Magazine in Millionen. Die Eindeutigkeit des Wirklichen in der Alltagsituation ist für alle Schichten da. Langsam sickert die Hygiene des Optischen, das Gesunde des Gesehenen durch.

202

Was ist Typographie? Was ist Photographie? Was ist Typophoto? —
Typographie ist in Druck gestaltete Mitteilung, Gedankendarstellung.
Photographie ist visuelle Darstellung des optisch Fassbaren.
Das Typophoto ist die visuell exaktest dargestellte Mitteilung.

Jede Zeit hat ihre eigne optische Einstellung. Unsre Zeit die des Films, der Lichtreklame, der Simultanität (Gleichzeitigkeit) sinnlich wahrnehmbarer Ereignisse. Sie hat eine neue, sich ständig weiter entwickelnde Schaffensgrundlage auch für die Typographie hervorgebracht.

L. Moholy-Nagy: Entwurf zu einem Photoplakat (Photoplastik)

#17
László MOHOLY-NAGY:
Typographie-Photographie.
Typo-Photo.

(96%)

→ 🗔

203 El Lissitzky 1923: Einband zu Majakowsky, Dlja gólossa

Die Typographie Gutenbergs, die bis fast in unsre Tage reicht, bewegt sich in ausschliesslich linearen Dimensionen. Durch die Einschaltung des photographischen Verfahrens erweitert sie sich zu einer neuen Typographie mit neuer, heute als total bekannter Dimensionalität. Die Anfangsarbeiten dazu wurden von den illustrierten Zeitungen, Plakaten, Akzidenzdrucken schon geleistet.
Bis vor kurzem hielt man krampfhaft fest an einem Setzmaterial und einer Satztechnik, die zwar die Reinheit des Linearen gewährleisteten, das neue Tempo des Lebens aber ausser acht lassen mussten. Erst in der allerletzten Zeit hat eine typographische Arbeit eingesetzt, die durch eine kontrastreiche Verwendung von typographischem Material (Buchstaben, Zeichen) den Zusammenhang mit dem heutigen Leben zu schaffen versuchte.
Die bisherige Starre der typographischen Praxis wurde aber durch diese Bemühungen kaum gelockert. Eine wirksame Lockerung kann nur bei weitestgehender, umfassender Verwendung der photographisch-zinkographisch-galvanoplastischen und ähnlichen Techniken erreicht werden. Die Biegsamkeit, Beweglichkeit dieser Techniken bringt Ökonomie und Schönheit in eine neue Wechselbeziehung. Mit der Entwicklung der Bildtelegraphie, die die Beschaffung von vollendet genauen Illustrationen im Augenblick ermöglicht, wird es wahrscheinlich dazu kommen, dass auch philosophische Werke mit den gleichen Mitteln arbeiten werden — wenn auch auf höherer Ebene — wie jetzt die

amerikanischen Magazine. Selbstverständlich werden diese neuen typographischen Werke in ihrer typographisch-optisch-synoptischen Gestalt von den heutigen linear-typographischen durchaus verschieden sein. Die lineare, gedankenmitteilende Typographie ist nur ein vermittelndes (Not-)Glied zwischen dem Inhalt der Mitteilung und dem aufnehmenden Menschen.

MITTEILUNG ⬅ TYPOGRAPHIE ➡ MENSCH

Heute versucht man, die Typographie — statt sie, wie bisher, nur als *objekthaftes* Mittel zu verwenden — mit den Wirkungsmöglichkeiten ihrer *subjekt*haften Existenz gestaltend in die Arbeit einzubeziehen.
Die typographischen Materialien selbst enthalten starke optische Fassbarkeiten und vermögen dadurch den Inhalt der Mitteilung auch unmittelbar visuell — nicht nur mittelbar intellektuell — darzustellen. Die Photographie, als typographisches Material verwendet, ist von grösster Wirksamkeit. Sie kann als Illustration neben und zu den Worten erscheinen, oder als »PHOTOTEXT« an Stelle der Worte, als eindeutige Darstellungsform, die in ihrer Sachlichkeit keine persönlich-zufällige Deutung zulässt. Aus den optischen und assoziativen Beziehungen baut sich die Gestaltung, die Darstellung auf: zu einer visuell-assoziativ-begrifflich-synthetischen Einheit: zu dem Typophoto, als der eindeutigen Darstellung in optisch-gültiger Gestalt.
Das Typophoto regelt das neue Tempo der neuen, visuellen Literatur.

In Zukunft wird jede Druckerei eine eigne Klischeeanstalt besitzen, und es kann mit Sicherheit ausgesprochen werden, dass die Zukunft des Druckwesens den photomechanischen Verfahren gehört. Die Erfindung der photographischen Setzmaschine, der neuen billigen Herstellungsverfahren von Klischees usw. zeigen die Richtung, auf die ein jeder heutige Typograph oder Typophotograph sich baldigst einstellen muss.

L. Moholy-Nagy 1923: Briefkopf

#17
László MOHOLY-NAGY:
Typographie-Photographie.
Typo-Photo.
(96%)

Beispiel für Verwendung photomechanischen Verfahrens. Gute Zusammenstellung zweier Aufnahmen (Strassenbild und Reifen)

204

Ich liebe das Gesetz, das das Schöpferische ordnet. G. BRAQUE

EL LISSITZKY
6.3.1925
Brione/Locarno
Villino Raetia

IWAN TSCHICHOLD
LEIPZIG

Es wäre zum mindesten unproduktiver Zeitverlust, wenn man heute beweisen wollte, dass man nicht mit eigenem Blut und einer Gänsefeder zu schreiben braucht, wenn die Schreibmaschine existiert. Heute zu beweisen, dass die Aufgabe jedes Schaffens, so auch der Kunst, nicht DARstellen, sondern DAstellen ist, ist ebenfalls unproduktiver Zeitverlust. (Merz)

E Lissitzky

205

El Lissitzky: Eigenbrief. Die Adresse gehört zur Komposition und ist darum eingefügt

B

#18
László MOHOLY-NAGY:
Typo-Photo.
In: Ders.: Malerei Fotografie, Film.
München: Albert Langen
Jahr: 1925
–
Seiten: S. 36 ff.
Format: 18,5×25,5 cm

#19
Ladislaus MOHOLY-NAGY:
Zeitgemässe Typographie
– Ziele, Praxis, Kritik.
In: Gutenberg-Festschrift zur Feier
des 25jährigen Bestehens des
Gutenbergmuseums Mainz, hrsg. von
A. Ruppel.
Mainz: Gutenberggesellschaft
Jahr: 1925
–
Seiten: S. 307–317
Format: 22×29×6 cm

#20
Paul RENNER:
Revolution der Buchschrift.
In: Gutenberg-Festschrift zur Feier
des 25jährigen Bestehens des
Gutenbergmuseums Mainz, hrsg. von
A. Ruppel.
Mainz: Gutenberggesellschaft
Jahr: 1925
–
Seiten: S. 279–282
Format: 22×29×6 cm

#21
Iwan TSCHICHOLD:
Die neue Gestaltung.
In: Typographische Mitteilungen.
Zeitschrift des Bildungsverbandes
der Deutschen Buchdrucker (Leipzig;
Sonderheft ›elementare typographie‹),
22. Jg., Oktober 1925, H. 10
Jahr: 1925
–
Seiten: S. 193 ff.
Format: 23×30×0,5 cm

→

#22
Iwan TSCHICHOLD:
Elementare Typographie.
In: Typographische Mitteilungen.
Zeitschrift des Bildungsverbandes
der Deutschen Buchdrucker (Leipzig;
Sonderheft ›elementare typographie‹),
22. Jg., Oktober 1925, H. 10 (Nachdruck:
Mainz: Hermann Schmidt, 1986)
Jahr: 1925
–
Seiten: S. 198–200; 40 S.
Format: 23×30×0,5 cm

→

#23
Josef ALBERS:
Zur Ökonomie der Schriftform.
In: Offset-, Buch und Werbekunst. Das
Blatt für Drucker, Werbefachleute und
Verleger (Leipzig; ›Bauhaus-Heft‹) Nr. 7
Jahr: 1926
–
Seiten: S. 395 ff.
Format: 23,5×31×1 cm

→

#21
Iwan TSCHICHOLD:
Die neue Gestaltung.

(96%)

→

DIE NEUE GESTALTUNG

IWAN TSCHICHOLD

Die Neue Typographie, der sich dieses Sonderheft der »Typographischen Mitteilungen« widmet, baut sich auf den Erkenntnissen auf, die die konsequente Arbeit des russischen Suprematismus, des holländischen Neoplastizismus und insbesondere die des Konstruktivismus vermittelte. Diese drei Bewegungen sind keineswegs plötzliche, unvorbereitete Erscheinungen, sondern die Endpunkte einer künstlerischen Bewegung, die schon im vorigen Jahrhundert beginnt. Die folgenden Zeilen sollen eine gedrängte, nur andeutende Übersicht über die Stadien dieser Entwicklung geben.*

Im neunzehnten Jahrhundert war das Bild der letzten Reste seiner ursprünglichen sozialen Zwecke (als Kult- und Freskomalerei) entkleidet worden. Es erlangt Selbständigkeit, die es als L'art pour l'art-Kunst (Kunst der Kunst wegen) außerhalb des wirklichen Lebens stellt. Die Malerei, längst schon nicht mehr *erzählend* (wie im Mittelalter), wird, als *Darstellung der Wirklichkeit,* durch die bessere, weil exakte, Photographie abgelöst. In der Folge, seit etwa der Mitte des vorigen Jahrhunderts, vollzieht sich nun eine künstlerische Umwälzung von großer Eigenart und außerordentlichem Tempo.

Diese Bewegung setzte mit großer Kraft im Impressionismus ein. Der seitdem ein immer schneller werdendes Tempo annehmende stete Wechsel oft scheinbar entgegengesetzter Kunstrichtungen, die schließlich einem bestimmten freilich erst heute bewußt gewordenen Ziel zustrebten, ließ den passiv Erlebenden glauben, daß der Wechsel der Stile (als solche erschienen dem Laien diese *Richtungen*) in unsrer Zeit ein früher nicht gekanntes Tempo angenommen habe. In Wirklichkeit sind aber alle diese Kunstrichtungen keineswegs Stile (solche wurzeln in einer Gesamtkultur, die heute noch fehlt), sondern lediglich verzweifelte Versuche der Maler, das Tafelbild zu retten, Abbilder der krampfartigen letzten Zuckungen einer untergehenden Gesellschaft.

Dennoch ist das revolutionierende und destruktive (zerstörende) Schaffen dieser Malergenerationen eine wesentliche Voraussetzung unsrer heutigen Arbeit. Niemals bricht eine neue Epoche — und wir stehen erst am Anfang einer solchen — mit einem Schlage an. Eine solche Wandlung vollzieht sich allmählich, doch mit unendlicher Sicherheit. Die IMPRESSIONISTEN (*Cézanne, Liebermann*) vermitteln ein völlig neues, farbiges Sehen der sichtbaren Welt, sie gaben dem Bild, das von ihnen vorzugsweise Nur-Darstellung war, die Farbe in einer neuen Form wieder. Sie entnahmen ihre Vorbilder aber noch der Natur. Ihre Schöpfungen sind im wesentlichen *flächig.* Die KUBISTEN *(Léger, Picasso)* und FUTURISTEN *(Boccioni, Carrà)* gingen zwei Schritte weiter — sie verwarfen das Vorbild der zufälligen Natur in der bildenden Kunst, in der Erkenntnis, daß ein so gerichtetes Schaffen zutiefst reproduktiv (nachbildend), nicht produktiv (schöpferisch) sei, begannen mit der Abstraktion (Entsinnlichung) des Bildinhalts, schufen geometrische, Maschinen und primitiven Ornamenten ähnelnde, einen *plastisch* gesehenen Raum vortäuschende Gebilde. An Stelle der Zufälligkeit der Natur und des Durcheinanders unklarer Gefühle versuchten sie exakte Formen und gesetzmäßiges Denken zu setzen, ohne freilich das Absolute der Mechanik, dem im Grunde ihre Sehnsucht galt, zu erreichen. Seit dem ersten Auftreten der Kubisten wird in der bildenden Kunst eine fortschreitende Geometrisierung und Abstraktion fühlbar.

Eine bedeutende Einzelerscheinung, der Russe *Kandinsky* versucht eine Wandlung der Bildform dadurch, daß er in seinen abstrakten Malereien »musikalisch« wirkende Gestaltungen schuf.

Eine im wesentlichen planlose Äußerung deutscher Kunst, eine Art Mischung von Kubismus und Futurismus, stellt der deutsche EXPRESSIONISMUS *(Marc, Campendonk)* dar, der zwar das Vorbild der Natur formal und farbig ganz frei gestaltet, doch ohne den Grad der Logik und Konsequenz des Kubismus zu erreichen, ein typisches Produkt aus deutschem Individualismus und deutscher Romantik.

Der Krieg ist der Wendepunkt der Entwicklung. Die ihm folgende Ernüchterung brachte den klaren Blick für das Durcheinander der Formen auf allen Gebieten, Folge des Mangels eines einheitlichen Gestaltungsprinzips. Ihr künstlerischer Niederschlag ist der DADAISMUS (Frankreich: *Tzara*, Schweiz: *Arp*, Deutschland: *Schwitters, Huelsenbeck, Grosz*). Dada hat destruktiven Charakter. Er zeigt mit »herzloser Offenheit« dem Spießer die brutale Wirklichkeit, ihr Durcheinander, stellt ihn und sie auf den Kopf.

Vereinzelt kommt die Besinnung; das einzige, was in diesem Chaos restlos überzeugt, wirklich »lebt«, der Gegenwart gehört, sind die Werke der Ingenieure und Techniker, die Ingenieurbauten und Maschinen. Man versucht, von diesen *Gegenständen* das Wesentliche, die mathematische Folgerichtigkeit, zu übernehmen.

So beginnt das Ringen einzelner um eine Gestaltung der Gesetzmässigkeit des Lebens aus elementaren Verhältnissen.

---

* Illustrationsmaterial geben die zwei Bücher »Ma-Buch Neuer Künstler« (Ma-Verlag, Wien), »Kunst-Ismen« (Rentsch, München).

Kurt Schwitters: Typosignet Pelikan

193

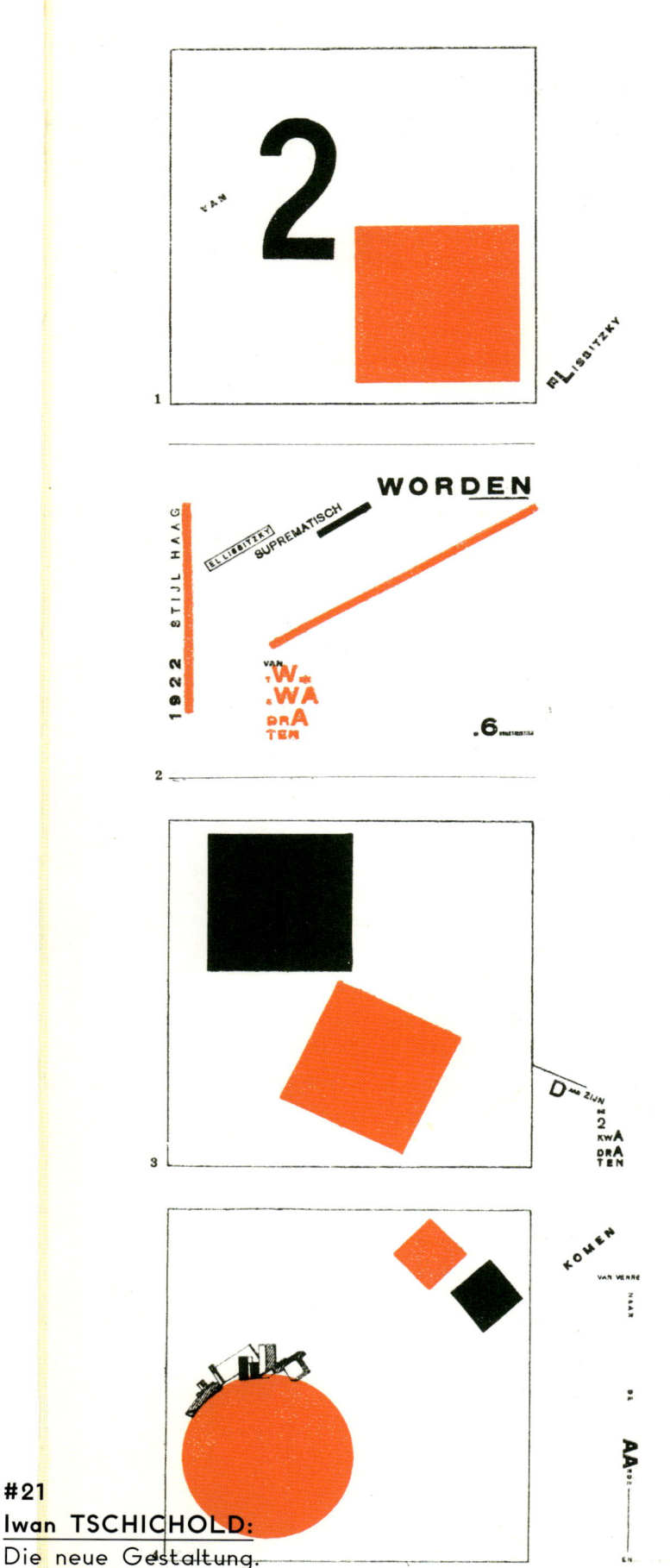

← Dies sind die verkleinerten Bilder eines Kinderbuchs, der MÄR VON ZWEI QUADRATEN von EL LISSITZKY (konstruiert in Witebsk [Russland] 1920) ● Die Übersetzung lautet: **1** Von 2 ● El Lissitzky **2** El Lissitzky: Suprematische Mär von zwei Quadraten in 6 Konstruktionen **3** das sind die 2 Quadrate **4** kommen von ferne auf die Erde — und **5** und sehen eine schwarze Wüste **6** ein Stoss — alles stürzt **7** und auf schwarzem Gebild klar — wahr **8** hier Ende — und vorwärts ● Die wirkliche Grösse verhält sich zu diesen Abbildungen fast genau wie 3:1. Abgebildet ist die holländische Ausgabe, die im Verlag der Zeitschrift »De Stijl«, Clamart (Seine), Frankreich, 64 avenue Schneider, erschien (fast vergriffen). Die ursprüngliche Ausgabe in russischer Sprache erschien im Skythen-Verlag, Berlin-Grunewald, Karlsbader Strasse 16. Der typographische Satz neben den Bildern ist ein Beispiel für die Forderung Lissitzkys, dass Typographie den Zug- und Druckspannungen des Inhalts entsprechen müsse. (Lissitzky: Die Wörter des gedruckten Bogens werden abgesehen, nicht abgehört.)

Der erste Maler, der (schon vor dem Kriege) versucht hatte, mit elementaren Mitteln elementare, gesetzmässige Beziehungen von Farbe, Form, Licht, Zeit zu gestalten, war der Führer des russischen SUPREMATISMUS: Kasimir *Malewitsch*. Seine Werke: elementare Beziehungen abstrakter farbiger und unbunter Flächen im unendlichen weissen Raum. Die konsequente Arbeit dieses Malers führt das Bild als Flächengestaltung auf den Nullpunkt. 1919 hört der Suprematismus auf. Eins der Bilder Malewitschs ist das schwarze Quadrat (auf weisser quadratischer Grundfläche). Die westliche Parallelerscheinung ist der holländische NEOPLASTIZISMUS *(Mondrian, van Doesburg)*, der räumlich-dynamischen (bewegten) Gestaltung des Suprematismus entgegengesetzt durch flächig-statische Form.

Der Russe *El Lissitzky* (el) ist der Erfinder des von ihm so benannten PROUN. Das ist eine Bildform. Lissitzky fasst die Splitterteile der Gestaltungen des Suprematismus zusammen und schafft Werke, die inspiriert sind von der Phantasie eines von der Schönheit und den ausserordentlichen Möglichkeiten der modernen Technik restlos begeisterten Künstlers. Seine Prounen sind Illusionen von Spannungen plastisch-gesehener Körper in unendlichen Räumen. Der Schritt von dieser Arbeit, die, mit Ausnahme des Proun, noch immer Illusionen, wenn auch abstrakte (gegenstandslose), gab, zu einer realen (wirklichen) Gestaltung war klein. Das Ende des Krieges, in allen Ländern gleich niederschlagend, zwang diesen Schritt geradezu herbei. Was die Kubisten, unter ihnen besonders Picasso, schon vor dem Kriege versucht hatten, die Einbeziehung dem Bilde bisher fremder Materialien (Metall, Papier, Holz), führten die Russen konsequent weiter — an die Stelle der durch die Farbe gegebenen Illusionen trat die ausschliessliche Verwendung *wirklicher* Stoffe: Blech, Draht, Glas, Holz usw., anfänglich charakterisiert durch das sogenannte Konterrelief *Tatlin*s (KONSTRUKTIVISMUS). Die Bedeutung dieser Arbeit liegt weniger in ihrem zwar neuen, doch immerhin ästhetischen Moment, als darin, dass sich die Künstler nunmehr mit wirklichen Materialien beschäftigten und die Beziehungen der neuen Stoffe zueinander studierten. Es ist unwesentlich, dass diese Bewegung im Anfang einem Romantismus: der Liebe zu den Maschinen, Apparaten, den *neuen* Dingen, entsprang; denn fast zu gleicher Zeit setzte, in ihr gegründet, die *reale Gestaltung von Gegenständen* ein.

Diese Bewegung beginnt mit Entwurf und Modell des Turms der Dritten Internationale von Tatlin (Moskau 1918). Hier war ein »Gegenstand«, ein Bauwerk von ungeheurem Ausmass, eine Spirale aus Glas und Eisen, 200 m höher als der Eiffelturm, ein grosser Ausdruck der Bewegung, die in der russischen Revolution den ersten weltpolitischen Erfolg errang. Aber kein blosses Denkmal: ein Zweckbau, mit Räumen für das EKKI (Exekutiv-Komitee der Kommunistischen Internationale), die Museen der Revolution, eine wissenschaftliche Versuchs- und Funkstation. Trotzki hat in

#21
Iwan TSCHICHOLD:
Die neue Gestaltung.

(96%)

195 seinem Buche »Literatur und Revolution« an diesem Bauwerk eine berechtigte Kritik geübt. Er setzt an ihm aus, dass für Tatlin der Zweck doch immerhin im Hintergrund gestanden habe, dass er noch zu sehr von frei-künstlerischen Gesichtspunkten ausgegangen sei. Das ist sicher richtig, mindert aber nicht die grundsätzliche Bedeutung dieser Schöpfung, die den Anfang der Bewegung darstellt, die sich die Gestaltung der Gegenstände des wirklichen Lebens zur Aufgabe gestellt hat und die früher den Namen »Konstruktivismus« trug.* Die deutsche, übrigens unabhängige Parallelbewegung findet in der Gründung des WEIMARER BAUHAUSES durch *Walter Gropius* ihren Ausdruck. Auch in Russland gibt es ein »Bauhaus«, die 1918 in Moskau gegründete Schule WCHUTEMAS (Abkürzung des russischen Ausdrucks für »Höhere Staatliche Kunstwerkstätten«). Beide, unabhängig und ohne Wissen voneinander zu fast gleicher Zeit gegründet, führte ihre konsequente Arbeit auf denselben Weg: Die Einordnung des gesamten künstlerischen Schaffens in den Bau, in dem es ja erst Sinn erhält. Darum ist auch die erste grosse Leistung des Bauhauses nicht die Schaffung neuer »schönerer« Bilder, sondern der Bau des Musterhauses, des »Hauses am Horn« in Weimar, das man zur Bauhaus-Ausstellung im September 1923 dort sah. An dieser Stelle mag ein Auszug aus dem oben genannten ausgezeichneten Buche von *Trotzki* Platz finden:

»Die Scheidewand zwischen Kunst und Industrie wird fallen. Der künftige grosse Stil wird nicht verzierend, sondern formierend sein. Es wäre irrig, wollte man dies deuten als Liquidierung der Kunst, als deren Selbstausschaltung vor der Technik. Für die Schaffung eines »idealen« Gegenstandes bedarf es, abgesehen von der Beherrschung des Materials und der Bearbeitungsmethoden, auch noch der Phantasie und des Geschmackes. Ganz im Einklang mit der ganzen Tendenz der Industriekultur glauben wir, dass die künstlerische Phantasie auf dem Gebiete der Produktion der materiellen Güter sich mit der Aufstellung der idealen Form des Gegenstandes als solchem befassen wird und nicht mit der Verzierung als künstlerischer Gratisbeilage zu dem Gegenstande selbst. Das bedeutet keineswegs eine Liquidierung der Werkkunst, nicht einmal in entfernter Zukunft. In den Vordergrund wird wahrscheinlich die unmittelbare Zusammenarbeit mit allen übrigen Zweigen der Technik rücken.«

Die Kunst der Zukunft wird die Grenzen der bisherigen sogenannten Kunst überschreiten und sich wahrscheinlich mehr und mehr der PHOTOGRAPHIE und des FILMS bedienen. Auf diesen Gebieten haben schon gearbeitet: der in Paris lebende Amerikaner *Man Ray* (abstrakte Photographie), der leider kürzlich verstorbene schwedische Maler *Viking Eggeling*, die Deutschen *Hans Richter* und *L. Hirschfeld-Mack* (abstrakter Film, reflektorische Lichtspiele), *Moholy-Nagy, Fernand Léger* (mechanischer Film).

Wann unsre, von einer neuen Ethik erfüllten Bestrebungen allgemein anerkannt sein werden, wann sie sich völlig durchsetzen können, das hängt von Umständen ab, die wir einzelnen nicht beherrschen oder gar bestimmen können. Aber dass sie sich durchsetzen werden, ist sicher, und unsre objektive, unpersönliche, für Alle bestimmte kollektive Arbeit bildet die bestimmte Gewähr dafür.

---

* Das Wort »Konstruktivismus« wurde in Russland aufgebracht. Es bezeichnete eine Kunst, die an Stelle des konventionellen Materials modernes Konstruktionsmaterial verwendet. Auf dem Internationalen Kongress in Düsseldorf, Mai 1922, wurde der Name Konstruktivismus (allerdings in verändertem Sinn, s. Stijl Nr. 8, Jahrgang V) von der Opposition aufgenommen.

Da ich zusammen mit meinen Freunden Doesburg und Lissitzky an dieser Proklamation des Konstruktivismus »schuld« bin, so will ich auch seine Beerdigung beginnen: Das, was heute unter diesem Namen geht, hat nichts mehr mit elementarer Gestaltung, unserer Forderung auf dem Kongress, zu tun. Der Name wurde damals aufgenommen als Losungswort derjenigen, die sich sowohl um eine Gesetzmässigkeit des künstlerischen Ausdrucks als auch um sinnvoll zeitgemässe Aufgabe bemühen gegenüber einer Majorität des Kongresses der Individualisten. (Kongressbericht siehe: Stijl Nr. 4, Jahrg. V.) Inzwischen hat die Kunsthandel-Ölbildmalerei sich den Namen zugelegt und unter Konstruktivismus marschieren die Individualisten, Arrangeure, Ölmaler, Dekorativisten, die gesamte Spekulation. *Hans Richter* (in »Pasmo«).

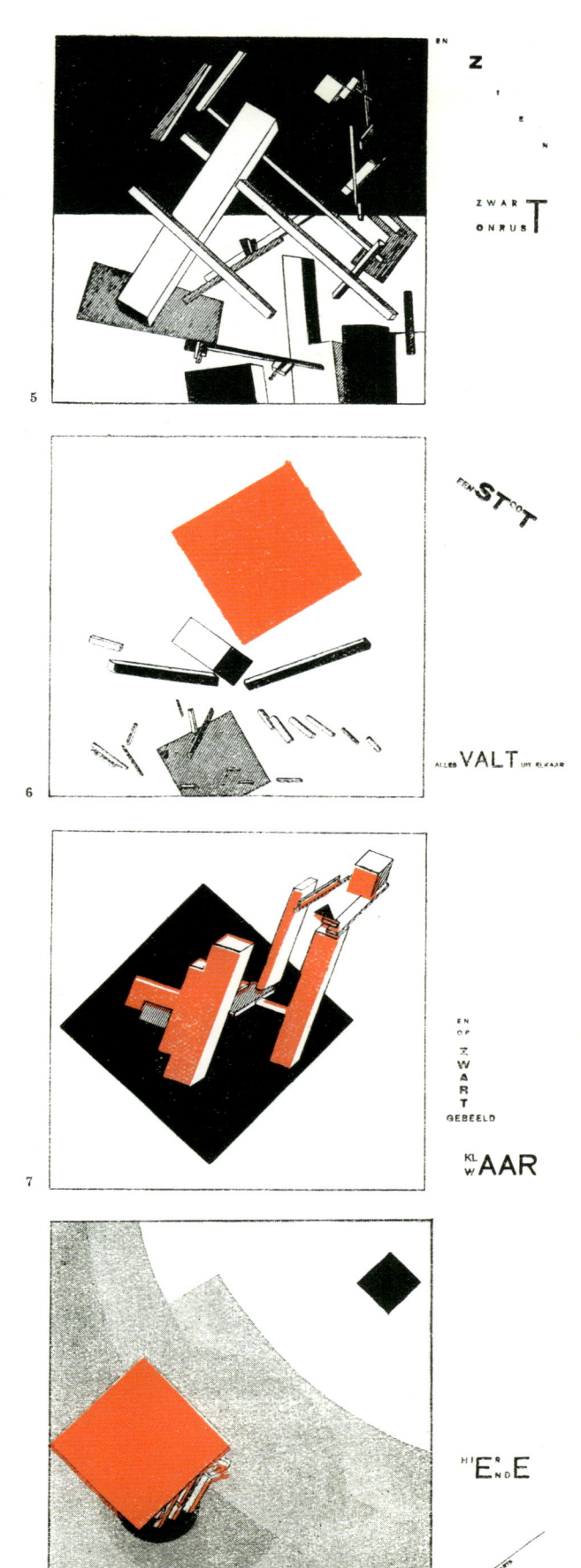

ELEMENTARE TYPOGRAPHIE

IWAN TSCHICHOLD

1. Die neue Typographie ist zweckbetont.

2. Zweck jeder Typographie ist Mitteilung (deren Mittel sie darstellt). Die Mitteilung muss in kürzester, einfachster, eindringlichster Form erscheinen.

3. Um Typographie sozialen Zwecken dienstbar zu machen, bedarf es der *inneren* (den Inhalt anordnenden) und *äußeren* (die Mittel der Typographie in Beziehung zueinander setzenden) *Organisation* des verwendeten Materials.

4. *Innere Organisation* ist Beschränkung auf die elementaren Mittel der Typographie: Schrift, Zahlen, Zeichen, Linien des Setzkastens und der Setzmaschine.
Zu den elementaren Mitteln neuer Typographie gehört in der heutigen, auf Optik eingestellten Welt auch das exakte Bild: die Photographie.
Elementare Schriftform ist die **Groteskschrift** aller Variationen: mager — **halbfett** — **fett** — schmal bis **breit**.

Schriften, die bestimmten Stilarten angehören oder beschränkt-nationalen Charakter tragen (𝔊𝔬𝔱𝔦𝔰𝔠𝔥, 𝔉𝔯𝔞𝔨𝔱𝔲𝔯, Kirchenslavisch) sind nicht elementar gestaltet und beschränken zum Teil die internationale Verständigungsmöglichkeit.
Die Mediäval-Antiqua ist die der Mehrzahl der heute Lebenden geläufigste Form der Druckschrift. Im (fortlaufenden) Werksatz besitzt sie heute noch, ohne eigentlich elementar gestaltet zu sein, vor vielen Groteskschriften den Vorzug besserer Lesbarkeit.
Solange noch keine, auch im Werksatz gut lesbare elementare Form geschaffen ist, ist zweckmässig eine unpersönliche, sachliche, möglichst wenig aufdringliche Form der Mediäval-Antiqua (also eine solche, in der ein zeitlicher oder persönlicher Charakter möglichst wenig zum Ausdruck kommt) der Grotesk vorzuziehen.

Eine ausserordentliche Ersparnis würde durch die ausschliessliche Verwendung des kleinen Alphabets unter Ausschaltung *aller* Grossbuchstaben erreicht, eine Schreibweise, die von allen Neuerern der Schrift als unsre Zukunftsschrift empfohlen wird. Vgl. das Buch »Sprache und Schrift« von Dr. Porstmann, Beuth-Verlag, G. m. b. H., Berlin SW 19, Beuthstrasse 8. Preis Mark 5.25. — durch kleinschreibung verliert unsre schrift nichts, wird aber leichter lesbar, leichter lernbar, wesentlich wirtschaftlicher. warum für einen laut, z. b. a zwei zeichen A und a? ein laut ein zeichen. warum zwei alfabete für ein wort, warum die doppelte menge zeichen, wenn die hälfte dasselbe erreicht?

DIE MODENSCHAU
findet heute und morgen (Donnerstag und Freitag) nachmittags und abends im „Intimen-Theater" statt.
Beginn der Vorführungen: 4 und 8½ Uhr. Einlaß: 3½ und 8 Uhr.

Erste Berliner Mannequins
führen neueste Schöpfungen der
besten Häuser zum Herbst und
Winter vor:
Schlichte Kleider
Nachmittags-Tee und Abendtoiletten
Pelzverbrämte Mäntel und Kostüme
Pelze und Pelzjacken
Straßen- und Abend-Hüte
Schuhwerk der Firma F. W. Böhmer,
Bongardstr. 12

Die künstlerische Leitung übernahm Hans Tobar.
Zur Unterhaltung wirken erste Kräfte mit.
Neue Gesellschaftstänze tanzen S. Noack, Berlin,
Klubmeister des deutschen Klubs für Tanzsport
und seine Partnerin.
Musik von beiden Kapellen des Intimen-Theaters.

baruch
BOCHUM, BONGARD- UND KORTUMSTR.-ECKE

Max Burchartz: Zeitungsinserat

1925

НЕОБЫЧАЙНЕЙШЕЕ ПРИКЛЮЧЕНИЕ
БЫВШЕЕ со мной
с ВЛАДИМИРОМ МАЯКОВСКИМ
солнце
НА ДАЧЕ РУМЯНЦЕВА, ПУШКИНО, АКУЛОВА ГОРА, ЯРОСЛАВСКАЯ Ж. Д.

EL LISSITZKY 1922/23: Zwei gegenüberliegende Seiten (Gedichttitel) aus MAJAKOWSKY, Dlja gólossa (Russischer Staatsverlag, Moskau)

Die logische Gliederung des Druckwerks wird durch Anwendung stark unterschiedlicher Grade und Formen ohne Rücksicht auf die bisherigen ästhetischen Gesichtspunkte optisch wahrnehmbar gestaltet.
Auch die unbedruckten Teile des Papiers sind ebenso wie die gedruckten Formen Mittel der Gestaltung.

5. *Äussere Organisation* ist die Gestaltung stärkster Gegensätze (Simultanität) durch Anwendung gegensätzlicher Formen, Grade und Stärken (die im Werte ihrer Inhalte begründet sein müssen) und die Schaffung der Beziehung dieser positiven (farbigen) Formwerte zu den negativen (weissen) Formwerten des unbedruckten Papiers.

6. Elementare typographische Gestaltung ist die Schaffung der logischen und optischen Beziehung der durch die Aufgabe gegebenen Buchstaben, Wörter, Satzteile.

7. Um die Eindringlichkeit, das Sensationelle neuer Typographie zu steigern, können, zugleich als Mittel innerer Organisation, auch vertikale und schräge Zeilenrichtungen angewendet werden.

8. Elementare Gestaltung schliesst die Anwendung jedes *Ornaments* (auch der ornamentalen Linie, z.B. der fettfeinen) aus. Die Anwendung von Linien und an sich elementaren Formen (Quadraten, Kreisen, Dreiecken) muss zwingend in der Gesamtkonstruktion begründet sein.
Die *dekorativ-kunstgewerblich-spekulative Verwendung* an sich elementarer Formen ist nicht gleichbedeutend mit elementarer Gestaltung.

9. Der Anordnung neuer Typographie sollten in Zukunft die normierten (DIN-)Papierformate des Normenausschusses der Deutschen Industrie (NDI) zugrunde gelegt werden, die allein eine alle typographischen Gestaltungen umfassende Organisation des Druckwesens ermöglichen. (*Literatur:* Dr. Porstmann, »Die Dinformate und ihre Einführung in die Praxis«, Selbstverlag Dinorm, Berlin NW 7, Sommerstrasse 4a. Mark 3.—.)

Insbesondere sollte das Format DIN A 4 (210:297 mm) allen Geschäfts- und andern Briefen zugrunde gelegt werden. Der Geschäftsbrief an sich ist ebenfalls genormt worden: DIN 676, Geschäftsbrief, zu beziehen direkt vom Beuth-Verlag, G. m. b. H., Berlin SW 19, Beuthstrasse 8, Mark 0,40. Das DINblatt »Papierformate« trägt die Nummer 476. — Die DINformate sind erst seit kurzem in der Praxis eingeführt. In diesem Heft ist nur eine Arbeit, der bewusst ein DINformat zugrunde gelegt ist.

10. Elementare Gestaltung ist auch in der Typographie nie absolut oder endgültig, da sich der Begriff elementarer Gestaltung mit der Wandlung der Elemente (durch Erfindungen, die neue Elemente typographischer Gestaltung schaffen — wie z. B. die Photographie) notwendig ebenfalls ständig wandelt.

200

Max Burchartz Zeitungsinserat

»Als sich Jan aus Sympathie mit der russischen Revolution noch Iwan nannte. Der entscheidende Bruch von der klassischen zur elementaren Typografie. Viele deutsche Buchdrucker müssen sehr erschreckt gewesen sein.« — [JB]

DIE SPAR-DEKADE
fängt Montag morgen an.

Sparen muß und möchte heut ein jeder. Was eine Spar-Dekade bei uns für Sie bedeutet, das sagt Ihnen unser großes Inserat am Montag, das sagen Ihnen am Sonntag unsere Schaufenster.

baruch
BOCHUM, Bongard- und Kortumstraßen-Ecke.

#22
Iwan TSCHICHOLD:
Elementare Typographie.
(96%)

1925

201

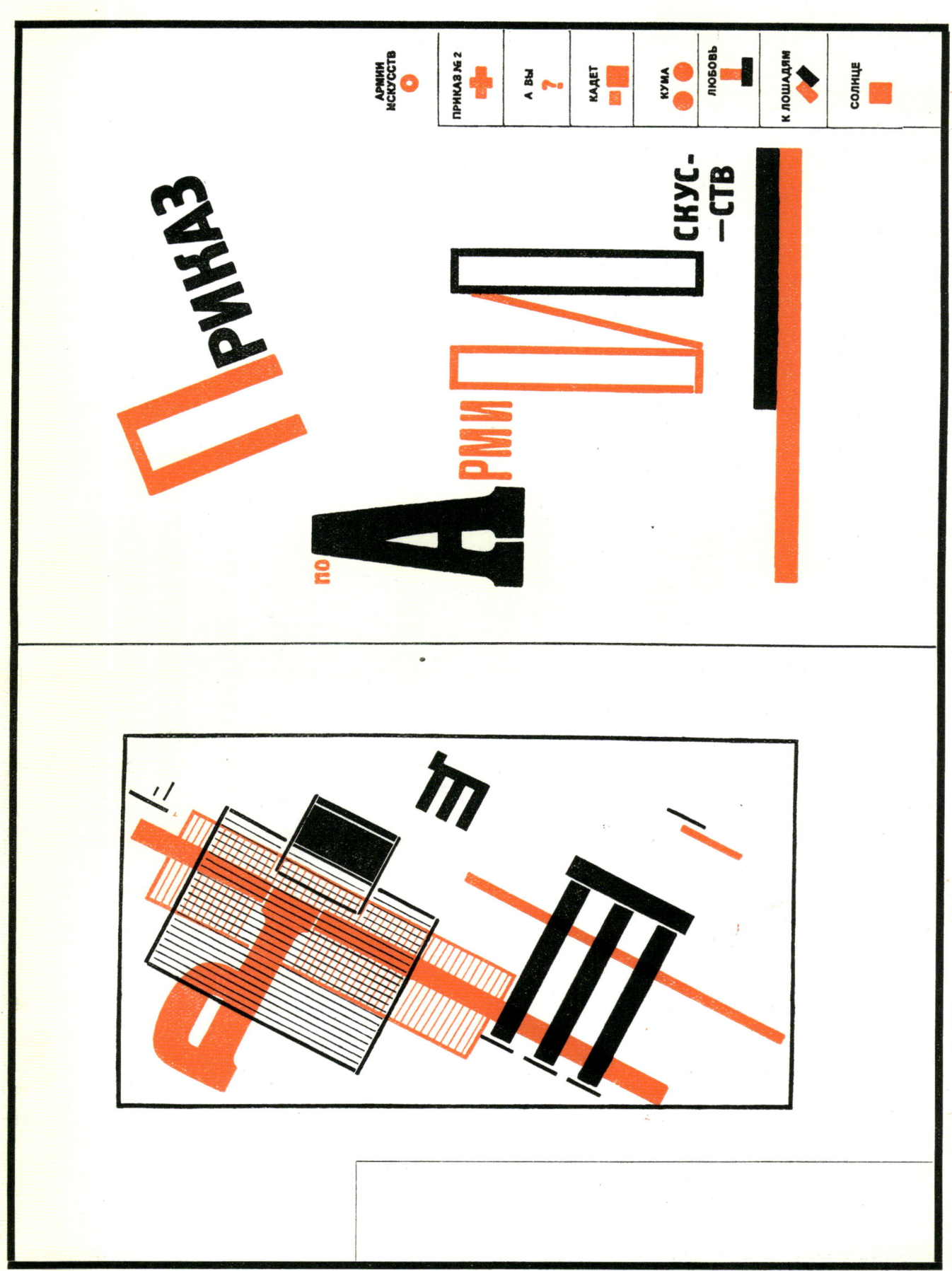

EL LISSITZKY 1922/23: Zwei gegenüberliegende Seiten (Gedichttitel) aus MAJAKOWSKY, Dlja gólossa (Russischer Staatsverlag, Moskau)

MOHOLY-NAGY
Fotoplastisches Plakat (1924)

FOTOPLASTIK IN DER WERBEGESTALTUNG

Die Amerikaner haben, wie auf so vielen anderen heutigen lebenformenden Gebieten — wobei eine Tradition sich als Hemmung nicht auswirken konnte, da sie nicht vorhanden war —, auch bei der Verwendung von Fotografien einen Vorrang vor Europa. Ihr gesunder Instinkt, ihr hemmungsloses Gegenwartsgefühl, ihre materielle, taktilisch-haptische Veranlagung (ihr Sinn für „greifbare" Tatsachen) hatten sie schon lange in ihren Werbearbeiten zur fotografischen Darstellung von Kaufobjekten geführt. Über die Primitivität der ersten Anfänge sind sie rasch hinweggekommen, sie haben eine glänzend saubere Art der Klarlegung, der bis ins einzelne sich erstreckenden Darstellung herausgefunden, abgesehen von der meist unvollkommenen typografischen Gestaltung. Man muß aber dabei unterscheiden können zwischen Litfaßsäulen-(Straßen-)plakaten und Anzeigen für Nahwirkung. Die fotoplastischen Plakate und Inserate müssen außer durch assoziative Dispositionen auch durch eine klare helldunkle Gliederung diese Unterschiede in der Gestaltung zum Ausdruck bringen.

L. MOHOLY-NAGY

ZUR ÖKONOMIE DER SCHRIFTFORM

Fließende Schriften, das sind gleichmäßig aufgereihte Schriftelemente, entsprechen der fließenden Rede, der gleichbetonten sprachlichen Darstellung. Ihre reinste Anwendung verlangt die epische Sprache.

Wir sprechen durchweg nicht mehr in dieser Form. Das heutige Leben vollzieht sich nicht im Gleichmaß, wir können nicht mehr klassisch sein.

Zeit ist Geld: das Geschehen ist ökonomisch bestimmt. Wir leben schnell und bewegen uns so. Wir gebrauchen Stenogramm und Telegramm und Code. Sie sind nicht Ausnahme, sondern wesentlich. Wir sprechen knapp, und nur Miene und nur Geste als Sprache können nicht mehr verboten sein wie bei den Griechen.

Weil wir immer mehr wirtschaftlich denken müssen, werden wir immer mehr amerikanisieren. Eine neue Welt kommt. Die neuen Bibliotheken Amerikas haben wenig Bücher, sehr viele Zeitschriften. Wir sind auf demselben Wege. Wir lesen mehr Zeitung als Bücher. Die Buchhändler verkaufen wenig; wer will noch ein vielbändiges Werk haben, wo sind die Jungen, die tagelang schmökern?

Schon entstehen Überblick-Zeitschriften ohne Artikel. In Stichwortauszügen, die viele Aufsätze vieler Zeitschriften ersetzen. Und von diesen bevorzugen wir die illustrierten: das Bild unterrichtet schneller und besser, die Bildseite ist in Sekunden zu erfassen. Alle Schrift erfährt starke Konkurrenz durch Foto, Kino und Radio.

Wir müssen schnell lesen, wie knapp sprechen*). Damit kann die fließende Schrift nicht mehr dominieren. Es wird die akzentuierte, betonte, unterstrichene, abgekürzte, bebilderte Schrift herrschen. Wie in der Sprache die Mitteilung, die Erklärung, der Aufruf, das Programm, das Kurzwort, das Stichwort. Das Plakat muß erfaßbar sein, wenn wir in der Elektrischen und im Auto vorbeifahren.

Also, wir entfernen uns vom Buch. Damit von der Schriftform des Buches. Die meisten Druckerzeugnisse sind nicht mehr Bücher. Die Sprache des Umgangs ist keine Buchsprache mehr, und fast ist der Begriff „Schriftsprache" verbraucht. Dennoch herrscht in nicht buchmäßigen Druckerzeugnissen fälschlich die Buchschrift- und Buchsatzform. Ihr wichtigstes Mittel ist der gleichmäßig graue Satzspiegel, der als ungeteilter winkelrechter Block ohne Schwarz- oder Grauverdichtung oder Weißhäufung am wertvollsten gilt.

---

*) Nur noch die Schule verbietet falsch, nicht in vollen Sätzen zu sprechen.

B

#24
Josef ALBERS:
Zur Schablonenschrift.
In: Offset-, Buch und Werbekunst. Das Blatt für Drucker, Werbefachleute und Verleger (Leipzig; ›Bauhaus-Heft‹) Nr. 7
Jahr: 1926

Seiten: S. 397
Format: 23,5×31×1 cm

#25
Willi BAUMEISTER:
Neue Typographie.
In: Die Form. Zeitschrift für gestaltende Arbeit (Berlin) Nr. 10
Jahr: 1926

Seiten: S. 215ff.
Format: 22×29,5 cm

→

#26
Herbert BAYER:
Versuch einer neuen Schrift.
In: Offset-, Buch und Werbekunst. Das Blatt für Drucker, Werbefachleute und Verleger (Leipzig; ›Bauhaus-Heft‹) Nr. 7
Jahr: 1926

Seiten: S. 398ff.
Format: 23,5×31×1 cm

→

#27
Herbert BAYER:
(Vier Geschäftsformulare in DIN-Norm.)
In: Offset-, Buch und Werbekunst. Das Blatt für Drucker, Werbefachleute und Verleger (Leipzig; ›Bauhaus-Heft‹) Nr. 7
Jahr: 1926

Seiten: S. 402ff.
Format: 23,5×31×1 cm

→

#25
Willi BAUMEISTER:
Neue Typographie.

(97%)

→

BAU-AUSSTELLUNG
STUTTGART 1924 E.V.

EINLADUNG
ZUR TEILNAHME AN DER ERÖFFNUNGSFEIER DER
BAU **A**USSTELLUNG
STUTTGART 1924
AM SONNTAG, DEN 15. JUNI 1924, MITTAGS 12 UHR
IN DER HALLE DES HAUPTRESTAURANTS DER
AUSSTELLUNG (EINGANG SCHLOSS-STRASSE)

v. JEHLE
PRÄSIDENT DES WÜRTT.
LANDESGEWERBEAMTS

ES WIRD HÖFL. GEBETEN,
DIESE KARTE AM EINGANG
VORZUZEIGEN

Einladungskarte   Beispiel der Leserichtung

NEUE TYPOGRAPHIE

VON **WILLY BAUMEISTER, STUTTGART**

Ihr Erfolg ist durchschlagend. Die symmetrische Anordnung mußte weichen: diese ist eine Ordnung der Ruhe. Das Lesen aber ist eine *Bewegung von links nach rechts.*

*

Typographie beruht vor allem in der Aufteilung einer begrenzten Fläche. Der Typograph steht zu Beginn seiner werkbewußten Tätigkeit vor derselben Aufgabe wie der Maler. Die Grundsätze der Flächenaufteilung sind verschieden. Die Druckseite enthält Bildhaftes und Mitteilungen. Beim Plakat überwiegt das Bildhafte. Bei der Typographie ist die Mitteilung bildhaft zu gestalten. Eine hauptsächliche Ordnung bindet zur Übersichtlichkeit, ohne die wir nicht auskommen. Die hergebrachte Ordnung ist die symmetrische. Die symmetrische Anordnung einer Druckseite, bei einem Inserat, Plakat usw. ist nichts anderes als das Dekorieren einer Fassade. Die Kräfteverteilung dieser Anordnung verteilt Kräfte und Spannungen nach beiden Seiten. Kräfte und Spannungen heben sich gegenseitig auf zugunsten der Balance. Ein Anfang und Einstieg für das Auge ist bei diesem System nicht vorhanden. Man wird dauernd von der Mittelaxe angezogen. Diese Anordnung kommt dem Ablesen in keiner Weise entgegen. Eine senkrecht auf eine symmetrische Gebäudewand geführte Straße zwingt uns zur Annäherung, und schließlich treten wir in die Türe: der Zweck ist erfüllt. Die Bewegung war räumlich. Eine Schriftplatte, die symmetrisch geordnet ist, zwingt uns gleichfalls in diesem Sinne zur räumlichen Annäherung senkrecht auf die Platte zu, führt aber nicht ein in die mit Schriftzügen organisierte Fläche, im Sinne des Lesens von links nach rechts.

Das Einführen des Auges in das absolut flächenhafte System der Druckseite kann nur durch Verlagerung des Schwerpunkts erfolgen, und zwar nach dem Anfang zu. Dem Startort für den Text. Also links oben. Die reichverzierten Initialen der alten Handschriften waren funktionell und deshalb richtig. An diesen Blickfang hat sich der nun folgende Text wie die Wagen an

EUGEN GROBHABER Nahrungsmittel Geschäft
Hülsenfrüchte
Neue Kartoffeln
Sauerkraut
Südfrüchte
Ia Marmeladen

Eugen Grobhaber
Nahrungsmittel-Geschäft
Hülsenfrüchte   Neue Kartoffeln
Südfrüchte   Sauerkraut
Ia Marmeladen

Inserat. Beispiel und Gegenbeispiel:
Wird der Vorname in bescheidener Größe gesetzt, so bleibt entsprechend mehr Raum
für den wichtigeren Hauptnamen

Seitenbreites Inserat aus einer Tageszeitung · Satzanordnung: Willy Baumeister, Stuttgart

die Lokomotive zu hängen. Von links oben nach rechts unten herrscht die grundlegende Bewegung. Demzufolge ergibt sich die entsprechende Diagonale als Bestimmungslinie aller Ordnungen. Die Verwendung von größeren Anfangsbuchstaben ist Gestaltung von Blickfängen aus Typen. Die Gefahr besteht jedoch, daß die vergrößerten Anfangsbuchstaben die Verbindung mit den folgenden Typen verlieren. Zur Unterstützung des Kontrasts ist es nötig, diese verstärkten Buchstaben möglichst mit unbedrucktem Raum zu umgeben. Die sog. Luft zwischen Schlagzeilen und Textblöcken hat eine wesentliche Bedeutung. Wenn die vergrößerten Anfangsbuchstaben mit den folgenden Buchstaben untere Kante halten, so ist das richtiger als die umgekehrte Bindung, nach oben. Am geschmeidigsten lesen wir aber ab, wenn wir die folgenden kleineren Buchstaben in die untere Zweidrittelachse der Blickfangtype setzen. Goldner Schnitt 1 : 1,618. Auf diese Weise wird der generellen Bewegung von links nach rechts nachgegeben und die Verbindung der großen Typen mit den kleineren ist enger, d. h. richtiger. Ausnahmen gefährden diese Regel nicht. Die Fettigkeitsgrade müssen sinngemäß ausgespielt werden. Beispiele:

DAMPFMASCHINEN

DAMPFMASCHINEN

Das rechteckige Format diktiert als Konsequenz die Blockanordnung. Ähnlichkeitsform zur gegebenen Fläche ist außerordentlich wohltuend wirksam. Ein bekannter ungeschriebener Satz in der modernen Malerei. Kubismus und Konstruktivismus kamen auch aus solchen Gefühlen für Konsequenz zur Verwendung der geraden Linie und des rechten Winkels.
Viele „moderne" Anzeigen, Briefköpfe usw. sind nach den Kompositionsprinzipien des Gemäldes aufgebaut, sei es auch in konstruktivistischem Sinn. Doch hat das Kunstwerk, auch das abstrakte, eine Kompositionsbewegung mit dem Endausgleich der harmonisierten Spannung. Das Gemälde wird beschaut. Die Anzeige, die Druckzeile usw. muß aber abgelesen werden. Wir wissen, daß das Lesen eine Bewegung ist. Alles, was Bewegung, d. h. Richtung, hat, ist ausgleichslos. Die Anordnung eines Druckkomplexes hat ganz im Gegensatz zur Endruhe der

Inserat. Beispiel und Gegenbeispiel

216

FR. KAUFFMANN
KLOSTERSENF-, WEINESSIG- u. KUNST-
HONIGFABRIK, GURKENEINLEGEREI

EBERSBACH AN DER FILS

GEGRÜNDET 1834

DEUTSCHE BANK GÖPPINGEN
OBERAMTSSPARKASSE GÖPPINGEN
GEWERBEBANK EBERSBACH/FILS
POSTSCHECKKONTO STUTTGART 796
FERNRUF EBERSBACH/FILS 3
DRAHTANSCHRIFT KAUFFMANN EBERSBACH/FILS

DEN

Briefkopf (verkleinert)   Satzanordnung: Willy Baumeister, Stuttgart

Gemäldekomposition eine ganz bestimmte Richtung. Im Schriftsatz darf also nicht in erster Linie der schöne Ausgleich des freien Gleichgewichts erstrebt werden, sondern der Fahrtlinie des Auges muß im gegebenen Fall alles geopfert werden.

Beim Briefkopf im früheren Stil symmetrisch dekorierend angeordnet, sind Fabrikzeichen, Medaillen in der Mitte oder meistens zu beiden beiden Seiten angeordnet. Durch Ausgleich entsteht Ruhe. Will ich ein Fabrikzeichen oder einen Textblock als Komplex aktiv machen, so ist eine nicht axiale Anschiebung durch Zeilen oder Balken nötig. Der Komplex kommt in eine Rotation. (Siehe Abb. S. 217, oben.)

Die Bevorzugung von „Groteskschriften" ist darin zu suchen, daß der exakte Schnitt eine Klarheit des Wortbildes ergibt, die Pinselschriften, kunstgewerbliche Schriften und die Fraktur niemals erreichen. Der Schriftblock kommt klar zum Ausdruck, was gegenüber anderen Typen ein exemplarisches Gestalten ermöglicht. Text in Versalien zu setzen ist falsch. Auch für längere Überschriften und Schlagzeilen ist die ausschließliche Verwendung der Versalien wegen der verminderten Lesbarkeit in Zweifel zu ziehen.

Für die Verwendung von nur kleinen Buchstaben hat sich ganz früh schon Jakob Grimm ausgesprochen. Der bekannte Wiener Architekt *Loos*, der Vorkämpfer der neuen Architektur in Europa, hat seine Schriften vor etwa 20 Jahren in kleinen Buchstaben drucken lassen. Es folgten u. a. Stephan *George* und das Bauhaus. Diese Schreibweise würde eine sehr günstige Vereinfachung bringen. Die großen lateinischen Buchstaben werden von uns außerdem als antiquiert empfunden. Die kleinen „lateinischen" Buchstaben sind eine Art Bastardschrift mit Bewegungsfluß gegenüber den starr geometrischen der Römer. Das Gefühl für Statik hat sich im Lauf der Zeiten geändert. Die Ägypter bauten auf großer Grundfläche ihre konisch zulaufenden Pyramiden und Tempel. Der romanische Bogen, der gotische Spitzbogen sind Ingenieurkünste, die für unser Gefühl heute nichts mehr Riskantes an sich haben. Die Möglichkeiten der Eisenkonstruktion, besonders aber der Eisenbaubetonweise, liefern für unser Auge neue Eindrücke.

Weitausragende Terrassen, Gesimse, Vordächer ohne Stützen. Die reduzierte Basis eines Radfahrers, der steigende Freiballon mit dem großen Volumen nach oben, Luftschiff und Flugzeug verändern unser Gefühl für Statik.

Dieses Gefühl macht sich auch in unserer Satzanordnung geltend. Wir verlegen den Schwerpunkt auch zunächst ohne Logik gern nach oben. Wir sehen daraus, daß das richtig eingestellte Gefühl immer seine Parallelen im Geist der Zeit findet.

Sind zwei gleich lange Zeilen zu setzen, dann ist bei Blockordnung das Auge gezwungen, nach Ablesen der oberen Zeile die ganze Länge der Zeile nach links zurückzulaufen, bis an den Anfang der nächsten Zeile. Staffelt man dagegen die untere Zeile nach rechts, so hat das Auge einen entsprechend kleineren Weg zurückzulegen. Deshalb ist die Staffelung gegebenenfalls sehr zu empfehlen:

Das Unterstreichen von Worten halte ich im Prinzip für falsch, weil der Strich (Balken) wie jedes Zeichen dekorativ nur sich selbst ausdrückt. Der Unterstreichungsbalken hebt also nur indirekt das Wort hervor, dem er als Verstärkung gelten soll. Der Balken verkleinert auch optisch das Wortbild. Will man etwas hervorheben, so begnüge man sich mit dem Mittel der gesteigerten Größe und Fette. Zweifellos kann aber ein Balken hin und wieder einen rhythmisch-kompositionellen Wert haben.

Die Anordnung senkrecht untereinander gereihter Zeichen und Worte halte ich in fast allen Fällen für unrichtig, weil die Lesbarkeit dadurch zu stark beeinträchtigt wird.

Die unbedruckten Komplexe in der Anzeige haben eine ganz besondere Funktion. Das primäre Mittel der Kontrastwirkung weiß-schwarz wird bei der neuen Typographie ganz besonders herangezogen. Die besten Ornamente aller Zeiten zeigen uns, wie nicht nur das aufgemalte Ornament, sondern dies erst zusammen mit den leergelassenen Stellen eine Einheit bildet. Das griechische Mäanderornament ist das hervorragende Beispiel. Die neuen Tendenzen in der Typographie sind elementar. Zurückgehend auf die Urforderungen des Schriftsatzes kann keine andere Anordnung gefunden werden als diejenige im Sinne der Bewegung des Lesens, der Bewegung von links nach rechts.

VERSUCH EINER NEUEN SCHRIFT

Sobald sich die Gestaltung neuer Schriftzeichen auf Grund der Organisation der Zeiche vollzieht, muß sie notwendigerweise eine Reorganisation der Sprache nach sich ziehe Soweit sie sich aber nur auf Umgestaltung und Weiterentwicklung schon vorhanden Zeichen beschränkt, ist dies ohne weiteres auf rein optischer Basis möglich. Folgende Versuch bezieht sich auf Letztgesagtes: So wie moderne Maschinen, Architektur und Kin Ausdruck unserer exakten Zeit sind, muß es auch die Schrift sein. Leider verwirrt heut eine erdrückende Menge sogenannter Charakter- und Künstlerschriften, welche alle vo dem Prinzip aus, Individualität und Originalität zu erreichen, geschaffen sind. Sie wirke in ihrer ornamental schmückenden Art archaisch, spielerisch und in ihrer Erscheinung z kompliziert; um den heutigen und zukünftigen Anforderungen zu entsprechen, müßte ei formal objektives Resultat gezeigt werden. Folgende Richtlinien können als Anhalts punkte gelten:

I. Internationale Verständigung durch **eine** Art Schriftzeichen (= Weltschrift). (Oben genannte Schriften komplizieren das Gebiet unnötigerweise und erschweren inter nationalen Verkehr.)

II. Diese Einheitsform muß verschiedenen Verwendungen Genüge leisten und daher i gleichen Charakter für die jeweilige Funktion verändert sein: a) Druckschrift, b) Hand schrift, c) Maschinenschrift, d) Schablonenschrift.

III. Einheit in der Konstruktion der Staben, um exakten Charakter zu erzielen; Einfachheit um leichte Auffassung und Einprägung zu erreichen. Ich greife jetzt an Hand de Beispiele auf den Grundtyp, die Druckschrift (Absatz IIa), zurück und rechtfertige di Erscheinung: Druckschrift (Abbildung **1** und **2**). (S. Seite **399**.)

1. Komposition aller Staben in den primären Formen ○ □ Kreis, Quadrat, dadurch syn thetischer Aufbau aus wenigen Grundelementen. Vergleiche Übereinstimmung de Form mit Klang und Muskelbildung beim Sprechen verschiedener Konsonanten. (Ab bildung **3**: Im Gegensatz zu dem geschriebenen 𝖚, welches vollständig aus der Tech nik heraus [Federschrift] entstanden ist und mit klarer geometrischer Form nichts mehr zu tun hat, entspricht das exakte U auch Muskelbildung und Fonetik.)

𝖚 U   Abb. 3

398

1926

abcdefghi
jklmnopqr
stuvwxyz

HERBERT BAYER: Abb. 1. Alfabet „g" und „k" sind noch als unfertig zu betrachten

sturm blond

Beispiel eines Zeichens in größerem Maßstab
Präzise optische Wirkung

Abb. 2. Anwendung

399

2. Durchgehend gleiche Balkenstärke.

Druckschrift ist nicht Handschrift; also organische Flächen. Jeder Stabe flächiges selbständiges Gebilde. Flächiger Ausgleich.

Bei der Handschrift Richtungsbewegung. Von ihrer Entstehung aus zwei vollkommen verschiedene Charaktere. (In der Maschine eine Handschrift zu drucken, ist falsche Romantik.)

3. In Verfolgung der Formentwicklung der einzelnen Staben ist die größtmögliche Konzentration erstrebt (siehe Abbildung 4).

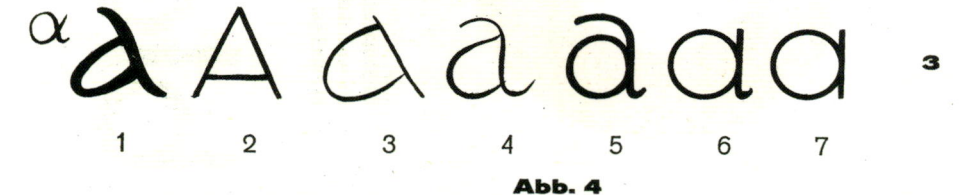

α α A a a a a
1 2 3 4 5 6 7

Abb. 4

1 Griechisches Alfa
2 Römisch
3 und 4 Karolingische Minuskeln
5 a unserer heutigen Groteske, Wiedererscheinen der reinen Form
6 Erste Reduzierung, mit Erhaltung des Handschriftcharakters
7 Exakteste Form

4. Es gibt kein großes und kleines Alfabet. Es ist nicht nötig, für **einen** Laut ein großes **und** ein kleines Zeichen zu haben. Die gleichzeitige Verwendung zweier im Charakter vollständig verschiedener Alfabete ist unlogisch und unharmonisch. Es sei darauf hingewiesen, daß Beschränkung auf **ein** Alfabet große Zeit- und Materialersparnis bedeutet (man denke an die Schreibmaschine).

Obwohl wir heute das auf grundlegenden Formen aufgebaute antike Alfabet besitzen, ist es doch für unseren Gebrauch nicht mehr ausreichend, denn es ist infolge der großen Selbständigkeit jedes Buchstabens, der mangelhaften horizontalen Beziehungen und der gleichen Buchstabenhöhe optisch schwer faßbar.

Den heutigen Forderungen am meisten entsprechend ist die sogenannte Groteskschrift. Sie wird auch international verwendet, doch ist sie noch unvollkommen und kompliziert, weil willkürlich entwickelt. Aber es ist die Schrift, auf der hier weiter gebaut wird. Sie besteht heute noch aus zwei Alfabeten, nämlich: Versalien: reine klassische Form, und Minuskeln. Diese Buchstabenform ist somit die zur Weiterentwicklung gegebene.

Schriften nationalen Charakters, wie Fraktur, gotische, russische usw., sind in bezug auf Punkt 1 unmöglich, weil beschränkt.

Über Organisation der Sprache ist Grundlegendes gesagt worden in „Sprache und Schrift" von Dr. W. Porstmann, Verlag des Vereins deutscher Ingenieure, Berlin NW, Sommerstraße 4a.

HERBERT BAYER

1926

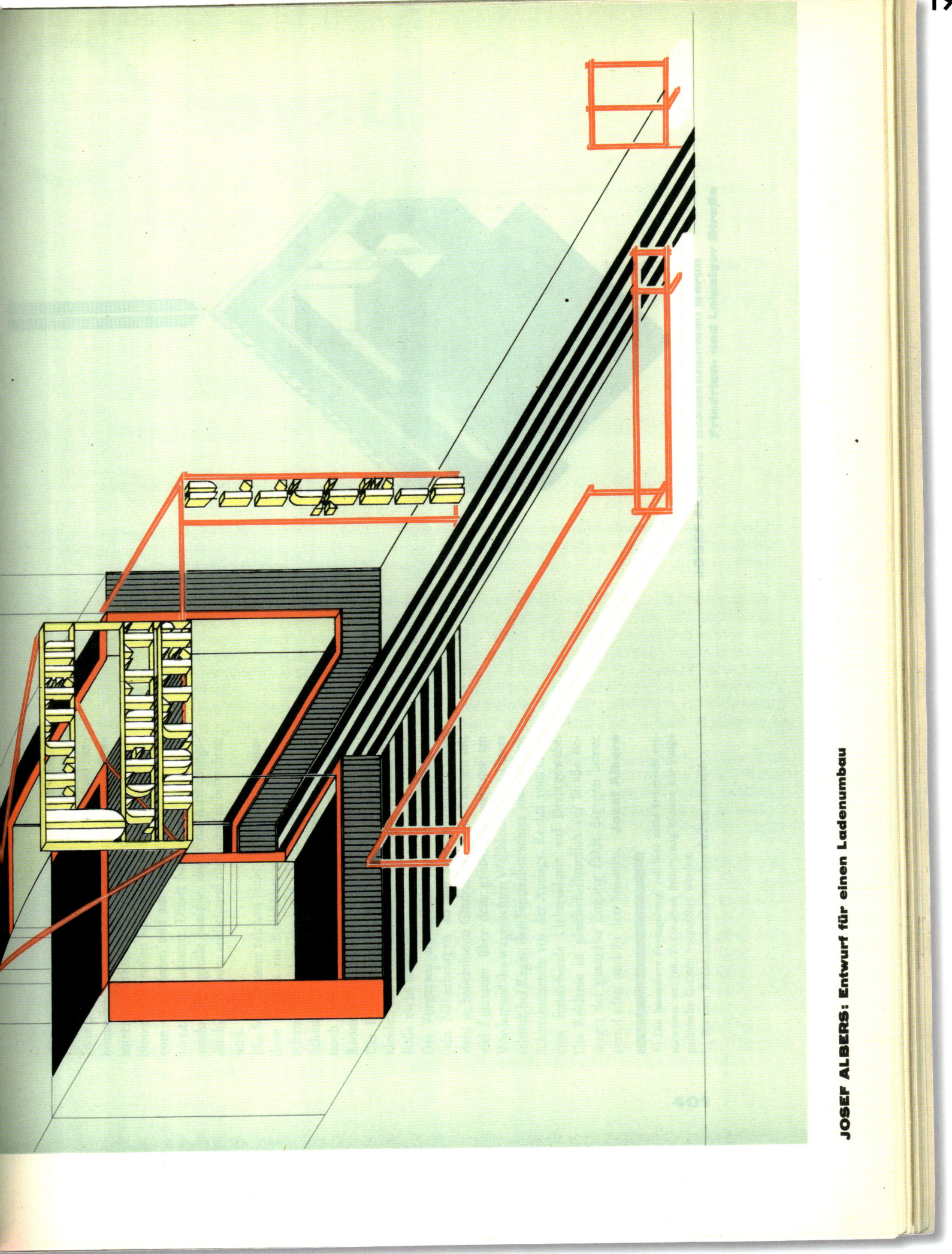

JOSEF ALBERS: Entwurf für einen Ladenumbau

B

bayer ⊙ reklame

herbert bayer bauhaus dessau mauerstrasse 36

offset - verlag

l e i p z i g

ihre nachricht vom   tag

3. 6. 26

über die notwendigkeit, im geschäftlichen verkehr drucksachen als werbemittel zu gebrauchen, ist schon viel gesagt worden. deshalb setze ich voraus, dass diese notwendigkeit anerkannt wird.

==um material infolge der einheitlichen papiergrössen zu sparen, und handhabung und registratur von korrespondenz und drucksachen zu erleichtern, wurde vom deutschen industrie-normen-ausschuss (din) die normung der papierformate und später der briefvordrucke geschaffen. die gleiche grösse aller briefe zb hat den grossen vorteil der ordnung, und dass bestimmte, immer wiederkehrende angaben, wie datum, absender usw immer auf demselben platze stehen, erspart viel zeitverlust durch suchen und gestattet übersichtlichkei==

es soll hier an hand einiger beispiele gezeigt werden, dass die gestaltung von briefpapieren und hüllen, rechnungen, usw. auf grund der normung nicht nur sehr gut möglich ist, sondern sogar eine logischere behandlung der fläche fordert und zu einem neuen typ überhaupt führt.

so ist prinzipiell der grund zu einem neuen brieftyp gelegt:

1. absender, fernruf, datum, bankverbindung usw. stehen an dem vorgeschriebenen platze.
2. ein gewisser heftrand muss immer eingehalten werden. er soll auch freibleiben von angaben und zweckmässig schon vom versender gelocht sein.
3. der heftrand bildet den linken rand des schriftbildes. das einhalten dieses randes bedeutet für das maschineschreiben eine erleichterung.
4. der brief ist für fensterumschläge gedacht. man spart dadurch zweimaliges adressenschreiben.

.//.

ich schreibe alles klein, denn ich spare damit zeit   bauhausdruck dina4 2.26.5

#27
Herbert BAYER:
(Vier Geschäftsformulare in DIN-Norm).
(92%)

diese 4 faktoren bedingen von vornherein die gestaltung des jeweiligen firmenaufdruckes mit rücksicht auf das schriftbild und geben so dem blatt charakter. es ist, formal gedacht, nicht mehr möglich, unter einem symmetrisch angeordneten aufdruck ein unsymmetrisches schriftbild zu schreiben und umgekehrt. so wie das schriftbild aus seiner synamischen gebundenheit entsteht, so ist der aufdruck nach der normung unsymmetrisch und beginnt von links. der einwand: es bleibe dem künstler zu wenig bewegungsfreiheit, besteht nicht, denn es ist genügend raum, um in charakter und erscheinung immer wieder verschieden typische resultate zu erzielen. nachteil ist heute nur noch das dreimalige falten statt zweimaligem. jedoch kann dieser mangel behoben werden, sobald die postverwaltungen die verwendung des hochumschlags gestatten.

Einige brauchbare typografische Zeichen

verschiedener Zeilenrichtungen u. dgl. (also nicht nur horizontale Gliederung) angebracht sein. Wesen und Zweck der Mitteilung (Flugblatt, Plakat) bestimmen Art und Verwendungsweise des typografischen Materials. Gute Dienste können hier auch typografische Zeichen leisten (Punkte, Linien und andere geometrische Formen). Von solchen besitzen die meisten Druckereien aber bis jetzt fast nichts, wenn wir von ihren „Stilfassungen" und Ornamenten absehen.

Einen wesentlichen Bestandteil der typografischen Ordnung bildet die harmonische Gliederung der Fläche, die unsichtbaren und doch deutlich spürbaren, spannunggeladenen linearen Zusammenhänge, welche außer einer symmetrischen Gleichgewichtsteilung verschiedene

Balancemöglichkeiten zulassen. Gegenüber dem jahrhundertelang gebräuchlichen statisch-konzentrisch erzeugten Gleichgewicht sucht man heute das Gleichgewicht dynamisch-exzentrisch zu erzeugen. Im ersteren Falle wird das typografische Objekt in der zentralen Bezogenheit aller, auch der periferischen Einzelteile mit einem Blick erfaßt; im zweiten Falle wird der Blick stufenweise von einem Punkt zum andern geführt, ohne daß dabei die Zusammengehörigkeit der Einzelteile verlorengehen darf (Plakate, Akzidenzdruck, Buchtitel usw.). Die Beherrschung des typografischen Gleichgewichts ist zeitlich stark gebunden. Die jeweilige zeitlich-objektive Neigung zu den sich langsam ausprägenden optischen Formen kann hier der Leiter des Typografischen sein. Auch die Verwendung verschiedener Farben läßt sich so bestimmen.

Man könnte noch auf viele Möglichkeiten heutiger Wirksamkeit hinweisen, welche in der Richtung der hier als wesentlich bezeichneten typografischen Entwicklung liegen. Aber mehr als kurze Notizen lehrt hier das Optische: eine Schaukultur und Beobachtung. Mit ihrer Hilfe kann es einem jeden klar werden, daß die Typografie kein Selbstzweck ist, und daß die typographische Mitteilung ihre psychophysisch und inhaltlich bedingte Form hat und nie unter einer angenommenen Ästhetik leiden darf.

1924

L. MOHOLY-NAGY

MOHOLY-NAGY
Schutzumschlag (1924)

385

B

»Jede Zeit hat ihre eigenen optischen Formen und entsprechend eine eigene Typografie.«

#28
L.(ászló) MOHOLY-NAGY:
Zeitgemässe Typographie. Ziele, Praxis, Kritik.
In: Offset-, Buch und Werbekunst. Das Blatt für Drucker, Werbefachleute und Verleger (Leipzig; ›Bauhaus-Heft‹) Nr. 7
Jahr: 1926

Seiten: S. 375–385
Zitat: S. 376
Format: 23,5×31×1 cm

→

#29
Konrad Friedrich BAUER:
Die Zukunft der Schrift.
In: Klimschs Druckerei-Anzeiger (Frankfurt a. M.), 54. Jg., 1927, H. 56
Jahr: 1927

Seiten: S. 1329ff.
Format: 26×33,5 cm

→

#29
Konrad Friedrich BAUER:
Die Zukunft der Schrift

(89%)

→

KLIMSCHS DRUCKEREI-ANZEIGER

54. Jahrgang + Nummer 56
Frankfurt a. M., 15. Juli 1927

DRAHTANSCHRIFT:
POLYGRAPH FRANKFURTMAIN
(NICHT FÜR TELEGRAPH. POSTANWEISUNGEN)

FERNRUF: HANSA 9793, 9794, 9795
POSTSCHECKKONTO: 1864
FRANKFURT AM MAIN
KLIMSCH & CO.

BEZUGSPREIS: Durch die Post in Deutschland monatlich RM 0.80. Bei Zahlung von RM 2.40 an uns überweisen wir in Deutschland ein Exemplar für 3 Monate durch die Post. Unter Kreuzband v. Verlag monatl. RM 1.50, Ausland vierteljährl. RM 4.50.

ANZEIGENPREIS: Die 1spaltige Nonpareillezeile 65 Pfennig, Stellengesuche 50 Pfennig, zahlbar ohne Abzug bei Aufgabe der Anzeige. Erfüllungsort in jedem Falle Frankfurt a. M. Chiffregebühr 50 Pfennig, vom Aufgeber der Anzeige zu zahlen.

SCHLUSS DER ANZEIGENANNAHME: in Frankfurt a. M. Montag 8 Uhr vorm. und Mittwoch 12 Uhr, in Leipzig C 1, Lutherstraße 14, Sonnabend 12 Uhr und Dienstag 12 Uhr.
ERSCHEINUNGSTAGE: Dienstag und Freitag.

Die Zukunft der Schrift

Neue Zeiten bedingen neue Formen. Wie sich unser Heute vom Gestern unterscheidet, so werden sich auch die Formen, die als Ausdruck unseres Lebensgefühls entstehen, von denen der jüngsten Vergangenheit unterscheiden.

Es hat im allgemeinen wenig Sinn, die Zukunft zu prophezeien, und wir werden uns am besten damit begnügen, die Erscheinungen der Gegenwart vorsichtig und kritisch daraufhin anzusehen, ob sie Keime tragen, die auf eine Entwicklung über den gegenwärtigen Zustand hinaus deuten. Es wäre nicht richtig, die Frage zu stellen: Brauchen wir Neues? Diese Frage läßt sich stets und mit scheinbar guten Gründen verneinen.

Wie man weiß, stammen die entschiedensten Versuche, der Entwicklung unserer Schrift neue Wege zu weisen, aus dem Kreise des Dessauer Bauhauses. Im Bauhausheft der Zeitschrift „Offset-, Buch- und Werbekunst" (Jahrgang 1926, Heft 7) haben Mitarbeiter des Bauhauses in zwei Artikeln „Zur Ökonomie der Schriftform" und „Versuch einer neuen Schrift" die Grundsätze aufgezeichnet, von denen ihre Reformversuche geleitet werden. Da man in den Kreisen der Dessauer Hochschule und noch mehr im Kreise ihrer Mitläufer einem gewissen buchstabengläubigen Dogmatismus huldigt, müssen wir uns mit einem Teil dieser Ausführungen etwas eingehender beschäftigen, als sie es wert sind.

Der erste Artikel führt den Versuch einer neuen Schablonenschrift vor und kann übergangen werden. Die Buchstaben sind kaum zu erraten; C und G sind völlig gleich geworden, was der Urheber gar nicht bemerkt zu haben scheint.

Der zweite Artikel „Versuch einer neuen Schrift" enthält ein ausführliches Programm. Es wird *eine* internationale Schrift verlangt, und von der Schriftform „Einheit in der Konstruktion der Staben*), um exakten Charakter zu erzielen; Einfachheit, und leichte Auffassung und Einprägung zu erreichen." Weiter heißt es: „Komposition aller Staben in den primären Formen Kreis, Quadrat, dadurch synthetischer Aufbau aus wenigen Grundelementen. Vergleiche Übereinstimmung der Form mit Klang und Muskelbildung beim Sprechen verschiedener Konsonanten. (Im Gegensatz zu dem geschriebenen u, welches vollständig aus der Technik heraus (Federschrift) entstanden ist und mit klarer geometrischer Form nichts mehr zu tun hat, entspricht das exakte U auch Muskelbildung und Fonetik.)*)

... Durchgehend gleiche Balkenstärke .....
In Verfolgung der Formentwicklung der einzelnen Staben ist die größtmöglichste Konzentration erstrebt.**) Es gibt kein großes und kleines Alfabet. Es ist nicht nötig, für *einen* Laut ein großes *und* ein kleines Zeichen zu haben."

Die zitierten Sätze geben im wesentlichen das Programm der Schriftreform wieder, das vom Bauhaus und einigen Außenstehenden, z. B. von Paul Renner, vertreten wird.

Man fordert also von der Schrift der Zukunft: leichte Einprägsamkeit, „optische Exaktheit", daher gleiche Strichstärke, einfachste Formen und Aufhebung des Unterschiedes zwischen Gemeinen und Versalien.

Merkwürdigerweise hat man aber noch nie versucht, das Programm auf diese einfache Formel zu bringen, obwohl sie — wie ich glaube — alles bisher mit vielem „wissenschaftlichen" Beiwerk Gesagte zusammenfaßt. Vielleicht scheut man sich vor dieser knappen Form, weil sie die Haltlosigkeit der Thesen am klarsten zum Ausdruck bringt.

Was heißt: leichte Einprägsamkeit? Wird eine Reihe von Figuren leichter einprägsam, wenn die einzelnen aus gleichen Elementen aufgebaut sind? Nein — im Gegenteil! Es müßte sonst so etwas wie die Morseschrift das Ideal eines einprägsamen Alphabetes sein. Ich glaube man muß sagen: je differenzierter die einzelnen Buchstaben sind, je charakteristischer sie sich von einander

---

*) Man achte auf den Unsinn, der in diesen wichtigtuerischen Sätzen enthalten ist. Ähnlichkeit der Muskelbildung beim Sprechen mit der Buchstabenform könnte man mit einigem guten Willen bei u und o zugeben; daß das Zufall ist, geht schon aus der Tatsache hervor, daß bis in die Neuzeit hinein das **u** sowohl als Bezeichnung für den Vokal **u** wie für den Konsonanten **v** gebraucht wurde und umgekehrt. Bei allen anderen Buchstaben lassen sich überhaupt keine Beziehungen konstruieren; die behauptete Übereinstimmung von **Klang und Form** ist ganz mysteriös. — Spaßhaft ist auch, daß von Konsonanten gesprochen und der **Vokal u** als Beleg angeführt wird.

**) Zu diesem Satz ist eine Abbildung gegeben, die die Entwicklung des A zeigen soll. Das Kapital-A wird dabei aus dem griechischen α abgeleitet, während jeder, der sich nur etwas mit der Geschichte der Schrift beschäftigt hat, weiß, daß das α, a und a aus dem A, der gemeinsamen griechisch-römischen Urform, hervorgingen. (Die Abbildung wurde in großem Maßstab vor kurzem auf einer Ausstellung im Zwickauer König Albert-Museum gezeigt!) Also auch hier: Wichtigtuerei und Oberflächlichkeit.

unterscheiden, desto einprägsamer sind sie. Ob man die Buchstaben aus dem Gedächtnis nachzeichnen kann oder nicht, ist dabei ganz nebensächlich; wir können ja auch das Gesicht eines Menschen jahrelang im Gedächtnis behalten, ohne es nachzeichnen zu können. — Aber schließlich ist auch das alles herzlich gleichgültig. Wir haben täglich Tausende der kompliziertesten Dinge im Kopf zu behalten; wer hat etwas davon, wenn die 24 Buchstaben unseres Alphabetes einprägsamer werden?

Damit man aus diesen Bemerkungen nicht auf böswilligen Mangel an Verständnis schließt, soll es nicht bei solcher etwas oberflächlich scheinenden Kritik bleiben. Man könnte in der erstrebten „optischen Exaktheit" der Schriftform eine ästhetische Forderung unserer Zeit betrachten, es fragt sich dann nur, wieweit sich diese optische Exaktheit mit den primären Forderungen verträgt, die sich aus den Aufgaben einer Druckschrift ergeben.

Stellen wir noch einmal fest, was „optische Exaktheit" der Schrift im konstruktivistischen Sinne bedeutet: einfachste, aus wenigen Elementen gebildete Formen, daher gleiche Strichstärke und Verzicht auf Schraffierungen. Besonders Paul Renner hat wiederholt darauf hingewiesen, daß die wechselnde Strichstärke und die Schraffierungen in unseren Antiqua-Werkschriften ein Rudiment der Handschrift und deshalb in einer Druckschrift sinnlos seien. Ich möchte zeigen, daß das nur scheinbar so ist.

Beginnen wir bei den „Schraffierungen", jenen Querstrichelchen, die die Striche der Buchstaben beginnen und abschließen. Es ist ein grundsätzlicher Beobachtungsfehler, sie als Eigenart der Handschrift erklären zu wollen. Man könnte das historisch nachweisen: die griechische und römische Monumentalschrift besaß derartige Schraffierungen — genau wie die heutigen Antiquaversalien — ehe es in der Handschrift Entsprechendes gab. Die Schraffierungen der Monumentalschrift haben je nach der Art ihrer Anwendung etwas verschiedene Bedeutung. Werden sie durchweg — auch an den Schrägstrichen — senkrecht zum begrenzten Strich angebracht, wie es besonders in der griechischen Monumentalschrift der Fall war, so verstärken sie die Isolation des einzelnen Buchstaben den nebenstehenden gegenüber (also auch eine Erhöhung der „optischen Exaktheit"). Wer-

---

*) „Stabe" ist ein wohl vom Verfasser des Aufsatzes erfundenes Wort; es soll das Wort „Buchstabe" ersetzen. Warum?

B

#30
Herbert BAYER:
Die Zukunft unserer Schrift.
In: Klimschs Druckerei-Anzeiger
(Frankfurt a. M.), 1927, H. 83
Jahr: 1927
—
Seiten: S. 1952f.
Format: 26×33,5 cm

#31
Walter DEXEL:
Was ist neue Typographie?
In: Frankfurter Zeitung (Frankfurt a. M.)
Jahr: 05.02.1927

→

#32
EI LISSITZKY:
Unser Buch.
In: Gutenberg Jahrbuch 1927, hrsg.
von A. Ruppel.
Mainz: Gutenberggesellschaft
Jahr: 1927
—
Seiten: S. 172–178
Format: 21×28×3 cm

#33
Rudolf Erhard KUKOWA
(Bauhaus Dessau):
Fragen der modernen Typographie.
In: Deutscher Drucker (Berlin), 33. Jg.,
April 1927, H. 7
Jahr: 1927
—
Seiten: S. 597–600
Format: 23,5×31 cm

#34
Rudolf Erhard KUKOWA:
Konstruktion und Erscheinungsform.
In: Deutscher Drucker (Berlin), 33. Jg.,
August 1927, H. 11
Jahr: 1927
—
Seiten: S. 935ff.
Format: 23,5×31 cm

#35
László MOHOLY-NAGY:
Die Zukunft der Schrift.
In: Klimschs Druckerei-Anzeiger
(Frankfurt a. M.), 1927, H. 66
Jahr: 1927
—
Seiten: S. 1537f.
Format: 26×33,5 cm

durch größtmögliche Leere des umgebenden Raumes, sei es durch unterstreichende Linien.

KUNSTVEREIN JENA
PRINZESSINNENSCHLÖSSCHEN
GEÖFFNET: SONNABENDS 3–5, SONNTAGS 11–1 UHR
AUSSER DER ZEIT FÜHRUNG DURCH DEN HAUSMEISTER

14. DEZEMBER 1924
BIS 11. JANUAR 1925

OSKAR SCHLEMMER
GEMÄLDE ZEICHNUNGEN BÜHNENENTWÜRFE FIGURINEN

==Unter modernen Mitteln versteht man heute im allgemeinen neben der Letter (meist GROTESK in ALLEN STÄRKEN und GRADEN, der Mediaeval-Antiqua, der EGYPTIENNE und einigen anderen klaren Schriften) auch alle Arten von Strichen, Punkten, Quadraten und Pfeilen — kurz allen Zeichen, die sich im Kasten des Setzers finden==

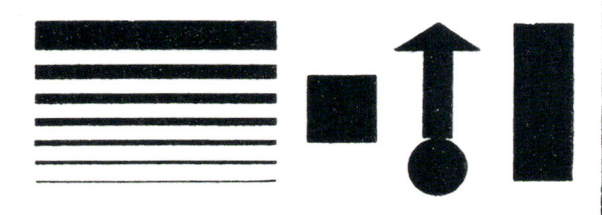

==und vor allem den umgebenden leerbleibenden Raum, den wir als aktives Moment betrachten, zur Erzielung der erforderlichen Kontraste.==

Im großen und ganzen komme ich persönlich im Laufe der Jahre von der Verwendung von Strichen und Quadraten immer mehr ab. Sie haben nur in einigen Fällen Daseinsberechtigung. Meist kommt man durch richtige Anordnung im Raum und durch starke Größenunterschiede ebenso gut aus. Man treibt heute ganz fraglos Mißbrauch mit Linien aller Grade, mit Pfeilen, Quadraten und Strichen. Alle diese Mittel sind Krücken, sind „moderne Geste", die vom Standpunkt bestmöglicher Lesbarkeit abzulehnen sind als verunklärende Momente. Rein dekorativ verwendet, wie man sie nur zu häufig sieht, sind diese Formen nicht anders zu werten als die ornamentale Zierleiste und die Schlußvignette auf dem Programm eines kleinstädtischen Gesangvereins. Wenn statt dem Ziegmatz am Schluß in der Mitte ein Quadrat steht, so ist nichts — aber auch gar nichts — gewonnen.

Auch der „hemmungslose Gebrauch aller Zeilenrichtungen"

das Querstellen von Worten oder ganzen Zeilen

ist prinzipiell abzulehnen.

Ebenso das

SENKRECHTE UNTEREINANDER STELLEN VON BUCHSTABEN

Das sind unsere Kinderschuhe, die wir nachgerade ausgetreten haben sollten. Ist es räumlich notwendig, so können allgemein geläufige Worte, wie etwa „Hotel" oder „Bar" oder dergl. wohl einmal untereinandergesetzt werden, aber auch nur solche Worte, die wir bereits erfassen, wenn wir nur zwei Buchstaben davon gelesen haben. In allen Fällen, wo der Raum nicht dazu zwingt, müssen andere Lösungen gefunden werden. Es gibt sie immer, es ist nur manchmal unbequem, sie zu suchen.

Zur Betonung der Gesamtanlage, oder zur Klärung und Abgrenzung des Textes können Striche und Balken gelegentlich unerläßlich sein, dann sind sie eben sachlich bedingt und notwendig, etwa in einem Falle, wie ihn die Sturmkarte darstellt, wo eine schwer zu ordnende Fülle von Namen vorhanden und deshalb ein Kompositionsschema erforderlich ist. Dies ergab sich natürlich in dem großen „S" des Wortes Sturm, das in der Mitte der Karte in größtmöglicher Type erscheint. (Aber auch das könnte man als Spielerei bezeichnen, die man nicht gerade oft machen kann.)

#31
Walter DEXEL:
Was ist neue Typographie?
(97%)

B

»Eine Schrift, die diesem Zeitgefühl entspricht, müßte also exakt, präzis und unpersönlich sein. Sie müßte sich sinnvoll und ohne Umschweife als das darstellen, was sie ist. Ist sie Drucktype, so darf sie keine Schreibschrift nachahmen wollen. Unsere Druckschrift ist der maschinelle Abdruck maschinell hergestellter Metallettern, die mehr Lesezeichen sind als Schrift. Unsere Drucktype ist keine Ausdrucksbewegung, wie es die Handschrift ist; alle von links nach rechts drängende Dynamik, alles Breiter- und Schmalerwerden, das erst durch die geschnittene Rohr- oder Kielfeder in die Schrift hineingenommen ist, hat bei der Drucktype keinen Sinn. Wir müssen endlich einmal die Konsequenzen aus der Erfindung des Letterngusses ziehen. Diesen Forderungen unseres heutigen Formgefühles entspricht am ehesten das Bild der Groteskschriften, also der jüngsten Schrift der organischen, vom Künstler nicht gestörten Schriftentwicklung. Diese Groteskschriften sind die ›Natur‹, zu der wir zurückkehren müssen; sie bedeuten uns dasselbe, was dem modernen Architekten die Ingenieurbauten sind. Gelingt es uns, diesen Stoff zu bewältigen, dieser ›Natur‹ als Künstler Herr zu werden, so werden wir die Schrift unserer Zeit gefunden haben.«

#36
Paul RENNER:
Die Schrift unserer Zeit.
In: Die Form. Zeitschrift für gestaltende
Arbeit (Berlin), 2. Jg., 1927, Nr. 2
Jahr: 1927

Seiten: S. 109f.
Zitat: S. 110
Format: 20×29,5 cm

1927

»Alle Versuche, zu neuer Schrift zu gelangen, beschränken sich darauf,
1.) die übernommenen Buchstaben durch schöne Verzierungen zu verzieren.
2.) durch Vereinfachung und Fortlassen alles Entbehrlichen zu der wesentlichen Form des Buchstaben zu gelangen, gewissermassen die geschichtlich gewordene Quersumme zu ziehen.
3.) durch Abwägen der Verhältnisse zu einer neuen eleganten oder lebendigen Form zu gelangen. Je nach Veranlagung des Gestalters wurde mehr das eine oder andere Ziel oder mehrere Ziele erreicht. Wir haben eine Fülle von Schriften, aber alle sind historisch, keine ist systematisch. Wer aber würde heute den Ehrgeiz haben, ein Auto in seiner äusseren Form von der Form einer Droschke oder gar einer Sänfte direkt abzuleiten?«

#37
Kurt SCHWITTERS:
Anregungen zur Erlangung einer Systemschrift.
In: i10. Internationale Revue (Amsterdam), 1. Jg., 1927, H. 8/9 (August/September)
Jahr: 1927

Seiten: S. 312–316
Zitat: S. 312

#38
Herbert BAYER:
Typografie und Werbsachengestaltung
In: Bauhaus. Zeitschrift für Bau und Gestaltung (Dessau), 2. Jg., 1928, Nr. 1
Jahr: 1928

Seiten: S. 10
Format: 20 × 28 cm

B

#39
Fritz Helmuth EHMCKE:
Das Bauhaus in Weimar.
In: Zeitspiegel, Beiblatt der ›Zeit‹,
Berlin 3./4. Januar 1924, ern. abgedr.
in: F. H. Ehmcke. Persönliches und
Sachliches. Gesammelte Aufsätze und
Arbeiten aus fünfundzwanzig Jahren.
Berlin: Hermann Reckendorf
Jahr: 1928
–
Seiten: S. 72–81
Format: 17,5 × 25 cm

#40
Stanley MORISON:
Typenformen der Vergangenheit
und Neuzeit.
(Epochen der Buchdruckerkunst).
Hellerau: Demeter
Jahr: 1928
–
Seiten: 80 S.
Format: 18 × 25 cm

#41
Joost SCHMIDT:
Schrift?
In: Bauhaus. Zeitschrift für Gestaltung
(Dessau), 2. Jg., 1928, Nr. 2/3
Jahr: 1928
–
Seiten: S. 18 f.
Format: 20 × 28 cm

#42
Kurt SCHWITTERS:
Gestaltete Typographie.
In: Der Sturm (Berlin; Sonderheft
›Typographie‹), 1928, Nr. 6
Jahr: 1928
–
Seiten: S. 265–269

#43
Jan TSCHICHOLD:
Die neue Typographie. Ein Handbuch
für zeitgemäß Schaffende.
Berlin: Verlag des Bildungsverbandes der
deutschen Buchdrucker, 1928. / 2. Aufl.
Berlin: Brinkmann & Bose, 1987
Jahr: 1928
–
Seiten: 240 S.
Format: 15 × 21,5 × 1 cm

→ 🟨

»Darin besonders wichtig: ›DIE GRUNDSÄTZE DER NEUEN TYPOGRAPHIE‹, S. 65-88.« — [PE]

DAS NEUE WELTBILD

Dem Tempo der umwälzenden technischen Erfindungen des ausgehenden 19. und des beginnenden 20. Jahrhunderts sind nur langsam das Anpassungsvermögen und die Fähigkeit des Menschen gefolgt, sich die neuen Gegebenheiten zunutze zu machen und aus ihnen eine neue Lebensform zu entwickeln. Die „Zivilisation" und die überschnelle Durchdringung aller Gesellschaftsschichten mit den Ergebnissen der technischen Erfindungen haben zu einem völligen kulturellen Chaos geführt, dessen Ursache in der mangelnden Fähigkeit der betroffenen Generation liegt, aus den neuen Tatsachen Folgerungen für die allgemeine Lebensführung zu ziehen.

Die neue Generation, die diesem Zustand gegenübertritt, ist frei von den Vorurteilen dem Neuen gegenüber, wie sie die frühere Generation beherrschten. Die technische Vervollkommnung aller wie auch gearteten Vehikel des Menschen findet die absolute Bejahung der jungen Generation und hat in ihr eine der früheren entgegengesetzte ganz neue Einstellung zur Umwelt hervorgebracht.

==Die Gegenstände der heute im Zenit befindlichen Generation leiden unter dem fatalen Kompromiß zwischen einer angenommenen „künstlerischen" Absicht und den technischen Notwendigkeiten und Bindungen; an dem unselbständigen Zurückblicken auf historische Parallelfälle; dem Zwiespalt zwischen Wesen und Erscheinung. Statt die eigenen Gesetzmäßigkeiten der Maschinenproduktion zu erkennen und zu gestalten, begnügte sich diese Zeit mit der ängstlichen Nachfolge einer übrigens nur eingebildeten „Tradition".==

Ihr stehen heute jene Werke gegenüber, die, unbelastet durch ~~Vergangen~~heit, primäre Erscheinungen, das Antlitz unserer Zeit bestimmt haben: Auto Flugzeug Telephon Radio Warenhaus Lichtreklame New-York! Diese ohne Rücksicht auf ästhetische Vorurteile gestalteten Dinge sind von einem neuen Menschentyp geschaffen worden: **dem Ingenieur!**

==Dieser Ingenieur ist der Gestalter unseres Zeitalters.== Kennzeichen seiner Werke: Ökonomie, Präzision, Bildung aus reinen, konstruktiven Formen, die der Funktion des Gegenstands entsprechen. Nichts, das bezeichnender für unsere Zeit wäre, als diese Zeugen des Erfindergeistes der Ingenieure, seien es Einzelleistungen: Flugplatz, Fabrikhalle, Triebwagen der Untergrund; seien es Standardformen: Schreibmaschine, Glühbirne oder Motorrad. An ihnen hat sich eine neue — unsere — Einstellung zur Umwelt entwickelt und gestählt. Eine ungeheure Bereicherung des Lebensgefühls ist von diesen uns auf Schritt und Tritt begegnenden technischen Tatsachen ausgegangen. Das Ganze, das Kollektiv, bestimmt schon heute in hohem Maße die materiellen Lebensformen jedes einzelnen: gleichgeartete Grundbedürfnisse des Individuums werden von Standarderzeugnissen befriedigt: Glühbirne,

11

#43
Jan TSCHICHOLD:
Die neue Typographie. Ein Handbuch für zeitgemäß Schaffende.

B

Von unserem Standpunkte aus ist es falsch, einen Text so zu gliedern, als ob in der Mitte der Zeilen besondere Kraftpunkte wären, die diese Anordnung rechtfertigen würden. Solche sind natürlich nicht vorhanden, denn die Wörter werden von einer Seite her gelesen (wir Europäer zum Beispiel lesen von links nach rechts abwärts, die Chinesen von oben nach unten linkswärts). Da die Entfernung der betonten Stellen vom Anfang und vom Ende der Wortfolge meist nicht gleich, sondern verschieden (in immer wechselndem Verhältnis) ist, ergibt sich von selbst die logische Unrichtigkeit des axialen Aufbaus.

Aber nicht nur die vorgefaßte Formidee axialer Anordnung, sondern alle anderen auch — etwa die pseudokonstruktiven — sind dem Wesen der Neuen Typographie entgegengesetzt. Jede Typographie, die von einer vorgefaßten Formidee — gleichviel welcher Art — ausgeht, ist falsch.

==Die Neue Typographie unterscheidet sich von den früheren dadurch, daß sie als erste versucht, die Erscheinungsform aus den Funktionen des Textes zu entwickeln. Dem Inhalt des Gedruckten muß ein reiner und direkter Ausdruck verliehen werden. Seine „Form" muß, wie in den Werken der Technik und denen der Natur, aus seinen Funktionen heraus gestaltet werden.== Nur so gelangen wir zu einer Typographie, die dem geistigen Entwicklungsstadium des heutigen Menschen entspricht. Die Funktionen des Textes sind der Zweck der Mitteilung, Betonung (Wortwert) und der logische Ablauf des Inhalts.

Jeder Teil eines Textes steht zu dem anderen in einem bestimmten, logischen Betonungs- und Wertverhältnis, das von vornherein gegeben ist. Es kommt für den Typographen darauf an, ihm einen eindeutigen sichtbaren Ausdruck zu geben: durch Größen- und Stärkenverhältnisse, Reihenfolge, Farbe, Photographien usw.

Der Typograph muß in höchstem Maße bedacht sein, die Art, wie man seine Arbeit liest und lesen soll, zu studieren. Es ist zwar richtig, daß man manche Arbeiten wirklich von oben links nach unten rechts liest. Aber dieses Gesetz gilt nur ganz allgemein. Die Einladungskarte von Willi Baumeister zeigt es in reinster Anwendung. Sicher ist, daß wir die meisten Drucksachen stufenweise lesen: erst das Schlagwort (das keineswegs immer am Anfang stehen muß) und dann, falls wir die Drucksache überhaupt weiter lesen, nach und nach, je nach Wichtigkeit, die übrigen Gruppen. Man kann daher mit einer Gruppe auch an anderer Stelle als links oben beginnen. Wo, hängt ganz von der Art der Drucksache und dem Text selbst ab. Allerdings dürften Abweichungen von der Hauptregel, daß man von oben nach unten liest, gefährlich sein. Man darf also im allgemeinen eine nachfolgende Gruppe nicht höher setzen als die vorhergehende (die logische Aufeinanderfolge und Abhängigkeit der Textgruppen voneinander vorausgesetzt).

68

BAU-AUSSTELLUNG STUTTGART 1924 E.V.

EINLADUNG ZUR TEILNAHME AN DER ERÖFFNUNGSFEIER DER

BAU AUSSTELLUNG STUTTGART 1924

AM SONNTAG, DEN 15. JUNI 1924, MITTAGS 12 UHR IN DER HALLE DES HAUPTRESTAURANTS DER AUSSTELLUNG (EINGANG SCHLOSS-STRASSE)

v. JEHLE PRÄSIDENT DES WÜRTT. LANDESGEWERBEAMTS

ES WIRD HÖFL. GEBETEN, DIESE KARTE AM EINGANG VORZUZEIGEN

WILLY BAUMEISTER: Einladungskarte. Beispiel der Leserichtung.

Bei der Durcharbeitung eines Textes nach solchen Gesichtspunkten ergibt sich in den allermeisten Fällen ein anderer Rhythmus als der der bisherigen zweiseitigen Symmetrie: der Rhythmus der Asymmetrie. Die Asymmetrie ist der rhythmische Ausdruck funktioneller Gestaltung. Darum das Vorherrschen der Asymmetrie in der Neuen Typographie. Neben ihrer höheren Logik besitzt eine asymmetrische Form den Vorteil, daß ihre Gesamterscheinung optisch bedeutend wirksamer ist als die symmetrische. Nicht zuletzt ist die sich bewegende asymmetrische Form auch ein Ausdruck unserer eigenen Bewegung und der des heutigen Lebens; es ist ein Symbol der Umwandlung der Lebensformen, wenn auch in der Typographie an die Stelle der (symmetrischen) Ruhe heute die (asymmetrische) Bewegung getreten ist. Doch darf diese nicht zur Unruhe, zum Chaos ausarten. Das Streben nach Ordnung kann und soll auch in der asymmetrischen Gestaltung zum Ausdruck kommen. Erst in ihr ist eine bessere, natürlichere Ordnung möglich als in der symmetrischen Form die ihr Gesetz nicht aus sich selbst, sondern von außen erhält.

Weiterhin macht das Prinzip der asymmetrischen Gestaltung die Neue Typographie unbegrenzt abwandelbar. Sie entspricht auch hierin der Vielfältigkeit des modernen Lebens, ganz im Gegensatz zu der einfältigen Mittelachsengruppierung, die außer der Möglichkeit des Schriftwechsels — einer bloßen Äußerlichkeit — wesentliche Variationen nicht zuließ.

#43

Jan TSCHICHOLD:

Die neue Typographie. Ein Handbuch für zeitgemäß Schaffende.

B

>»gerade auf dem kontrast zwischen den scheinbar dreidimensionalen gebilden der fotos und den flächigen formen der schrift beruht die starke wirkung der typografie der gegenwart.«

>»die fotografie wird für unser zeitalter so symptomatisch sein wie für die gotik der holzschnitt.«

#44
Jan TSCHICHOLD
(ring neue werbegestalter):
Fotografie und Typografie.
In: Die Form. Zeitschrift für gestaltende
Arbeit (Berlin), 3. Jg., 1928, H. 5
Jahr: 1928

Seiten: S. 140–150
Format: 20 × 29,5 cm

#45
Theo VAN DOESBURG:
Das Buch und seine Gestaltung.
In: Die Form. Zeitschrift für gestaltende
Arbeit (Berlin), 3. Jg., 1929, H. 21
Jahr: 1929

Format: 21,7 × 29,5 cm

#46
Fritz Helmuth EHMCKE:
Wandlungen des Schriftgefühls.
In: Archiv für Buchgewerbe, 1930. Text
erneut abgedruckt in: Typographie und
Bibliophilie. Aufsätze und Vorträge
über die Kunst des Buchdrucks aus zwei
Jahrhunderten. Ausgewählt und erläutert
von Richard von Sichowsky und Hermann
Tiedemann, Maximilian-Gesellschaft
Hamburg. Hannover 1971
Jahr: 1930

Seiten: S. 173–178
Format: 18 × 26,5 × 2,5 cm

PHOTOGRAPHIE UND TYPOGRAPHIE

Der künstlerische Wert der Photographie ist umstritten, seit sie existiert. Zuerst liefen die Maler gegen sie Sturm, um dann zu erkennen, daß sie für sie keine erhebliche Konkurrenz war. Noch heute raufen sich die Kunsthistoriker um einige Probleme, die die Photographie aufgeworfen hat. Die Buchgewerbekünstler versagen ihr noch jetzt das Recht, Bestandteil eines „schönen Buches" zu sein. Sie begründen das mit dem angeblichen ästhetischen Zwiespalt zwischen der rein graphischen, materiell stark körperlichen Form der Type und der meist scheinbar „plastischen", materiell aber mehr flächigen Netzätzung. Hierbei legen sie das Hauptgewicht auf die äußere Erscheinung beider Druckformen; sie sehen den Hauptfehler in der angeblich nicht buchmäßigen „Plastik" der Klischees. Der andere Einwand ist ohnehin nicht sehr stichhaltig; zerfällt doch die Autotypie schließlich in lauter kleine erhabene Einzelpunkte, die der Type durchaus verwandt sind.

Alle diese Theorien haben jedoch nicht verhindern können, daß, vornehmlich seit nach dem Kriege, die Photographie im Buchdruck einen Siegeszug ohnegleichen angetreten hat. Ihr großer, rein praktischer Wert besteht darin, daß man mit ihrer Hilfe auf mechanischem Wege verhältnismäßig leicht, jedenfalls leichter als auf dem manuellen, ein getreues Abbild eines Objektes schaffen kann. Das Photo ist zu einem so bezeichnenden Merkmal unserer Zeit geworden, daß man es sich nicht mehr hinwegdenken könnte. Der Bildhunger des modernen Menschen wird hauptsächlich durch die photographisch-illustrierten Zeitschriften und Magazine befriedigt; die Inseratreklame (vor allem Amerikas), auch vereinzelt schon die Plakatreklame, bedient sich mehr und mehr des Photos. Das große Bedürfnis nach guten Photographien hat die photographische Technik und Kunst außerordentlich gefördert; es gibt in Frankreich und Amerika Mode- und Reklamephotographen, die viele Maler qualitativ überragen (Paris: Paul Outerbridge, O'Neill, Heuningen-Huene, Scaioni, Luigi Diaz; Amerika: Sheeler, Baron de Meyer, Ralph Steiner, Ellis u. a.). Ganz Ausgezeichnetes leisten auch die meist anonymen Reporterphotographen, deren Bilder, nicht zum wenigsten auch in rein photographischer Hinsicht, oft mehr zu fesseln vermögen als die angeblich künstlerischen Gummidrucke der zünftigen Porträtphotographen und Amateure.

Schon heute wäre es gänzlich unmöglich, den ungeheuren Druckbildbedarf der Gegenwart mit Zeichnungen oder Malereien zu decken. Weder würden die Künstler von Qualität dazu ausreichen, sie herzustellen, noch die Zeit zu ihrer Fertigung und Reproduktion. Vieles Aktuelle könnten wir überhaupt nicht erfahren, wenn es nicht die Photographie gäbe. Ein solch außerordentlicher Konsum kann gar nicht anders als auf mechanischem Wege befriedigt werden. Er, der seinen Grund hat in den allgemeinen sozialen Verhältnissen,

#43

Jan TSCHICHOLD:
Die neue Typographie. Ein Handbuch für zeitgemäß Schaffende.

B

#47
Stanley MORISON:
<u>Grundregeln der Buchtypographie. (1929).</u>
Ersch. als ›First principles of typography‹ zuerst in ›The Fleuron‹, 7.1930; danach weitere Ausgaben in unterschiedlichen Sprachen und Ländern. Letzte dt. Ausg.: Morison, Stanley / Caflisch, Max: Grundregeln der Typographie. Köln u.a.: Carl Heymanns, 1987
Jahr: 1930
–
Seiten: 69 S.
Format: 12,7 × 20,5 cm

→ 🟨

#48
Heinz und Bodo RASCH:
<u>Gefesselter Blick.</u>
25 kurze Monografien und Beiträge über neue Werbegestaltung.
Stuttgart: Wissenschaftlicher Verlag Dr. Zaugg & Co.
Jahr: 1930
–
Seiten: 112 S.
Format: 21 × 26 × 1 cm

#49
Kurt SCHWITTERS:
<u>Die neue Gestaltung in der Typographie (1930).</u>
Ern. abgedr. in: Friedhelm Lach (Hrsg.): Kurt Schwitters. Das literarische Werk, Bd. 5 (Manifeste und kritische Prosa); Köln: DuMont, 1981
Jahr: 1930
–
Seiten: S. 218–230
Format: 17,5 × 24,5 × 3,8 cm

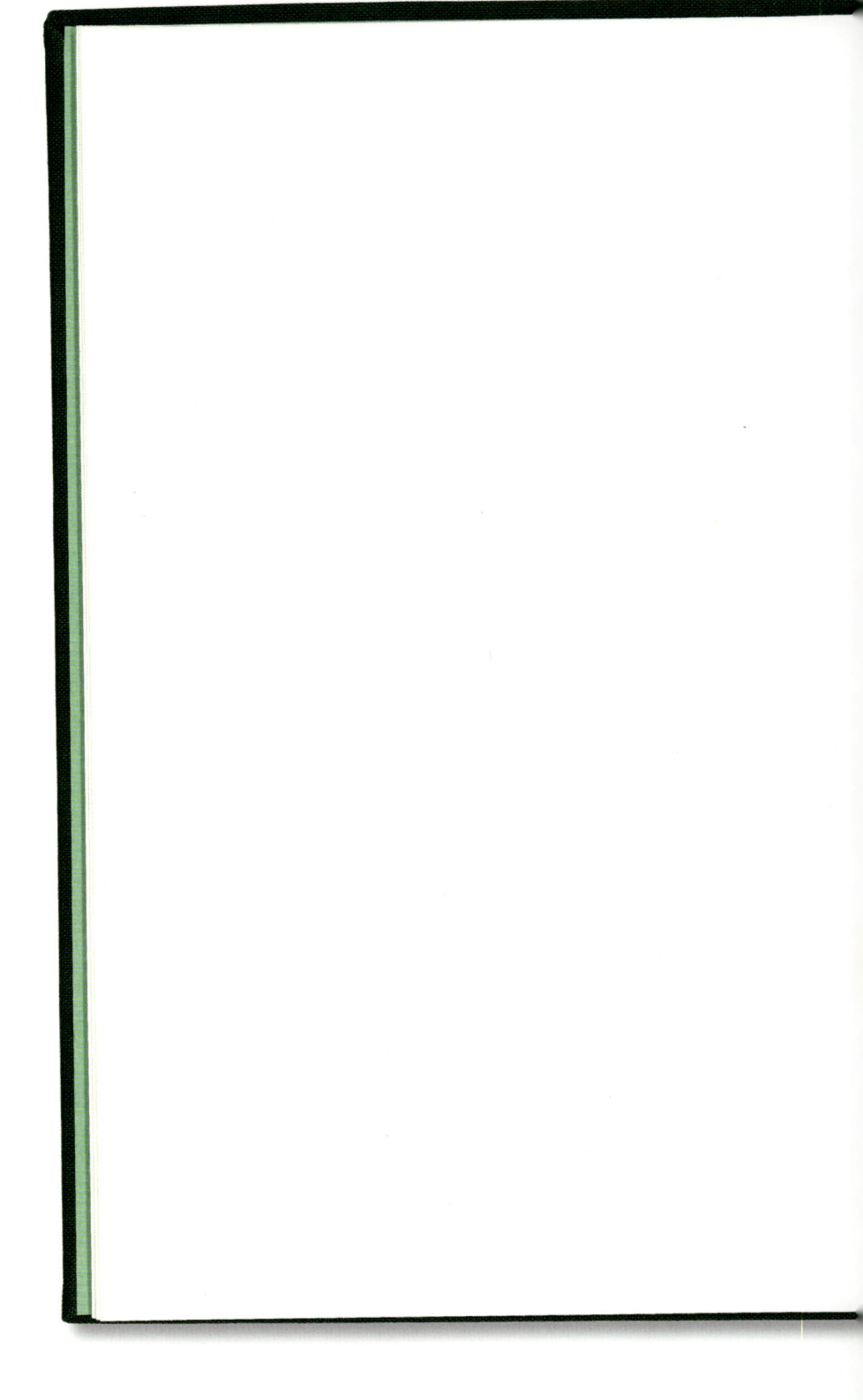

→ 🟨

1929

GRUNDREGELN DER BUCHTYPOGRAPHIE

I

DIE zum Zweck des Abdrucks auf Papier gegossenen Buchstaben des Alphabets heißen «Typen», und der so entstandene Abzug heißt «Druck». Indessen ist jeder Abzug von einer erhabenen Fläche ein «Druck». Deshalb nennt man den Druck ab besonderen erhabenen Flächen, den Typen, einen «typographischen» Druck oder – um einen altmodischen Ausdruck zu gebrauchen – «Buchdruck». Die richtige Anordnung der Typen und der richtige Stand, den sie auf dem gewählten Papier einnehmen müssen, erfordern Fertigkeit in jener Kunst, die «Typographie» genannt wird.

==Typographie kann umschrieben werden als die Kunst, das Satzmaterial in Übereinstimmung mit einem bestimmten Zweck richtig zu gliedern, also die Typen anzuordnen und die Zwischenräume so zu bestimmen, daß dem Leser das Verständnis des Textes im Höchstmaß erleichtert wird. Die Typographie hat im wesentlichen ein praktisches und nur beiläufig ein ästhetisches Ziel; denn nur selten will sich der Leser vornehmlich an einem gefälligen Druckbild erfreuen. Daher ist jede Satzgestaltung falsch, die sich, gleichviel aus welcher Absicht, zwischen Autor und Leser stellt.== Daraus folgt, daß der Druck von Büchern, die

#47
Stanley MORISON:
Grundregeln der Buchtypographie
(1929).

F₁ GESETZE DER BILD-FORM

ORIENTIERUNG.

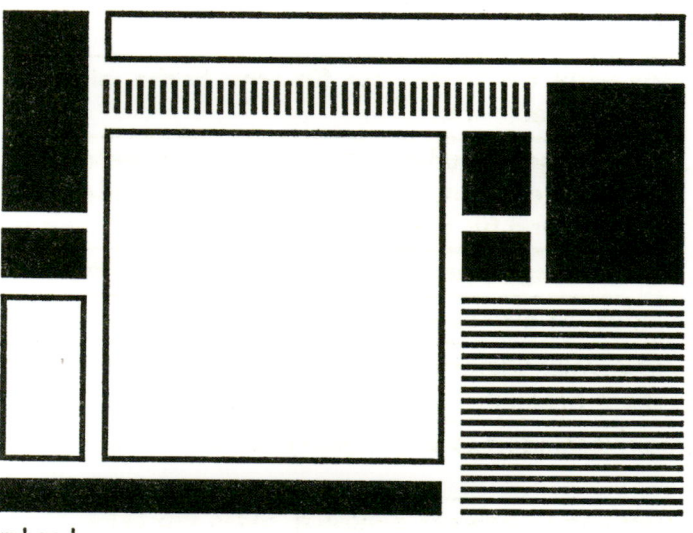

ruhend
ohne Mitte   daher ausgeglichen
passiv
objektiv
senkrecht - wagerecht -   Vierecke
Teile gleichartig, das Negativ jeden Teiles ist im Wesen gleich
seinem Positiv
also - orientierend

10

225

GESETZE DER BILD-FORM F₁

WERBUNG.

bewegt	
betonte Mitte	daher ausstrahlend
aktiv	
subjektiv	
parallel oder schräg,	alle beliebigen Formen
Teile verschiedenartig. Negativ und Positiv sind wesentlich verschieden, wie konvex und konkav	
also - werbend	aggressiv

11

#49
Kurt SCHWITTERS:
Die neue Gestaltung in der Typographie (1930).

F₁ BEZIEHUNGEN

zu schaffen, ist das Ziel aller Typographie.

Dabei folgt die Text-Form literarischen Gesetzen, die Bild-Form optischen.

Die Drucksache soll den gedachten oder gesprochenen Text optisch ausdrücken.

Die Bild-Form ersetzt die Text-Form, damit sich der Leser wieder die Text-Form zurück übersetzt.

Parallelität in der Übersetzung ist banal und falsch, da die Gesetze der Literatur und Optik verschieden sind.

Trotzdem soll das Wesentliche des Textes klar und eindeutig optisch ausgedrückt werden.

Die Bild-Form muß den Zug- und Druckspannungen der Text-Form entsprechen. (Vergl. Lissitzky, Seite 16).

Beziehungen schaffen Ordnung.

4

219

BEZIEHUNGEN IN DER TEXT-FORM **F₁**

Worte geben gedankliche Richtung.

Worte sind gerichtete Kraft.

Man kann die gerichteten Kräfte summieren oder multiplizieren.

Man kann sie auch subtrahieren oder dividieren.

Summieren ——————— lineare Beziehung
Multiplizieren ——————— flächige Beziehung

Beziehungen ergeben sich durch Über-, Neben-, Unter-Ordnen, durch Überschneiden, durch Wiederholungen, durch gemeinsames Streben nach gleichem Ziel.

usw.

Die Sprache als Werkzeug ist unvollkommen.

▬▬▬▬▬▬▬▬▬▬▬ 5

#49
Kurt SCHWITTERS:
Die neue Gestaltung in der Typographie (1930).

B

#50
Jan TSCHICHOLD:
Die Entwicklung der Typographie
im In- und Auslande.
In: Klimschs Druckerei-Anzeiger
(Frankfurt a. M.), 57. Jg.
Jahr: 1930

Seiten: S. 1801ff.
Format: 26×33,5 cm

#51
Jan TSCHICHOLD:
Noch eine neue Schrift. Beitrag zur
Frage der Ökonomie der Schrift.
In: Typografische Mitteilungen (Berlin),
27. Jg., März 1930, H. 3, Beilage;
Jahr: 1930

Seiten: Beilage, 8 S.
Format: 23,5×32,5 cm

→

#52
Jan TSCHICHOLD:
Was ist und was will die Neue
Typografie?
In: Ders.: Eine Stunde Druckgestaltung.
Grundbegriffe der Neuen Typografie in
Bildbeispielen für Setzer, Werbefachleute,
Drucksachenverbraucher und Bibliofilen.
Stuttgart: Akademischer Verlag Dr. Fritz
Wedekind & Co.
Jahr: 1930

Seiten: S. 6ff.
Format: 21×30×1 cm

#51
Jan TSCHICHOLD:
Noch eine neue Schrift.
(90,5%)

→

typografische mitteilungen, berlin
beilage zu heft **3**, märz 1930

noch eine neue schrift

beitrag zur frage der ökonomie der schrift

von **jan tschichold**

soweit versuche, eine neue schrift zu erfinden, aus dem bedürfnis hervorgehen, eine „schönere" form an die stelle einer „schlechteren" zu setzen, haben wir es nur mit artistischen, meist eklektischen bemühungen zu tun, die die wirkliche entwicklung kaum beeinflusst haben. wichtiger waren die experimente, die gültige schrift in der richtung auf eine klarere, unserer zeit angemessene form zu **verändern.**

bei dem versuch aber, eine bessere schrift zu erfinden, darf es sich nicht **allein** darum handeln, klarere staben zu erhalten. das wäre noch kein entscheidender fortschritt. im grunde ist das nur eine frage der typenauswahl.

auch ob man heute die oder jene bessere oder schlechtere grotesk verwendet, ist im prinzip dasselbe, selbst wenn künstler-groteskschriften zur debatte stehen. nur die im wesen **veränderte**, niemals die nur modifizierte form ist für die entwicklung von belang.

==notwendig ist, zu erkennen, dass das **problem einer neuen schrift eng mit dem einer neuen, gesünderen rechtschreibung** verknüpft ist.==

die radikale „**kleinschreibung**" wäre der erste schritt auf dem wege zu einer besserung. — **warum** man nur kleinstaben verwenden sollte, ist in meinem buch „die neue typografie" ausführlich dargelegt. hier in kürze das wesentliche:

1. die antiqua, unsere heutige schrift, besteht aus **zwei** alfabeten, die zeitlich und kulturell ungleichen ursprungs sind: den gross- und den kleinstaben. daher auch die disharmonie der form, die sich besonders deutlich im heutigen bild der deutschen sprache zeigt, da infolge der grossschreibung der substantive noch mehr grossstaben in die schrift gemischt werden als etwa im französischen oder englischen.

2. drei hauptgruppen wollen diesen zustand ändern:
    a) einige germanisten (dazu ein teil der schulreformer), die schon seit etwa 100 jahren für die **anpassung der deutschen rechtschreibung an die sonst übliche** eintreten: es sollen nur die satzanfänge und die eigennamen grossgeschrieben werden.
    b) künstler und einige dichter, die die reinliche **scheidung** der zwei alfabete aus gründen der **ästhetik** wollen: entweder nur „grosse" oder nur „kleine", auch nebeneinander, aber nicht durcheinander — etwa grossstaben für die überschriften, kleinstaben für den text, oder umgekehrt (von dichtern z. b. stefan george, ferner hauptsächlich französische künstler — anzeigen der „vogue" – ladenaufschriften in paris).
    c) neue gestalter, ingenieure (porstmann) und einige pädagogen, die auf die vollständige beseitigung der zweischriftigkeit aus gründen der **zweckmässigkeit** und **wirtschaftlichkeit** ausgehen. sie fordern die „nurkleinschrift", weil diese besser lesbar ist als die nurgrossschrift.
      von diesen hat **porstmann**, der erfinder der normformate und der normen für den geschäftsbrief, die postkarte usw. in seinem 1920 erschienenen buch „sprache und schrift" die technische seite des problems als erster durchdacht. schrift erscheint ihm mit recht nicht als ein „künstlerisches", sondern als technisches problem. sein buch ist die grundlage jeder weiterarbeit, **auch der formgebenden.**

die abbildungen zeigen bisherige versuche einiger gestalter, die heutigen stabenformen auf eine klarere, leichter erfassbare form zu bringen. albers, renner und der autor der schrift der kunstgewerbeschule halle sehen die weiterverwendung beider schriftarten vor. schwitters versucht, die grossstaben völlig umzuformen. diese aber, als die abgeklärte schriftform der antike, sind kaum weiterzubilden, weil sie einfach und eindeutig gestaltet sind.

B

beispiel **7**:
karel teige, prag:
buchumschlag mit anwendung der bayerschrift
farben: rot und blau auf weiss

trotzdem sind sie, allein verwandt, heute zu schwer lesbar, und die karolingische schrift, die urform der heutigen kleinstaben, ist ihnen vorzuziehen, weil in ihr eine reihe staben eine art lesetechnische signalzeichen, nämlich ober- und unterlängen erhalten hat.   diese ist daher der einzig mögliche ausgangspunkt für eine neugestaltung.   hier haben sich hauptsächlich bayer, burchartz und teige versucht.

die beschränkung auf eine schriftart, die einige der genannten erstrebten, wurde schon oben als fortschritt bezeichnet.   zur durchführung einer allgemeinen „kleinschreibung" bedarf es aber noch immer nicht unbedingt einer neuen schrift, solange im übrigen die bisherige rechtschreibung beibehalten wird.   das eigentliche problem, das zunächst weniger ein formales, als ein organisatorisches ist, fängt hier erst an.   **eine wirklich neue schrift ist ohne eine bessere rechtschreibung nicht denkbar.**   das wurde bisher bei neuen schriftgestaltungen nicht genügend beachtet.

hier sei das resultat eigener bemühungen um eine neue schrift vorgelegt. porstmanns ergebnisse, z. b. der vorschlag einer bestimmten neuen, fonetischen rechtschreibung mit dem grundsatz „schreibe wie du sprichst", sind in ihr teilweise verwertet worden.

wesentlich an dieser schrift und schreibweise ist:

#51

Jan TSCHICHOLD:
Noch eine neue Schrift.

(90,5%)

beispiel **8**:

kurt schwitters: konzertplakat, 1927
aus der „systemschrift" von schwitters.
prinzip: konsonanten mager und eckig,
vokale fett und rund, überstreichungen
bedeuten dehnungen

beispiel 9-10

beispiel 11-12

1. das ausgehen von der heute gültigen schrift, der antiqua. (es dürfte unmöglich sein, eine absolut neue schriftform in allen ländern zur einführung zu bringen.)
2. der wegfall des nebeneinanders zweier alfabete. es gibt nur noch ein alfabet, das weder „grosse" noch „kleine" staben kennt.
3. dass die bisherigen „kleinstaben" als ausgangsform vorgezogen wurden, da ihre ober- und unterlängen die lesbarkeit beträchtlich erhöhen. wo jedoch die grossform karakteristischer, wurde diese herangezogen (N statt n, T statt t, U statt u).
4. die restlose beseitigung aller überflüssigen formteile und der versuch, **absolut** karakteristische stabenformen zu gestalten, die auch aus dem zusammenhang gelöst, eindeutig sind (vergl. mein L, dem ich den bogen unten wiedergab, um die verwechslungsgefahr mit einer „eins" oder auch einem alten I [i] auszuschliessen).
5. die beseitigung der staben, die denselben laut wie andere bezeichnen (statt v [in „von"]: f — v wird dagegen für das wegfallende w gesetzt —, statt k und q: nur K) und der zeichen für zusammengesetzte laute (statt c und z: TS, statt x: KS).
6. dass laute, die bisher kein eigenes zeichen hatten (ng, ch und sch), eines erhalten. an stelle dieser neuen zeichen könnten auch bisherige staben **mit akzenten** treten. die zwei laute é und e (beide im wort ehe) erhalten gesonderte zeichen.
7. dass die dehnung und kürze der vokale im allgemeinen nur in zweifelsfällen und in eigennamen, und auch dann **nur wenn notwendig** angegeben wird – durch untergesetzte striche bzw. punkte:

SONE = sonne   SONE – sohne

8. die schlusspunkte wurden verstärkt und an die obere linie gesetzt, wo sie besser gesehen werden als an der unteren hauptlinie. man liest an jener – beweis:

ausstellung film und foto 1929

ausstellung film und foto 1929

die schlusspunkte übernehmen hier die indirekte funktion der bisherigen grossen satzanfänge: sie kennzeichnen den satzschluss.

B

#53
Josef ALBERS:
Kombinationsschrift »3«.
In: Bauhaus. Zeitschrift für Gestaltung (Dessau), Januar 1931, Nr. 1
Jahr: Januar 1931

—
Seiten: S. 3f.
Format: 20×28 cm

#54
Eric GILL:
Typographie. 1931
(Deutsche Übersetzung von Wolfgang Beurlen). In: Typographie und Bibliophilie. Aufsätze und Vorträge über die Kunst des Buchdrucks aus zwei Jahrhunderten. Ausgewählt und erläutert von Richard von Sichowsky und Hermann Tiedemann, Maximilian-Gesellschaft Hamburg. Hannover, 1971
Jahr: 1931

—
Seiten: S. 105–113
Format: 18×26,5×2,5 cm

#55
Paul RENNER:
Mechanisierte Grafik.
Schrift, Typo, Film, Farbe.
Berlin: Hermann Reckendorf
Jahr: 1931

—
Seiten: 205 S.
Format: 15,4×21,5 cm

→

#56
Heinrich WIEYNCK:
Leitsätze zum Problem zeitgemäßer Druckschriftgestaltung.
In: Gebrauchsgraphik (Berlin), Jg. 8, Nr. 2
Jahr: Februar 1931

—
Seiten: S. 70f.
Format: 23×30,4 cm

→

---

ter Offizinen. Doch es fehlt uns die Konvention des guten Geschmackes, die auch den Provinzdrucker vor Entgleisungen bewahrt, und es fehlt damit die Vorbedingung für den großen Stil. Wir haben noch immer die Eigenwilligkeit und die gewagten Versuche unserer Buchkünstler, weil wir sie noch immer brauchen. Aber die vielen Bücher, Zeitschriften und Zeitungen, welche der von der Buchkunst unberührte Verleger herausbringt, und die Masse der Gelegenheits-Drucksachen und Ankündigungen sind ohne einheitliche Haltung. Das hat mehr als einen Grund: aber die entscheidende Ursache ist die üppig wuchernde Fülle unserer allzuvielen und allzu verschiedenen Schriften, vor der auch der begabte Setzer versagen muß.

Gewiß hat dieser Schriftenreichtum nicht nur Nachteile sondern auch Vorzüge; als besonderer Vorteil wird gepriesen, daß man nun zu jedem Inhalt die geeignete Schrift wählen könnte; für Wissenschaft und Weltliteratur die Antiqua, für alles Bieder-Deutsche die Fraktur, für das Religiöse die Gotisch, für das Derbe und Volkstümliche die alte Schwabacher, für das Galante die Kursive usw.

Daß sich Charakter der Mitteilung und Eigenart des Verfassers auch in der gewählten Schrift auszudrücken habe, ist eine billige Forderung, die man auch in vergangenen Zeiten anerkannt hat. Aber diesem Bedürfnis kann in engeren Grenzen genügt werden als heute üblich ist. **Die Druckerei ist keine Masken-Verleihanstalt. Es ist nicht unsere Aufgabe, jedem literarischen Inhalt ein zeitgemäßes Kostüm anzuziehen; wir haben nur dafür zu sorgen, daß er im Stile UNSERER Zeit ein passendes Kleid bekommt. Denn wir wollen typografisches Leben, kein typografisches Theater oder Maskenfest.**

Es hat in der Geschichte der Menschheit keine hohe Kultur gegeben, die nicht ihre eigene Schrift gehabt hätte. Wenn wir heute zahllose Schriften alter, längst vergangener Kulturen nebeneinander verwenden, als ob man so etwas überhaupt erben könnte, so ist das nicht ein Zeichen von gesunder Kraft sondern von Unvermögen.

In der Baukunst war es bis vor gar nicht langer Zeit ebenso. Wir haben hundert Jahre hindurch alle Stile der Vergangenheit geplündert und in diesem beispiellosen Versagen der schöpferischen Kraft das Vorrecht einer alten Kultur gesehen. Aber die Inflation des Historismus hat die historischen Formen für immer entwertet und außer Kurs gesetzt. Und da wir in der Baukunst die Nachahmung des Alten überwunden haben, dürfen wir hoffen, daß wir auch wieder einmal zu einer eigenen Schrift kommen werden. Denn es ist ja das gleiche schöpferische Vermögen, das in der Baukunst wie in allen übrigen bildenden Künsten wirksam ist. Suchen wir uns deshalb erst einmal über Art und Wesen dieser Kraft klar zu werden und prüfen wir, aus welchen Ursachen sie versagt hat.

#55
Paul RENNER:
Mechanisierte Grafik.
Schrift, Typo, Film, Farbe.

#56
Heinrich WIEYNCK:
Leitsätze zum Problem zeitgemäßer Druckschriftgestaltung.

Leitsätze
zum Problem zeitgemäßer Druckschriftgestaltung
Von Heinrich Wieynck

1. Die Schrift unserer Zeit kann nicht nur aus der nüchternen Sachlichkeit primitiver Formen entstehen. Unser Zeitalter sucht trotz aller Standardisierung für seine Aufgaben vielfältigen, vergeistigten Ausdruck und neue Möglichkeiten formalen Reichtums.

2. Alle Schriftgestaltung erhält ihre wesentlichen Anregungen aus den geistigen Strömungen ihrer Zeit, die stets in höherem Maße von bestimmendem Einfluß sein werden als die Technik. Wenn somit der schöpferische Künstler einem anonymen Formwillen dient, so sind traditionelle Bindungen doch nicht gleichgültig, zumal die Schrift nie in dem Maße wie andere künstlerische Schaffensgebiete unter historischen Stilvorstellungen zu leiden hat.

3. Abkehr von historischen Schmuckformen und Zuwendung zu sachlicher Formgebung hat heute innere Berechtigung, aber bei der Schriftgestaltung führt die Respektlosigkeit vor aller Tradition und die modische Sucht, gebräuchliche Alphabete durch geometrische Konstruktionen zu ersetzen, zu einer verheerenden Schriftentartung. Nicht die Schrift mit den einfachsten und gleichartigsten Buchstaben ist die leserlichste, sondern diejenige, deren ausdrucksvolle, klar unterschiedene Buchstabenformen die stärkste Bildkraft haben.

4. Da die letzte Form der Druckschrift klarer Ausdruck der technischen Entstehung sein muß, so widerspricht ihr eine Druckschriftgestaltung, die romantische Schreibzüge auf die Type überträgt und vervielfacht.

5. Die Schönheit einer Druckschrift beruht nicht auf errechneten Formen, sondern folgt dem Rhythmus beseelter Gestaltung. Wenn auch der handschriftliche Duktus für die Druckschriftgestaltung nicht maßgebend sein soll, so unterstützen doch die aus der Handschrift stammenden Buchstabenansätze die Überleitung von Form zu Form, welche das Auge verlangt.

6. Ein Verzicht auf die ererbten reichen Schriftformen bedeutet Ausdrucksbehinderung und geistige Verarmung. Solange nicht veränderte Arbeitsmethoden und daraus sich ergebende, anders geartete Verständigungsmittel uns dazu zwingen, können wir von unseren noch allgemein gültigen Schriftformen nicht abweichen.

7. Die vorliegende, neue deutsche Schrift beweist durch Schönheit und Logik ihrer konstruktiven Formung, daß der heutige Stilwillen nicht nur einseitig bei lateinischen Groteskschriften liegt, sondern auch im Formenkreis des überlieferten gotischen Schriftcharakters gültig ausgeprägt werden kann.

8. Solange wir uns nicht über die wissenschaftlichen und künstlerischen Grundgedanken für eine fruchtbare Schriftreform einig geworden sind, kann durch ästhetische Auffassung Einzelner kein Schriftcharakter als Ausdruck unserer Zeit proklamiert werden.

Gesetzt aus der Wieynck-Werkschrift der Schriftguß A.-G. vorm. Brüder Butter, Dresden-N.

B

#57
Friedrich SAMMER
Maximilian SCHLEGEL
Kurt FREITAG:
Der Kampf um die Deutsche Schrift.
Dresden: Gau Sachsen des
NS Lehrerbundes
Jahr: 1932
—
Seiten: 47 S.

#58
Jan TSCHICHOLD:
Wo stehen wir heute?
In: Typographische Mitteilungen.
Zeitschrift des Bildungsverbandes der
Deutschen Buchdrucker (Leipzig),
29. Jg. 1932, H. 2
Jahr: 1932
—
Seiten: S. 24f.
Format: 23×30×0,5 cm
—
»In diesem Aufsatz nahm Tschichold
umfassend Stellung zur Entwicklung
nach 1925 und nahm nun eine veränderte
Haltung ein, indem er einige der radikalen
Forderungen der Elementaren Typografie
zurücknahm, etwa die ausschließliche
Anwendung der Grotesk-Schriften.« — [PE]

#59
Jan TSCHICHOLD:
Schriftmischungen.
In: Typographische Monatsblätter
(Bern), 3. Jg., März 1935, H. 2
Jahr: 1935
—
Seiten: S. 32–37
Format: 23×31 cm

#60
Jan TSCHICHOLD:
Vom richtigen Satz auf Mittelachse.
In: Typographische Monatsblätter (Bern),
3. Jg., April 1935, H. 4
Jahr: 1935
—
Seiten: S. 113–118
Format: 23×31 cm

#61
Jan TSCHICHOLD:
Typographische Gestaltung.
Basel: Schwabe
Jahr: 1935
—
Seiten: 112 S.
Zitat: S. 14
Format: 15,4×21,5 cm
—
»In diesem Buch modifizierte Tschichold
zwar seine dogmatischen Behauptungen;
dennoch bleiben seine grundlegenden
Gestaltungsüberzeugungen nach wie
vor lesenswert. Jedem, der sich für die
Geschichte der Typografie wirklich
interessiert, sei eine intensive Lektüre
empfohlen.« — [PE]

→ [z,]

#62
Max BILL:
o.T.
In: Schweizer Reklame (Zürich), 1937,
H. 3, (Sonderdruck)
Jahr: 1937
—
Seiten: o. Pg.
Format: 21×29,8 cm

→ [ ]

1935

»Die Gerechtigkeit verlangt, auch die *Vorzüge* der Mittelachsentypographie festzustellen. Man kann, ohne sofort ein schlechtes Aussehen gewärtigen zu müssen, ziemlich viele Grade auf Mitte untereinander stellen, da die senkrechte Achse das Ganze mit einiger Gewißheit bindet. Aus demselben Grunde braucht man auch die Länge der Zeilen nicht von vornherein exakt festzulegen; kleine Differenzen von der angestrebten Schemaform sind unerheblich. Das ist für den Setzer sehr wichtig: hat er doch nicht jede beliebige Schriftgröße zur Verfügung, sondern nur einige, deren Größe nicht von ihm variiert werden können. Die aneinander gereihten Buchstaben ergeben jedes Mal eine bestimmte Länge, deren Ausdehnung durch Sperren das Wortbild schädigt […], und die er nun nehmen oder zugunsten eines anderen Grades verwerfen muß. (Nur ein Zeichner und neuerdings die Photosetzmaschine Uhertype können jede denkbare Schriftgröße herstellen; doch ist die Beschränkung auf wenige Größen auch für die typographische Gestaltung ein großer Vorteil, da jene mit zur Disziplin zwingt.)
So bleibt als Gutes der ornamentalen Typographie die hohe Anpassung an die *zufälligen Längen der typographischen Zeilen* (neben ihren strengen Formforderungen, die oft die Gestaltung sehr erschweren), und dieser Vorzug ist wert, erhalten zu werden.«

#61
Jan TSCHICHOLD:
Typographische Gestaltung.

Faktoren beachtet worden sind. Ein Druck auf maschinenglattes oder ein Federleicht-Papier darf und soll nicht knallschwarz sein, sonst ist die Gefahr des Unregelmäßigwerdens nach erfolgtem Auftrocknen eine größere. Abgesehen von der rein optischen Wirkung einer ruhigen, knapp satten Farbgebung sind es auch wirtschaftliche Momente, die uns zwingen, mit der kleinsten Menge Farbe zu drucken. Das lästige Stäuben des Papiers und das damit verbundene Verschmutzen und Zusetzen der feinern Buchstabenelemente rührt nicht selten von einer zu reichlich bemessenen Farbgebung her. Mit dem erwähnten Zusatz Bologneserkreide erreichen wir auch eine Brechung der Klebkraft der Farbe, welche sonst dem vorzeitigen Zuschmieren Vorschub leisten kann. Ist zudem das Tempo der Maschine, der Auflage und dem Charakter der Arbeit entsprechend, heraufgesetzt, dann tut dieser unscheinbare Zusatz Kreide ein weiteres: Er verhindert in besondern Fällen das sog. Abziehen auf der Rückseite (hohe Geschwindigkeit: Kurze Wegschlagezeit!), und läßt auch bei dünnern Papieren ein Durchschlagen der Farbe (Sichtbarwerden des Bindemittels auf der Rückseite) weniger möglich werden und erhöht zudem die Ausgiebigkeit der Farbe. Also eine ganze Reihe von Vorteilen, die für die Zugabe dieses bescheidenen „Drucker-Hausmittelchens" sprechen! Von unerfahrenen Leuten an der Maschine wird nicht selten der Fehler gemacht, daß sie die zu verwendende Farbe zu dünn mischen. Je dünner die Farbe ist, um so leichter führt die Färbung zu Trugschlüssen: Mit der Lupe betrachtet, läuft eine bindemittelreiche Farbe stärker aus als eine normal durchsetzte. Und wiederum beschwört man damit ein großes Unheil herauf: Die Grauwirkung der Seiten nach erfolgtem Trocknen ist unregelmäßig.

*

Aufzug und Zurichtung. Hart oder weich? Diese Frage kann weder hier noch an irgend einem „grünen Tische" richtig beantwortet werden. Hier sprechen Praxis und Erfahrung allein mit. Ich habe es schon erlebt, daß ich an einer nagelneuen Maschine, gutem Maschinensatz und weichem Papier rein versuchshalber es dazu gebracht habe, mit ganz hartem Aufzug einen sehr saubern Druck mit sozusagen keiner Schattierung zu erzielen. Mein Kollege an der Nebenmaschine staunte ordentlich, weissagte mir mit besorgter Miene nach den ersten Zehntausenden stumpfen, abgequatschten Satz! Aber siehe, das Wunder erfüllte sich ganz: Der Satz ließ sich auch nach den erfolgten 20 000 Druck nichts nachsagen; seine Randschärfe hatte weniger gelitten, als mit weichem Aufzug gedruckt. Ich bin sonst nicht für das harte Drucken (mir scheint immer als druckten wir allgemein zu hart!); aber dieser Fall zeigte wieder einmal mehr die große Variationsmöglichkeit in der Anwendung der Aufzüge zu ganz bestimmten Zwecken. Daß es natürlich ohne eine peinliche Zurichtung nicht ging, werde ich wohl nicht besonders hervorzuheben brauchen.

Bei mehreren aufeinanderfolgenden Bogen macht sich der Maschinenmeister bekanntlich einen Ausgleich zur Behebung der Randeinsätze, welchen er für alle Formen direkt unter den auswechselbaren Teil des Aufzuges klebt. Daß durch dieses Vorgehen eine unnütze Mehrarbeit bei der Zurichtung der nächsten Bogen ausgeschaltet wird, ist begreiflich. Unbegreiflich erscheint mir aber, daß es nicht ebenso vorteilhaft sein soll, diesen Randausgleich etwas zu erweitern und auch dort zu unterlegen, wo sich meist schon in der ersten Form Schattierungsausfälle zeigen. Ich habe schon beobachtet (und das bei sonst genügender Zylinderzurichtung), daß bestimmte Stellen beim Anmalen bei allen folgenden Bogen einfach wieder ausgelegt werden müssen. Hier ist also ein Abgehen von der meist gebräuchlichen Art der Herstellung des Einsatzausgleichs nur vorteilhaft. Es darf aber daraus nicht ein Extrem werden; die betreffende Schattierung muß geschultem Auge beurteilt werden können, ob und wie weit das Eingehen auf die Einzelheiten gestattet ist.

Die Verwendung eines Drucktuches wird in den meisten Fällen — und namentlich bei größeren Auflagen — für die Zurichtung wie auch für den Fortdruck eine Erleichterung bilden. Wenn leider immer noch nicht alle Prinzipale die Notwendigkeit einer solchen Anschaffung eingesehen haben, dann liegt es oft an der Unkenntnis des Sachverhaltes oder auch an der Gleichgültigkeit des verantwortlichen Maschinenmeisters. Der geringe Anschaffungspreis steht in keinem Verhältnis zum dadurch möglichen Zeitgewinn und der erreichten Schonung des Schriftmaterials wie auch der Presse.

Fortdruck. Die Stellung des Farbstreifens am Duktor erfordert peinlichste Aufmerksamkeit. Selbstredend ist schon während der Zurichtens die Farbe mitlaufen zu lassen. Farbdifferenzen, auch die kleinsten, sind bei Beginn des Auflagendruckes mit abgestellter Maschine zu korrigieren. Es wird nicht selten verkannt, welch große Bedeutung einer solch gewissenhaften Überwachung gerade beim Andrucken zukommt. Kollegen Maschinenmeister: Es ist keine Schande, ein paar Minuten Stillstand der Presse verursacht zu haben, wenn dadurch Ungleichheiten an der Färbung verhindert wurden. Die Leckbreite (Abnahmestreifen) am Duktor ist so zu wählen, daß bei gefülltem Farbkasten eher im ersten Drittel der möglichen Verstellbarkeit geblieben wird. Nach einiger Zeit muß ohnehin sukzessive nachgeschaltet werden. Eine nochmalige Veränderung der Zonenschrauben während des Druckes sollte, wenn immer möglich, in bescheidenem Rahmen bleiben. Auf keinen Fall darf dann weitergedruckt werden, wenn beispielsweise frühmorgens schon die Breitenverstellbarkeit des Farbstreifens dadurch erschöpft ist, daß bereits nach einigen hundert Drucken das Maximum derselben erreicht wurde. Das Verhängnis würde nicht ausbleiben: Am Nachmittag müßte eine ständige Korrektur an den Zonenschrauben erfolgen, die Farbgebung wäre nicht einwandfrei. Ein bißchen Voraussicht und auch das Risiko einiger Minuten Pressenstillstandes können solch unliebsame Störungen verhindern.

Zum Schlusse noch einige paar Hinweise auf allerlei Beachtenswertes. Bei großen Auflagen wird es sich oftmals nicht umgehen lassen, das ganze Farbwerk zu waschen und die ganze Maschine von nun einmal nicht abzuhaltenden Papierstaub zu reinigen. An Zweitouren soll damit auch die Bürste entstäubt werden, was nicht selten vergessen wird.

Den Einlegeapparat lasse ich bei stark staubentwickelnden Papieren stets das Maximum der obern Blasluft entwickeln. Der hinter dem Stapel niedergeschlagene „Schnee" beweist, daß eine Entfernung durch möglichst kräftige Blasluft nicht ganz ohne Resultat bleibt.

Beim Einheben eines neuen Bogens sollte nur in jenen Fällen zu einer andern Zusammensetzung des Aufzugmaterials geschritten werden, wo sich dessen Untauglichkeit deutlich erwiesen hat. Als Regel darf gelten: Wenn immer möglich, für die gleiche Arbeit nur den gleich zusammengesetzten Aufzug. – Das gleiche ist von der Farbe und deren Zusätzen zu sagen. Eine kleine Inkonsequenz kann sich bitter rächen.

Wir haben gesehen, daß gewissenhaft ausgeführter Werkdruck der Mühewaltung wert ist wie Illustrationsdruck. Nun hoffen wir, daß wir in Zukunft recht viele und schöne Bücher zu drucken in der Lage sind! P. S.

die typografie ist der grafische ausdruck unserer zeit. satzbau und foto ersetzen die manuelle grafik.
typografie ist die gestaltung eines raumes, welcher sich aus funktion und materie ergibt. die bestimmung der funktion, die wahl der materie, verbunden mit der ordnung des raumes sind die aufgaben des typografen. sie bestimmen form und ausdruck einer drucksache.
typografie kann sehr verschieden gehandhabt werden. die einfache lösung jedoch entspricht ihrem innersten wesen am ehesten und ist wohl deshalb im allgemeinen auch die schönste. ausnahmen bestätigen auch hier die regel.
nachstehende beispiele sollen zeigen wie mit klaren typografischen mitteln drucksachen gestaltet sind, welche verschiedenen zwecken dienen und deshalb verschiedenste voraussetzungen haben. in allen ist versucht mit schwarzem druck auf weißes papier das maximum an ruhigem und klarem ausdruck zu schaffen. daß dabei die leere fläche ebensowichtig ist wie die bedruckte, daß nicht die äußere form, sondern die beziehungen von flächen und schriften zueinander das wesentliche sind, entgeht vielleicht manchem betrachter, trotzdem gerade diese möglichkeit, richtig angewandt, die typografie auf die höhe des kunstwerks zu heben vermag.
max bill

bill: inserat tageszeitung
annonce pour quotidien

B

#62
Max BILL:
o.T.
(97%)

→ P
→ S K I anzüge
   Z

*

bill: inserat tageszeitung, ¼ seite
annonce pour quotidien, ¼ page

1937

COIFFEURSALON *für Damen und Herren, Schönheitspflege*
ARNOLD STRAUMANN ZÜRICH BAHNHOFSTRASSE 12 TELEPHON 35

TARIF

OSKAR KESSELRING
ST. GALLEN Kronbergstraße 48 Telephon 29

Mod. Büroeinrichtungen
Roll-, Flach- und Stehpulte
Aktenschränke
Kopier- und
Schreibmaschinen-Tische
Büroartikel

H. GYSI ZÜRICH KOCHSTRASSE 3 TEL. 53.567

Vertreter der Graphischen Kunstanstalt
Aberegg-Steiner & Cie. AG.
Bern
Fliederweg 10
Telephon 24.741

us der Praxis des Setzers
schäftskarten, die durch gute Glie-
rung des Satzes und klare Anord-
ng von repräsentativer Wirkung sind.

B

#63
Paul RENNER:
Die Kunst der Typographie.
Berlin: Frenzel & Engelbrecher
›Gebrauchsgraphik‹, (Nachdruck:
Augsburg: Maro, 2003)
Jahr: 1939
—
Seiten: 298 S.
Format: 15×22×2 cm

→ 🟨

#64
Jan TSCHICHOLD:
Gebrochene Schriften als
Auszeichnung zur Antiqua.
In: Schweizer Reklame und Schweizer
Graphische Mitteilungen (Zürich),
Juni/Juli
Jahr: 1939
—
Seiten: S. 232–236

#65
Georg SCHAUTZ:
Typographisches Skizzieren und
Drucksachenentwerfen. Teil I:
Typoskizze, 18 Übungsabende.
Hrsg. vom Reichsorganisationsleiter
der NSDAP, bearbeitet vom Amt für
Berufserziehung und Betriebsführung der
Deutschen Arbeitsfront.
Berlin: Lehrmittelzentrale der Deutschen
Arbeitsfront
Jahr: 1940
—
Seiten: 54 S.
Format: 23×30,5×1 cm

#66
Jan TSCHICHOLD:
Geschichte der Schrift in Bildern.
Basel: Holbein
Jahr: 1941
—
Seiten: 70 S.
Format: 18×25,5 cm

#67
Jan TSCHICHOLD:
Schriftkunde, Schreibübungen
und Skizzieren für Setzer.
Basel: Holbein
Jahr: 1942
—
Seiten: 109 S.
Format: 13,8×21,5×1 cm

---

sollte man darauf verzichten, den oberen Teil des Kegels voll auszunützen. Das Bild der Schrift würde dadurch etwas kleiner werden; woran bei der heute herrschenden Vorliebe für kleinere Schriften niemand Anstoß nehmen wird. Die Unterlängen könnten dann wieder so groß werden wie bei den klassischen Schriften, und es wäre über den Großbuchstaben genügend Raum für die Akzente und die Doppelstriche der Umlaute vorhanden. Auch würde sich dann der Schriftgießer wieder mit größeren Mittellängen befreunden können, die er jetzt ängstlich vermeidet, damit die Schrift auch noch bei undurchschossenem Satz gut aussieht.

Der einheitliche Gesamtcharakter einer Schrift beruht nicht zuletzt auf ihrer Schwarz-Weiß-Wirkung. Sie macht die eigentliche Farbigkeit des Buchdruckes, wie jeder anderen graphischen Kunst aus. Die Gleichmäßigkeit des Schwarz-Weiß beruht nicht allein auf dem richtigen Farbenauftrag und der durch die Zurichtung ausgeglichenen Druckverteilung, sondern muß schon bei der Formgebung des einzelnen Zeichens bedacht werden. Bei einer gelungenen Schrift ist mit der haardünnen Umrißlinie, wie sie etwa, in Messing eingeritzt, dem Pantographen der Matrizenbohrmaschine zur Führung dient, nicht nur die Form des Buchstabens, sondern auch seine Schwarzweißwirkung festgelegt. Denn jede Schrift hat eine bestimmte Stufenleiter von verschiedenen Grautönen, und mag auch die Druckerschwärze noch so schwarz gewesen sein; alle dünnen Haarstriche wirken nicht nur zarter, sondern ganz einfach heller; alle breiteren Grundstriche nicht nur mit größerem Nachdruck auf das Papier gesetzt, sondern auch dunkler, schwärzer. Man erklärt diese Erscheinung als eine durch die Natur des Lichtes und die Beschaffenheit des Papieres bedingte „objektive" und als eine durch die Natur des menschlichen Sehens bedingte „subjektive Irradiation". Die weiße Oberfläche wirft alles Licht zurück; aber nicht, wie ein Spiegel, im Einfallwinkel der sie treffenden Strahlen, sondern sie zerstreut infolge ihrer Oberflächenbeschaffenheit das einfallende Licht nach allen Seiten. Auch Silber, das als glatt polierte Platte der vollkommenste Spiegel ist, wird weiß wie neugefallener Schnee, wenn man ihm durch galvanischen Niederschlag die Oberflächenstruktur von Papier gibt. Auf jeder weißen Oberfläche

24

ist also immer ein Sprühnebel von Licht, wie bei einem Platzregen auf dem Asphalt. Ein schwarzer Aufdruck wird durch dieses Streulicht der objektiven Irradiation vom Rande her aufgehellt; und je schmaler die schwarzgedruckte Fläche ist, um so heller ist sie. Die subjektive Irradiation, durch das Streulicht in der Hornhaut des Auges und andere Eigentümlichkeiten unserer menschlichen Optik verursacht, wirkt im gleichen Sinne. So mag es kommen, daß ein kaum nachmeßbarer Fehler an der Breite eines Grundstriches bei kleinen Graden oder bei mechanischen Verkleinerung mehr stört als bei großen; er wird oft überhaupt erst hier bemerkt, weil er hier weniger als ein Unterschied der Breite, also der Quantität, sondern mehr als ein Unterschied der Helligkeit, also einer Qualität, in Erscheinung tritt.

Der kritische Leser wird einwenden, daß der gedruckte Buchstabe doch keineswegs weich verlaufende Ränder zeige, wie etwa das photographische Abbild eines mit nicht-lichthoffreier Platte aufgenommenen Fensterkreuzes; die Ränder sind im Gegenteil besonders schwarz. Soweit dies nicht auf den stärkeren Druck zurückzuführen ist, der beim Buchdruck auf alle Ränder ausgeübt wird, oder auf eine zu reichliche Farbgebung des „Quetschrandes", hat dies seinen Grund in dem von der physiologischen Optik beschriebenen Simultankontrast. Wir nehmen alle Unterschiede „verstärkt" wahr; Blau wirkt intensiver blau auf rötlichgelbem Grund; Rot wirkt feuriger auf grünem; dunkles Grau wirkt schwarz auf weißem Grund und hellgrau auf schwarzem. Wer von einem Blatt dunkelgrauen oder schwarzen Papieres zwei Stücke abreißt und das eine auf tiefschwarzen Samt, das andere aber auf eine weiße Fläche legt, wird überrascht sein von der scheinbaren Änderung ihres Tonwertes. Der Simultankontrast bewirkt also, daß der Rand des Buchstabens ebenso dunkel erscheint wie seine Mitte; aber er hebt im übrigen die Wirkung der Irradiation nicht auf. Sie macht sich besonders störend bemerkbar, wo zwei Grundstriche einen spitzen Winkel bilden oder sich kreuzen. Hier, bei den **M W N K** usw., entstehen winzige von der Irradiation nicht genügend aufgehellte Zonen, die als Flecken den Gesamteindruck mancher Schrift, zumal in den kleinen Graden, so empfindlich stören, daß man sie im Kapitälchensatz nicht verwenden kann.

#63
Paul RENNER:
Die Kunst der Typographie.

B

#68
Max BILL:
Über Typografie.
In: Schweizer Graphische Mitteilungen
(St. Gallen; Sonderdruck), 65. Jg., April
1946, Nr. 4
Jahr: 1946

Seiten: S. 193–200

»Max Bill veröffentlichte diesen eigens
von ihm gestalteten Sonderdruck mit
Beispielen seiner jüngeren Arbeiten und
einem Aufsatz ›über typografie‹, in dem er
typografische Prinzipien aus der konkreten
Kunst herleitet. Dieser Aufsatz sollte den
Grundstein dafür legen, was später als
›Schweizer Typografie‹ gefeiert wurde.«
— [PE]

#69
Rudolf HOSTETTLER:
Zu Deutschlands Typographie
in den letzten 12 Jahren.
In: Schweizer Graphische Mitteilungen
(St. Gallen), 65. Jg., Mai 1946, H. 5
Jahr: 1946

Seiten: S. 187–192

#70
Rudolf HOSTETTLER:
Typographische Strömungen
in der Schweiz.
In: Schweizer Graphische Mitteilungen
(St. Gallen), 65. Jg., Dezember 1946, H. 12
Jahr: 1946

Seiten: S. 455–463

#71
Hans NEUBURG:
Die Gegenwartsströmungen in einer
schweizerischen Zweckgrafik.
In: Schweizer Graphische Mitteilungen
(St. Gallen), 65. Jg.
Jahr: Juni 1946

Seiten: S. 235f.

#72
Jan TSCHICHOLD:
Graphik und Buchkunst.
In: Typographische Monatsblätter (Bern),
13. Jg., Juli 1946, H. 9
Jahr: 1946

Seiten: S. 263
Format: 23×31 cm

→

»Heutige Dichter können sich glücklich schätzen, wenn ihre Werke auch nur annähernd so gedruckt erscheinen wie die ihrer Kollegen aus dem 18. Jahrhundert. Die Beachtung von Satzregeln, die zu ihrer Bildung Jahrhunderte gebraucht haben, ist ebensowenig historisierend und eklektisch wie die Benützung der Patente anderer Ingenieure durch einen Maschinenbauer.«

#73
Jan TSCHICHOLD:
Glaube und Wirklichkeit.
In: Schweizer Graphische Mitteilungen
(St. Gallen), 65. Jg., Juni 1946, H. 6
Jahr: 1946

Seiten: S. 233–242
Zitat: S. 236

»Tschicholds Antwort auf Bills Artikel
›über typografie‹, in dem er seinen
persönlichen Weg zur Neuen Typografie
beschreibt, aber auch die Modifikation
seiner radikalen Haltung rechtfertigt.
Die Neue Typografie, wie sie von Bill
weitergeführt und verteidigt werde,
entspreche ›dem deutschen Hang zum
Unbedingten‹. Tschichold spricht vom
›militärischen Ordnungswillen‹ und
ihrem ›Anspruch auf Alleinherrschaft‹ –
Eigenschaften, die ›Hitlers Herrschaft und
den Zweiten Weltkrieg ausgelöst‹ hätten.«
— [PE]

#74
Paul RENNER:
Das moderne Buch.
Lindau: Jan Thorbecke
Jahr: 1947

Seiten: 40 S.
Format: 20×12,5×0,4 cm

→ z

#75
Paul RENNER:
Über moderne Typografie.
In: Schweizer Graphische Mitteilungen
(St. Gallen), März 1948, H. 3
Jahr: 1948

Seiten: S. 119f.
Zitat: S. 130

#76
Paul RENNER:
Die moderne Typografie wird
funktionell sein.
In: Schweizer Graphische Mitteilungen
(St. Gallen), Juli 1948, H. 7
Jahr: 1948

Seiten: S. 312

1947

»Der Großbuchstabe ist eine Art von Verbeugung, ein Kratzefuß des Schreibens: eine Verbeugung vor dem Angeredeten, wenn man Du, Euch, Sie und Ihr groß schreibt, und ein verlegenes Katzbuckeln nach allen Seiten, wenn man jedes Hauptwort groß schreibt.

Wann werden wir endlich unserer Rechtschreibung diesen lächerlichen Zopf abschneiden, den ihr das Zeitalter der Duodezfürsten und ihrer in Ehrfurcht ersterbenden alleruntertänigsten Diener angehängt hat?

Eine Schrift besteht nicht aus zwei Alfabeten, sondern aus einem; ihr Bild, ihr Aussehen, wird bei der in der ganzen Welt üblichen Rechtschreibung durch das Minuskelalfabet bestimmt. Die eingestreuten Majuskeln wirken in ihr wie ein edler Schmuck.«

#74
Paul RENNER:
Das moderne Buch.

6. Verschiedene

Ausdrucksstarke Arbeiten von Grafikern, die eine eigene Richtung einschlagen oder einen im Sinn der vorstehenden Auslegungen gemischten Stil pflegen.

99 Anzeige, Sessler, Bern
100 Papierplastik, Häfelfinger, Zürich
101 Plakat, Müller, Zürich
102 Plakat, Rick, Basel

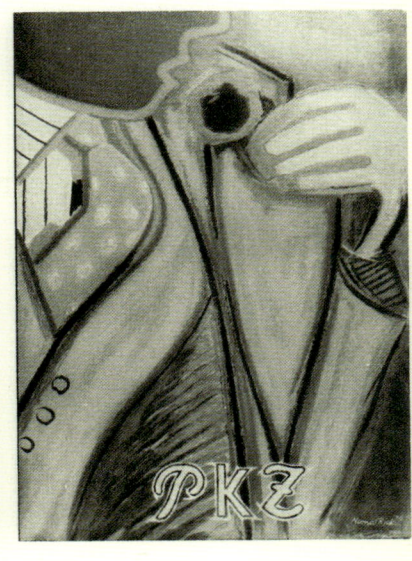

»Tschichold, der sich schon zu Beginn der dreißiger Jahre von Neuer Typografie als Regelwerk distanziert hatte, hielt im Dezember 1945 in Zürich einen Vortrag, der seine veränderte Einstellung erklärte. Die Hauptargumente fasste er ein halbes Jahr später, im Juli 1946, in den ›Typografischen Monatsblättern‹ zusammen.« — [PE]

Graphik und Buchkunst

VON JAN TSCHICHOLD

Die Arbeit des Buchkünstlers unterscheidet sich wesentlich von der anderer Graphiker. Während dieser beständig auf der Suche nach neuen Ausdrucksmitteln ist, wozu ihn mindestens das Verlangen nach «persönlichem Stil» und der Konkurrenzkampf drängen, muß der Buchentwerfer der getreue und taktvolle Diener des geschriebenen Wortes sein und diesem zu einer Darstellung verhelfen, deren Form niemals den Inhalt überschreien oder bevormunden darf. Die Arbeit des Graphikers muß den Bedürfnissen des Tages entsprechen und lebt, außer in graphischen Sammlungen, selten längere Zeit; das Buch soll die Zeiten überdauern. Selbstverwirklichung ist Ziel und Aufgabe des Graphikers, Selbstenttäuschung die des seiner Verantwortung und Pflicht bewußten Buchkünstlers. Das Feld der Buchgestaltung ist daher kein Gebiet für denjenigen, der «den Ausdruck der Gegenwart prägen» oder «Neues» schaffen will. In der Buchtypographie kann es nichts «Neues» im strengen Sinne dieses Wortes geben. Die vergangenen Jahrhunderte haben Methoden und Regeln entwickelt, die wirklich nicht mehr zu verbessern sind, und die man nur zu neuem Leben erwecken und wieder anwenden muß (sie sind im Laufe der letzten hundert Jahre mehr und mehr vergessen worden), um vollkommene Bücher machen zu können. Vollkommenheit, vollkommene Anpassung des typographischen Ausdrucks an den Inhalt ist das Ziel wahrer Buchkunst; Neuheit und Überraschung das Streben werbender Graphik.

Die Buchtypographie darf nicht werben. Übernimmt sie Elemente der werbenden Graphik, so mißbraucht sie den Text im Dienste der Eitelkeit des Graphikers, der es nicht fertigbringt, als Diener des Werkes vollständig zurückzutreten. Das heißt keineswegs, daß seine Arbeit farblos und jedes Ausdrucks bar sein soll oder gar ein in einer Druckerei anonym entstehendes Buch schön sein könne. Durch die Wahl einer dem Inhalt möglichst vollkommen entsprechenden edlen Druckschrift, deren Zahl vor allem dank der Tätigkeit Stanley Morisons, des leitenden Künstlers der Monotype Corporation Limited in London, in den vergangenen fünfundzwanzig Jahren gewaltig angestiegen ist, durch den Entwurf einer vollkommen schönen, ideal lesbaren, gut durchschossenen und sorgfältig, nicht zu weit ausgeschlossenen Seite mit harmonisch abgewogenen Rändern, durch die taktvolle Wahl geeigneter Grade für die Überschriften und den Entwurf eines wirklich schönen und reizvollen, mit der Texttypographie harmonierenden Innentitels kann der Buchkünstler erheblich zum Genuß eines wertvollen literarischen Werkes beitragen. Benützt man aber Modeschriften, etwa eine Grotesk (selbst die schönste, die Gill Sans Serif) oder eine der nicht immer unschönen, meistens aber für ein Buch viel zu aufdringlichen deutschen Künstler-Handsatzschriften, so macht man das Buch zu einem Modeartikel. Dies ist nur richtig, wenn es sich um buchähnliche Erzeugnisse von kurzer Lebensdauer handelt, aber abwegig, wenn das Buch Bedeutung erheischt. Je größer diese ist, um so weniger darf der Graphiker sich selbst in Positur setzen und mit seinem «Stil» dokumentieren, daß «er» und niemand anderer das Buch gestaltet hat. Daß Werke über die neue Architektur oder über neue Malerei ihren typographischen Stil aus jener ableiten dürfen, sei unbestritten; doch sind das seltenste Ausnahmen. Schon in einem Klee-Buche etwa scheint es mir unrichtig, die Gewöhnliche Grotesk als Schrift zu wählen, weil deren armseliges Formniveau der Subtilität dieses Künstlers ins Gesicht schlägt. Gar einen Philosophen oder einen klassischen Dichter aus einer solchen, nur scheinbar «modernen» Schrift zu setzen, ist völlig undiskutabel. Der Buchkünstler muß seine Persönlichkeit ganz und gar abstreifen. Er muß vor allem einen ausgeprägten Sinn für Literatur haben und deren gelegentlichen Rang richtig einschätzen können; rein visuell Eingestellte ohne literarische Interessen sind als Buchentwerfer unbrauchbar, weil sie schwerlich erkennen können, daß die Kunst ihrer Entwürfe den Respekt vor der Literatur, der sie dienen sollten, vermissen läßt.

Darum ist wirkliche Buchkunst eine Sache des Taktes allein und vor allem des heutzutage nur selten richtig bewerteten «guten Geschmacks». Da das Vollkommene, dem der Buchkünstler nachstrebt, wie alles Vollkommene immer ein wenig in der Nähe des Langweiligen steht und von Unsensiblen mit diesem verwechselt wird, so hat es, zumal in einer Zeit, die auf handgreifliche Neuheiten ausgeht, keinerlei Werbekraft. Ein wirklich gut gemachtes Buch ist nur von einer Elite als solches erkennbar; die übergroße Mehrzahl der Leser empfindet seine exzeptionelle Qualität nur dumpf. Ein wirklich schönes Buch darf auch äußerlich «nichts Besonderes», sondern soll «nur» vollkommen sein.

Ein gewisser, unechter Teil des Buches allein, der Schutzumschlag des Buches, bietet die Möglichkeit, die formale Phantasie schweifen zu lassen. Es ist zwar kein Fehler, diesen dem Buch und seiner Typographie anzugleichen, doch ist er in erster Linie ein kleines Plakat, das den Blick auf sich ziehen soll, und wo vieles erlaubt ist, das im Buche unschicklich wäre. Leider ist auf Kosten der heutigen farbenprächtigen Schutzumschläge der Einband, das eigentliche Kleid des Buches, oft arg vernachlässigt worden. Viele Leute huldigen, vielleicht daher, der Unsitte, die Schutzumschläge aufzubewahren und die Bücher mit ihnen in den Schaft zu stellen. Ich begreife das noch, wenn der Einband dürftig oder gar häßlich ist; doch gehören Schutzumschläge in den Papierkorb, wie Zigarettenschachteln.

Im Buche selbst aber ist Selbstenttäuschung die oberste Pflicht des verantwortlichen Entwerfers. Er ist des Textes Diener, nicht sein Herr.

B

#77
Jan TSCHICHOLD:
Wirken sich gesellschaftliche
und politische Umstände in der
Typografie aus?
In: Schweizer Graphische Mitteilungen
(St. Gallen)
Jahr: Juli 1948
—
Seiten: S. 249

#78
Walter KÄCH:
Schriften Lettering Ecritures.
Die gezeichnete Schrift.
Olten: Walter
Jahr: 1949
—
Seiten: 31 S.
Format: 16 × 40 cm

#79
Werner GRAEFF:
Prospekte wirksam gestalten.
Zürich: Organisator
Jahr: 1950
—
Seiten: 105 S.

#80
Jan TSCHICHOLD:
Buchherstellung als Kunst.
In: Ders.: ›Im Dienste des Buches‹.
Buchherstellung als Kunst / Satzregeln
eines Buchherstellers / Achtundfünfzig
Tafeln nach Arbeiten des Verfassers.
St. Gallen: Hostettler und Strehler
Jahr: 1951
—
Seiten: S. 7–15
Format: 23,5 × 33,5 cm

»Jeder, der Schriften malt
oder zeichnet, sollte, genau
wie die Schöpfer guter
persönlicher Schriften der
Gegenwart, selber die Quellen
der Schrift aufsuchen und
studieren. Es ist nicht nur das
Vernünftigste, sie so, wie er
sie findet, zu wiederholen. Er
wird auch, und zwar nur auf
diesem Wege, so am ehesten
zu einem Schriftmeister
von persönlichem Ausdruck
werden.«

#81
Jan TSCHICHOLD:
Meisterbuch der Schrift.
Ein Lehrbuch mit vorbildlichen
Schriften aus Vergangenheit
und Gegenwart für Schriftmaler,
Graphiker, Bildhauer, Graveure,
Lithographen, Verlagshersteller,
Buchdrucker, Architekten und
Kunstschulen.
Ravensburg: Otto Maier
Jahr: 1952
—
Seiten: 238 S.
Format: 21,5 × 31,7 cm

#82
Josef KÄUFER:
Das Setzerlehrbuch.
Die Grundlagen des Schriftsatzes
und seiner Gestaltung.
Stuttgart: Otto Blersch
Jahr: 1956
—
Seiten: 287 S.
Format: 13,5 × 20,5 cm

#83
Theodor W. ADORNO:
Satzzeichen.
In: Ders.: Noten zur Literatur I.
Frankfurt a. M.: Suhrkamp
Jahr: 1958
—
Seiten: S. 163–174
Zitat: S. 163
Format: 11 × 18 × 2 cm

→ z.

#84
Armin HOFMANN:
Ein Beitrag zur formalen Erziehung
des Gebrauchsgrafikers.
In: Graphis (Zürich), November/
Dezember 1958, Nr. 80
Jahr: 1958
—
Seiten: S. 505–517
Format: 22 × 30 × 4 cm

#85
Konstruktive Grafik.
Arbeiten von Richard Paul Lohse,
Hans Neuburg, Carlo L. Vivarelli.
Kat. Kunstgewerbemuseum Zürich.
Zürich: Kunstgewerbemuseum
Jahr: 1958
—
Seiten: 6 Bl.

#86
Richard Paul LOHSE:
Der Einfluss moderner Kunst auf
die zeitgenössische Grafik.
In: Neue Grafik (Olten), 1. Ausg.,
September
Jahr: 1958
—
Seiten: S. 4–35
Format: 27,5 × 25 cm

1958

»*Gleicht nicht das Ausrufungszeichen dem drohend gehobenen Zeigefinger? Sind nicht Fragezeichen wie Blinklichter oder ein Augenaufschlag? Doppelpunkte sperren, Karl Kraus zufolge, den Mund auf: weh dem Schriftsteller, der sie nicht nahrhaft füttert. Das Semikolon erinnert optisch an einen herunterhängenden Schnauzbart; stärker noch empfinde ich seinen Wildgeschmack. Dummschlau und selbstzufrieden lecken die Anführungszeichen sich die Lippen.*«

#83
Theodor W. ADORNO:
Satzzeichen.

→

B

#87
Hans Eduard MEYER:
Die Schriftentwicklung.
Zürich: Graphis Press,
Jahr: 1958
—
Seiten: 48 S.
Format: 16 × 30 × 0,5 cm

→

#88
Ernst SCHEIDEGGER:
Experiment Ulm und die Ausbildung
des Grafikers.
In: Neue Grafik (Olten), 1. Ausg.
Jahr: Sept. 1958
—
Seiten: S. 64 ff.
Format: 27,5 × 25 cm

#89
Karl GERSTNER
Markus KUTTER:
Die neue Grafik.
Nach ihren Ursprüngen,
ihrem Werden, ihren Eigenheiten,
ihren Problemen, ihren
Erscheinungsformen und ihren
zukünftigen Möglichkeiten.
Teufen: Niggli
Jahr: 1959
—
Seiten: 248 S.
Format: 23 × 23 cm

#90
Karl GERSTNER:
Integrale Typografie.
In: Typografische Monatsblätter (Zürich,
Sonderheft ›Integrale Typographie‹),
Jg. 27, Juni/Juli 1959, Nr. 6/7
Jahr: 1959
—
Seiten: S. 340–350
Format: 23 × 29,5 cm

#91
Gérard IFERT:
Grafiker der neuen Generation.
In: Neue Grafik (Olten), 4. Ausg.
Jahr: Dez. 1959
—
Seiten: S. 21–36
Format: 27,5 × 25 cm

#92
LMNV [Lohse / Müller-Brockmann /
Neuburg / Vivarelli]:
Vorbemerkung.
In: Neue Grafik (Olten), 4. Ausg.,
Dezember
Jahr: 1959
—
Seiten: S. 21
Format: 27,5 × 25 cm

Während die Schriftzeichen selbst ihre Bedeutung nie ändern, sind ihre Formen steter Wandlung unterworfen. Hauptanteil daran hat die Kurrentschrift, die, aus den Kapital- und Buchschriften entstehend, diese immer wieder beeinflusst und verändert. Dieselbe Schrift, zu verschiedenen Zeiten und in verschiedenen Ländern geschrieben, entwickelt sich so unterschiedlich, dass ihr gemeinsamer Ursprung kaum mehr ersichtlich ist. Die anfänglich unbewussten Formveränderungen und Ligaturen werden durch die Charaktere der die Schrift schnell Schreibenden bedingt. Aus der Endsumme all dieser Abweichungen kristallisiert sich dann die Schrift, die dem Kollektivcharakter eines Volkes entspricht.

Das Schreibgerät und das zu beschriftende Material sind ebenfalls von grosser Bedeutung, denn eine Schrift, mit dem Meissel in Stein gehauen, hat einen andern Formcharakter als eine mit der Feder auf Papier geschriebene Schrift. Auch die gezeichnete und dann geschnittene Druckschrift unterscheidet sich wesentlich von der geschriebenen Schrift, die ihr ursprünglich zum Vorbild diente.

Das Schriftbild, bestehend aus Buchstabeninnenräumen und Buchstabenzwischenräumen, ändert je nach der Federstellung seinen Duktus. Bei steiler Federstellung werden die Räume spitz und schmal (Kurrentschrift), bei horizontaler Stellung breitlaufend (Kapitalschrift).

Die einzelnen Zeilen sowie die ganzen Kolumnen, die als Linien und als Flächen wirken, sind in bestimmtem Verhältnis zur Fläche, auf der sie stehen. Sie gliedern die Fläche und schaffen neue Räume.

While letters do not alter in 'meaning', their forms are subject to continual change. Current hands are mainly responsible for this; themselves deriving from capitals and bookface types, they constantly influence and alter these. The same script, written at different times in different places, develops along quite different lines which little reveal a common origin. Such developments begin with unconscious formal mutations and ligatures prompted by the character of those who write the script at speed. The sum total of these small alterations makes up the collective character embodied in a national hand.

The tools and the material used in writing are major determinants of its form—letters that are chiselled in stone and those that are written with a pen on paper will develop different forms due to these different techniques; and the printed letter which is drawn and then cut, differs distinctly from the handwritten character that served originally as its model.

The 'pattern' created by the black lines of the letters and by the white spaces both within the individual letters and between them, alters according to the holding of the pen. A steeply slanting pen creates the sharp narrow forms of the running hand, while a pen held with a nearly horizontal nib makes for rounded, expansive capitals. Single lines and columns of lines having the effect of strips and rectangles are related to the format of the background that bears them; they divide its space and create whole new patterns of space.

Si la valeur phonétique des caractères écrits reste pratiquement invariable, leur forme évolue constamment. Les écritures courantes sont, pour une grande part, responsables de cette évolution; elles dérivent, à l'origine, des alphabets de lettres capitales et des écritures livresques, qu'elles ne cessent à leur tour d'influencer et d'altérer. L'évolution des caractères se fait dans le temps et dans l'espace et il est bien difficile, après un certain temps, d'en discerner l'origine commune. Le développement autonome commence par de simples mutations inconscientes et par des ligatures plus ou moins accentuées, dues uniquement à la personnalité du scribe. C'est l'ensemble de ces altérations, en elles insignifiantes, qui détermine les caractéristiques de l'écriture d'un peuple.

Les instruments utilisés et la matière sur laquelle est tracée l'écriture ne sont pas moins déterminants: les caractères, gravés dans la pierre ou tracés à la plume sur du papier, présenteront des formes différentes directement en rapport avec la technique adoptée. De même, la taille d'un caractère d'imprimerie diffère essentiellement du modèle écrit dont on s'est servi au départ.

Une écriture est déterminée par le rapport entre le tracé de l'outil (noir) et les parties blanches des contre-poinçons et des approches. Son aspect est variable suivant la position de la plume. Une position fortement inclinée donne une écriture aiguë et étroite (cursives); par contre, une position horizontale engendre des caractères larges et ronds (capitales).

Les lignes et les colonnes formant la structure d'une page sont dans un rapport précis avec l'ensemble de la surface où elles sont disposées. Elles la divisent et l'articulent de façon toujours nouvelle.

#87

Hans Eduard MEYER:
Die Schriftentwicklung.

(94%)

B

#93
Tomás MALDONADO:
Kommunikation und Semiotik.
In: ulm. Zeitschrift der Hochschule
für Gestaltung (Ulm), Nr. 5
Jahr: Juli 1959

Seiten: S. 69–78
Format: 21×29,7 cm

#94
Hans NEUBURG:
Anmerkungen zu einer neuen
Groteskschrift.
Die Neue Haas-Grotesk.
In: Neue Grafik (Olten), 4. Ausg.
Jahr: Dez. 1959

Seiten: S. 51–56
Format: 27,5×25 cm

→

#95
Emil RUDER:
Univers: Eine neue Grotesk
von Adrian Frutiger.
In: Neue Grafik (Olten)
Jahr: 2. Juli 1959

Seiten: S. 55–57
Format: 27,5×25 cm

→

»Die Typographie wird in erster Linie als Mittel zum Ordnen verschiedener Dinge aufgefaßt. Es geht nicht mehr um anspruchsvolle künstlerische Postulate und Kreationen, sondern um das Bemühen, den täglichen Ansprüchen formal und funktionell gerecht zu werden.«

#96
Emil RUDER:
Ordnende Typographie.
In: Graphis (Zürich), Jg. 15, 1959, Nr. 85
Jahr: 1959

Seiten: S. 404–413
Zitat: S. 405

#97
LMNV [Lohse / Müller-Brockmann /
Neuburg / Vivarelli]:
Eine Hochschulzeitung.
In: Neue Grafik (Olten), 8. Ausg.
Jahr: Dez. 1960

Seiten: S. 32–37
Format: 27,5×25 cm

#98
Josef MÜLLER-BROCKMANN:
Systematische Grafikerausbildung.
In: Neue Grafik (Olten), 7. Ausg.
Jahr: Sept. 1960

Seiten: S. 2–30
Format: 27,5×25 cm

#99
Hans NEUBURG:
Eine neue Groteskschrift: Folio.
In: Neue Grafik (Olten), 5. Ausg.
Jahr: März 1960

Seiten: S. 51ff.
Format: 27,5×25 cm

#100
Paul SCHUITEMA:
Neue Typografie um 1930.
In: Neue Grafik (Olten), 8. Ausg.,
Jahr: Dezember 1960

Seiten: S. 2–20
Format: 27,5×25 cm

#101
Jan TSCHICHOLD:
Zur Typographie der Gegenwart.
In: Der Druckspiegel (Konstanz);
typografische Beilage, 11, 1958; ern.
aufgelegt durch Setzmaschinen-Fabrik
Monotype Ges.m.b.H.
Jahr: 1960

Seiten: 19 S.

#102
Jan TSCHICHOLD:
Erfreuliche Drucksachen durch
gute Typographie.
Eine Fibel für jedermann.
Ravensburg: Otto Maier
Jahr: 1960

Seiten: 124 S.
Format: 14,8×20,8×1 cm

»In der Tat auch heute noch eine Fibel für jedermann – eine freundliche Hilfestellung für typografische Laien, denen geholfen werden soll, qualitätvolle Typografie zu erkennen. Tschicholds Anliegen im Umgang mit Schrift war, auch Nichtfachleute zu sensibilisieren, um ›lärmende Orgien wildgewordener Buchstaben‹ und ›selbstbewußt auftretender Wurstigkeit‹ der Drucksachen besser begegnen zu können. Denn, wie hat es Tschichold schön formuliert: ›Der sogenannte Laie ist keineswegs immer jeden Geschmackes bar. Er hätte oft lieber etwas Gepflegteres als ihm die Druckerei vorlegt, die, durch dumme Wünsche anderer Kunden verwirrt, vielleicht eher etwas Plumpes als etwas Gediegenes bietet.‹« — [PE]

#103
Carlo VIVARELLI:
Die Prinzipien der Signetgestaltung.
In: Neue Grafik (Olten), 5. Ausg.
Jahr: März 1960

Seiten: S. 29ff.
Format: 27,5×25 cm

→

#104
Josef MÜLLER-BROCKMANN:
Gestaltungsprobleme des Grafikers.
Gestalterische und erzieherische
Probleme in der Werbegrafik – die
Ausbildung des Grafikers.
Teufen: Niggli
Jahr: 1961

Seiten: 186 S.
Format: 26×23×1,5 cm

→

#105
Emil RUDER:
Die Univers in der Typographie.
In: Typografische Monatsblätter (Zürich),
Jahr: Januar 1961

Seiten: S. 18–40
Format: 23×29,5 cm

→

Anmerkungen zu einer neuen Grotesk-Schrift

Die Neue Haas-Grotesk

Hans Neuburg

In Nr. 2 der ‹Neuen Grafik› hat Emil Ruder die Univers, eine von Adrian Frutiger geschaffene neue Groteskschrift, vorgestellt und ihre Vorzüge geschildert. Es liegt im Bestreben der Redaktion, die Leser mit den jeweiligen grafischen und typografischen Neuerscheinungen bekanntzumachen, weshalb wir in dieser Nummer wiederum auf eine aus der jüngsten Zeit stammende Groteskschrift hinweisen möchten, die einen generellen Kommentar in textlicher und bildlicher Hinsicht sowie einige Detailbetrachtungen durchaus lohnt. Nachdem vor rund vierzig Jahren die bewährte Berthold'sche Akzidenzgrotesk, von der wir uns in keiner Weise distanzieren möchten, besonders im schweizerischen Buchdruckgewerbe und in der schweizerischen Grafik Fuß faßte, sich seither weitgehend einzubürgern vermochte, scheint der relativ neue Typus der Groteskschrift seine Daseinsberechtigung erwiesen zu haben. Der Schweizer Drucksachenverbraucher und -entwerfer zieht das Solide, Handgreifliche und vor allem eine gewisse stilistische Konsequenz vor, wie sie sich in der Grotesk kundgibt. Er wünscht auch nicht die in vielen anderen Ländern übliche Verschiedenheit der Schrifttypen oder eine reiche Auswahl, wie sie beispielsweise in den zwanziger Jahren über das deutsche Buchdruckgewerbe flutete, als neben der erwähnten Berthold'schen Grotesk die Bernhard, die Erbar und die Futura auf dem Markt erschienen, die alle in der Schweiz kaum richtig Fuß fassen konnten. Einzig die Berthold'sche Grotesk eroberte sich Sympathien.

Was dieser Schrift trotz ihrer uneinheitlichen Rundungen (die Unterlänge des kleinen g entspricht dem oberen Bogen des kleinen a nicht ganz, die ellipsoide Form des kleinen e hat eine Auslaufung nach rechts, die dem kleinen o nicht gerecht wird usw.) zu ihrer Verbreitung verhalf, war in erster Linie ihre absolute Brauchbarkeit als Auszeichnungs- und Brotsatzschrift (Mischung von halbfett und mager), ferner ihre eindeutige Leserlichkeit in den meisten Graden, ihre Anonymität (sie wollte gar nicht sehr charakteristisch sein), das mit ihr erzielbare relativ ruhige Schriftbild bei großen Satzblöcken und ganzen Seiten. Natürlich hat diese Schrift ihre Schwächen, die für Eingeweihte schon vor Jahrzehnten zutage traten und in letzter Zeit dazu geführt haben, Schriftkünstler und Schriftgießereien zu mobilisieren, um nicht eine durchgehend neue Schrift zu schaffen, sondern ein Alphabet, in dem zumindest einige der Unzulänglichkeiten korrigiert sind. Die von Adrian Frutiger entworfene Univers hat, wie Emil Ruder in seinem erwähnten Aufsatz nachwies, in ästhetischer Hinsicht einige sehr wesentliche Ver-

1
Alphabete der Neuen Haas-Grotesk in verschiedenen Graden (fotografisch auf Satzspiegelbreite verkleinert)

1
Alphabet of the new Haas sans-serif in different sizes (photographically reduced)

1
Alphabet de la Nouvelle Antique Haas, en différents corps (réduction photographique au miroir de la page)

1

abcdefghijklmnopqrstuvwxyzß& ABCDEFGHIJKLMNOPQRSTUVWXYZ 1234567890

abcdefghijklmnopqrstuvwxyzabcdefghijklmnopqrstuvwxyzabcdegß&
ABCDEFGHIJKLMNOPQRSTUVWXYZABCDEFGH 1234567890

abcdefghijklmnopqrstuvwxyzabcdefghijklmnopqrstuvwxyzß&
ABCDEFGHIJKLMNOPQRSTUVWXYZABC 1234567890

abcdefghijklmnopqrstuvwxyzabcdefgß& ABCDEF
GHIJKLMNOPQRSTUVWXYZABC 1234567890

abcdefghijklmnopqrstuvwxyzabcdegß&
ABCDEFGHIJKLMNOPQRSTUVWXYZ
ÆŒÇØŞ$£.,-([§†!?*«',„/ 1234567890

#94
Hans NEUBURG:
Anmerkungen zu einer neuen Groteskschrift.

(82,5%)

Anmerkung zu einer neuen Groteskschrift
Die neue Haas-Grotesk
The new Haas sans-serif type
Considérations sur la Nouvelle Antique Haas

CGS

5
6 Punkt halbfett mit 1 Punkt Durchschuß
6
7/8 Punkt halbfett kompreß
7
8 Punkt halbfett mit 1 Punkt Durchschuß

5
6 point semi-bold, 1 pt leaded
6
7/8 pt semi-bold, condensed
7
8 pt semi-bold, 1 pt leaded

5
Corps 6 mi-gras interligné d'un point
6
Corps 7/8 compact
7
Corps mi-gras interligné d'un point

2
Das große C mit den neuen typischen, nahezu horizontalen Einschnitten
3
Das G mit nahezu horizontalem Einschnitt der oberen Bogenendung. Der Buchstabe wirkt auf diese Weise kompakter
4
Das große S mit den neuen horizontalen Einschnitten der Endungen. Das Buchstabenbild wird gerundeter, geschlossener, homogener

2
The capital C with the characteristic, almost horizontal segments
3
The G with the almost horizontal position of the upper curve, which gives the letter a more compact appearance
4
The capital S with the new horizontal terminations. The form of the letter is rounder, more compact, more homogenous

2
Le C majuscule avec les caractéristiques terminaisons presque horizontales de la panse
3
Le G avec sa terminaison supérieure presque horizontale donne une impression plus serrée
4
Le S majuscule avec les nouvelles terminaisons horizontales qui créent un effet arrondi, dense et homogène

besserungen gebracht, und somit kann diese Schrift als eine willkommene Bereicherung betrachtet werden.
Die Haas'sche Schriftgießerei in Münchenstein (Baselland/Schweiz) mit ihrem initiativen Leiter Direktor E. Hoffmann hat sich schon seit einigen Jahren mit der Schaffung einer neuen Grotesk beschäftigt und wurde in ihren Bemühungen von Max Miedinger unterstützt. Wenn wir unseren Lesern nun heute diese Schrift vorstellen, möchten wir ihre typischsten Neuerungen, wie sie in den Großabbildungen veranschaulicht sind, zur Diskussion stellen. Schon die Tatsache, daß wir die Neue Haas-Grotesk in den Spalten der ‹Neuen Grafik› publizieren, beweist unsere positive Haltung ihr gegenüber. Wir möchten indessen weder dem Urteil der Leser noch demjenigen der Zukunft vorgreifen. Eines ist gewiß, daß die Neue Haas-Grotesk in ihrer linearen Gestaltung das Werk sorgfältiger Versuche und praktischer Anwendungen darstellt. Wie uns die Haas'sche Schriftgießerei versichert und wovon wir uns teilweise selber überzeugen konnten, wurde jede einzelne Buchstaben-Grund-, -Außen- und -Binnenform aufs genaueste bearbeitet und speziell im Hinblick auf die Nachbarschaft zu anderen Lettern, mit Rücksicht auf engen Zeilendurchschuß und so weiter gezeichnet und nachgeschnitten, wie dies schließlich bei der Schaffung jeder neuen Type selbstverständlich ist.
Ganz abgesehen von fein abgestimmten Veränderungen im Buchstabenvolumen, in der Buchstabendicke, in den Verjüngungen scheinbarer Parallelkonturen, ist eine der einschneidendsten Neuerungen die fast absolute Horizontalstellung der Einschnitte bei den Buchstaben e, c und s und beim Versal-C und -S sowie die an das Schelter-R angelehnte Form des Abstrichbalkens beim großen R. Die Schrift hat dadurch eine gewisse größere Homogenität und Geschlossenheit gegenüber der Berthold'schen Akzidenzgrotesk erhalten, und sie wirkt besonders im kompakten Satz gebundener, vielleicht auch weicher. Aus den Legenden zu unseren Abbildungen und den Bildern ist ersichtlich, worin haupt-

Werfen wir einen kurzen Blick auf das, was auf dem Gebiete des Schriftschaffens in der Schweiz während der verflossenen Jahre geleistet worden ist, so können wir die Beobachtung machen, daß mit wenigen Ausnahmen die Grundrichtung dieselbe geblieben war, insofern als die Schriftformen sich einer gewissen Gesetzmäßigkeit unterordnen, ganz im Gegensatz zu den freieren und etwas kühneren Schöpfungen deutscher, holländischer, französischer und auch italienischer Schriftgießereien. Das mag vielleicht seine Ursache haben in der dem Schweizer angestammten Nüchternheit und seinem Sinn für alles Bodenständige; es ist aber, wenn man will, auch einem gewissen Konservativismus zuzuschreiben, der aber, zumal auf dem graphischen Gebiet, als eine durchaus gesunde Erscheinung bezeichnet werden muß. Nehmen wir zum Beispiel Zeitungen verschiedener Länder zur Hand und betrachten wir als Fachleute die Titel und namentlich ihren Anzeigenteil, so werden wir unter ihnen die schweizerischen Zeitungen sehr leicht herausfinden; denn diese unterscheiden sich meistens von den ausländischen Zeitungen durch ihre diskretere typographische Aufmachung und durch die für die Ueberschriften und Anzeigen verwendeten Schrifttypen. Den schweizerischen Schriften haftet also etwas traditionsgebundenes an; es wäre nun aber unrichtig, glauben zu wollen, die Schweizer Schriftschöpfer hätten sich ihre Aufgabe leicht gemacht und ihre Neuheiten ohne weiteres den bewährten klassischen Vorlagen nachgebildet. Im Gegenteil, der geschulte Schweizer Graphiker kennt und schätzt im allgemeinen die Schönheiten und Vorzüge klassischer Schriftformen sehr und möchte sie aus diesem Grunde nicht sklavisch nachahmen. Er hat auch erkannt, daß sich gegenwärtig im Zeitalter der Technik

Wir kennen seit einiger Zeit noch eine weitere Methode, welche sich für die Anfertigung von Matrizen gut bewährt hat. Dieses Verfahren beruht auf dem uns bekannten Vorgang der Vergrößerung oder Verkleinerung einer Vorlage mit Hilfe des sogenannten Storchschnabels, auch mit Pantograph bezeichnet. Dazu benötigen wir vorerst von jeder Type eine Schablone, das heißt ein vergrößertes Buchstabenbild, dessen Umrisse leicht in eine Messingplatte eingegraben worden sind. Während wir nun mit einem Führungsstift, der sich am Ende eines Armes des Pantographen befindet, der Kontur auf der Schablone nachfahren, beschreibt dieser Gegenarm analoge Bewegungen und zwar größere oder kleinere, je nach der Einstellung der beiden Arme zu einander. Das äußere Ende dieses Gegenarmes trägt nun ein waagrechtes Fundament, auf welchem wir ein rechteckiges Bronzeblöckchen befestigen. Sodann lassen wir einen senkrecht fixierten rotierenden Bohrer herunter und graben in erster Linie die ganze Bildfläche bis zur Bunzentiefe aus, indem wir mit dem Stift die inneren Partien der Schablone überstreichen. Dann senken wir den Bohrer weiter und arbeiten dann nach und nach das Bild des Buchstabens selbst heraus. Schließlich wird noch mit einem Spezialbohrer die Kontur nachgezogen und der Bildgrund fein auspoliert. Es ist naheliegend anzunehmen, daß die einmal hergestellten Schablonen unbeschränkt für alle in Frage kommenden Schriftgrößen verwendet werden

Es gab im Buchdruckergewerbe Zeiten, da der Holzschneider im Auftrag der Drucker die Druckstöcke schnitt. Diese handwerkliche Arbeit war preislich stark davon abhängig, welche Hand den Schnitt besorgte und welche Schnitt-Technik die gestellte Aufgabe zu lösen vermochte. Als dann nach und nach die Chemigraphie den Holzschnitt verdrängte, war das Verhältnis vorerst das gleiche: nicht jede Anstalt war in der Lage, eine gestellte Aufgabe gleich gut zu lösen. Deshalb waren auch die Klischeepreise von Anstalt zu Anstalt sehr unterschiedlich. Das war bis etwa um die letzte Jahrhundertwende der Fall. Der Chemigraph war damals der Typus jenes Lieferanten des Buchdruckergewerbes, dem ein bestimmter Preis bewilligt oder verweigert wurde. Dieses Verhältnis änderten die Jahre nach dem Ersten Weltkrieg. Die Chemigraphie erfuhr eine Vereinheitlichung, hervorgerufen durch eine genau kontrollierte Lehrausbildung und die stets stärkere Wettbewerbstätigkeit aller Anstalten unter sich. Anderseits griffen Tiefdruck und Offsetdruck als immer stärker werdende Mit-Wettbewerber in das Repro-Gewerbe ein. Zurückschauend in

Anmerkung zu einer neuen Groteskschrift
Die neue Haas-Grotesk
The new Haas sans-serif type
Considérations sur la Nouvelle Antique Haas

8

Obwohl man sich seit einigen Jahren daran gewöhnt hat, daß in Industrie und Wirtschaft eine bestimmte Spezialisierung bewußt oder unbewußt sich immer mehr durchzusetzen vermochte, trifft man noch ebenso oft auf äußerst konstante Vielseitigkeit. Die Vorteile der Spezialisierung im Wirtschaftsleben sind sehr offensichtlich. Anderseits wird aber mit der Preisgabe der Vielseitigkeit gerade in der Struktur unserer Wirtschaft vermutlich etwas geopfert, dessen Tragweite auf die Dauer noch nicht abzusehen ist. Über diese neuen Momente eine kleine Betrachtung vom Gesichtspunkt unseres Gewerbes aus anzustellen, möchte nun hier in gedrängter Form versucht werden. Als im Ausland der routinierte, aber sehr einseitig orientierte Spezialist schon längst bekannt war, war in uns Schweizern höchstes Bestreben immer noch Vielseitigkeit, sowohl im Wissen wie im Können. Im Buchdruckgewerbe gilt heute ein noch so

9

This selection of type faces has been compiled to provide a reference book for all those who use type—typographers, printers, publishers, advertisement designers or the business man who takes some interest in the choice of type for his stationery and publicity. It may also be of value to the lettering artist, the signwriter, and the engraver, who in consequence of the limitations of their own books of alphabets, often turn—we trust with a little uneasiness of conscience—to printers' type for inspiration. There was a time when it was a simple matter to collect type specimens from founders, their agents and the composing machine companies. Since the Second Great War economic conditions have made it impossible for the founders

10

Das technische und wirtschaftliche Ringen führt uns fast schicksalhaft immer tiefer in einen Kampf, Arbeit um jeden Preis. Es ist dies die Zwiespältigkeit, die uns in das Gefühl getragen wird und uns über berufliche Fortschritte nicht mehr so richtig froh werden läßt wie ehedem. Dies ist die Gesamtlage, die das Buchdruckgewerbe ganz besonders angeht. Es ist deshalb sehr begrüßenswert zu wissen, daß es Leute gibt, die sich darum bemühen, diese dargelegten Verhältnisse im Druckgewerbe einer ernsthaften Untersuchung unter

sächlich die Modernisierungen bestehen und wie wir uns zu ihnen verhalten. Über die anderen feinen, ohne Vergleich oder Lupe oft gar nicht feststellbaren Veränderungen mögen die Leser sich ein eigenes Urteil bilden. Im Handel befinden sich von 4 bis 20 Punkt die magere Neue Haas-Grotesk, von 6 bis 48 Punkt die halbfette, und die fette Grotesk ist in Arbeit; sie wird wahrscheinlich nach Erscheinen dieser Nummer auf den Markt kommen. Diese Schrift ist neuerdings auch auf der Setzmaschine erhältlich.
Es ist uns und war auch der Schriftgießerei bewußt, daß umwälzende Korrekturen an der bestehenden und bewährten Groteskschrift weder notwendig noch möglich sind, nachdem sich beispielsweise die Berthold'sche Akzidenzgrotesk, wie wir feststellen, nicht nur so lange in Fachkreisen zu halten vermochte, sondern in den letzten Jahren sogar an Beliebtheit gewonnen hat. Sie wird ebenso ihre treuen Freunde haben, wie die Neue Haas-Grotesk ihre Liebhaber finden wird, eine Situation, die sich schon abzuzeichnen begonnen hat.
Auf alle Fälle ist der durch die Neue Haas-Grotesk geleistete Beitrag zum Thema der Schriftentwicklung im allgemeinen und der Vervollkommnung der Grotesk im besonderen wertvoll, interessant und sehr willkommen. Die Groteskschrift ist im Prinzip, wie wir schon einleitend konstatiert haben, zu einer der brauchbarsten Schriften neben der anderen Hauptgruppe Antiqua geworden. Sie wird, im Gegensatz zu früher, als sie lediglich für industrielle Drucksachen Verwendung fand, heute auch für allgemeine Akzidenzen, ja sogar Werkdruck, gerne gewählt und vermag, bei richtiger, geschickter Dosierung (hinsichtlich Grad und Durchschuß usw.) in den meisten Fällen ihren Zweck zu erfüllen, ein angenehmes, leicht leserliches Mitteilungselement zu sein. Sehr wahrscheinlich entspricht der schlichte und fast schmucklose Charakter der Grotesk mit ihren rein auf das Wesentliche beschränkten Formen und ihren nur ganz fein nuancierten Verdickungen oder Verdünnungen dem Geist unserer Zeit am ehesten.

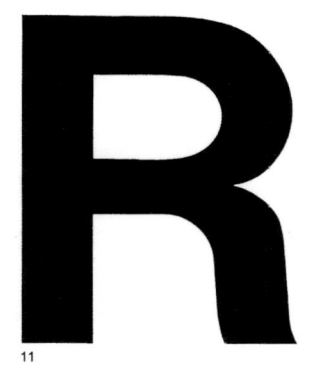

Fortsetzung nächste Seite
Please turn to page 54
Suite prochaine page

R

11

11
Das R mit geschwungenem Abstrich anstelle des bei einigen Groteskschriften üblichen geraden und schräggestellten Fußes im Bogen

11
The R with the curving downward stroke instead of the straight diagonal usual in some sans-serif types

11
La branche du R diffère de celle des grotesques usuelles

8
9/10 Punkt halbfett kompreß
9
10 Punkt halbfett mit 1 Punkt Durchschuß
10
12 Punkt halbfett mit 1 Punkt Durchschuß

8
9/10 pt semi-bold, condensed
9
10 pt semi-bold, 1 pt leaded
10
12 pt semi-bold, 1 pt leaded

8
Corps 9/10 mi-gras compact
9
Corps 10 mi-gras, interligné d'un point
10
Corps 12 mi-gras interligné d'un point

#94
Hans NEUBURG:
Anmerkungen zu einer neuen Grotesk-Schrift.

(82,5%)

Italienische Gebrauchsgrafik
Italian Industrial Design
Graphisme italien appliqué

prouvent pas seulement leur hétérogénéité; les reproductions que nous publions sont à tel point différentes par le fond que chaque groupe forme un tout à part qui permet des comparaisons intéressantes.

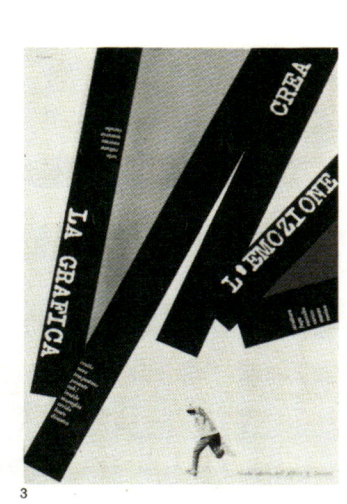

2
Franco Grignani, Milano
Inserat, 3farbig, ca. 1957
3-colour advertisement, ca. 1957
Annonce, 3 couleurs, env. 1957

3
Franco Grignani, Milano
Inserat, 3farbig, ca. 1957
3-colour advertisement, ca. 1957
Annonce, 3 couleurs, env. 1957

4
Franco Grignani, Milano
Detail aus Triennale 1957 Mailand
Detail from the 1957 Milan Triennale
Détail de la Triennale 1957 Milan

5
Franco Grignani, Milano
Inserat, 4farbig, ca. 1957
4-colour advertisement, ca. 1957
Annonce, 4 couleurs, env. 1957

6
Franco Grignani, Milano
Inserat, mehrfarbig, ca. 1957
Advertisement in several colours, ca. 1957
Annonce, en plusieurs couleurs, env. 1957

Franco Grignani

Ce graphiste, qui a beaucoup de succès, possède dans le sang ce que d'autres ne peuvent acquérir qu'après un dur labeur: le sens des formes qui, d'ailleurs, se concrétise souvent en des combinaisons osées, mais d'une force publicitaire toujours très marquée. Grignani n'est pas l'esclave d'une loi, il improvise; son goût sûr et charmant lui fait pardonner parfois ses entorses aux bonnes règles typographiques aussi bien que ses solutions imprévues, parce que l'ensemble s'harmonise au cadre général du travail. Qui, comme lui, sait faire jouer photos, couleurs, formes et caractères pour aboutir à une réussite suggestive et nouvelle? Pour chaque client, il s'efforce de trouver un dénominateur commun plein de fantaisie. Grignani crée des esquisses avec des photogrammes, des rudiments de photos, des négatifs retournés, des essais de couleurs, etc.
Ces quelques notes sur ces trois personnalités de l'art graphique italien ne

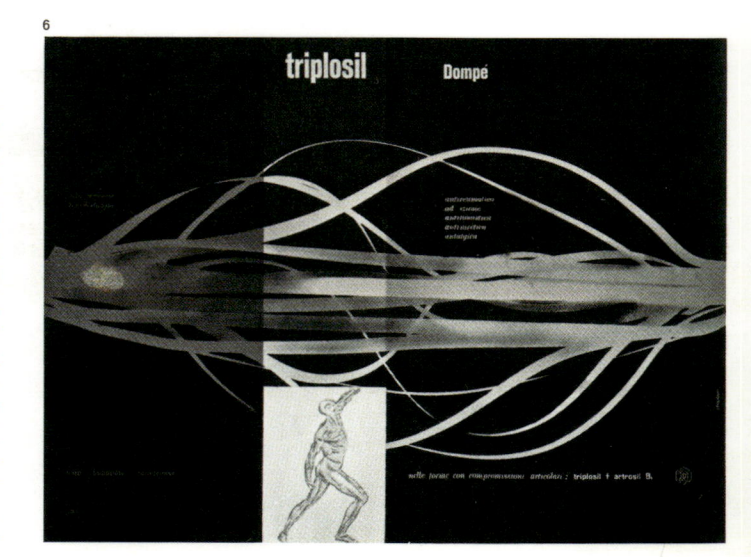

Univers
eine neue Grotesk von
Adrian Frutiger

Emil Ruder

Das Angebot an neuen Buchdruckschriften ist gegenwärtig groß. So war es auch in der Zwischenkriegszeit, nach einer Atempause, die den Nachholbedarf befriedigen mußte. Die technischen Möglichkeiten (galvanische Abformung, Bohrung der Matrize mittels des Pantografen, mikroskopische Kontrollen) gestatten, Schriften immer rascher zu produzieren. Die Frage drängt sich nun auf: Entspricht die optische Kultur unserer Schriften, ihre Formgebung, diesen Fortschritten im Schriftguß?

Der überwiegende Teil dieser Schriften ist nicht auf das Dauernde gearbeitet. Dem Buchdrucker und Grafiker sind einige Schriften bekannt, die optisch verbraucht sind, lange bevor sie technisch abgenützt sind. Jede Druckerei arbeitet mit einer oder mehreren Standardschriften. Vergleicht man die kurzlebigen Modeschriften mit ihnen, macht man die seltsame Entdeckung, daß die Modeschriften fast ohne Ausnahmen in unseren Tagen entstanden sind, während die Standardschriften sich mit Vorliebe in die Würde vergangener Zeiten hüllen. Es sind klassische Schriften, von der Patina der Jahrhunderte veredelt: Garamond, Baskerville, Janson, Plantin, Caslon, Fournier, Bodoni, Didot, Walbaum. Fast wäre man versucht, zu folgern, daß unsere Zeit sich nur dem Kurzatmigen zuwende und der Standardschrift, die ein Eingeher auf die immergültigen und wesentlichen optischen Probleme voraussetzt, ausweiche.

Mit Interesse verfolgen wir die Arbeiten an einer neuen Grotesk des Schweizer Schriftkünstlers Adrian Frutiger (Schüler von Alfred Willimann von der Kunstgewerbeschule Zürich) in den Ateliers der Fonderie Deberny et Peignot, Paris. Auf die Realisierung eines Vorhabens von solchem Umfange, das den Durchhaltewillen von Entwerfer und Betrieb auf eine harte Probe stellt, wagten wir kaum mehr zu hoffen.

Anstelle eines Konstruktionsprinzips ist in den Formen der ‚Univers' ein reiches Spiel von optischen Wertungen wirksam. Um das optische Bild der Buchstaben sicherzustellen, sind die Fetten stark variiert, Balken, die sich zusammenfügen, sind leicht konisch gezeichnet; das freie Balkenende ist etwas verdickt, das andere Ende verdünnt, um die Schwarzanhäufung aufzulockern und das Zuschmieren beim Druck zu verhindern. Die Versalhöhe ist ebenfalls leicht differenziert. Versalien, die mit der Schmalseite der Balken die Höhe begrenzen (H), sind größer als solche, die mit der Breitseite der Balken die Höhe einnehmen (E). In einem größeren Grade ist leicht erkennbar, daß die Buchstaben ein- und ausfließen. Einläufe sind an den oberen Teilen von g, m, n, p, q und u, Ausläufe in den unteren Partien von a, b, d und u. Das c ist schmäler als das o, denn durch das Einfließen von Weiß scheint

1
Abwandlung einer Zeile in verschiedenen Breiten, gerade und kursiv, und diversen Stärkegraden der ‚Univers'.
2
Alphabettafel der neuen ‚Univers'.

1
A line set in "Univers" in different widths, roman and italic, and varying degrees of weight.
2
The alphabet of the new "Univers".
Example of a line set in a larger size of "Univers".

1
Variations d'une ligne de différentes largeurs, romain et italique, et diverses graisses de l'«Univers».
2
Alphabet du nouveau caractère «Univers».

**Univers
A new sans-serif type
by Adrian Frutiger**

Emil Ruder

Deux petits pages qui se baignaient et qui me voyant suspendu a la corde crièrent que je me sauvais, ne furent pas écoutés.

es optisch so breit wie das o. n und u sind nicht von gleicher Breite. Das u ist schmäler; da das Weiß hier von oben einfließt, ist es aktiver als das beim n unten einfließende Weiß.
Neu ist das Vorgehen Frutigers, alle 21 Schnitte von Beginn an einzurechnen. Ausgangspunkt und wichtigster Schnitt ist der normale, von dem aus alle weiteren entwickelt sind. In diesem normalen Schnitt sind schon alle weiteren Möglichkeiten enthalten. Bis heute war es üblich, einen oder wenige Schnitte einer Schrift zu veröffentlichen und die weiteren Schnitte je nach dem Erfolg der ersten Etappe nachträglich anzufertigen.
Die verschiedenen Schnitte sind beziffert. Nummer 55 ist der Normalschnitt. Die verschiedenen Fetten sind mit Zehnerstellen, die verschiedenen Breiten und Lagen mit Einerstellen bezeichnet. Ungerade Ziffern bedeuten gerade Schnitte, gerade Ziffern Kursivschnitte.
Die ‚Univers' wird zuerst für die Lichtsetzmaschine ‚Lumitype', die in den Werkstätten von Deberny et Peignot entwickelt worden ist, angefertigt. Die ‚Lumitype' ersetzt die Matrizen der klassischen Setzmaschine durch eine Kunststoffscheibe, auf der in kreisförmiger Anordnung acht Reihen Buchstaben und Zeichen angebracht sind, insgesamt 16 verschiedene Schriftarten, die in 12 verschiedenen Graden verwendet werden können. Der Maschine stehen also insgesamt 17280 Schriftzeichen jederzeit zur Verfügung. Die Scheibe rotiert um eine horizontale Achse in der Brennweitenebene eines Fotoobjektivs. Das Bild des Buchstaben wird durch einen Elektronenblitz auf einen breiten Film projiziert, der auf diese Weise belichtet wird.
Nach einigen Jahrzehnten der Ratlosigkeit und des Suchens ist diese neue Grotesk eine erfreuliche Tat. Wir freuen uns über die Synthese von formalen und technischen Problemen.

There is a spate of new printing types at the present moment. A similar situation existed between the two wars once the break necessary for recuperation had come to an end. Modern technical devices (electrotypes, punching the matrix by means of the pantograph, microscopic controls) are continually increasing the speed at which founts can be produced. The question, however, is whether this progress in the mechanics of type founding is equalled by the visual aspect, the design of the type.
The majority of the new types are not intended to last. Printers and designers can all name types which have become visually outmoded long before they are technically worn out. Every press works with one or more standard type faces and a comparison of the short-lived fashionable printing types with them reveals the curious fact that the former, almost without exception, are products of the present time, while the standard type faces belong to the past. They are classics of their kind, dignified and ennobled by centuries of use: Caslon, Garamond, Baskerville, Janson, Plantin, Fournier, Bodoni, Didot, and Walbaum. It almost looks as though our own age is only attracted by the ephemeral and avoids the standard type face, because of the fundamental visual problems and permanent values it involves.
A Swiss type designer, Adrian Frutiger (a pupil of Alfred Willimann of the Zurich School of Industrial Design), has been working in Paris in the atelier of the Fonderie Deberny and Peignot on a new sans-serif type face. This is of extreme interest for it comes at a time when it seemed beyond the bounds of possibility to hope for the realisation of a project which demanded so much determination on the part of the designer if he were to surmount the overwhelmingly difficult problems involved. Instead of adhering to conventional principles of construction the designer of "Univers" has made use of forms which permit a rich interplay of visual effects. In order to emphasize the visual character of the letters the larger sizes are much varied, the strokes, where they are joined, are slightly conical in shape, the free end is somewhat thickened, the other end attenuated, to lighten the effect of blackness and to prevent smearing during printing. The height of the capitals is also slightly varied. When the narrow end of a stroke marks the height of a letter (H) the capital is larger than when the broad end of a stroke is uppermost (E). The condensation of some of the letters and the expansion of others is noticeable to a greater degree. The upper parts of g, m, n, p, q and u are condensed while the lower parts of a, b, d and u are expanded. The c is made narrower than the o because the greater amount of white makes it seem optically as broad as the o. n and u are not the same in width. The u is narrower, for as the opening occurs at the top of the letter the white is more dominant than in the n which is open at the bottom.
Frutiger's method of allowing for all 21 sizes from the beginning is quite new. The starting point and the most important cut in a fount in the norm (12 pt.) and all the other sizes are usually developed from this, for all further possibilities are contained in 12 pt. Until today it was customary to issue a type fount in a few sizes only and to prepare additional sizes according to the success of the first cuts.
The different sizes are numbered. Number 55 is the norm. The various large sizes are indicated by tens, the different widths and heights by single numbers. Odd numbers signify roman, even numbers italic.
The fount "Univers" was prepared in the first place for the electric composing machine "Lumitype", which was evolved in the workshops of Deberny and Peignot. In the "Lumitype" the matrices of the traditional composing machine are replaced by a plate onto which are deposited 8 rows of letters and punctuation marks arranged in a circular formation, altogether 16 different sorts, which can be used in twelve different sizes. Altogether therefore 17,280 letters and punctuation marks are always at the disposal of the machine. The plate rotates on a horizontal axis within focussing range of a camera and the image of the letters is projected onto a film by means of an electric current.
After several decades of restless groping after something worth while this new sans-serif fount gives reason for rejoicing, especially in the way in which the designer has resolved the formal and technical problems involved.

De nos jours, l'offre en caractères d'imprimerie est abondante. Il en fut de même pendant l'entre-deux-guerres où, après un temps d'arrêt, un certain retard dut être comblé. Les possibilités techniques actuelles (coquille traitée au bain galvanique, poinçon taillé à l'aide du pantographe, contrôles microscopiques) permettent de produire des caractères à une cadence toujours plus rapide. Mais on peut se poser la question: les réalisations des artistes graphiques suivent-elles les progrès enregistrés dans le processus de la fonte des caractères?
Beaucoup de ceux-là ne sont pas destinés à durer. L'imprimeur et le graphiste savent qu'il en est qui passent de mode avant leur usure. Chaque imprimerie travaille avec un ou plusieurs caractères classiques. Comparés avec les caractères fantaisie, on est bien obligé de constater qu'ils demeurent empreints de la dignité des temps passés. Ennoblis de la patine des siècles, ils portent les noms que nous connaissons: Garamond, Baskerville, Janson, Plantin, Caslon, Fournier, Bodoni, Didot, Walbaum. On est tenté d'en déduire que notre temps s'attache à l'éphémère et qu'il évite le caractère classique dont l'emploi demande une connaissance approfondie de son application.
Aussi avons-nous suivi avec intérêt les travaux entrepris pour la création d'une grotesque par l'artiste graphique Adrian Frutiger (élève d'Alfred Willimann, de l'Ecole des arts et métiers de Zurich) dans les ateliers de la Fonderie Deberny et Peignot à Paris. Un projet d'une telle envergure soumet le dessinateur et la fonderie à une rude épreuve et nous aurions eu toutes les raisons de douter de sa réalisation.
Mais la jeune carrière de Frutiger connaît des réussites éclatantes. L'«Univers», caractère digne des grands classiques, obéit aux lois optiques et présente un jeu riche et actif dans ses formes. Afin d'assurer le dessin optique des lettres, les pleins sont fortement variés; à la jointure, les barres sont légèrement coniques, tandis qu'elles s'épaississent de leur côté libre. La hauteur des majuscules est légèrement différentielle. Les capitales dont les fûts limitent la hauteur (H) sont plus grandes que celles qui sont pourvues de barres supérieures (E). Dans les grands corps, on distingue facilement un mouvement graduel de renforce-

Univers
une nouvelle grotesque d'Adrian Frutiger

Emil Ruder

ment ou d'atténuation. Ces traits caractéristiques se rencontrent aux parties supérieures des g, m, n, p, q et aux parties inférieures des a, b, d, u. Le c est plus étroit que le o du fait que son ouverture lui donne l'apparence d'être aussi large que le o. Les n et u n'ont pas la même largeur; le u est moins large parce que le blanc qui pénètre par le haut est plus actif, optiquement, que celui du n entrant par le bas.
Le nouveau procédé utilisé par Frutiger prévoit d'emblée de graver le caractère complet, c'est-à-dire tous les corps, leurs diverses graisses et l'italique. En tout 21 coupes. Le point de départ de cette façon de procéder était le romain. Celui-ci contient déjà toutes les possibilités qui peuvent se présenter dans les diverses sortes. Jusqu'à maintenant, il était d'usage de sortir une ou deux coupes d'un caractère et, selon son succès, d'étendre la production à d'autres sortes.
Dans l'«Univers» les différentes graisses et italiques portent des chiffres. Le numéro 55 indique le romain (coupe normale). La diversité des gras est signalée par le chiffre des dizaines, les corps et les italiques par le chiffre des unités. Les chiffres impairs désignent les coupes droites, les pairs les italiques.
L'«Univers» est avant tout destiné à la photocomposeuse «Lumitype» des usines Deberny et Peignot. La Lumitype remplace les matrices de la machine à composer utilisant le plomb par un disque en matière plastique. Sur ce disque-matrice sont disposées, en huit cercles concentriques, les images transparentes des caractères. Une police occupe un demi-cercle. Seize polices peuvent être employées en 12 corps différents. L'usager dispose immédiatement de 17280 signes. Le disque tourne sur un axe horizontal dans la distance focale d'un objectif de photo. L'image de la lettre est projetée sur un large film qui, de cette façon, est exposé.
Après quelques décennies d'incertitude, l'apparition de cette grotesque nous réjouit, car elle allie, en une heureuse synthèse, les questions de forme aux exigences de la technique.

3
Beispiel eines größeren Zeilensatzes der ‚Univers'.
4
Satz der ‚Univers' in Gedichtform als Beispiel für Durchschuß und Zeilenfall.
5
Die ‚Univers' als Brotschrift mit freiem Zeilenfall.

3
Composition in "Univers"
4
A poem set in "Univers" as an example of leading and space setting.
5
"Univers" as a commercial type with random reading.

3
Composition en «Univers».
4
Composition en drapeau avec l'«Univers», exemple d'interlignage.
5
L'«Univers» employé comme caractère de labeur.

4

Bonne journée j'ai revu qui je n'oublie pas
Qui je n'oublierai jamais
Et des femmes fugaces dont les yeux
Me faisait une haie d'honneur
Elles s'enveloppèrent dans leurs sourires

Bonne journée j'ai vu mes amis sans soucis
Les hommes ne pesaient pas lourd
Un qui passait
Son ombre changée en souris
Fuyait dans le ruisseau

J'ai vu le ciel très grand
Le beau regard des gens privés de tout
Plage distante où personne n'aborde

Bonne journée journée qui commença mélancolique
Noire sous les arbres verts
Mais qui soudain trempée d'aurore
M'entra dans le cœur par surprise

5

Amelio, ein einsiedlerischer Philosoph, wurde eines Morgens im Frühling, als er mit seinen Büchern im Schatten eines seiner Landhäuser saß und las, vom Singen der Vögel auf der Flur so berührt, daß er sich allmählich dem Zuhören und Denken überließ, im Lesen innehielt und zuletzt die Hand an die Feder legte und folgendes niederschrieb: Die Vögel sind ihrer Natur nach die weitaus heitersten Geschöpfe der Welt. Ich meine dies nicht insofern, als sie dich stets erfreuen, wenn du sie siehst oder hörst, sondern will es an sich und in Ansehung ihrer selbst verstanden wissen, indem ich glaube, daß sie viel mehr Vergnügen und Genuß empfinden als jedes andre Tier. Die andern Tiere zeigen sich gemeinhin äußerst ernst und bedacht, viele von ihnen erscheinen sogar schwermütig. Selten geben sie Beweise von

#95
Emil RUDER:
Univers: Eine neue Grotesk von Adrian Frutiger.
(84%)

Die Prinzipien der Signetgestaltung
The principles in the Design
of Trade marks
Les principes des marques distinctives

links
Typografisch/Gegenständlich
at left
Typographical/Factual
à gauche
Présentation typographique et figurative

Typografisch/Sinnbildlich
The Typographical/Symbolical Element
Présentation typographique et symbolique

7
Carlo L. Vivarelli, Zürich
1943
Drogerie Neri, Zürich
8
Hans Neuburg, Zürich
1946
Eigensignet (Differdinger weist auf Industriegrafik hin)

7
Carlo L. Vivarelli, Zurich
1943
Neri, Pharmacy, Zurich
8
Hans Neuburg, Zurich
1946
The artist's own monogram (with obvious references to industrial design)

7
Carlo L. Vivarelli, Zurich
1943
Droguerie Neri, Zurich
8
Hans Neuburg, Zurich
1946
Marque distinctive à l'usage de son auteur (Differdinger rappelle le graphisme industriel)

knappste grafische Form umgesetzt. Deshalb handelt es sich also – inhaltlich gesehen – um eine Mischung von Erfordernissen. Um dieser Aufgabe gerecht zu werden, ist auch für das Formale eine Mischung aus den oben angeführten Konstanten kaum zu umgehen.
Wie ein reiner Farbton allein als solcher nicht erkannt wird und mindestens einen zweiten braucht, um einen Klang zu erzielen, sowenig ist ein reines Quadrat, Dreieck oder Kreis ein Signet. Oder zumindest brauchen diese einen in sich gleichbleibenden oder artähnlichen Rahmen (zum Beispiel Typografie = formbetont/typografisch). So ergeben zwei Initialen aus dem Setzkasten noch kein Signet, wenn sich nicht die Formbetonung durch eigenwillige Stellung der Initialen, formale Zusätze oder einen konsequent gleichbleibenden typografischen Rahmen manifestiert (= typografisch/formbetont).
Es ist evident, daß eine Vielzahl von Kombinationsmöglichkeiten zur Verfügung stehen und nicht nur die hauptsächlichsten: a×b, a×c, a×d, c×d, d×a. Das Spezifische einer Aufgabe erkennen und bildlich auszudrücken, ist aber derart subtil, daß mit einer folgerichtigen Gruppierung der Konstanten allein das Einhalten der Unverwechselbarkeit zum Beispiel noch keineswegs sichergestellt ist. Neben der aufgabegerechten Kombination der Konstanten ist demnach noch etwas anderes entscheidend: die richtige Nuancierung. Dies setzt allerdings voraus, daß – wie beim praktischen Farbmischen die Primärfarben – die Eigenheiten der Konstanten und ihr Verhalten beim Mischen bekannt sind. Zumindest in der negativen Auswirkung.
Zum Beispiel:
a) Typografisch:
Weil die Koinzidenz zu Zeichen mit gleichen Initialen groß ist und Buchstaben an sich wenig einprägsam sind, bedingt die Wahl von a) eine starke, originelle Betonung des Formalen (d). Gefahr: zu grafisch-dekorativ, ausdrucksarm, branchefremd.

b) Gegenständlich:
Objekte bedingen ein starkes Abstraktionsvermögen. Gefahr: Wenn das Produkt durch Weiterentwicklung in Form und Funktion ändert, ist die Richtigkeit des Signets in Frage gestellt.
c) Sinnbildlich:
Das Symbolische allgemein verständlich und doch unverwechselbar zu gestalten, vermag nur eine starke Persönlichkeit. Gefahr: Abschweifen in Formulierungen, die beim Beschauer sinnfremde Assoziationen auslösen. Oder als Gegensatz: Formulierungen, die banal oder unpersönlich wirken.
d) Formbetont:
Die Möglichkeit der freien Erfindung birgt die Gefahr des Abschweifens in modernistisch-grafische Formulierungen. Bedingt: Eine breite, intensive Streuung bei der Anwendung des Signets.
Diese Charakterisierungen sind gezwungenermaßen rudimentär und sollen nur das Wesentliche illustrieren. Im Signetschaffen (m. E. auch im übrigen gestalterischen Tun) kann nur durch methodische gedankliche Vorarbeit eine Gebietsabgrenzung erzielt werden. Diese erleichtert das reine Entwerfen und verhütet Umwege oder Irrwege. Wache Sensibilität vorausgesetzt, ist diese Methode Garant für nicht bloß modernistisches, sondern für ein originales Schaffen.
Auf den folgenden Seiten sind 26 Signete abgebildet, die nach den besprochenen Gesichtspunkten ausgewählt und entsprechend gruppiert wurden. Wir zeigen auch Beispiele, die vielleicht nicht alle künstlerischen Bedingungen erfüllen, aber in thematischer Hinsicht, das heißt zur Illustrierung der eben entwickelten Thesen, aufschlußreich sind. Verdankenswerterweise hat uns H. W. Spahr, Grafiker in Würzburg/Deutschland, seine umfangreiche Signetsammlung zur Verfügung gestellt.

Die Prinzipien der Signetgestaltung

Carlo L. Vivarelli

Es ist nicht der Sinn dieses Artikels, zu untersuchen, ob Signete überhaupt noch die Bedeutung haben, die sie jahrelang innehatten. Zweifellos gibt es Konzerne, Firmen, Institutionen, Ausstellungen und Anlässe, für die die bekannte Art der Kennzeichnung durch ein Signet auch heute noch gerechtfertigt ist. Im übrigen soll nicht in erster Linie auf die grafisch-formalen Vorzüge oder Nachteile einer Anzahl abgebildeter Signete abgestellt werden. (Das Formal-Grafische hat, was Strenge und Einfachheit anbelangt – zumindest in der Schweiz –, ein beachtenswertes Niveau erreicht.) Jedem, der sich mit diesem Gebiet des grafischen Schaffens befaßt, wird augenfällig, daß man sehr oft der grafischen Formulierung oder einer Selbstmanifestation des Grafikers zuliebe dem Resultat einer wohlüberlegten gedanklichen Vorarbeit zu wenig formbestimmende Bedeutung beimißt. Halten wir fest, welche Faktoren für jedes Signet unerläßlich sind: Unverwechselbarkeit, Reduzierbarkeit, Einfachheit, Applikationsmöglichkeit, Zeitlosigkeit. Das sind Forderungen, die unabhängig von der jeweiligen Verschiedenartigkeit der Aufgaben immer erfüllt sein wollen, indessen sehr dem manuell-gestalterischen Bereich angehören. Es sollte selbstverständlich sein, daß dem Entwerfen eine mindest ebenso intensive geistige Auseinandersetzung vorausgeht, um eine Konzeption zu ermöglichen, die das Formale nicht Selbstzweck werden läßt. Damit das Inhaltliche – vom Spezifischen jeder Aufgabe diktiert – seinen adäquaten Ausdruck findet, wird man sich bewußt sein müssen, welche Ausdrucksmöglichkeiten zur Verfügung stehen.

Vier Konstanten sind zu nennen:
a) Das Typografische
b) Das Gegenständliche
c) Das Sinnbildliche
d) Das Formbetonte

Im Signet sind meistens eine Mehrzahl von Aussagen oder Inhalte in die

Typografisch/Formbetont
Typographical/Formal
Présentation typographique avec mise en évidence de la forme

1
G. Soland, Zürich
1958
Verband Schweizerischer Konsumvereine, Basel (Co-op)
2
Eigenentwurf durch einen Ingenieur der Firma Eisen- und Stahlwerke vorm. Georg Fischer, Schaffhausen (entstanden angeblich anfangs dieses Jahrhunderts)
3
Theo Ballmer, Basel/Mailand
Entstehungsjahr unbekannt
Suter-Strehler Söhne, Zürich
heute Suter-Strehler Successeurs, Zürich
Möbelfabrik
4
H. R. Deffke zugeschrieben
Entstehungsjahr unbekannt
Signet für Dürrkopp
Motor- und Fahrradwerke
5
Grafiker unbekannt
Entstehungsjahr unbekannt
International Harvester Company (IH), USA
6
Carl B. Graf, Zürich
1957
Möbelfabrik Girsberger

1
G. Soland, Zurich
1958
Union of Swiss Consumers Associations (Co-op)
2
Special design by an engineer of the firm of Georg Fischer's Iron and Steel Works Schaffhausen (presumably done at the beginning of the century)
3
Theo Ballmer, Basle/Milan
Date unknown
Suter-Strehler and Sons, Zurich, today Successors to Suter-Strehler Furniture Manufacturers
4
H. R. Deffke (ascribed to)
Date unknown
Trade mark for Dürrkopp
Motor and Cycle Works
5
Designer unknown
Date unknown
International Harvester Company (IH) USA
6
Carl B. Graf, Zurich
1957
Girsberger, Furniture Manufacturers

1
G. Soland, Zurich
1958
Union suisse des coopératives de consommation, Bâle (Co-op)
2
Marque distinctive réalisée par un ingénieur de la Maison Eisen- und Stahlwerke, successeur de Georg Fischer, Schaffhouse (La création semble remonter au début du siècle)
3
Théo Ballmer, Bâle/Milan
Année de création inconnue
Suter-Strehler fils, Zurich
à présent Suter-Strehler successeurs, Zurich
Fabrique de meubles
4
Attribuée à H. R. Deffke
Année de création inconnue
Marque distinctive pour Dürrkopp
Usine pour la fabrication de vélos et motos
5
Graphiste inconnu
Année de création inconnue
International Harvester Company (IH), U.S.A.
6
Carl B. Graf, Zurich
1957
Fabrique de meubles Girsberger

#103
Carlo VIVARELLI:
Die Prinzipien der Signetgestaltung.
(83%)

B

Die Typografie in der Werbung

Die Buchdruckerkunst vermag heute mit Vierfarbendruckmaschinen Werke der Kunst und der Grafik in einem Druckgang kurzfristig und in höchster Qualität hervorzubringen, und die Typografie ist mit der Mono- und Linotype-Technik sehr leistungsfähig geworden.

Neben dem Handsatz verwendet die Typografie seit längerer Zeit für gewisse Aufgaben den bedeutend schneller arbeitenden Maschinensatz. Die technische Entwicklung hat eine geistige Neuorientierung der schöpferischen Gestalter notwendig gemacht. Auf der Suche nach einer neuen Formensprache erhielten sie durch die technischen Hilfsmittel Impulse, die zu neuen Konzeptionen führten.

Die «neue» Typografie hat die Aufgabe, als Trägerin der Information rein funktionell zu wirken. Mit gut lesbaren Schriften soll der Gedanke zum Ausdruck gebracht und durch hochwertige Reproduktionsmaschinen in kurzer Zeit vervielfältigt werden.

Der Gestalter ist gezwungen, die technischen Möglichkeiten der neuzeitlichen Typografie zu kennen und zu akzeptieren, um — statt ornamentale Versuche anzustellen — eine formale Konzeption planen zu können. Die wirtschaftliche, zeitsparende und zweckmässige Setzweise entspricht unserer Zeit der technischen Perfektion und Klarheit und hat zu folgenden Postulaten geführt:
a)
An die Stelle der willkürlichen, zufälligen und individuellen Zusammenstellung der typografischen Elemente tritt die sachliche, objektive, den typografischen Gesetzmässigkeiten entsprechende Gestaltung.
b)
Erstes Gebot ist die ungeschmückte, rein der Mitteilung dienende typografische Form.

So angewandt, wird die Typografie funktionell, sachlich und informativ. Funktionell durch die Beachtung ihrer technischen Voraussetzungen, sachlich durch die logische Fügung der Buchstaben zu Worten, der Worte zu Sätzen, durch die Aufreihung der Sätze nach ihrem Inhalt und schliesslich durch die formale Gliederung des Inhalts nach seinem inneren Zusammenhang. Informativ ist diese Typografie dank der optisch übersichtlichen und leicht ablesbaren Anordnung aller Satzgruppen und der daraus resultierenden schnellen Erfassbarkeit der Mitteilung.

Neben prinzipiellen und praktischen Ueberlegungen gilt für die Typografie in der Grafik die Beachtung einiger Faustregeln, die kurzgefasst folgende sind:
a)
Nicht verschiedene Schriftfamilien zusammen kombinieren.
b)
Nicht verschiedene Formen der gleichen Familie, z. B. der Grotesk, im gleichen Schriftbild verwenden.
c)
Wenig verschiedene, dafür aber deutlich unterschiedliche Schriftgrössen verwenden.
d)
Geschlossene Wirkung der Schriftanordnung erstreben.
e)
Auszeichnung im Text nicht durch Sperren, sondern durch Absetzen des Wortes in halbfetter oder fetter Schrift, oder durch Freistellen des betreffenden Wortes, veranlassen.
f)
Schrift-Bild-Beziehung herstellen, d. h., die Schrift zur verwendeten Fotografie oder Zeichnung ist so anzuordnen, dass sie eine sachlich-zwingende, optisch und ästhetisch überzeugende Verbindung zum Bildelement darstellt.
g)
Der Durchschuss zwischen den Zeilen ist so zu wählen, dass er zwischen den Unterlängen der einen und den Oberlängen der folgenden Zeile wohl einen Abstand, nicht aber den Eindruck von Einzelzeilen schafft. Die Geschlossenheit des Schriftbildes muss gewahrt bleiben, dadurch wird die Typografie gut lesbar und erhält ihre ästhetische Wirksamkeit.
h)
Die Wortabstände sollen regelmässig sein, ungleiche weisse Zwischenräume verursachen ein unruhiges Schriftbild.
i)
Da Zahlen grössenmässig den Versalbuchstaben entsprechen, kann es unter Umständen notwendig sein, um das Schriftbild nicht zu stören, die Zahlen einen Grad kleiner setzen zu lassen als die übrige Schrift. Hauptsächlich dann, wenn viele Zahlen untergebracht werden müssen.

Typography in advertising

Using modern four-colour printing machines, the printer of today can make high-quality reproductions of paintings and works of graphic art in a single printing process while the monotype and linotype techniques have greatly increased the capacity of the typographer.

In addition to hand composition, the typographer has for some time been using mechanical composition for certain jobs, thereby turning out the work very much faster. Technical advances called for a new attitude of mind in creative designers. Searching for a new formal language, they found that these mechanical aids stimulated their minds and led them to new conceptions.

As the medium through which information is communicated, the «new» typography must work purely functionally. The idea must be expressed in easily legible type and a large number of copies made with highly efficient reproducing machinery.

The designer must know and accept the technical possibilities of modern typography and, instead of striving for ornamental effects, he must be able to see his plan as a formal conception. This economic, time-saving and practical method of composition is consonant with our age of technical perfection and clarity and has led to the following postulates:
a)
The arbitrary, fortuitous and individual composition of typographical elements is to be replaced by an objective design in accordance with typographical principles.
b)
The paramount requirement is an unadorned typographical form serving purely the needs of communication.

Used in this way, typography becomes functional, objective and informative. Functional in respecting the technical premises of the art, objective in the logical composition of letters to form words and of words to form sentences, in the arrangement of sentences according to their contents and, finally, in the formal organization of the contents according to its inner coherence. Typography of this kind is informative because all its groups of sentences are clearly laid out for good legibility and the message can thus be readily understood.

Apart from considerations of principle and practice, the rules-of-thumb briefly stated below are of importance for typography in graphic art.
a)
Never combine different type families.
b)
Never use different forms of the same family, e. g. the sans serif, in the same piece of composition.
c)
Do not use a lot of different type sizes, but make sure those used are clearly distinguishable.
d)
Try to achieve a compact effect in the type arrangement (type area).
e)
Never attempt to set a word apart in the text by spacing its letters, instead set it in bold or extra bold type or isolate it.
f)
Attempt to relate the picture and copy, i. e. the type matter should be arranged in relation to the photo-

---

#104
Josef MÜLLER-BROCKMANN:
Gestaltungsprobleme des Grafikers.

(85%)

→ 📖

graph or drawing employed so that there is a link with the picture that compels attention and is visually and aesthetically satisfying. Type matter and picture become a harmonious composition.

g)
The lead between the lines should be chosen so that it leaves a space between the descender height of one line and the ascender height of the next line without, however, creating the impression that they are isolated lines. The compactness of the composition must be preserved so that the typography is easily read and remains aesthetically effective.

h)
The distance between words should be uniform; white interspaces of varying size give rise to a form of composition that is disturbing to the eye.

i)
As figures are equivalent to capitals, it may be necessary, so as not to disrupt the appearance of the composition, to set the figures a size smaller than the rest of the type, particularly when a large number of figures have to be accommodated.

Typographie et publicité

Avec ses machines d'impression en quatre couleurs obtenues en un seul tirage, l'imprimerie est aujourd'hui à même de reproduire en très peu de temps, pour des résultats de la plus haute qualité, des œuvres de peinture et d'art graphique, et, grâce à la technique de la monotypie et de la linotypie, la typographie est devenue extrêmement efficace.

A côté de la composition à la main, on a depuis un certain temps recours, pour certains ouvrages, à la composition mécanique, beaucoup plus rapide. L'évolution technique a rendu nécessaire, chez les créateurs de réalisations formelles, une orientation nouvelle des esprits. Dans leur recherche d'un nouveau langage visuel, les moyens techniques dont ils peuvent désormais disposer les ont incités à découvrir quantité de conceptions neuves.

La «nouvelle» typographie, exclusivement messagère de l'information, est, en son essence, uniquement fonctionnelle. Les caractères, bien lisibles, ne doivent faire autre chose qu'exprimer la pensée, tandis que les techniques perfectionnées de la reproduction interviennent pour en assurer le tirage multiple dans le plus court délai possible.

L'artiste graphique est tenu de connaître à fond les possibilités techniques de la nouvelle typographie et de les accepter afin — au lieu de se livrer à des essais ornementaux — d'être en mesure d'élaborer méthodiquement une conception formelle. La méthode économique, rapide et rationnelle de la composition mécanique répond aux exigences de notre époque de perfection et de clarté techniques, et a conduit aux postulats suivants:

a)
La disposition arbitraire et individuelle des éléments typographiques fait place à une mise en forme objective, répondant aux lois mêmes de la typographie.

b)
Le principe qui domine tous les autres est celui d'une typographie sans fioritures ornementales, mais dont la forme sert uniquement la communication du message.

Ainsi conçue, la typographie devient fonctionnelle, objective et informative. Fonctionnelle de par le respect de ses conditions techniques, objective en vertu de la subordination des lettres au mot, du mot à la phrase, de la disposition des phrases en fonction de leur contenu, et enfin grâce à une organisation formelle d'ensemble répondant aux rapports internes de la chose à dire, du contenu. Et en même temps cette typographie est également informative grâce à sa facile lisibilité et la disposition des groupes de phrases, d'où résulte une compréhensibilité aussi aisée que rapide de la chose dite. Outre ces considérations de principe et d'ordre pratique, on peut, en ce qui concerne l'usage de la typographie dans l'art graphique, formuler brièvement les quelques semi-règles suivantes:

a)
Ne pas combiner ensemble diverses catégories de caractères.

b)
Ne pas utiliser des formes différentes du même type de caractères, par exemple du grotesque, dans le même texte imprimé.

c)
Avoir recours à des grandeurs de caractères peu différentes, mais cependant facilement identifiables.

d)
Rechercher une disposition aussi homogène que possible de la «surface imprimée».

e)
Mise en valeur de certains mots non point en italique, mais au moyen de caractères gras ou demi-gras, ou encore en les isolant (x).

f)
Créer une relation entre l'écriture et l'image, autrement dit faire en sorte que l'imprimé réponde, dans son essence, à la nature de la photo ou du dessin et constitue une liaison optiquement et objectivement nécessaire avec l'élément imagé. Texte imprimé et image deviennent ainsi une composition harmonieuse.

g)
Choisir des interlignes tels que les jambages descendants des caractères de l'une ne se confondent pas avec les jambages montants de la suivante, sans cependant que l'on ait jamais l'impression d'une ligne isolée. L'unité comptacte de l'ensemble de la composition doit être préservée, si l'on veut que la typographie soit à la fois lisible et esthétiquement existante.

h)
Les intervalles entre les mots doivent être réguliers, l'inégalité des blancs nuisant à l'homogénéité de l'ensemble.

i)
Les chiffres égalant en grandeur les capitales, il peut être parfois nécessaire de les faire composer dans un corps d'un degré plus petit que le reste, pour ne pas nuire à l'unité de l'ensemble, — spécialement lorsque les chiffres sont nombreux.

Die Univers in der Typographie
Emil Ruder, Basel

Die Druckschriften historischer Prägung. Viele unserer noch heute im Gebrauch stehenden Druckschriften vergangener Epochen sind Schrifttypen von hohen Qualitäten, die das Überdauern der Jahrhunderte begreiflich machen. Die Antiqua der italienischen Renaissance, die Barock- und die klassizistische Antiqua, scheinen in funktioneller wie formaler Hinsicht unübertrefflich. Der richtig dosierte Fettenwechsel, das gute Verhältnis von Mittel-, Ober und Unterlängen und die schöne Grauwirkung der älteren Antiqua im besonderen ergeben nicht nur eine schöne, sondern auch eine mühelos lesbare Schrift, und es fehlt nicht an Stimmen, welche in der Mediäval alle Tugenden einer Druckschrift vereinigt finden. Oft hört man die Ansicht, die Mediäval sei der nicht mehr zu übertreffende Endpunkt aller Drucklettern überhaupt.
Bei aller objektiven Würdigung unbestreitbarer Qualitäten darf nicht übersehen werden, daß Schriften wie die Bembo, die Garamond, die Caslon, die Baskerville oder die Bodoni Schriften *vergangener* Epochen sind. Diese Schriften sind zudem mit ihren Nationen eng verknüpft. Die Baskerville, in englischer Sprache gesetzt, zeigt dort ihre volle Schönheit, und im deutschen Satz verändert sich ihr Charakter. Häufung der Versalien und andere Wortbilder bewirken eine spürbare Abwertung ihrer formalen Qualitäten. Die Antiqua kann allen Anforderungen, die heute an eine Schrift gestellt werden müssen, nicht genügen. Sie wurzelt in einer Zeit, für die Werbung und Publizistik unbekannte Dinge waren, und ihre ursprüngliche Form zeigt nur eine Normalbreite, mageren und kursiven Schnitt. Ihr Wesen ist Intimität, und nicht ohne Bedenken kann sie für Werbedrucksachen und für Arbeiten in größerem Format eingesetzt werden. Die Vergrößerung der Garamond zum Beispiel über die Typengröße hinaus ist ihrer Wirkung abträglich. Wir benötigen heute große Buchstaben, halbfette, fette, schmale, breite, kursive und normale Schnitte. Derartige Ansprüche kann nur die Linear-Antiqua, die Grotesk erfüllen, nicht irgendeine Grotesk — eine gute Grotesk.

Die Groteskschriften vor der Univers. England schuf die ersten Schriften ohne Endstriche, welche bei ihrem Auftreten auf dem Kontinent die bekannten Schockwirkungen auslösten. Die Schriftbezeichnung Grotesk (= absonderlich, lächerlich) ist so erklärbar. Bis auf den heutigen Tag wurde diese Bezeichnung beharrlich auf die Schrift angewandt, und es ist offensichtlich, daß der diffamierende Name an der negativen Einstellung zur Schrift wesentlich beteiligt ist. Für den Buchdrucker besteht das typische Merkmal der Grotesk immer noch darin, daß ihr etwas *fehlt:* die Endstriche und der Fettenwechsel. Diese Beurteilung ist allgemein verbreitet und umfaßt Groteskgegner wie -befürworter; letztere sind sich wohl kaum bewußt, daß sie mit diesem oberflächlichen und nur im Negativen verharrenden Urteil mit zur Verfemung der Grotesk beitragen. Der Wert einer Sache kann nie darin bestehen, daß ihr etwas mangelt. Paul Renner schrieb in der Einführung zu seiner Futura: ‹Unsere Zeit zieht den kunstlosen Werkbestand, die technische Form, jeder Kunst vor.› Sympathie und Verständnis für diese Formulierung dürfen nicht hindern, auch hier wieder das Negative herauszuhören. Für Renner ging es darum, den Ballast vergangener Jahrhunderte abzuwerfen und sich vom Diktat klassischer Schriften zu befreien.
In den ersten Schnitten der Futura waltet weitgehend das Prinzip der Konstruktion, wenn auch Renner in den späteren Futuraschnitten einsehen mußte, daß optische Korrekturen unumgänglich sind. Die Futura bleibt aber das Beispiel der vorwiegend konstruktiven Grotesk, und der aufmerksame Betrachter wird im fetten Schnitt des Versal U ohne große Mühe dort die optische Knickwirkung sehen, wo die Zirkelrundungen auf die Geraden aufstoßen.
Die Futura wurzelte im Konstruktivismus in Architektur und Kunst der zwanziger Jahre, und mit diesen gemeinsam demonstrierte sie für eine Überwindung des Individuellen (in den Künstlerschriften des Buchdrucks) mittels der Konstruktion. Der demonstrative Charakter und ihre enge Verflechtung mit den positiven, aber auch negativen Zeichen ihrer Zeit haben bewirkt, die Bedeutung der Futura für unsere Zeit in Frage zu stellen. Die Drucktype, welche das Auge als ‹richtig› empfinden soll, kann nicht konstruiert sein. Das menschliche Auge hat die Tendenz, alle waagrecht gelagerten Werte zu vergrößern, die senkrechten Teile als schwächer zu registrieren; im rechten oder spitzen Winkel aufeinanderstoßende Balken müssen konisch verjüngt und verdünnt werden; dies hilft die Zudunklung einzelner Teile vermeiden. Der geometrischen Ebene der Konstruktion ist die Ebene der Empfindung überlagert, auf welcher im Gegeneinander von Schwarz und Weiß die definitiven Entschlüsse zu fassen sind.
In der Schweiz fanden Gestalter und Drucker in der Akzidenzgrotesk der Jahrhundertwende die Tugenden, welche der Futura mangelten: Sachlichkeit, undemonstrative und unpersönliche Haltung, Robustheit in der Strichstärke, großes Bild und damit Offenhaltung der Punzen bis in die kleinsten Grade. Diese Eigenschaften gewährleisten eine Verwendung auf fast allen Gebieten, und die Akzidenzgrotesk hat ihre Brauchbarkeit bewiesen, ist sie doch seit zwei Jahrzehnten die bevorzugte Grotesk des Gestalters.
Es mag in ihrer neutralen und zurückhaltenden Art begründet sein, daß die offensichtlichen Mängel der Akzidenzgrotesk nicht so deutlich in Erscheinung treten. Ihr Mangel an Sensibilität erklärt sich aus der Zeit ihrer Entstehung. In der Zeitspanne von 1850 bis 1900 entstanden Typen banaler Art bis zu solchen schlimmster Entartung, und es ist eigentlich erstaunlich, wie gut sich die Akzidenzgrotesk im Vergleich zu ihren zeitgenössischen Schriften hält. Jener Zeit mangelte vor allem die Einsicht, daß auch die Drucktype vom geschriebenen Buchstaben abzuleiten sei und daß die Gesetze des Schreibens, obwohl verändert durch die Technik des Stempelschnittes, sichtbar bleiben sollen. Der Fettenwechsel in der Akzidenzgrotesk ist mehr oder weniger willkürlich und nicht durch den Fettenwechsel der Schreibfeder bedingt. In einigen Graden und Schnitten sind die Versalien im Verhältnis zu den Gemeinen zu groß oder zu fett, was vor allem im deutschen Satz zu schlechten Satzbildern führt.

18

Die Univers. Mit der Univers wird eine neue Wertung der Grotesk eingeleitet. Ihre Formen greifen weder auf alte Groteskschnitte zurück, noch haben sie den demonstrativen Zug einer Schrift, die gegen die Vergangenheit rebelliert. Die Univers wurde aus einem gründlichen Wissen heraus um die Schriftformen der Vergangenheit geschaffen. In ihr ist die Erkenntnis wirksam, daß Schrift ein von unseren Vorfahren übernommenes Kulturgut ist, welches weder vernachlässigt noch gewaltsam geändert werden darf und das unseren Nachkommen in gutem Zustande wieder übergeben werden soll. Es zeichnet sich so die Möglichkeit ab, den Gegensatz Antiqua Grotesk zu überbrücken, ja ihn illusorisch zu machen.
Die bisherige negative Deutung der Grotesk, ihr Wesen bestehe im Weglassen, wird durch eine positive ersetzt: *Die Formen der Grotesk zeigen das Wesentliche einer Schrift.* Keine Endstriche oder anderweitige Auszierungen lenken das Auge von der wesentlichen Form ab, die außerordentlich empfindlich ist und kleinste formale Verstöße registriert. Anstelle eines sturen Konstruktionsprinzips waltet in allen Buchstaben der Univers ein vielfältiges Spiel von optischen Werten. Die verhältnismäßig große n-Höhe gibt selbst in den kleinsten Graden das große Bild und trägt zu einem ruhigen Schriftbild bei, aus dem die Versalien nicht hervorbrechen.
Die Weite der Buchstaben regelt das Verhältnis der weißen Räume in und zwischen den Buchstaben. Die Weißmenge im Buchstaben ist deutlich größer als das Weiß zwischen den Buchstaben. Die Typen halten sich so gegenseitig wie die Glieder einer Kette; die Zeile ist dicht und führt den Blick in der Leserichtung.
Schwarzanhäufungen sind durchweg, selbst in den schmalsten und fettesten Schnitten, aufgelockert, was das Zuschmieren verhindert.
Reich differenziert sind die Fetten, von denen grundsätzlich drei wirksam sind: der senkrechte Balken ist der fetteste, der waagrechte der dünnste, und die Fette der Diagonale liegt in der Mitte. Die drei Waagrechten beim E sind etwas dünner als der einzige Querbalken beim H. Bei kleinen Punzen (B) sind alle Striche dünner als bei großen Punzen (O). Der Balken des I ist etwas fetter, damit sich der Buchstabe neben den andern behaupten kann.
In einem größeren Grade ist leicht erkennbar, daß die Buchstaben ein- und ausfließen. Einläufe sind an den oberen Teilen von g, m, n, p, q und u, Ausläufe in den unteren Partien von a, b, d und u.
Das c ist schmäler als das o, damit es durch das von rechts einfließende Weiß nicht breiter scheint. u und n sind nicht von gleicher Breite, weil das beim u oben einfließende Weiß aktiver ist als das von unten einfließende beim n.
Zum ersten Male in der Geschichte des Buchdrucks wurde eine reich verzwegte Schriftfamilie nicht auf Grund der ersten erfolgreichen Schnitte, sondern von Beginn an planmäßig aufgebaut. Ausgangspunkt und wichtigster Schnitt ist der normale (Univers 55), von dem aus alle weiteren entwickelt worden sind. Wichtige optische Probleme mußten immer im Hinblick auf diese Gesamtplanung gelöst werden.

Die Einwirkungen der Univers auf die Typographie unserer Zeit. Die Univers entzieht sich der bis heute üblichen minderen Bewertung der Grotesk und ist gleichgewichtiger Partner der übrigen Druckschriften. Ihre graphischen Werte rechtfertigen ihre Verwendung in subtilen Druckwerken selbst intimen Charakters. Subtilität der Form, richtiger Fettenwechsel, Verbundenheit mit der traditionellen Schriftentwicklung und Offenhaltung der Punzen in den kleinsten Graden werden eine gute Lesbarkeit gewährleisten. Die Univers gibt den Anlaß zu einer neuen Überprüfung der von Vorurteilen etwas verbauten Frage, ob eine Grotesk in großer Menge (im Buche beispielsweise) mühelos gelesen werden könne.
Die Qualität der einzelnen Type bedingt eine Kompositionsart, in der sich die Schrift frei entfalten kann. Eine banale Schrift mit wenig künstlerischen Werten wird den Typographen immer wieder dazu verleiten, entweder die Schrift nur als Grauwert einzusetzen, ihr eine dekorative Rolle zuzuweisen, oder aber mit einer virtuosen Kompositionsart die Schwäche der Schrift zu übertönen. Die Typographie der Bauhauszeit in den Arbeiten von El Lissitzky, Moholy-Nagy, Joost Schmidt, Piet Zwaart und anderen spricht sich alleinig in der Kompositionsart aus, in der Asymmetrie, den dynamischen Flächenbeziehungen und in den Richtungskontrasten. Die Typen, grobe oder gesichtslose Antiqua- und Groteskschnitte der Jahrhundertwende, waren vom Elan jener Zeit nicht erfaßt, und ihre Qualitäten standen weit unter denjenigen der Komposition. Die Degradierung der Drucktypen zu Grauwerten ist nicht einmal bei Schriften minderer Qualität gerechtfertigt. Es soll nicht bestritten werden, daß jede Schrift und Satzart ihre Grauwerte besitzen, die vom guten Satzgestalter registriert und richtig eingesetzt werden. Aber: vorgängig jeder Grauwirkung ist die formal und funktionell richtige Satzart. Es ist ein Symptom beruflicher Unreife und modernistischen Gebarens, die Graufläche als Ausgangspunkt und Basis der Gestaltung zu nehmen, eine Fläche, der sich die Typographie zu fügen und zu unterziehen hat. Eine Druckschrift, in der Größe von 6 Punkt auf eine Breite von 40 Cicero gesetzt, ergibt ein schönes und vielleicht sogar kostbares Grau und ist trotzdem ein typographisches Gebilde mit schweren funktionellen und formalen Mängeln.
Die große Mittellänge und die vergleichsweise kleinen Ober- und Unterlängen zeitigen nebst dem großen Bild im kleinen Grad ein weiteres, höchst erwünschtes Ergebnis: Die Versalien sind weder zu groß noch zu fett und brechen nicht aus dem Satzbild aus. Dieses Größenverhältnis der Versalien zu den Gemeinen gestattet den Satz in verschiedenen Sprachen, ohne daß sich das Satzbild entscheidend ändert. Im Beispiel 1 führt der deutsche Text von Adalbert Stifter mit starker Versalanhäufung keineswegs zu einer fleckigen Satzwirkung, die sich bei betonteren Versalien sofort einstellen würde. Der französische und der englische Text, aus der selben Schrift gesetzt (Beispiele 2 und 3), ergeben annähernd die gleiche Satzstruktur, und es kann daraus gefolgert werden, daß sich die Univers in den verschiedenen Sprachen ohne Qualitätseinbußen bewähren wird.

B

#106
Max BENSE:
Theorie der Texte. Eine Einführung in neuere Auffassungen und Methoden.
Köln: Kiepenheuer & Witsch
Jahr: 1962

Seiten: 160 S.

den Text eines Autors statistisch kennzeichnen. Mit Recht nennt Fucks diese Größen, mittlere Silbenzahl und Textentropie, auch „Stilcharakteristiken", wir hoben bereits hervor, daß der Begriff „Stil" stets wiederkehrende, redundante, konventionelle, nicht innovative Merkmale bezeichnet. Es ist klar, daß man nicht nur die mittlere Silbenzahl und die Entropie eines Autors oder einer Klasse von Autoren einer Epoche oder einer bestimmten Sprache ermitteln kann, sondern daß man sich auch künstliche Sprachen denken kann, die eine vorgegebene mittlere Silbenzahl bzw. Entropie besitzen, indem man in dieser künstlichen Sprache etwa Einschränkungen für die Silbenzahlen der Worte einführt. So kann man also normierte Texte erreichen (etwa Texte mit sehr kleiner Entropie), auf die die Texte der Autoren bezogen werden können, und die numerische Abweichung in der mittleren Silbenzahl und Entropie vom normierten Text kann bereits ebenfalls als eine „Stilcharakteristik" eingeführt werden. Jedenfalls erscheint bereits hier einleuchtend, daß die Abweichung von konventionellen „Stilcharakteristiken" als ein ästhetisches Maß betrachtet werden kann, sofern nämlich genau damit Originalität, Innovation verbunden ist.
Die Entropieberechnung kann natürlich auch für andere Systeme gegliederter Elementenmengen durchgeführt werden. So läßt sich z. B. die Typographie eines Textes als gegliederte Elementenmengen von Zeichengestalten (der einzelnen Buchstaben) auffassen. Jede dieser Zeichengestalten ist durch die Kombination einer gewissen Zahl von Zeichenelementen, in die man die einzelnen Typen zerlegen kann, etwa in Bögen, Winkel, Vertikale, Horizontale u. dergl., bestimmt. Durch diese Zahl, die ähnlich wie beim Wort die Silbenzahl einen Merkmalswert darstellt, sind dann die Zeichengestalten von einander unterschieden, und es gibt dann natürlich auch eine mittlere Elementenzahl für die Zeichengestalt bzw. für die Summe aller Zeichengestalten. Wie die Entropie eines Textes läßt sich dann auch die Entropie seiner Typographie bestimmen, und man hat auf diese Weise neben den linguistischen Stilcharakteristiken auch visuelle gewonnen. Simultaneität oder Sukzessivität in der Lesbarkeit eines Textes ist in starkem Maße von der mittleren Elementenzahl bzw. der Entropie der Typographie abhängig. Niedere Entropiewerte sind im allgemeinen charakteristisch für sukzessive Lesbarkeit, höhere Entropiewerte hingegen ermöglichen simultanes Lesen.
Um auch die analytische Bildästhetik als numerische Bildtheorie aufzubauen, als statistische Stilcharakteristiken, Mittelwerte, Entropien und birkhoffsche ästhetische Maßbestimmungen ect. gewinnen zu kön-

nen, muß man zunächst einen Weg finden, auch ein Bild (Peinture, Graphik, Zeichnung) in geeigneter Weise als eine gegliederte bzw. geordnete Elementenmenge aufzufassen. Die einfachste Methode, dies zu erreichen, besteht offensichtlich darin, ein feines gleichförmiges Netz (Raster) über das Bild zu legen, dessen Fläche damit in eine Menge quadratischer Grundformen, die Netzelemente, zerlegt wird, die, entsprechend den Worten im Text, als Elemente des Bildes gezählt werden können, vorausgesetzt, daß ihnen im Zusammenhang mit dem Teilbild, das sie ja enthalten, günstige Merkmalswerte zugeordnet werden können.

Jedes gewonnene Bildelement (oder Netzelement) kann nun durch Abzählung wesentlicher Bestimmungsstücke dessen, was auf ihm wahrnehmbar ist, zahlenmäßig klassifiziert werden, ähnlich wie in der Texttheorie die Wortelemente durch ihre Silbenzahl numerisch gekennzeichnet sind. Doch ist ein Bild und dementsprechend auch ein Bildelement, material gesehen, konstruktiv komplizierter aufgebaut als ein Text bzw. ein Wort. Es ist notwendig, bei der Abzählung der Bestimmungsstücke bzw. der Merkmalswerte der Bildelemente, die durch das Netz fixiert wurden, sowohl auf Formen als auch auf Farben und unter Umständen auch auf den Grad der Bedeckung relativ zu einem Grund (Grundierung) oder auf die Zahl der Kontraste pro Flächeneinheit zu achten. Jede statistische Stilcharakteristik eines Bildes besteht also in Wirklichkeit in einem System von Stilcharakteristiken; die Entropiebestimmung erreicht notwendig eine Farbenentropie neben der Formenentropie und darüber hinaus Bedeckungsentropie und Kontrastentropie. Das System dieser Entropien, also E_{Fa}, E_{Fo}, E_B, E_K . . ., läßt sich aber leicht als n-Trupel von Zahlen betrachten, so daß das System der ein Bild bestimmenden Entropien als n-dimensionaler Vektor beschreibbar ist.

Was nun zunächst die Abzählung der Formen eines Bildelementes angeht, so sind damit die visuell zugängigen topologischen Gebilde gemeint, also etwa Punkte, Geraden, Kurven, Flächen, gerade oder krumme Polygone, Ecken, Strecken, Simplexe, geometrische Komplexe u. ä. Die Zahl der verschiedenen auf dem Bildelement feststellbaren topologischen Elemente ergibt einen Merkmalswert. Einfacher ist die Auszählung der auf einem Bildelement unterscheidbaren Farben bzw. Töne. Hat man es mit einer Fotografie, einer Schwarz-Weißgraphik oder einer Zeichnung zu tun, so kann z. B. die Zahl der Grautöne als Merkmalswert dienen. Zur Erreichung von Bedeckungsentropien, die natürlich nur für gewisse Bilder ästhetisch charakteristisch sind, vor allem in der abstrakten (Leger,

#106
Max BENSE:
Theorie der Texte.

B

#107
Richard Paul LOHSE:
De 8 en opbouw.
In: Neue Grafik. Internationale Zeitschrift für Grafik und verwandte Gebiete (Olten), Dezember 1962, Nr. 14
Jahr: 1962

—

Seiten: S. 47–49
Format: 27,5×25 cm

→

#108
Dolf SASS:
Werkbericht einer Studentengruppe der Hochschule für Gestaltung.
In: Neue Grafik. Internationale Zeitschrift für Grafik und verwandte Gebiete (Olten), Oktober 1962, Nr. 12
Jahr: 1962

—

Seiten: S. 50–57
Format: 25×27,5 cm

#109
Karl GERSTNER:
Programme entwerfen.
Vier Aufsätze und eine Einführung.
Teufen: Niggli, 1963. Neueste Ausgabe: Dritte, vom Autor durchgesehene und erweiterte Auflage ist erschienen als ›Programme entwerfen: statt Lösungen für Aufgaben Programme für Lösungen‹ (Baden: Müller, 2007)
Jahr: 1963

—

Seiten: 95 S.
Format: 18,5×25,5 cm

—

»Karl Gerstners Essaysammlung ›Programme entwerfen‹ stellt die Entwurfsmethode der ›Integralen Typografie‹ vor, die auch neue Denkmodelle des beginnenden Computerzeitalters antizipiert.«
— [PE]

#110
Gui BONSIEPE:
Visuell/verbale Rhetorik.
In: ulm. Zeitschrift der Hochschule für Gestaltung (Ulm), Nr. 14/15/16
Jahr: 1965

—

Seiten: S. 23–40
Format: 21×29,7 cm

»Wir haben keine Ursache, das Wort ›Mode‹ geringschätzig zu verwenden. Was wir Mode nennen, ist […] ein kleiner, mitunter flatterhafter Schritt in der Wellenbewegung, die sich in großen Kurven des Stilwandels dartut. Stilwandel ist Umgestaltung, Bewegung aus eigenem Recht und so nötig, wie der Wechsel der Jahreszeiten und der Generationen. Das Neue ist da und muß da sein, weil es neu ist. Es läßt irgendeinen Teil unserer Umwelt mit neuen Augen, mit neuer, lebendiger Anteilnahme betrachten, und es legitimiert damit sein Dasein in ausreichender Weise.«

#111
Konrad Friedrich BAUER:
Von der Zukunft der Schrift (1966).
[Ansprache, die Bauer zur Eröffnung der Ausstellung ›Schrift unserer Zeit‹ 1966 vor der Internationalen Typographischen Vereinigung in Mainz gehalten hat.]
Ern. abgedr. in: Typographie und Bibliophilie. Aufsätze und Vorträge über die Kunst des Buchdrucks aus zwei Jahrhunderten. Ausgewählt und erläutert von Richard von Sichowsky und Hermann Tiedemann, Maximilian-Gesellschaft Hamburg. Hannover
Jahr: 1971

—

Seiten: S. 221–229
Zitat: S. 226
Format: 18×26,5×2,5 cm

#112
Emil RUDER:
Typographie. Ein Gestaltungslehrbuch.
Teufen: Niggli
Jahr: 1967

—

Seiten: 273 S.
Format: 23×23,4×2 cm

→

De 8 en opbouw

Richard P. Lohse, Zurich

Fortschrittliche Gestaltung im Dienste der Werbung war das vereinzelte Abenteuer von Außenseitern und entstand gleichsam zufällig unter Ausschluß der Öffentlichkeit.
So blieb nicht nur in Ländern wie beispielsweise Holland das konstruktive Denken und Arbeiten in bezug auf die typografische Gestaltung fast ausschließlich die Sache von Malern und Architekten. Die Überzeugung, für eine als richtig erkannte Idee zu kämpfen, war das Entgelt für die Nichtbeachtung und Gleichgültigkeit der kulturellen Elite wie der Massen. Entsprechend dieser allgemeinen Situation waren Arbeitsmethoden und technische Ausrüstung primitiv. Der Gestalter mußte versuchen, mit allerbescheidensten Mitteln seine Thesen durch die Typografie zu propagieren. Das Material, das die Fotografie und die Typografie bereitstellten, war von äußerster Dürftigkeit, gemessen an der heutigen technischen Raffinesse der Grafik von archaischer Simplizität.
Jede der Veröffentlichungen von Publikationen dieser Art war ein Verlustgeschäft; der Verkauf erfolgte durch persönliche Propaganda, die Firmen, welche wiederum durch persönliche Beziehungen zu einer Insertion überredet werden konnten, wurden als Mäzene betrachtet, was sie in Wirklichkeit auch waren. Diese Situation galt grundsätzlich für alle Publikationen dieser Art. Niemand ahnte, die Urheber dieser Zeitschriften selbst am wenigsten, daß ihre Gründungen später auf Auktionen gehandelt würden. Maßgebend für die Gründung und Existenz einer solchen Zeitschrift war der unerschütterliche Glaube, ganz für eine neue Gestaltungsform in der Kunst und Architektur einzustehen, das heißt, die Grundlagen des Tuns bildete die feste Überzeugung, daß die vertretene Idee eine soziale Notwendigkeit darstellte und eine Hilfe für den Menschen sei, die Aufgabe für den Menschen darin bestehen müsse, für eine klare Gestaltungsweise das Bewußtsein zu erweitern.
Die hier publizierte Zeitschrift ‹de 8 en opbouw› war das Organ von zwei Gruppen fortschrittlicher Architekten. Der Gruppe ‹de 8› gehörten im wesentlichen Amsterdamer Architekten an, wie van Eesteren, Karsten, Merkelbach, Rietveld, Stam und andere bedeutende Mitarbeiter. Die Gruppe ‹opbouw› umfaßte Namen wie Maaskant, van Tijen, Zwart, van den Broek, Bakema und weitere Architekten aus verschiedenen holländischen Städten. Hauptsächlicher Initiant der Gründung der Zeitschrift war der kürzlich verstorbene Architekt Merkelbach. Die Zeitschrift hatte praktisch keinen Chefredaktor, geleitet wurde sie durch ein Redaktionssekretariat, dem Frau Ida Falkenberg vorstand.
Die erste Ausgabe ist datiert vom 7. Januar 1932, die letzte Nummer erschien im Januar 1943.
Eine ganze Anzahl der Mitarbeiter, die sich für den Gedanken der neuen Form einsetzten, gehörten der Stijlbewegung an.

Mit der Veröffentlichung von Publikationen dieser Art verfolgen wir die Absicht, die Grundlagen der heutigen zeitgenössischen Grafik aufzuzeigen und den heute in diesem Geiste Arbeitenden die Basis ihrer eigenen Arbeit bewußt zu machen. Außerdem erachten wir es für eine wesentliche Aufgabe der ‹Neuen Grafik›, die Leistungen der Pioniere der Frühzeit dem Vergessen zu entreißen, um so mehr, als die Anfänge der von uns in der ‹Neuen Grafik› vertretenen Gestaltungsmethoden mit ungleich größeren Schwierigkeiten technischer und materieller Art verbunden waren, als sie den heute Schaffenden begegnen. Die Möglichkeit, fortschrittliche Typografie zu verkaufen, war äußerst gering. Gestaltung – selbst in der Form von sogenannter ‹gebundener Kunst› – als Ware abzusetzen, war ein außerordentlich schlechtes Geschäft, deshalb war der fortschrittlich arbeitende Gestalter eine Ausnahme, der frei arbeitende Grafiker im heutigen Sinne existierte nicht. Reklame blieb eine mißfällig betrachtete minderwertige Sache, die Angelegenheit von sogenannten Reklamebüros.

Die Titelblätter entwarfen die Mitarbeiter der Zeitschrift, also hauptsächlich Architekten. Bei der Gestaltung wurde darauf geachtet, daß die Zahl 8 als Signal grundsätzlich stets am gleichen Ort ihren Platz haben und ihre Größe konstant bleiben sollte, um dadurch der Zeitschrift eine unverwechselbare charakteristische Note zu geben. Verändert in der Stellung wurden zuweilen Teile wie das Wort opbouw, je nach den Erfordernissen, die der Inhalt und das zur Verfügung stehende Bild verlangten. Das Wort en ist oftmals weggelassen, ebenso ist der Untertitel bei verschiedenen Nummern größer oder kleiner gesetzt, wiederum durch die Inserate bedingt, die für die Titelseite hereingebracht werden konnten. Das grafische Resultat ist bemerkenswert, auch wenn man die Umstände, die sich in jenen Jahren einer präzis arbeitenden Typografie entgegenstellten, außer Betracht läßt. Vorzüglich sind meistens Stellung und Schnitt der Fotos, die in Verbindung mit der Titelbezeichnung sehr oft zufällig erhalten wurden. Alle Elemente der heutigen zeitgenössischen Grafik sind bereits eindeutig vorhanden. Besonders deutlich kommen die hiefür charakteristischen Merkmale in den Abbildungen 1, 2, 6, 9 und 10 zum Ausdruck.
Die Zeitschrift ‹de 8 en opbouw› ist ein überzeugendes Beispiel dafür, daß ein unverwechselbarer kraftvoller Ausdruck für eine Idee entsteht, wenn diese Idee getragen wird von einer starken Gesinnung und die Aufgaben, die die Zeit stellt, klar erkannt werden.

1–4
Titelseiten der Zeitschrift ‹de opbouw› 1932
1–4
Title pages of the periodical "de opbouw" 1932
1–4
Pages de titre de la revue «de opbouw» 1932

Spontaneität und Zufall

Spontane und zufällige Ergebnisse stehen eigentlich im Widerspruch zum Wesen der Typographie, denn der Aufbau des typographischen Systems beruht auf Klarheit und auf präzisen Maßverhältnissen. Der gegossene Buchstabe und die heutigen Druckmaschinen gewährleisten einen Druck, der die Unzulänglichkeiten und Zufälligkeiten früherer Drucke überwunden hat. Technische, gestalterische und organisatorische Belange des gesamten Druckgewerbes sind berechnet und geplant, um Überraschungen womöglich auszuschalten.

Dennoch gibt es immer wieder Druckwerke, die in ihrer formalen Anspruchslosigkeit und samt ihren technischen Mängeln reizvoll sind. Es gibt eine Schönheit von Drucksachen, die darin besteht, daß diese Drucksachen, ohne gestalterische und technische Ambitionen, schlicht ihren Zweck erfüllen. Ihre meist unbekannten Hersteller haben unbewußt echte Zeitdokumente geschaffen, deren Reiz in ihrer Zeitverbundenheit zu suchen ist.

Das bedeutet nun nicht, daß man sich in der Typographie unserer Zeit nach rückwärts orientieren, die formalen Erkenntnisse vergessen und die technischen Errungenschaften ignorieren soll.

==Die neuesten technischen Entwicklungen in der Typographie eröffnen dem Spontanen und Zufälligen neue Möglichkeiten. Die Filmsatzverfahren, die nicht mehr an die Technik des Bleimaterials gebunden sind, erlauben eine freie Handhabung des Materials, die bis zur Verformung der Typen reicht. Wenn eine solche Freiheit auch ihre Nachteile hat, da sie jede Formulierung zuläßt, so kann sie vom Typographen doch in einem guten Sinne genutzt werden. Trotz allem werden auch in Zukunft Disziplin, Kühlheit und Sachlichkeit die Merkmale der Typographie sein, da ihr Wesen weitgehend von ihrer technischen und funktionellen Abhängigkeit geprägt ist.==

Spontaneity and fortuity

Spontaneous and fortuitous results are foreign to the nature of typography, for the typographical system is based on clarity and precise proportions. The cast printing type and the modern printing machine have made the inadequacies and chance elements of earlier printed works a thing of the past. Throughout the printing trade everything to do with technique, design and organization is calculated and planned so as to eliminate surprises.

Time and again, however, we find printed works which make no claim to formal beauty and yet have a distinctive charm for all their technical shortcomings. There are printed works which are beautiful solely because they set aside all ambition as regards technique and design and simply fulfil their function. Their usually nameless authors have unwittingly created true documents of their age whose charm lies precisely in their being a reflection of the times that produced them.

This does not mean that the typography of today should align itself on the past, forget knowledge of form, or disregard technical achievements.

The latest technical developments in typography open up new possibilities for spontaneity and random effects. Film-setting is a process which dispenses with lead type and allows the material to be freely manipulated and even the type faces to be pulled out of shape. Although such freedom has its disadvantages since it makes any formulation possible, the typographer can nevertheless turn it to good account. All the same, discipline, coolness and objectivity will continue to be the cardinal features of typography in the future since its nature is largely decided by its dependence on technique and function.

Spontanéité et le hasard

Des résultats positifs issus de la spontanéité et du hasard contredisent en fait l'essence de la typographie, qui repose s[ur] la clarté et la précision des rapports de mesures. La lettre fond[ue] et les machines à imprimer actuelles garantissent une impression ignorant les insuffisances et les imprévus des premiers ouvrages imprimés. Tout le système technique, créateur, orga[ni]sateur, sur lequel s'appuie la typographie est calculé, schématisé, à seule fin de prévenir, dans la mesure du possible, tout[e] surprise.

Et cependant surgit toujours, de temps à autre, un ouvrage q[ui] malgré ses défauts techniques et son absence de prétention formelle, enchante par son charme. La beauté de certains ouvrages imprimés, sans ambition technique ni formelle, rési[de] dans la simplicité avec laquelle ils atteignent leur but. Ils sont l'œuvre de créateurs souvent inconnus, qui ont donné à trave[rs] eux un véritable reflet de leur époque, et tout leur attrait résid[e] dans leur actualité.

Cela ne signifie pas qu'il faille faire marche arrière, oublier l[es] connaissances formelles et ignorer les acquisitions techniqu[es].

Le développement technique récent de la typographie ouvre [de] nouvelles voies à la spontanéité et au hasard. La photocompo[si]tion, qui n'est plus liée au matériel en plomb, permet un libre maniement du matériel, qui va même jusqu'à une transformation des caractères. Si une telle liberté a aussi ses désavantages, car elle tolère toutes les formules, le typographe peut cependant en tirer grand profit. Mais en définitive, discipline, et objectivité resteront les caractéristiques de la typographie dont la dépendance technique et formelle consti[tue] malgré tout l'essence même du caractère.

»Beschreibt neben grundsätzlichen Überlegungen im grafischen Detail, was gute Typografie ausmacht.« — [JUV]

»Obwohl Ruder betont, dass Disziplin, Kühlheit und Sachlichkeit auch in Zukunft die Merkmale der Typografie sein werden, erscheint es doch interessant, dass sich Ruder bereits 1967 dem Thema ›Spontaneität und Zufall‹ widmet und darauf hinweist, dass Filmsatzverfahren ein freieres Arbeiten ermöglichen. — [PE]

1967

| Spontaneität und Zufall | Spontaneity and fortuity | Spontanéité et le hasard | 201 |

a	b	c	d	e	f
g	h	i	k	l	m
n	o	p	q	r	s
t	u	v	x	y	z
1	2	3	4	5	6
7	8	9	0	ä	ö

#112
Emil RUDER:
Typographie. Ein Gestaltungslehrbuch.
(98%)

B

#113
Gui BONSIEPE:
Über eine Methode, Ordnung in
der typografischen Gestaltung zu
quantifizieren.
In: ulm. Zeitschrift der Hochschule für
Gestaltung (Ulm), Nr. 21
Jahr: 1968

Seiten: S. 24–32
Format: 21×29,7 cm

→

#114
Hans Peter WILLBERG:
Schrift im Bauhaus – Die Futura von
Paul Renner. (= Monographien und
Materialien zur Buchkunst, Bd. 2).
Hrsg. von Wolfgang Tiessen
Neu-Isenburg: Tiessen, 1969
Jahr: 1969

Seiten: o. Pg.
Format: 21,3×30 cm

#115
Kurt CHRISTIANS
Richard von SICHOWSKY (Hrsg.):
Von den Möglichkeiten und
den Notwendigkeiten künftiger
Buchgestaltung.
Ein Symposium mit G.W. Ovink, Ludwig
Muth, Robert Ranc, Jan Tschichold, Kurt
Weidemann, Hans Peter Willberg.
Hamburg: Hans Christians
Jahr: 1970

Seiten: 60 S.
Format: 15×23 cm

#116
Robert MASSIN:
Buchstabenbilder und Bildalphabete.
Ravensburg: Otto Maier
Jahr: 1970

Seiten: 286 S.
Format: 21×27,5 cm

#117
Herbert SPENCER:
Pioniere der modernen Typografie.
München / Wien / Zürich: Juncker
Jahr: 1970

Seiten: 160 S.
Format: 21,5×30 cm

#118
Albert KAPR:
Schriftkunst. Geschichte, Anatomie
und Schönheit der lateinischen
Buchstaben.
Dresden: Verlag der Kunst
Jahr: 1971

Seiten: 468 S.
Format: 22×30×4 cm

#119
Josef MÜLLER-BROCKMANN:
Geschichte der
Visuellen Kommunikation.
Von den Anfängen der Menschheit,
vom Tauschhandel im Altertum bis zur
visualisierten Konzeption der Gegenwart /
A history of visual communication /
Histoire de la communication visuelle.
Stuttgart: Hatje
Jahr: 1971

Seiten: 334 S.
Format: 29×23×1 cm

#113
Gui BONSIEPE:
Über eine Methode,
Ordnung in der typografischen
Gestaltung zu quantifizieren.

(97%)

→

Eine Designheuristik

Designlösungen unterscheiden sich darin, daß es sich entweder um ein einmaliges, fixiertes Ergebnis handelt oder um die Planung von Designentscheidungen, innerhalb deren Rahmen später eine Reihe von Ergebnissen herzustellen ist. Im zweiten Fall zeichnet der Designplaner den Entscheidungsraum für den ausführenden Designer vor. Man könnte diese Art der Designtätigkeit als Pre-design bezeichnen, das den Zweck hat, eine möglichst große Zahl von Designentscheidungen zu routinisieren oder zu semiroutinisieren. Der Grad der Semiroutine, d. h. der Grad der Durchgliederung des Entscheidungsraumes variiert von Fall zu Fall. ==Es scheint zweifelhaft, ob eine totale Routinisierung — das ist gleichbedeutend mit Standardisierung und Algorithmisierung — je erreicht werden kann und sinnvoll ist, vor allem bei komplexen typografischen Problemen.== Denn wahrscheinlich würde die Anpassungsfähigkeit des Entwurfssystems unter einer

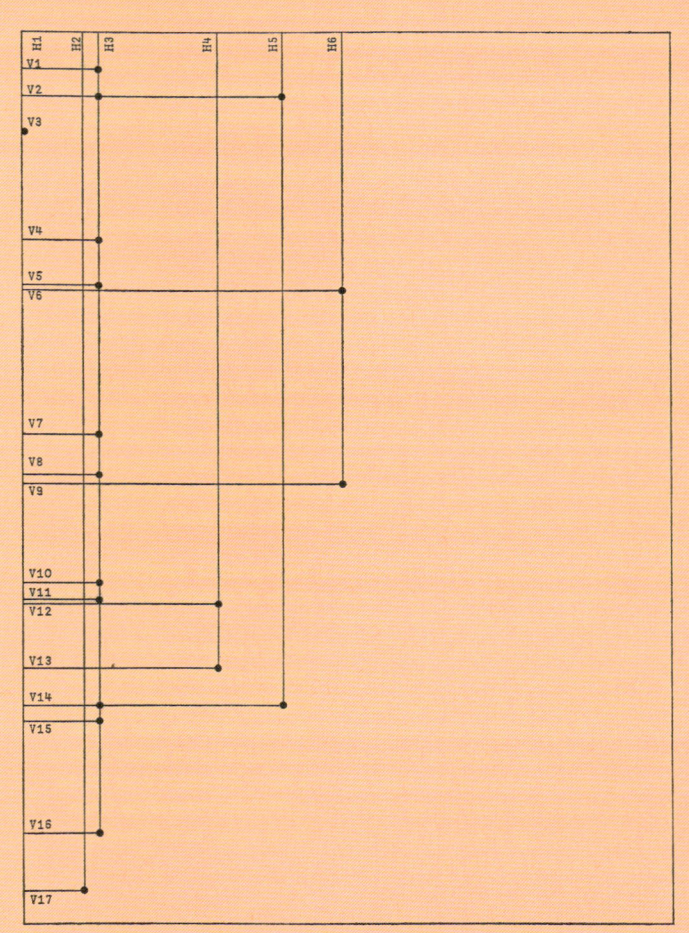

A design heuristic

Design solutions may be of two kinds: they may produce a result which is fixed once and for all or they may involve the planning of design decisions within whose framework a series of results may be subsequently produced. In the second case the design planner marks out the area of decision for the executing designer. This type of design activity might be described as pre-design, its purpose being to routinize or semi-routinize the maximum possible number of design decisions. The degree of semi-routine, i.e. the degree to which the area of decision is organized, varies from case to case. It seems doubtful whether total routinization — which is synonymous with standardization or algorithmization — can ever be attained and indeed whether there would be any sense in it, particularly with complex typographical problems. It seems very likely that the adaptability of the design system would suffer under total determination. A sketch of a working method and the result

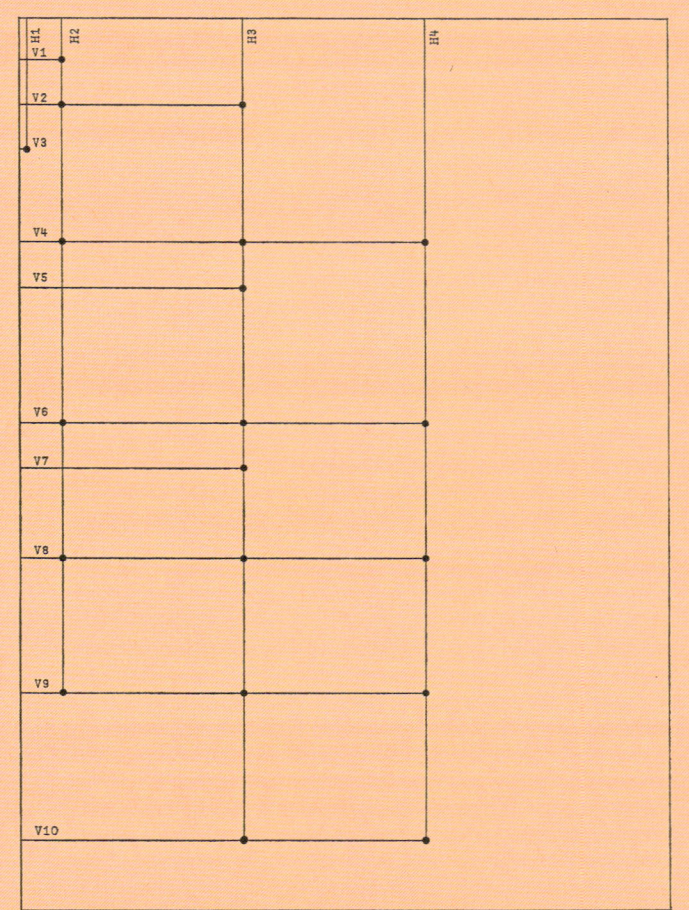

Verteilung der Horizontal- und Vertikalmasse der alten Version. / Distribution of location points (horizontal and vertical measures of the old version).

Verteilung der Horizontal- und Vertikalmasse der neuen Version. / Distribution of location points (horizontal and vertical measures of the redesign).

totalen Determination leiden. An Hand eines Beispiels seien ein Arbeitsverfahren und ein Arbeitsergebnis im Abriß — ein typografisch-grafisches Designmanual — dargestellt. (An dem Entwurf dieses Manuals wirkte, neben dem Verfasser, Franco Clivio mit.) Den Gegenstand der Arbeit bildete ein Katalog mit rund 600 Seiten Umfang, der zweimal jährlich gedruckt wird. Ein Teil der Seiten bleibt unverändert, während andere Seiten und Teile von Seiten durch neue Informationen ersetzt werden. Das Problem bestand darin, ein System von Regeln zu formulieren, deren Anwendung die Einheitlichkeit und Übersichtlichkeit des stetig erneuerten Druckwerks garantiert. Ad hoc Entscheidungen sollten also möglichst beseitigt werden. Für die Darstellung des Arbeitsergebnisses wurde die vom Quickborner Planungsteam Schnelle praktizierte Methode angewendet, jede

achieved — a typographical/graphic-design manual — will be given by way of example. (Collaborating with the present writer on the draft of this manual was Franco Clivio). The work concerned a catalogue of some 600 pages which was to be printed twice a year. Some of the pages remained unchanged whereas other pages and parts of pages were replaced by new information. The problem was to formulate a system of rules whose application would ensure the uniformity of the constantly reprinted work and its clarity of layout. Ad hoc decisions were therefore to be eliminated as far as possible. The method used by the Quickborn planning team Schnelle was to be used to set forth the results of the work: this meant that every maxim, i.e. every instruction, had to be fitted out with one or more arguments. These arguments could be of a technical, economic, functional or formal character.

29

Maxime, d. h. Handlungsanweisung mit einem oder mehreren Argumenten zu stützen. Diese Argumente konnten technischer, ökonomischer, funktionaler oder formaler Art sein.
Beispiel aus dem Kapitel "Satzspiegel":
Maxime: Der Satzspiegel (die maximal zu bedruckende Fläche) soll in eine volle und gut unterteilbare Zahl von Grundeinheiten (units) gegliedert sein.
Argument: Auf diese Weise ergeben sich konstante Intervalle, die sich als repetitives Muster über das ganze Druckwerk hinziehen. Wenn z. B. Tabellen auf allen 67 Zeilen stehen könnten, wäre die Varianz zu groß im Verhältnis zu einer Maxime, die 17 horizontale Standmöglichkeiten bietet.

Das Manual wurde in sieben Kapitel eingeteilt:
Satzspiegel, Schrift, Satz/Text, Nicht-sprachliches visuelles Material, Tabellen, Kompositionsregeln, Standardseiten.
Im Satzspiegel sind folgende syntaktische Eigenschaften festgelegt: Format der Seite, Randabstände, Spaltenbreite, Spaltenlänge, Unitgröße, Zeilenhöhe, Bildgrößen, Tabellengrößen. Statt der bisher verwendeten 34 Zeilenlängen kommen in der neuen Version nur 2 Zeilenlängen vor, die in einem angemessenen Verhältnis zur Schriftgröße stehen (Tinker, M. A. The Legibility of Print. Ames: University of Iowa Press, 1963).
Die Schriftmaximen beziehen sich auf folgende Eigenschaften: Schrifttype, Schriftgrößen, Schriftstärken, Korrelation typografischer Variabeln und typografischer Items.
Beispiel einer Maxime:
Es sollen nur 3 Schriftgrößen (anstatt bisher 8) verwendet werden.
Argument: Zu einer funktionellen Differenzierung der Textsorten werden nicht mehr Schriftgrößen benötigt.
In der Matrix ist eine Reihe der möglichen typografischen Variabeln oder Mittel angeführt und den typografischen Items zugeordnet. Es läßt sich daraus entnehmen, daß Kursivschrift, fette Schrift, gesperrte Schrift und Versaliensatz nicht benutzt werden sollen, insofern bereits die anderen ausgewählten Variabeln genügen, die Textstücke zu hierarchisieren.
In der Maximengruppe Satz/Text sind die Eigenschaften folgender Items präzisiert:
Normaltext, Spezialtext, Überschriften, Paragraphen, Absätze, Aufzählungen, Formeln, Fußnoten, Warennamen, Seitenzahlen, Verweise, Legenden.
Kapitel 4 (Nichtsprachliches visuelles Material) handelt von Abbildungen (z. B. Aufnahmewinkel von Produkten), Strichzeichnungen, grafischen Mitteln für schematische Darstellungen und Kurvendiagramme (z. B. Anlage von Koordinatenkreuzen, Strichstärken u. ä.). Das Kapitel "Tabellen" enthält die meisten Maximen (23), da sehr viele Details für dieses Item bestimmt werden mußten. Es wurde angestrebt, die Zahl der vertikalen und horizontalen Bezugslinien ähnlich wie beim Satzspiegel auf ein Minimum zu reduzieren, um auf diese Weise eine größere Übersichtlichkeit und Ordnung zu erzielen.

Die Kompositionsregeln von Kapitel 6 wurden unter der Einschränkung verfaßt, daß das grafisch-typografische Baukastensystem zwar die vielfältig variierende Gestaltung der einzelnen Seiten des Druckwerks erleichtern, aber nicht die Arbeit des ausführenden Gestalters ersetzen kann. Zudem muß man zugeben, daß sich die gegebenenfalls einstellenden Probleme nicht in ihrem ganzen Umfang voraussehen lassen, somit also auch nicht planbar sind.
Das Designmanual – ein bescheidenes seiner Art – umfaßt knapp 100 sprachlich formulierte Handlungsanweisungen, deren Formulierung auf zwei Axiomen beruht: dem Axiom der Ökonomie der Mittel und dem Axiom der formalen Kohärenz.
Der Arbeitsablauf gliederte sich in 3 Phasen:
In Phase 1 wurde festgestellt, welche Elemente in das System eingehen. Angewendetes Verfahren: Auflisten.
In Phase 2 wurden die Elemente in Elementengruppen zusammengefaßt. Angewendetes Verfahren: Prüfen der Abhängigkeit der Elemente, der funktionalen Zugehörigkeit der Elemente.
In Phase 3 wurden die Regeln nach den beiden oben angeführten

Example from the section "lay-out scheme":
Maxim: The lay-out scheme (the maximum type area) was to be divided into an integral and readily divisible number of units.
Argument: This yields constant intervals which extend as a repetitive pattern through the whole printed work. If, for instance, there could be tables on all 67 lines, the variance would be too great in comparison with a maxim offering 17 possible horizontal locations.

The manual was divided into seven sections:
Lay-out, type face, composition/text, non-linguistic visual material, tables, rules of composition, standard pages. As regards the lay-out scheme the following syntactical characteristics were laid down: format of page, margins, width of column, length of column, unit size, line height, picture size, and table size.
Whereas 34 different lengths of line were used before, there are only 2 in the new version, and these are suitably proportioned to the size of the type (Tinker, M. A. The Legibility of Print. Ames: University of Iowa Press, 1963).
The typeface maxim are concerned with the following characteristics:
typeface, type size, type weight, correlation of typographical variables and typographical items.
Example of a maxim:
Only 3 type sizes are to be used (instead of 8 as previously).
Argument: No larger number of type sizes is needed for functional differentiation of the kinds of text.
A series of possible typographical variables or resources are given in the matrix and co-ordinated with the typographical items. It can be seen therefrom that italics, bold face, spaced type, and capitals are not to be used provided the other selected variables are adequate to hierarchize the various kinds of text. In the maxim group composition/text the following items are more precisely defined:
standard text, special text, headlines, paragraphs, sections, enumerations, formulae, footnotes, names of goods, page numbers, references, legends.
Section 4 (non-linguistic visual material) is concerned with illustrations (e.g. angle from which products are photographed), line drawings, graphic resources for diagrams and graphs (e.g. setting up systems of coordinates, thickness of lines, etc.). The section "tables" contains the most maxims (23) as a large number of details had to be determined for this item. An effort was made to reduce the number of vertical and horizontal reference lines (as in the lay-out scheme) to a minimum in order to achieve a greater degree of clarity and order.

The rules of composition in section 6 were formulated with the proviso that although the graphic-typographic system makes it easier to achieve a multiplicity of variations in the individual pages of the work it cannot replace the executing designer. Moreover, it must be conceded that any problems cropping up cannot be foreseen in all their extent and for this reason cannot be planned for.
The design manual – which is a modest work of its kind – contains just on 100 verbalized instructions formulated on two basic axioms: the axiom of economy of means and the axiom of formal coherence.
Work proceeds in 3 phases:
In phase 1 it was decided which elements went into the system. Method employed: listing.
In phase 2 the elements were compiled into element groups. Method employed: testing the dependence of the elements, the functional interaction of the elements.
In phase 3 the rules were formulated in the light of the two axioms stated above.

Axiomen gebildet.
Ein Beispiel für eine der dabei angewendeten bekannten Daumen-
regeln (Heuristika): Problem: welche Satzspiegelbreite geht
in volle oder halbe Ciceromasse auf bei zwei- und dreispaltigem
Satz und jeweils 1 Cicero Abstand zwischen den Spalten?
Konstriktionen sind: Papierbreite 21 cm, minimaler Außenrand,
maximaler Bundrand, maximale Satzbreite. Ideallösung: 41 Cicero
(20 / 1 / 20 Cicero; 13 / 1 / 13 / 1 / 13 Cicero). Gewählte Lösung:
38 Cicero (18,5 / 1 / 18,5; 12 / 1 / 12 / 1 / 12).

An example of one of the familiar rules of thumb (heuristics) used
in this connection: The problem is to know which width of type area
will go into whole or half cicero measures (cicero = 12 points didot,
13 English-American points) when the type is set in two or three
columns with 1 cicero between the columns? Constraints are: paper
width 21 cm, minimum fore-edge, maximum back, maximum
printed area.
ideal solution: 41 cic. (20/1/20 cicero; 13/1/13/1/13cicero)
Solution selected: 38 cic. (18.5/1/18.5. 12/1/12/1/12).

Ästhetik und Ordnung

Nichts ist bislang über ästhetische Präferenz gesagt worden,
obwohl ästhetische Motive bei der Bildung des Maximensystems
mitwirkten. Der Schluß, daß die neue Version — verglichen
mit der alten Version — schöner ist, entbehrt zwar logischer
Validität. Man darf indessen annehmen, daß sich für den Gestalter

Aesthetics and Order

So far nothing has been said about aesthetic preferences although
aesthetic considerations have naturally had a part to play in the
formation of the maxim system. The conclusion that the new
version, on comparison with the old, is more beautiful is not one
that is susceptible of logical validation. But, as far as the designer

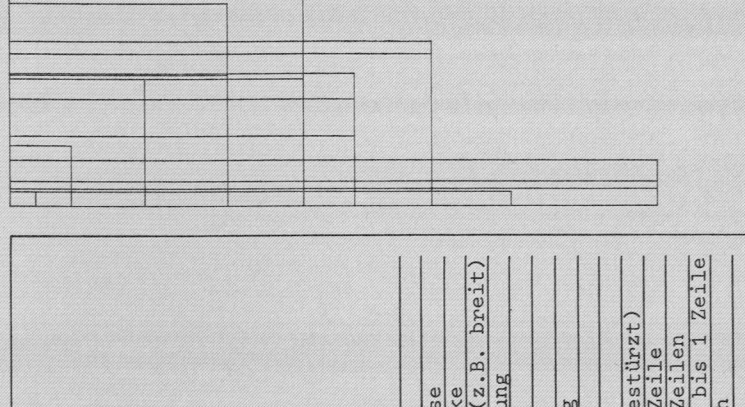

*Systemordnung der alten Version vergli-
chen mit der neuen Version. / Systemic
order, comparison between old and new
version.*

#113
Gui BONSIEPE:
Über eine Methode,
Ordnung in der typografischen
Gestaltung zu quantifizieren.
(97%)

*Matrix der typografischen Variabeln (Mit-
tel) und typografischen Items (Funktionen). / Matrix of typographical variables
(means) and items (functions).*

der Ordnungsbegriff und Schönheitsbegriff oftmals decken.
Die Synonymie der Begriffe zu behaupten oder den Schönheitsbegriff unter den Ordnungsbegriff zu subsumieren, wird im
Rahmen einer Ästhetik ermöglicht, der es gelingt, die deskriptiv
erfaßten Daten zu erklären. Vorausgesetzt, daß die Reaktionen
einer Reihe von Versuchspersonen positiv ausfallen, d. h. vorausgesetzt, daß die neue Version als geordneter empfunden wird,
könnte eine ästhetische Theorie zur Verifikation der Hypothese
"gestaltete Schönheit = eine Funktion der gestalteten Ordnung"
das mathematisch aufgeschlüsselte objektive Korrelat der
subjektiven Urteile heranziehen.

is concerned, it may be assumed that the concept of order and the
concept of beauty often coincide. To claim that the concepts are
synonymous or to subsume the concept of beauty under that of
order is possible within the terms of an aesthetic which succeeds
in explaining the descriptively analysed data. Assuming that the
responses of a number of test subjects are favourable, i. e.
assuming that the new version is felt to be better ordered, an
aesthetic theory might adduce the mathematically categorized
objective correlate of the subjective judgments as a verification
of the hypothesis "designed beauty = a function of designed
order."

B

#120
Karl GERSTNER:
Kompendium für Alphabeten.
Eine Systematik der Schrift.
Teufen: Niggli
Jahr: 1972

Seiten: 180 S.
Format: 15,5×15,5×2,5 cm

→ 🟨

#121
Ruedi RUEGG
Godi FRÖHLICH:
Typografische Grundlagen. Handbuch
für Technik und Gestaltung.
Zürich: ABC-Verlag
Jahr: 1972

Seiten: 220 S.
Format: 26×25,5 cm

#122
Jan TSCHICHOLD:
Kursiv, Kapitälchen und Anführungs-
zeichen im Textsatz des Buches und
in wissenschaftlichen Zeitschriften.
In: Ders.: Ausgewählte Aufsätze über
Fragen der Gestalt des Buches und der
Typographie.
Basel: Birkhäuser
Jahr: 1975

Seiten: S. 124–138
Format: 15×15×4 cm

1972

#120
Karl GERSTNER:
Kompendium für Alphabeten.
Eine Systematik der Schrift.

→

Es gibt auch Fälle, wo die Schriftwahl zum Weltanschauungs-Manifest wird. Beispiel Bauhaus: Schriftstücke hatten in der „fortschrittlichen" Grotesk gesetzt zu sein. Umgekehrt Beispiel Drittes Reich: im Blick nach rückwärts auf ursprünglich „Deutschstämmiges" wurde die „deutsche" Fraktur zur Staats-Schrift deklariert. (Die „Schriftregelung" als konsequentes Pendant zur „Sprachregelung"). Ironischerweise ist das eine wie das andere Beispiel ein historischer Irrtum: die Grotesk eine Schöpfung des 19. Jahrhunderts, dessen Stil "dekadenz" das Bauhaus gerade überwinden wollte; und die Fraktur eine Schrift jüdischen Ursprungs, die Adolf Hitler 1941, durch Führererlaß, in Umkehrung der Konsequenz verbieten lassen mußte.

Zuordnen ist der Parameter, in dem Stil „zum Ausdruck kommt". (Damit ist hier das ganze Formenspektrum gemeint, das – in Jahrhunderten entwickelt – heute noch in Gebrauch ist. Selbstverständlich ist auch Farbe als Ausdrucksmittel zuzuordnen.) In jedem Fall eine Frage mehr oder weniger schlüssiger Interpretation.

Die Standardfrage des Typographen: darf (oder soll) die „Heilige" Schrift in der gleichen Type gesetzt werden wie der Taschenbuch-Krimi? ist falsch gestellt. Die Bibel in Grotesk ist eine andere als in Fraktur; die Frage ist nicht von der Typographie, sondern von der Absicht her zu beantworten – in diesem Fall: was soll durch die Typographie manifest werden? Oder: wer soll durch die „Aufmachung" angesprochen werden? Hier sind beide Möglichkeiten legitim: die Bibel dem Krimi möglichst anzugleichen – oder möglichst zu distanzieren.

»Karl Gerstner ist ohnehin ein wichtiges Vorbild (auch sein Buch ›Programme entwerfen‹), aber das Kompendium für Alphabeten ist offener und spielerischer und mir daher näher.« — [PP]

»Diesen Aufsatz, manchmal auch das ganze Buch, habe ich immer wieder hartnäckigen Kunden über den Tisch geschoben, denn nirgendwo ist der Gebrauch typografischer Auszeichnungen besser dargestellt. Das kleine Buch war auch Gestaltungsvorlage für Erik Spiekermanns ›Ursache und Wirkung‹. Eigentlich ist jeder der Aufsätze darin wert, in einen Reader für Studierende aufgenommen zu werden.« — [GF]

»Analytisch und witzig. Aus dem Klappentext zur ersten Auflage 1972: ›Das Kompendium liefert für eine gar nicht so ferne Zukunft Parameter für die Programmierung einer elektronisch gesteuerten, der Computer-Typografie.‹ Gerstner war Mitgründer der legendären Werbeagentur GGK.« — [JB]

B

#123
Typografische Monatsblätter TM /
Schweizer Typografische Mitteilungen
(SGM) / Revue Suisse de
l'Imprimerie RSI.
(Sondernummer ›Ist diese Typografie
noch zu retten – oder leben wir auf
dem Mond?‹; Pioniere der Typografie:
Wolfgang Weingart; St. Gallen),
Dezember 1976, Nr. 12
Jahr: 1976
—
Seiten: o. Pg.
Format: 23×29,5 cm

→

#124
Albert KAPR
Walter SCHILLER:
Gestalt und Funktion der Typografie.
Leipzig: Fachbuchverlag
Jahr: 1977
—
Seiten: 410 S.
Format: 30×22×4 cm

#125
Adrian FRUTIGER:
Der Mensch und seine Zeichen; Bd.1
Zeichen erkennen, Zeichen gestalten.
Frankfurt a. M.: D. Stempel AG
Jahr: 1978
—
Seiten: 104 S.
Format: 18,5×26×1,2 cm
—
»Das Standard-Werk. Frutiger geht nicht
vom Buchstaben, sondern vom Zeichen
aus. Achtung! Nicht zu verwechseln mit
den gekürzten Ausgaben in anderen
Verlagen.« — [JB]

#126
Adrian FRUTIGER:
Der Mensch und seine Zeichen; Bd.2
Die Zeichen der Sprachfixierung.
Frankfurt a. M.: D. Stempel AG
Jahr: 1979
—
Seiten: 118 S.
Format: 18,5×26×1,2 cm

#127
Adrian FRUTIGER:
Type, Sign, Symbol.
Frankfurt a. M.: D. Stempel AG
Jahr: 1980
—
Seiten: 151 S.
Format: 26×25,5 cm

→

#128
Roland BARTHES:
Ohne Adressen.
In: Ders.: Das Reich der Zeichen.
Frankfurt a. M.: Suhrkamp
Jahr: 1981
—
Seiten: 160 S.
Format: 10,5×17,5×1 cm

#123
Typografische
Monatsblätter TM /
Schweizer Typografische
Mitteilungen (SGM) /
Revue Suisse de
l'Imprimerie RSI.

(95%)

→

12 1976	Typografische Monatsblätter	Schweizer Grafische Mitteilungen	Revue suisse de l'Imprimerie Edition spéciale Décembre 1976
	TM	SGM	RSI

Eine Auswahl **bestimmter Arbeiten** Weingarts von 1969 bis 1976. Gedanken und Beobachtungen eines Freundes. Und persönliche Bemerkungen von ihm.

Ist diese Typografie noch zu retten?
Oder leben wir auf dem Mond? Is This Typography Worth Supporting, Or Do We Live On The Moon? A special selection from the works of Weingart, from 1969-1976. Thoughts and observations of a friend. And personal comments from the author.

0001
0094   **Die Typografie ist noch nicht tot!** Sie wirkt zwar heute ein bisschen
Typography is not dead, yet! But its effect is undoubtedly
blutarm und unentschlossen. Doch im grossen und ganzen ist sie in Ordnung.
anemic and vague. But by and large, it is intact. It is definitely less than ever
0002
0095   **Sie ist zwar weniger denn je eine Gebrauchskunst. Dafür aber steht ihr**
a practical skill. Instead, it endures as an intrinsic necessity.
Gebrauchswert hoch im Kurs.

Typography lives! It is not regarded today with the primacy of
Die Typografie lebt! Sie nimmt sich heute vielleicht nicht mehr so
perhaps 10 or 20 years ago, and is comprehended less as a "picture", but
0003
0096   **wichtig wie vor 10 oder 20 Jahren, versteht sich weniger als Bild, tritt**
rather, more as a "text". Nevertheless, it remains a prominent element of "visual
hinter den Text zurück. Trotzdem ist sie noch immer ein wichtiger Teil ‹visueller
communication": indispensable, and occasionally fresh, even original.
Kommunikation›: überall gefördert, ansehnlich und mitunter sogar noch
Currently: typography is still typography, although less
überraschend originell.
0097   complacent, conceited, and self-confident, than in the late fifties. And,
0004   **Kurzum: die Typografie heute ist noch immer Typografie. Weniger**
correspondingly, more functional, in that it has become completely adjusted
selbstgefällig, selbstbewusst und selbstsicher zwar als noch Ende der
to the rapid methods of mass communication.
fünfziger Jahre. Dafür aber ‹funktionaler›: in den schnellen Verwertungsprozess
0098   This connotes "adapted": adapted to the developments
0005   **der Massenkommunikation voll eingepasst.**
within the composing and print technologies; to the stipulations of an unstable
Das heisst: angepasst. Angepasst an die Erfordernisse neuerer Satz-
market; to the supposedly effective usage by the design profession; and
und Drucktechniken. An die Bedingungen schnell sich verändernder
Fortsetzung des Textes: Seite 4/Innenteil
0099   also adapted to a particularly unpleasant phenomenon of our profession: to design
Continuation of text: inside/page 14

Sondernummer Dezember 1976   Special Edition December 1976

B

Fortsetzung des Textes vom Umschlag

0006 März: An die offensichtlich wirkungsvolle ▬▬▬▬- und Entwurfspraxis für Kommunikationsmittel. Und angepasst auch ▬▬ ▬▬ ▬▬▬▬▬▬▬ ▬▬▬▬▬▬▬▬▬▬▬▬ dieser gängigen Praxis: an das Design unter extremem Zeit- und Gewinndruck.

0007 Wir leben natürlich nicht auf ▬▬▬ ▬▬▬▬. Und Anpassung erschein eher als Naturgesetz des Überlebens denn als Fahrkarte ins Mittelmass.

0008 Ganz klar, dass wir – die angepassten Typografen, Grafiker, Art Directors – uns fragen: Ist diese Typografie hier noch zu retten?
Denn dass die alles andere als angepasst ist, das macht uns bestürzt.

| Meine Kriterien beim typographischen E | E orientieren sich vor allem | an visuellen Qualitäten. | Also hat mein Begriff | von ‹experimenteller Typographie› etwas mit | Bildern, also mit Graphik | zu | tun. |

N i c h t   z u l e t z t   s t e l l e n   d i

g e z e i g t e n   B e i s p i e l l

e h r w ü r d i g

t y p ● g r a p h i s c h e   ‹G e s e t z e›

d i e   i n   W i r k l i c h k e i t   bequeme Ideologien   s i n d
i n   Frage

Durch das Experiment suche ich neue Gestaltungselemente und nicht nur die bekannten neu zu arrangieren.
Zu diesem Begriff ‹Experiment› gehört, daß die klassischen Spielregeln der Typographie aufgehoben sind.

0009 Und wohin dieser bewusste Verzicht auf Anpassung typografisch führt, das macht uns nervös. Lebt Wolfgang Weingart mit seiner Typografie schon auf dem Mond? Und sind wir – die angepassten Typografen, Grafiker, Art Directors – vielleicht schon nicht mehr zu retten?

0010 Ich bin mir nicht sicher. Aber ich weiss, durch Weingart, was mit der Typografie heute geschehen muss, um ihr Über-Leben abzusichern.

0011 Es ist das Gegenteil dessen, was wir in den Schulen gelernt haben und was wir heute überwiegend lehren. Und es steht im Widerspruch zu unserem herrschenden Verständnis von ‹Praxis›. (Nicht zur ‹Praxis› generell!).

#123
Typografische Monatsblätter TM /
Schweizer Typografische Mitteilungen (SGM) /
Revue Suisse de l'Imprimerie RSI.

(95%)

→

Himmelblau
Blau
Beige

hingestreuter
hingetupfter
weisser Punkt
weisse Kapelle

Kaktus
Steinödendistel
Steinöde

langsames Drehen
Windmühlensegel
Windmühlenkegel
weisse Treppe
sanfter Anstieg

in Grün
roter Hibiskus
schwarze Gestalt
winklige Gassen
blauer Schatten
weisses Licht

Schatten
Licht
trunken von Weiss
Kubenhäuser
Kuben
Steinplattenplatz

Mykonos,
Oktober 1961

wartendes Boot
Millionenkörner
beiger Sand

atmendes Meer

5

Es sind dies, vereinfacht, drei Dinge:

0012   **Erstens:** Die Typografie ist nicht nur das Mittel, eindeutige **Botschaften eindeu**tig zu transportieren. Ihr Wert, ihre Möglichkeiten liegen
0013   gerade in ihrer Zweideutigkeit. Die Typografie hat aber – eine von Schulmeistern und Design-Ideologen verdrängte Binsenweisheit – keinen ‹Wert› an sich. Sondern ihre gestalterischen Merkmale stehen stets in Bezug zu etwas,
0014   was ausserhalb ihrer selbst liegt: das Verhältnis des Typografen zur Typografie, seine gestalterischen Fähigkeiten, sein durch solche Merkmale definierter ‹Spielraum›, Kommunikationsziele, die Botschaft, die Aussagen, die Einschätzung des Publikums usw.
0015   Zweitens: Die Typografie ist keine Ware, die sich widerspruchsfrei vermarkten lässt. Sie ist kein toter Gegenstand, der sich per Katalog
0016   anpreisen, per Telefon ordern, per Katalog designen und per Boten ausliefern lässt. Oder wenn, dann sieht sie so aus, dann funktioniert sie genauso: Massenkonfektion, Sowohl-als-auch-Dessins – zwar blutarm und unentschlossen,
0017   aber im grossen und ganzen in Ordnung. Nichts Verwerfliches, gewiss. Aber auch nicht gerade eine Zukunftsvision. Wer Ideen und Ziele hat, wer vor Kreativität birst, wer empfindet – der möchte Couturier sein oder wenigstens Zuschneider.

ÜBEL.
SALÜ.
LÜMMEL.
Glühwein.

0018 Dritt**ene: Die Typografie** ist keine Bestie, die m
Kunststücke beizubringen. Im Gegenteil: die Einordnung typ
Ideen in eine «Konzeption bildet geradezu die Voraussetzun

0019 artistischen Leistungen. Das aber bedeutet: diese Artistik ziel
‹Inhalten› und auf Unterhaltung ab. Die Wiederentdeckung d
Bedeutungsebenen von Typografie! Die Schrift und ihre An

0020 Vehikel von Aussagen, aber auch als eigenständige Aussage
kontrastierend, illuminierend, hässlich, schön usw.
Wie gesagt, das alles lehrt uns die Typografie Weingarts.

0021 Natürlich macht das uns bestürzt, nervös, unsicher. Widersprüche werden
offenbar: wir betreiben Typografie blutarm und unentschlossen, aber

Peter von Kornatzki in den schönen
Esslinger Weinbergen/Herbst 1975

0022 reden von ihr lebhaft als Kommunikations-, sprich: ‹Verständigungs›-Mittel. Selbstzweifel breiten sich aus: wir haben jedes tiefe Interesse an der Typografie verloren, betrachten aber interessiert die von Weingart.

#123

Interpretation eines Gedichts der Zürcher Dichterin Elsbeth Bornoz, 1972/73.

Es gab eine Zeit, in der mich das Kombinieren vorhandener Satzschriften zu neuen, lesbaren Zeichen und Wörtern interessierte. Das ist eines der Ergebnisse. Zur gleichen Zeit, 1971/72, entstanden die ‹Semantischen Interpretationen›, Visualisierungen, wie die Bedeutung von Begriffen bildhaft ausdrücken und bestimmte Assoziationen wecken.

Interpretation of a poem by the Zurich poetess Elsbeth Bornoz, 1972–73.

At one time, I was intrigued with the combinations of existing printing type, into novel, legible signs and words. These are a few of the results.
At the same time, 1971–72, the "Semantic Interpretations" were created. Visualizations, and their conceptual meanings, are pictorially expressed, and associations solicited.

ATHEN

POINT

ITALY

STO?

FLYING

interessiert, jedoch kaum begeistert. Denn das ist ein weiterer
0023 Vorzug dieses Typografen: er sitzt zwischen allen Stühlen. Er ist kein Praktiker, schon gar kein Theoretiker, für einen Handwerker zu unbekümmert, für
0024 einen Grafiker zu kreativ, beharrlich bis zur Ignoranz, ein Idealist, wie er im Buche steht.
Er sitzt zwischen allen Stühlen und fühlt sich dabei offensichtlich auch noch ganz wohl. Er kultiviert das. Er macht das vor allem für sich produktiv.
0025 So wie er seine eigenen Widersprüchlichkeiten und die seiner Typografie für sich produktiv macht. Natürlich, wie er sagen würde: ‹unbewusst›.
‹Wir leben in einer destruktiven, geschmacklosen Zeit, und ich
0026 versuche dagegenzuarbeiten mit dieser Art von Typografie›, sagt Weingart. Aber er zerstört dafür die klassische ‹Schweizer› Typografie: Weingart verzerrt, zerschneidet, sperrt, durchstreicht, verquatscht!
0027 Er verschreibt sich dafür dem Experiment, dem fortwährenden Suchen und Probieren. Aber kaum etwas ist auffälliger in diesen Arbeiten als die durchgehende Linie, die Kontinuität des Stils.
0028 Er hat auch als Lehrer eine genaue und in sich schlüssige Lehre entwickelt, deren Schwerpunkt in seinem typografischen Denken und Handeln liegt. Und predigt, typografiert, vertreibt sie mit missionarischem Eifer

Digital typeface design for movable indicators

In addition to static indication by fixed panels, all centres of traffic have movable indicators to display constantly changing information about land and air timetables throughout the day. Digital display, using CRT screens, is increasingly taking over from the previous manual and electromechanical systems using sliding or rotating elements. Information can be electronically conveyed from a central position to a great variety of information points. The main obstacles to this technique are still the small dimensions of the screen and the reduced legibility of the screened character reproduction.

Standard typefaces are unsuitable for CRT reproduction because the linear resolution is too coarse to reconstitute the typographic image faithfully. The only possibility for the display of perfectly legible information lies in the use of predigitised characters. In order to introduce this new information technique throughout the airport buildings of the Paris (Charles de Gaulle) Airport, a special digital alphabet was worked out. It is based on the technical criteria of the system so as to guarantee optimal legibility on the screen.

Typefaces for TV display will influence the letter design of the future. It seems to me that typographical specialists should be employed in this field as well, so that the appearance of the typefaces remains aesthetically pleasing.

Digitale Schriftgestaltung für Alternativ-Signalisation

Neben der statischen Wegweisung durch festliegende Schilder bestehen in allen Verkehrsbetrieben bewegliche Signalisationen, welche im zeitlichen Ablauf des Tages stets wechselnde Informationen über Fahr- und Flugpläne anzuzeigen haben. Die digitale Anzeige mit Hilfe von Kathodenröhren-Bildschirmen tritt mehr und mehr an Stelle der bisherigen, manuellen und elektromechanischen Systeme (Schiebetafeln, rotierende Lamellen usw.). Von einer zentralen Stelle aus können die Informationen an die verschiedensten Informationsstellen elektronisch geleitet werden.

Die wesentlichen Hindernisse dieser Technik sind immer noch einerseits die kleinen Ausmasse des Bildschirmes und anderseits die reduzierte Lesbarkeit der gerasterten Schriftwiedergabe.

Die gewöhnlichen Schrifttypen sind zur Wiedergabe auf der Kathodenröhre ungeeignet, da der Linienraster zu grob ist, um das typografische Bild formgetreu zu restituieren. Die einzige Möglichkeit einer einwandfrei lesbaren Information besteht in der Verwendung von vordigitalisierten Schriftzeichen. Zur Einführung dieser neuen Informationstechnik in der gesamten Flughafenanlage Paris Charles-de-Gaulle wurde ein spezielles Digitalalphabet ausgearbeitet, welches auf den technischen Kriterien des Systems aufgebaut ist, um eine optimale Lesbarkeit auf dem Bildschirm zu garantieren. Die Fernsehschriften werden die Formgebung der Buchstaben in der Zukunft beeinflussen. Es scheint mir, auch auf diesem Gebiet sollten Schriftfachleute beigezogen werden, damit das Erscheinungsbild der Schriften ästhetisch ansprechend bleibt.

La conception digitale de l'écriture pour signalisation mobile

A côté de l'information statique par des panneaux indicateurs fixes, il existe dans toute organisation de transport une signalisation mobile qui permet d'indiquer les changements intervenus par rapport à l'horaire dans le courant de la journée. La visualisation digitale au moyen d'écrans de tubes à rayons cathodiques remplace progressivement les systèmes manuels et électro-mécaniques (tableaux coulissants, lamelles rotatives, etc.). Depuis une centrale, les informations peuvent être dirigées électroniquement vers les points d'information les plus divers.

Les inconvénients majeurs de cette technique sont les dimensions encore trop restreintes de l'écran, ainsi que la lisibilité réduite de la reproduction tramée des caractères.

Les caractères de formes courantes ne conviennent pas à la reproduction par tube à rayon cathodique, car la trame linéaire est trop grossière pour permettre une reproduction fidèle des formes de l'image typographique. La seule possibilité de disposer d'une information clairement identifiable consiste à utiliser des signes d'écriture prédigitalisés. En vue d'introduire cette nouvelle technique d'information dans l'ensemble de l'aéroport Paris-Charles-de-Gaulle, un alphabet digital spécial a été mis au point. Cet alphabet, fondé sur les critères techniques du système, garantit une lisibilité optimale sur l'écran.

Les écritures destinées à la diffusion télévisée ne manqueront pas d'exercer une forte influence sur les caractères de l'avenir.

1

The variable information on the screen consists mainly of numbers and capital letters. Information is displayed in columns, for which purpose a uniform width for all characters is a technical advantage but detrimental to good type-design. The greatest difficulty, however, is that of the formulation of oblique strokes, as the angle of "stepping" is limited to two variations.

1

Die Wechselinformation auf dem Bildschirm besteht zur Hauptsache aus Ziffern und Versalbuchstaben. Die Informationen erscheinen in Kolonnensatz; die einheitliche Breite jedes Zeichens ist in dieser Beziehung eine Erleichterung, hemmt jedoch eine gute Gestaltung der Buchstaben. Die beträchtlichste Schwierigkeit besteht jedoch in der Formulierung von Schrägstrichen, die «Treppenwinkel» sind auf nur zwei Varianten beschränkt.

1

Les informations variables sur le cadran sont composées essentiellement avec des chiffres et des lettres majuscules. Les textes apparaissent sous forme de tableaux avec des compositions en colonnes; cette forme d'affichage exige des largeurs uniformes pour tous les signes; au détriment de la qualité typographique des lettres.

La difficulté majeure réside dans la limitation à deux variantes de degrés pour exprimer les traits obliques en forme d'escaliers.

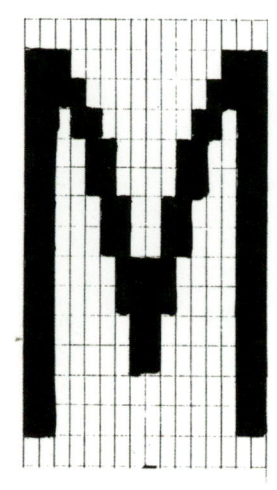

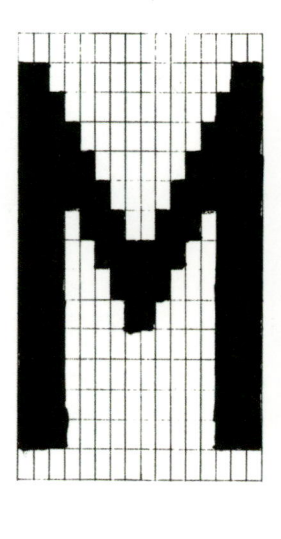

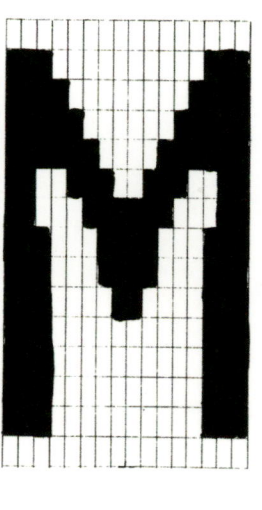

1980

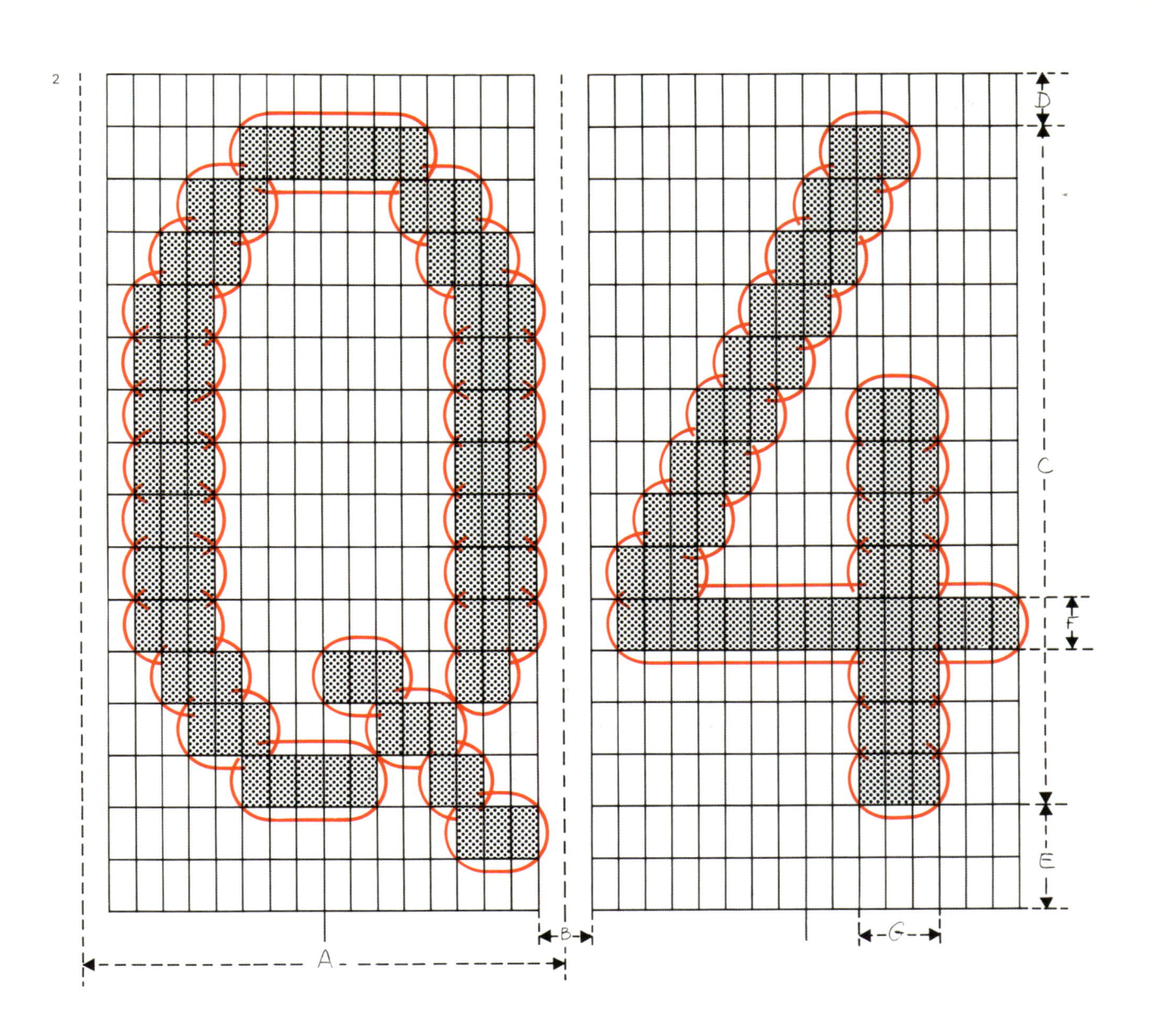

2
The base grid schematises the theoretical value of the individual elements (black). In reality, however, the overexposure of the lines is so great that the heavy thickening of the horizontal leads to distortion of characters. The design of characters therefore involves a conscious inclusion of these overexposure values (red).
A Width unit; B minimum letterspace; C capital height does not exceed 13 lines; D upper space for accents; E lower space for descenders; F, G correct weight proportions of the lines.

2
Der Grundraster schematisiert den theoretischen Wert der einzelnen Perioden (schwarz). In Wirklichkeit ist jedoch die Überblendung der Linien so stark, dass die enorme Verdickung der Horizontalen zu verzerrten Buchstabenbildern führt. Das Gestalten der Buchstaben geschieht durch bewusste Einbeziehung dieser Überblendungswerte (rot).
A Breiteneinheit; B Minimaler Zwischenraum; C Die Versalhöhe überschreitet nicht 13 Linien; D Oberer Raum für Akzente; E Unterer Raum für Unterlängen; F, G Die richtige Fettenproportion der Linien.

2
La trame de base schématise la valeur théorique des différentes périodes individuelles (noir). En réalité, la surexposition des lignes est tellement forte que l'épaississement considérable des horizontales produit une distorsion des caractères. La conception formelle des lettres s'effectue en intégrant consciemment ces valeurs de surexposition (rouge).
A Unité de largeur (chasse); B Espacement minima; C La hauteur des capitales ne dépasse pas 13 lignes; D Espace supérieur pour les accents; E Espace inférieur pour les descendantes; F, G Les graisses bien proportionnées des lignes.

89

#127
Adrian FRUTIGER:
Type, Sign, Symbol.

(86%)

B

»*Das Buch repräsentiert den Unterschied von Abbildung und Beschreibung; es markiert den ›Ort‹, an dem die Wirklichkeit einer auswählenden, abwägenden, wertenden und gestaltgebenden Verfahrensweise unterzogen wird, statt sich als Datensumme darzustellen.*«

#129
Hans BLUMENBERG:
Die Lesbarkeit der Welt.
Frankfurt a. M.: Suhrkamp
Jahr: 1981
—
Seiten: 415 S.
Zitat: S. 137
Format: 14 × 22,5 × 3,5 cm

#130
Florian COULMAS:
Schrift als Gegenstand.
In: Ders.: Über Schrift (Suhrkamp Taschenbuch Wissenschaft; 378).
Frankfurt a. M.: Suhrkamp
Jahr: 1981
—
Seiten: S. 9–20
Zitat: S. 10
Format: 11 × 18 × 1 cm

→ [Z.]

1981

»Seit Platon und in verstärktem Maße seit Gutenberg ist das Buch im Okzident einer der wichtigsten Träger der Kultur und unverzichtbar für ihre Überlieferung. Im Orient, in China zumal, sicherte es die Kontinuität einer viertausendjährigen Tradition. Und selbst wenn das Zeitalter des Buches schon wieder im Begriff sein sollte, zu Ende zu gehen – sei es, weil die Schrift durch magnetische und elektronische Aufzeichnungsmedien verdrängt wird, wie der kanadische Medienforscher McLuhan annahm, oder sei es, weil die Gedanken, die es heute zu denken gilt, komplizierter sind, als daß sie mit den linearen Mitteln der Schrift formuliert werden könnten, wie der französische Philosoph Derrida erklärt –, wird die Schrift für alle intellektuellen Tätigkeiten noch lange von beherrschender Bedeutung sein. ›Learning to read, and to a lesser degree, to write, are of course the major events in one's intellectual development.‹ Und wenn dies in besonderem Maße für Philosophen wie Karl Popper gilt, von dem diese Zeilen stammen, so haben sie ihre Berechtigung doch für jeden, der kritisches Denken lernt, der also lernt, über Aussagen und den Zusammenhang zwischen ihnen zu reflektieren. Indem Gedanken in Sätze gekleidet und niedergeschrieben werden, werden sie der Kritik ausgesetzt, der eigenen und der anderer.«

#130
Florian COULMAS:
Schrift als Gegenstand.

B

#131
Adrian FRUTIGER:
Der Mensch und seine Zeichen; Bd.3
Zeichen, Symbole, Signete, Signale.
Echzell: Horst Heiderhoff
Jahr: 1981

—

Seiten: 149 S.
Format: 18,5×21 cm

#132
Erik SPIEKERMANN:
Ursache & Wirkung.
Ein typografischer Roman.
Erlangen: Context, 1982, 126 S.;
(Faksimilierter Nachdruck der Original-
Ausgabe Mainz: Hermann Schmidt, 1994
139 S.)
Jahr: 1982

—

Seiten: 126 S.
Format: 13×19×1 cm

→ 🟨

»*Natürlich macht sich kein Leser über die Wirkung der Typographie des Buches, in dem er gerade liest, Gedanken und über die Mittel, wie diese Wirkung zustande kommt, schon gar nicht. Dennoch ist diese Wirkung vorhanden. Die Form der Schrift, die Typographie der Seiten spricht immer mit, sie hat immer Bezug zum Inhalt, positiv oder negativ. Neutrale Typographie gibt es nicht.*«

#133
Hans Peter WILLBERG:
Buchkunst im Wandel.
Die Entwicklung der Buchgestaltung
in der Bundesrepublik Deutschland.
Frankfurt a.M.: Stiftung Buchkunst
Jahr: 1984

—

Seiten: 207 S.
Zitat: S. 81
Format: 22×30,5 cm

#134
Friedrich FRIEDL:
Thesen zur Typografie; Bd.1:
1960–1984.
Eschborn: Linotype GmbH
Jahr: 1985

—

Seiten: 65 S.
Format: 18,3×23,8×1,5 cm

»Auch wenn sich technisch vieles seit den 1980er Jahren verändert hat — für mich immer noch eines der besten Bücher über Typografie.« — [JB]

ERSTES KAPITEL

In diesem, dem ersten Kapitel müßte der gerade beschriebenen Ordnung zufolge also der Buchstabe als Einzelzeichen abgehandelt werden. Daß es viele tausend verschiedene Arten gibt, meinetwegen ein kleines *a* (auch: a, ɑ, a, *a*, a, a, *a* u.v.a.) zu gestalten, ist dem fachkundigen Leser dieser Zeilen gottlob bekannt.

Es ist typografischen Laien nämlich oft gar nicht klarzumachen, daß es Sinn und Zweck hat, so viel Arbeit und auch Liebe auf das Zeichnen dieser kleinen Buchstaben zu verwenden, die, kaum überflogen, schon zusammengeknüllt im Papierkorb landen. Wie gesagt, so argumentiert der Laie. Der Fachmann hingegen erkennt die feinsinnigen Unterschiede zwischen den Schriften und weiß wohl um ihre Wirkung auf den Betrachter. Ist es doch mit der Typografie wie mit den anderen Künsten: dem Ahnungslosen muß auf die Sprünge geholfen werden und bald eröffnet sich ihm eine neue, abenteuerliche Welt, eine Welt, erfüllt mit Gegenständen für den geistigen Gebrauch. Aber wer öffnet dem Ahnungslosen die Augen für die blühende Wiese der Typografie?

Warum gibt es eigentlich keine Typografiekritiker? Jeden Morgen lese ich in der Zeitung Kritiken über alle möglichen Veranstaltungen des Vorabends: Theater, Film, Musik, ja sogar das Fernsehen werden einer kritischen Würdigung unterzogen beziehungsweise oft schlicht verrissen. Ja, von hauptberuflichen

#132
Erik SPIEKERMANN:
Ursache & Wirkung.
Ein typografischer Roman.

B

#135
Gerrit NOORDZIJ:
Das Kind und die Schrift.
(Aus Rede und Diskussion; 6).
München: tgm – Typographische Gesellschaft München
Jahr: 1985

Seiten: 56 S.
Format: 13×21×0,5 cm

→

#136
Friedrich FRIEDL:
Thesen zur Typografie. Aussagen zur Typografie im 20. Jahrhundert, Bd.2: 1900–1959.
Eschborn: Linotype GmbH
Jahr: 1986

Seiten: 68 S.
Format: 19×24×1,5 cm

»Von Friedl nach dem Studium persönlich überreicht, musste die Zeit erst kommen, um die drei Bände wirklich schätzen zu können. Sie sind eine wichtige Inspirationsquelle für ›Texte zur Typografie‹ gewesen.« — [IN]

#137
Hans RICHTER (Hrsg.):
G. Material zur elementaren Gestaltung.
Berlin 1923–1926, Reprint der Ausg. 1923–1926, hrsg. von Marion Hofacker, München: Kern
Jahr: 1986

Seiten: 140 S.
Format: 21×29,5 cm

---

8 — DAS KIND UND DIE SCHRIFT

Im Spiel lernt das Kind die Ansichten zu deuten. Ein Ding, das so aussehen kann, ist eine Pyramide. Das sich ändernde Bild auf der Netzhaut ist für das Kind nicht zuverlässig. Lieber verläßt es sich auf seinen Tastsinn. Laß mich sehen, sagt es, und streckt die Hand aus.

Nun kommt das Kind in die Schule. Die Lehrerin zeigt einen Stab mit einem Bogen am einen Ende.

Das ist ein d.

Sie zeigt die Rückseite des Stabes.
Und das ist ein b.
Dann dreht sie die erste Seite wieder vor, aber so, daß das Ende mit dem Bogen nun nach oben zeigt.
Das ist ein p.

Ist das vielleicht lustig: Jeder sieht doch, daß die Lehrerin immer dasselbe Ding zeigt. Langsam entdeckt das Kind die entsetzliche Wahrheit: Dieser Blödsinn ist ernst zu nehmen, und wer sich nicht hereinlegen läßt, ist dumm.

In seinem Spiel hat das Kind gelernt, ein Ding von allen Seiten zu betrachten, ehe es entscheidet, was das Ding ist. Nun verlangt die Schule aber unverfroren von dem Kind, dasselbe Ding bei jeder neuen Ansicht als ein anderes Ding zu bezeichnen. Dieser Wahnsinn heißt Leseunterricht.

Hier stoßen zwei Anschauungen aufeinander. In unserer Schrift geht es um den Stand der Dinge. Ein n ist das gleiche Ding wie ein u. Wir bezeichnen jedoch nicht das Ding, sondern seinen Stand. In dieser Betrachtungsweise ist der

DIE LOGIK DER KINDER   9

Standort entscheidend für die Bedeutung der Dinge. So eine Betrachtungsweise nenne ich subjektiv.

Das Kind verweilt nicht bei den Dingen. Es springt um die Dinge herum und macht sich so ein Bild vom Wesen der Dinge. Der eigene Standort hat dabei keine große Bedeutung. Ein Kind »liest« sein Bilderbuch anstandslos kopfstehend. Eine Betrachtungsweise, die die Dinge unabhängig von dem Standort des Betrachters deutet, nenne ich objektiv.

Die Objektivität des Kindes tritt in seiner Zeichnung zutage. Jede Kinderzeichnung stellt die Menschen von vorne dar, Tiere und Gegenstände jedoch von der Seite, denn das sind die Ansichten, die das Wesentliche am deutlichsten vermitteln. Bei einem Tisch sind die Ansichten von oben und von der Seite gleich wichtig. Wir dürfen denn auch erwarten, daß sie in der Kinderzeichnung gleichwertig dargestellt werden. Folgerichtig malt das Kind auf der Fläche, die den Tisch von oben darstellt, eine Blumenvase, die von der Seite gesehen wird. Diese Darstellungsart wird als primitiv bezeichnet. Das ist ein irreführender Ausdruck für die objektive Darstellungsweise, die auch von Architekten und Konstrukteuren bevorzugt wird. Primitiv ist vielmehr ein Unterricht, der Buchstaben von ihrem Hintergrund zu lösen versucht, und damit das Ding und die zufällige Ansicht desselben durcheinanderbringt.

> »In dieser Rede geht der Gestalter Noordzij auf sehr plastische Art und Weise mit der Pädagogik ins Gericht.
> Was uns nach Jahrzehnten der Leseerfahrung so selbstverständlich gelingt; die Diskriminierung unserer lateinischen Buchstaben ist bei genauer Betrachtung für Kinder ein fast paradoxer Vorgang.« — [IN]

Hier hat Matthijs (sechs Jahre alt) seinen Namen geschrieben. Er kennt die Buchstaben, aber es stört ihn nicht, von welcher Seite er sie sieht. Ein Hund, der von links nach rechts an ihm

#135
Gerrit NOORDZIJ:
Das Kind und die Schrift.

#138
Vilém FLUSSER:
Die Schrift. Hat Schreiben Zukunft?
Göttingen: European Photography /
Immatrix Publ.
Jahr: 1987

Seiten: 160 S.
Format: 14×21×2 cm

geahmte und übertreibt einige wenige seiner Aspekte. Ein Hebel ist eine Simulation des Arms, weil er alle Aspekte des Arms außer seiner Hebefunktion vernachlässigt, diese Funktion aber so weit auf die Spitze treibt, daß er weit besser hebt als der von ihm simulierte Arm. Das sich durch die digitalen Codes ausdrückende und bildermachende Denken ist eine Karikatur des Denkens. Aber es ist geradezu gemeingefährlich, diese neue Denkart deswegen etwa als dumm oder auch nur als einseitig verachten zu wollen. Der Hebel war die erste Karikatur der Muskelfunktionen des Körpers. Er hat über die Industrierevolution zu Vorrichtungen geführt, welche die Muskelfunktionen des menschlichen Körpers auf den meisten Gebieten eliminieren. Wir sind, was die Simulation des Denkens betrifft, auf der Höhe des Hebels. Wir beginnen erst, denken zu lernen im Sinne von: Gehirnvorgänge nach außen projizieren, um sie dadurch von psychologischen, philosophischen, theologischen Ideologien zu befreien und in vollen Gang zu bringen. Nicht etwa, daß die ideologischen Verächter dieser ersten Denkkarikaturen das Emportauchen des Denkens aus der Schädeldecke verhindern könnten, aber sie können den schon an sich mühsamen Weg ins freie Denken unnötigerweise erschweren. So werden, paradoxerweise, die vom alphabetischen, historischen Denken genährten Kritiker und Aufklärer zu Hindernissen im Befreiungsversuch des Denkens von seinen physiologischen Konditionen.

==Wie das Alphabet ursprünglich gegen die Piktogramme, so gehen gegenwärtig die digitalen Codes gegen die Buchstaben vor, um sie zu überholen. Wie ursprünglich das sich aufs Alphabet stützende Denken gegen Magie und Mythos (gegen Bilderdenken) engagiert war, so ist das sich auf digitale Codes stützende gegen prozessuelle, »fortschrittliche« Ideologien engagiert, um sie durch strukturelle, systemanalytische, kybernetische Denkweisen zu ersetzen.== Und wie sich zeit der Geschichte die Bilder gewehrt haben, von Texten verdrängt zu werden, so setzt sich gegenwärtig das Alphabet zur Wehr, um nicht von den neuen Codes verdrängt zu werden — ein nur kleiner Trost für alle am Weiterschreiben von Texten engagierten Menschen, denn die Sache hat sich beschleunigt. Den Texten ist erst nach dreitausendjähri-

144

gem Kampf, erst im 18. Jahrhundert der Aufklärung gelungen, die Bilder und ihre magischen Mythen in Winkel wie Museen und das Unterbewußtsein zu drängen. Der gegenwärtige Kampf wird nicht so lange währen. Das digitale Denken wird weit schneller siegen. Allerdings, das 20. Jahrhundert ist nicht unwesentlich geprägt von einem reaktionären Aufstand der Bilder. Dürfen wir in unvorhersehbarer Zukunft mit einem reaktionären Aufstand der verdrängten Texte gegen die Computerprogramme rechnen?

145

»Das ist natürlich kein Typo-Buch im eigentlichen Sinne, hat aber sehr viel zu den Fundamenten und Problemen heutiger Typografie zu sagen, wenn man Typografie nicht nur als stilorientiert begreift. Unter anderem geht Flusser auf das unterschiedliche Denken ein, das Buchstaben und Ziffern zu visualisieren versuchen, also das Spannungsfeld zwischen Literatur und Formel/Programm.« — [PP]

#138
Vilém FLUSSER:
Die Schrift.
Hat Schreiben Zukunft?

B

#139
Jost HOCHULI:
Das Detail in der Typografie.
Wilmington / Mass.: Compugraphic Corp.
(erw. Neuauflage: Sulgen / Zürich:
Niggli, 2005, 64 S.)
Jahr: 1987
—
Seiten: 46 S.
Format: 13,5 × 22,5 × 0,4 cm

→

#140
Takenobu IGARASHI:
Igarashi Alphabets.
Zürich: ABC-Verlag
Jahr: 1987
—
Seiten: 152 S.
Format: 26 × 25,5 cm

#141
Hans-Rudolf LUTZ:
Ausbildung in typografischer
Gestaltung: Konzeption, Text,
Gestaltung, Repros, Realisation.
Zürich: Hans-Rudolf Lutz
Jahr: 1987
—
Seiten: 210 S.

Wenn die Lesbarkeit einer Druckschrift von der differenzierten und deutlichen Gestaltung der oberen Hälfte der Mittellängen abhängt, wären die meisten Serifenlosen gegenüber klassischen Buchschriften im Nachteil, besonders jene, deren gemeines a die vereinfachte Form hat (Abb. 13).

Wie alle andern zweidimensionalen Figuren, die von unserm Auge wahrgenommen werden, unterliegen auch die Buchstaben optischen Gesetzen. Maßgebend für die Beurteilung ihrer formalen Qualitäten sind daher nicht Messgeräte, sondern allein das gesunde menschliche Auge. Die folgenden Punkte, auf die bei der Gestaltung von Schrift zu achten ist, wollen wir daher nicht optische Täuschungen, sondern optische Tatsachen nennen:

1. Kreis und Dreieck wirken, bei genau gleicher Höhe, kleiner als das Rechteck. Damit sie gleich hoch erscheinen, müssen Spitzen und Rundungen ein wenig über bzw. unter die Kopf- und Fußlinie gezogen werden (Abb. 14).

2. Die geometrisch genaue horizontale Halbierung einer Fläche ergibt eine obere Hälfte, die optisch größer wirkt als die untere. Zwei optisch gleichwertige Hälften ergeben sich, wenn die horizontale Teilung über der geometrischen, nämlich in der so genannten optischen Mitte liegt (Abb. 15).

3. Bei gleicher Strichstärke wirkt eine Waagrechte breiter als eine Senkrechte. Um optisch ausgeglichene, gleich breit wirkende Stämme und Querbalken zu erhalten, muss die Waagrechte etwas schmaler sein. Das gilt nicht nur für gerade, sondern auch für runde Formen, die an der breitesten horizontalen Stelle sogar etwas breiter sein müssen als die entsprechenden Senkrechten (Abb. 16). Aus optischen Gründen muss auch die Rechtsschräge etwas breiter, die Linksschräge etwas schmaler sein als die Senkrechte. Nicht alle gleich langen Senkrechten sind gleich breit: je mehr waagrechte Anschlüsse, um so schmaler der Stamm.

4. Beim Zusammentreffen von Kurven mit Geraden oder andern Kurven sowie von zwei Schrägen ergeben sich – sofern nicht korrigiert wird – Knoten, die den Buchstaben verunstalten und das Satzbild fleckig erscheinen lassen (Abb. 17; siehe auch Abb. 4).

5. Kleine Schriftgrade müssen proportional breiter sein als größere. Dies ist ein optisches Erfordernis, das für eine optimale Lesbarkeit unabdingbar ist. (Wir können übrigens an unserer eigenen Hand-

18

»Dieses so kleine und unaufgeregt daherkommende ›Heftchen‹ war für mich ein persönlicher Türöffner in die Finessen der Typografie. Ganz ohne Zeigefinger, dafür mit Akribie.« — [IN]

Der Buchstabe

Abb. 14

Abb. 15. Der mittlere waagrechte Balken links in geometrischer, rechts in optischer Mitte; Kreuzung links in geometrischer, rechts in optischer Mitte.

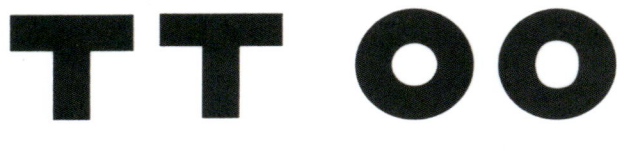

Abb. 16 unkorrigiert korrigiert unkorrigiert korrigiert

Abb. 17 unkorrigiert korrigiert unkorrigiert korrigiert

#139
Jost HOCHULI:
Das Detail in der Typografie.

B

»ich selbst habe, auch in den diskussionen mit paul renner, die positionen der beiden parteien nie recht akzeptiert. das argument, daß ein roman, in einer grotesk gesetzt, nicht lesbar sei, ist absolut stichhaltig. aber auch jenes argument, daß die antiqua mit ihren serifen viel zufälliges beiwerk hat. so zeichnete ich schon 1947 schriften ohne serifen, aber mit einem breiteren grundstrich, also einen bastard mit elementen aus antiqua und grotesk.«

#142
Otl AICHER:
Typographie.
Berlin: Ernst & Sohn
Jahr: 1988

Seiten: 256 S.
Zitat: S. 168
Format: 28×28×2 cm

→

#143
Knut ERICHSON
John DREYFUS
Bund Deutscher Buchkünstler (Hrsg.):
ABC-XYZapf.
Fünfzig Jahre Alphabet Design, gesammelte Beiträge über Fachliches und Persönliches für Hermann Zapf.
Offenbach / London
Jahr: 1989

Seiten: 251 S.

#144
Gérard GENETTE:
Paratexte. Das Buch vom Beiwerk des Buches.
Frankfurt a. M. / New York: Campus
Jahr: 1989

Seiten: 402 S.

#145
Phillip LUIDL:
Typografie. Herkunft, Aufbau, Anwendung.
Zweite, überarb. Auflage
Hannover: Schlütersche Verlagsanstalt
Jahr: 1989

Seiten: 146 S.
Format: 16,5×24,5 cm

#146
Luciano CANFORA:
Die verschwundene Bibliothek. Das Wissen der Welt und der Brand von Alexandria.
Berlin: Rotbuch
Jahr: 1990

Seiten: 206 S.

#147
Harald HAARMANN:
Universalgeschichte der Schrift.
Frankfurt a. M.: Campus
Jahr: 1990

Seiten: 576 S.
Format: 16,5×24×3,9 cm

#148
Friedrich VORDEMBERGE-GILDEWART:
Zur Geschichte der Typographie.
(Vortrag, mit Lichtbildern, 1959–1962, an mehreren Orten gehalten. Nach Manuskript, im Archiv der Stiftung Vordemberge-Gildewart, gekürzt). In: ›Typographie kann unter Umständen Kunst sein‹, Friedrich Vordemberge-Gildewart. Typographie und Werbegestaltung. Landesmuseum Wiesbaden
Jahr: 1990

Seiten: 338 S.
Zitat: S. 93f.
Format: 24×29 cm

→ z

»Die Typografie wirkt im zeitlichen Verlauf, wie die Musik. Und wie in der Musik die endlose Anhäufung von Tönen niemals das Wesentliche sein kann und ist, so ist die Typografie ebenfalls keine endlose Anhäufung von Buchstaben. Erst durch das Intervall, durch die Begrenzung wird die maßlose Anhäufung zu einer beherrschten, optisch aufnehmbaren Sprache. […]
Ich muß […] darauf aufmerksam machen – es ist geradezu das Schicksal der Typografie jener Zeit —, daß Revision plus Impuls nicht durch die Berufsgenossen in der Typografie geschehen sind, sondern durch Outsider. Diese Tatsache ist symptomatisch für die ganze Situation in der typografischen Gestaltung. Das gute Handwerk in seiner Tradition entfernt sich von der gesunden, nicht formalistischen Typografie und wird durch eine Müdigkeit angefressen und angegähnt, eine Müdigkeit, die alle nur erdenklichen Greuel nebst Langweiligkeit des Satzspiegels aufkommen läßt.«

#148
Friedrich VORDEMBERGE-GILDEWART:
Zur Geschichte der Typographie.

der natur erhoben. das naturgesetz erhielt den nimbus des ewigen, weil es allgemein war.

dabei ist noch jede wissenschaftliche these, die ein naturgesetz definiert, durch eine spätere überholt worden, bis natürlich auf die jetzigen, die ihre ablösung noch vor sich haben. die erklärung der welt kann nicht grundsätzlich gültiger sein als ihre ereignisse. selbst einstein müßte in kauf genommen haben, daß es ihm eines tages ergehen kann wie newton, dessen klassische physik durch eine neuere ersetzt wurde. auch wenn die euklidische geometrie über einen zeitraum von mehr als zweitausend jahren gültig war, sie ist relativiert worden.

die hervorhebung des allgemeinen sind wir seitdem nicht mehr losgeworden. bis in die schrift hinein wird deutlich: in frankreich und in england hat man die fürsten abgeschüttelt. man zeichnet keine substantive mit versalien aus. in deutschland ist die demokratie zwar gewollt, aber nicht aus eigenen kräften verwirklicht worden. wir schreiben substantive mit großbuchstaben.

dem entspricht auch unser denken. das allgemeine ist mehr als das individuelle, das gesetz ist mehr als das geschehen. es gibt den übergeordneten begriff des bürgers, um dessentwillen sich die einzelnen bürger ständig ihre freiheit beschneiden lassen. sie lassen sich ihre flügel stutzen, ohne zu merken, daß sie damit die fähigkeit verlieren, zu fliegen.

die schmuckbuchstaben nahm man aus der schatztruhe der geschichte. die in der renaissance wiederentdeckte alte römische kapitalis wurde, was wunder, zur schrift des staates, der hoheit, der großen ideen und des ewigen geistes. es war die schrift der denkmäler und der grabsteine hochgestellter personen. was in der renaissance noch eine ästhetische entdeckung war, wurde im absolutismus zum zeremoniell, im klassizismus zur auftrittsgebärde, auf dem gesims kapitalistischer bankgebäude zur großen kulisse und im faschistischen klassizismus zum leeren pathos.

==schriften sind hochpolitisch, und typographie ist eine ebenso große fundgrube der kulturerkenntnis wie die gastronomie.==

==wir essen und trinken, was wir als soziokulturelle individuen sind. in der==

It was an age when natural laws were elevated above what actually happens in nature. The laws of nature acquired an aura of timelessness, because they were universal.

In reality, every scientific theory concerning natural law is eventually superseded by another, and current theory will also some day become obsolete. An explanation of the world cannot be intrinsically more valid than what actually happens. Even Einstein was forced to concede that he might one day go the same way as Newton, whose classical physics was ousted by a more modern science. Euclidean geometry retained its validity for over two thousand years, but was still eventually relativized.

We have not managed, in the intervening period, to reverse the prioritization of the universal. It has made itself felt in writing too: in France royalty was cast aside, and in England royal powers were severely limited. Nouns are not given capital letters in either country. Germany was eager for democracy but couldn't attain it until it was imposed from without. We write nouns with capitals.

This is reflected in our thinking. The universal outranks the particular, laws outrank events. There is a generic concept of the citizen, for whose sake actual people constantly suffer the curtailment of their freedom. They allow their wings to be clipped and are then surprised to find they can no longer fly.

Decorative lettering was dug out from the treasure chest of history. The ancient Roman capitals, revived in the Renaissance, became—surprise surprise—the script of the state, of authority, of grand ideas and the eternal spirit. It was the script for the monuments and gravestones of eminent persons. What had been an aesthetic discovery in the Renaissance became under absolutism a ceremonial style, in classicism a gesture of self-projection, on the friezes of capitalist banks a grand backdrop, and in fascist classicism vacuous pathos.

Writing systems are political, and typography is just as rich a source of cultural insights as gastronomy.

We eat and drink what we are as sociocultural individuals. Under the

POLIPHILO INCOMINCIA ILSECONDO LIBRO DI LA SVA HYPNEROTOMACHIA. NEL QVALE POLIA ET LVI DISER T ABONDI, IN QVALE MODO ET VARIO CASO NARRANO INTER CALARIAMENTE IL SVO INAMORAMENTO.

NARRA QVIVI LA DIVA POLIA LA NOBILE ET ANTIQVA ORIGINE SVA. ET COMO PER LI PREDECESSORI SVI TRIVISIO FVE EDIFICATO. ET DI QVELLA GENTE LELIA ORIVNDA. ET PER QVALE MODO DISA VEDVTA ET INSCIA DISCONCIAMENTE SE INAMOROE DI LEI IL SVO DILECTO POLIPHILO.

E MIE DEBILE VOCE TALE ORA tiofe & diue Nymphe abfone peruenerāno & inconcine alla uoftra benigna audiétia, quale laterrifica raucitate del urinante Efacho al fuaue canto dela piangeuole Philomela. Nondimeno uolendo io cum tuti gli mei exili conati del intellecto, & cum la mia paucula fufficétia di fatiffare alle uoftre piaceuole petitone, non riftaro al potere. Lequale femota qualūque hefitatione epfe piu che fi congruerebbe altronde, dignamente meritano piu uberrimo fluuio di eloquentia, cum troppo piu rotunda elegantia & cum piu exornata politura di pronūtiato, che in me per alcuno pacto non fi troua, & difcōfeguire il fuo gratio fo affecto. Ma a uui Celibe Nymphe & adme alquāto, quantúche & confufa & incomptaméte fringultiéte haro in qualche portioncula gratificato affai. Quando uoluntarofa & diuota a gli defii uoftri & poftulato me preftaro piu prefto cum lanimo nō mediocre prompto humile parendo, che cum enucleata terfa, & uenufta eloquentia placédo. La prifca dunque & ueterrima geneologia, & profapia, & il fatale mio amore garrulando ordire. Onde gia effendo nel uoftro uenerando conuentuale confpecto, & uederme fterile & ieiuna di eloquio & ad tanto preftate & di uo ceto di uui O Nymphe fedule famularie dil accefo cupidine. Et itanto benigno & delecteuole & facro fito, di fincere aure & florigeri fpiramini afflato. Io acconciamente compulfa di affumere uno uenerabile aufo, & tranquillo timore de dire. Dunque auante il tuto uenia date, o belliffime & beatiffime Nymphe a quefto mio blacterare & agli femelli & terrigeni, & pufilluli Conati, fi aduene che in alchuna parte io incautamente

zwei typographische welten auf einer seite aus dem hypnerotomachia poliphili, dem wohl schönsten werk aus der presse des aldus manutius, gedruckt um 1500. unten die lesewelt in einer vollendeten form der schriftentwicklung. darüber der rückgriff auf versalien, die tausend jahre früher im gebrauch waren, hauptsächlich als repräsentative schrift für bauten, siegestore und und inschriften. ein augenvergleich mag rasch deutlich machen, welch großer fortschritt die untere schrift für die lesbarkeit und eine gesellschaft lesender individuen war.

Two typographical worlds on a page from the Hypnerotomachia Poliphili, one of the finest creations from Aldus Manutius' press and printed around 1500. Below, the reading world at the zenith of script evolution. Above it, a reversion to the capitals practised a thousand years previously, mainly as display script for buildings, victory gates and inscriptions. A comparison of the two should soon show how greatly the lower advanced the cause of legibility and a society of readers.

68

#142

Otl AICHER:

Typographie.

(78%)

→

habsburger monarchie schlürft man im wiener kaffeehaus den türkischen kaffee. im frankreich napoleons reicht man den cognac, im viktorianischen zeitalter des englischen weltkolonialismus trinkt man indischen tee, und nach dem zweiten weltkrieg steht die wahl offen zwischen whisky und wodka. ein hervorstechender zug der menschheit ist, sich den großen anzupassen und ihre rituale nachzuahmen, um ihrer qualitäten oder auch begünstigungen habhaft zu werden.

jakob grimm wollte weder etwas von der fürstenherrlichkeit wahrhaben noch von den entsprechenden schreibgewohnheiten. er verwendete in seinem deutschen wörterbuch noch in der ersten hälfte des 19. jahrhunderts versalien nur für satzanfänge und namen. den laufenden text druckte er ohne großbuchstaben für substantive. er wollte auch in der schrift weg vom absolutistischen hofgeschranze, zurück zu den quellen der gesprochenen sprache, der sprache des volkes, der märchen und erzählungen.

man tut sicher den heutigen akteuren unrecht, wenn man jeden, der großbuchstaben verwendet, sei es als initialen oder als schrifttype überhaupt, der zuneigung zu hoheitlichem herrschaftsgebaren bezichtigt. so genau sollte man es nicht wissen wollen.

aber der typograph, der das unbewußte schreib- und druckverhalten ins bewußtsein heben will, der eine rationale einsicht in sein tun und machen sucht, wird nicht umhinkönnen, schrift und typographie als eine tätigkeit eines kulturell-sozialen gesellschaftsverbandes zu verstehen, der unter dem diktat der politik steht.

umgekehrt wird jeder wirkliche typograph mit den ihm eigenen methoden des handelns und der begründung sagen müssen, wie er kommunikation in unserer welt, unserer gesellschaftlichen konstellation und unserer auffassung von kultur versteht.

der typograph ist ein homo politicus. schon die frage, ob flattersatz oder blocksatz, wird ihm, im kleinkosmos, eine essentielle aussage sein, ob er ein anhänger von ordnungsprinzipien oder freiheitsprinzipien ist. nur wer für law and order eintritt, bevorzugt die mittelachse. und wer die mittelachse wählt, ist, ob bewußt oder unbewußt, ein mann der „ordnung", der symmetrischen gleichschaltung.

Habsburgs, Turkish coffee was imbibed in Viennese coffee houses. In Napoleonic France the cognac was offered, in the Victorian age of British global colonialism Indian tea was quaffed, and after the second world war there was a choice between whisky and vodka. People have a pronounced tendency to attach themselves to the powerful and to imitate their rituals, hoping that the latters" qualities and even privileges will rub off onto them.

Jakob Grimm would have no dealings with either princely pomp or the writing habits that accompanied it. The German Dictionary he compiled in the first half of the nineteenth century only deployed capitals at the beginnings of sentences and for real names. He printed the body of the text without capitalization of nouns. In the sphere of writing, he sought to move away from the sycophancy of the absolutist court and to return to the sources of spoken language, the language of the people, of fairy tales and of stories.

It would clearly be unfair to modern proponents to accuse everyone who uses capitals, either for initial letters or as a general style, of having leanings towards imperious domination. That would be a case of not seeing the forest from the trees.

But any typographer interested in understanding underlying writing and printing traits, i.e. the deep structures of what he actually does, must recognize script and typography as a sociocultural activity defined by politics.

In turn, genuine typographers will need to make clear, using their own forms of action and elucidation, what role they accord communication in our present world, social order and approach to culture.

The typographer is a homo politicus.

On one level, even the decision on whether to use justified or unjustified type constitutes a choice between order and freedom. Only if you are for law and order do you centre your text. Opting, consciously or otherwise, for a central axis makes you an advocate of "order", of symmetrical political "like-mindedness".

Typographers are no more exempt from declaring where they stand than anyone else.

Mag das wörterbuch den einbildungen oder vorgefaszten plänen dieser hämischen gesellen nicht entsprechen, die beide nicht einmal halbkenner unserer sprache heiszen können; das gab ihnen kein recht, ein vaterländisches werk, das alle freuen sollte, und reiche vorräte öfnet, zu verlästern, keine kraft, es in seiner wirkung aufzuheben oder auch nur zu schmälern. ihr frevel ist unsrer öffentlichen zerrissenheit ein zeichen. alles dankes, der ihrem armen flicken am zeug sonst vielleicht geworden wäre, gehn sie baar.

Unablässig, nach jedem vermögen das in mir gelegen war, wollte ich zur erkenntnis der deutschen sprache kommen und ihr von vielen seiten her ins auge schauen; meine blicke erhellten sich je länger je mehr und sind noch ungetrübt. aller eitlen prahlsucht feind darf ich behaupten, dasz, gelinge es das begonnene schwere werk zu vollführen, der ruhm unserer sprache und unsers volks, welche beide eins sind, dadurch erhöht sein werde. meine tage, nach dem gemeinen menschlichen losz, sind nahe verschlissen, und das mir vom lebenslicht noch übrige endchen kann unversehens umstürzen. der weg ist aber gewiesen, ein gutes stück der bahn gebrochen, dasz auch frische wanderer den fusz ansetzen und sie durchlaufen können.

Deutsche geliebte landsleute, welches reichs, welches glaubens ihr seiet, tretet ein in die euch allen aufgethane halle eurer angestammten, uralten sprache, lernet und heiliget sie und haltet an ihr, eure volkskraft und dauer hängt in ihr. noch reicht sie über den Rhein in das Elsasz bis nach Lothringen, über die Eider tief in Schleswigholstein, am ostseegestade hin nach Riga und Reval, jenseits der Karpathen in Siebenbürgens altdakisches gebiet. Auch zu euch, ihr ausgewanderten Deutschen, über das salzige meer gelangen wird das buch und euch wehmütige, liebliche gedanken an die heimatsprache eingeben oder befestigen, mit der ihr zugleich unsere und euere dichter hinüber zieht, wie die englischen und spanischen in Amerika ewig fortleben.

Berlin 2. merz 1854.

JACOB GRIMM.

jakob grimm, der vater der germanistik, hatte versucht, die deutsche eigenart, alle substantive groß zu schreiben, wieder rückgängig zu machen. in seinem wörterbuch der deutschen sprache hatten nur satzanfänge und namen versalien.

Jakob Grimm, the founding father of German Studies, attempted to reverse the German idiosyncrasy of writing all nouns with initial capitals. In his Dictionary of the German Language, only real names and the beginnings of sentences were capitalized.

B

#149
Hans Peter WILLBERG
Christa KOCHINKE:
… in Szene, gesetzt. Studien zur
inszenierenden Typografie.
Hrsg. vom Deutschen Werkbund
Rheinland-Pfalz
Mainz: Fachhochschule Rheinland-Pfalz,
FB Kommunikationsdesign
Jahr: 1990
—
Seiten: 105 S.
Zitat: S. 13
Format: 16 × 24 × 1 cm

→ [z.]

==

»eine gute schrift kennt
kein kreisrundes o oder
ein a auf der basis eines
gleichschenkligen dreiecks.
eine geometrische schrift
ist ein rückfall in den
ästhetischen formalismus.
eine lesbare und damit
funktionelle schrift
versucht, den schreib- und
lesegewohnheiten
des menschen gerecht
zu werden.«

#150
Otl AICHER:
Die Welt als Entwurf.
Berlin: Ernst & Sohn
Jahr: 1991
—
Seiten: 200 S.
Format: 14,5 × 22 cm
—
»beschrieben wird eine haltung.
geschrieben wird unterhaltsam.
und besser wie jedes lehrbuch über
orientierungssysteme oder geschäftsberichte
leert dieses buch den kopf. der leser wird
mit einer extremen haltung konfrontiert,
die notwendig ist, wenn man die
grenze des mainstream übertritt und
außergewöhnliches leisten will. dafür
muss man zwingend andere aspekte
ausblenden, die einen abhalten, auf diesem
wege unbeirrt geradeaus zu gehen. dieses
buch und seine schwester ›analog und
digital‹ hilft, klar und kompromisslos zu
denken, eine grundvoraussetzung für gute
gestaltung.« — [AU]

#151
Ivan ILLICH:
Im Weinberg des Textes. Als das
Schriftbild der Moderne entstand. Ein
Kommentar zu Hugos »Didascalicon«.
Frankfurt a. M.: Luchterhand
Jahr: 1991
—
Seiten: 212 S.
Format: 13 × 21 × 1,6 cm

#152
Eckhard NEUMANN:
Frankfurter Typografie.
Bemerkungen zur Futura und zur
angeblichen Kramer-Grotesk.
In: Claude Lichtenstein: Ferdinand
Kramer. Der Charme des Systematischen.
Architektur, Einrichtung, Dinge.
Gießen: Anabas
Jahr: 1991
—
Seiten: 292 S.
Format: 23,5 × 29,5 cm

#153
Jan ASSMANN:
Das kulturelle Gedächtnis.
Schrift, Erinnerung und politische
Identität in frühen Hochkulturen.
München: Beck
Jahr: 1992
—
Seite: 344 S.
Format: 14 × 23 cm

#154
Günter BOSE
Erich BRINKMANN (Hrsg.):
Jan Tschichold. Schriften 1925–1974.
Ausgabe in 2 Bänden (Bd. 1: 1925–1947,
1991, Bd. 2: 1947–1974, 1992).
Berlin: Brinkmann & Bose
Jahr: 1991 / 1992
—
Seiten: Bd. 1: 397 S. / Bd. 2: 461 S.
—
»Mich hat immer Tschicholds Abkehr von
der Neuen Typografie interessiert. Daher
der zweite Band seiner Schriften« — [PP]

»wie man setzt, so liegt man. und wenn
layout und legen etwas miteinander zu
tun haben, wird klar, dass der satz das
rückgrat guter gestalt ist. und wie der
satz hier behandelt wird! ähnlich wie der
satzbaumeister ludwig wittgenstein in
seinem tractatus logico-philosophicus geht
tschichold den dingen auf den grund. die
distanzierung vom jugendwerk ist beiden
gleich wie die beschäftigung mit dem satz.
die kehrtwende in der gestaltung zeigt, dass
nur die qualität zählt; unabhängig von der
form. und diese ›qualitäts-regeln‹ sind in
diesem buch beschrieben und haben von
ihrer gültigkeit nichts verloren.« — [AU]

»In der totalen
typographischen Umwelt
der Gutenberg-Galaxis
wird das Medium Schrift
aus Selbstverständlichkeit
unsichtbar: Der bloße
Akt des Lesens versetzt in
Trance, die Printmedien
überziehen die Bewußtseine
mit einem Tintennebel. So
versinkt die Neuzeit in einen
typographischen Schlaf – und
seither heißt lesen schlafen,
schlafen, vielleicht auch
träumen.«

#155
Norbert BOLZ:
Am Ende der Gutenberg-Galaxis
Die neuen Kommunikationsverhältnisse.
München: Fink
Jahr: 1993
—
Seiten: 249 S.
Zitat: S. 195
Format: 13 × 21,5 cm

1990

»Typografische Gestaltung interpretiert immer. Jeder Text, ob Zeitungsnotiz, lyrisches Gedicht oder Gebrauchsanweisung, wird durch die Typografie, in der er zu lesen ist, beeinflußt.«

#149
Hans Peter WILLBERG
Christa KOCHINKE:
… in Szene, gesetzt.

B

#156
Ed CLEARY
Jürgen SIEBERT
Erik SPIEKERMANN:
FontBook.
Berlin: Font Shop International
Jahr: 1993

Seiten: ca. 500 S.
Format: 16×30×3 cm

→

#157
Albert KAPR:
Fraktur. Form und Geschichte der gebrochenen Schriften.
Mit einem Aufsatz ›Vom falschen Image der Fraktur‹ von Hans Peter Willberg und einem Beitrag über den richtigen Satz gebrochener Schriften von Friedrich Forssmann und 53 Tafeln der schönsten Fraktur-Alphabete
Mainz: Hermann Schmidt
Jahr: 1993

Seiten: 248 S.
Format: 16×24 cm

#158
Hans Peter WILLBERG:
Schrift und Typografie im dritten Reich.
In: Umbruch: 8. Bundestreffen des Forum Typografie, 31. Mai bis 2. Juni 1991 in Berlin, Kunsthochschule Berlin-Weißensee.
Mainz: Hermann Schmidt
Jahr: 1993

Seiten: S. 29–41
Format: 16×24×1 cm

»Auch in Vorträgen wie ›Typografie und Macht‹ hat sich Willberg im Vergleich sehr früh mit diesem Thema beschäftigt.«
— [JB]

#159
Hermann ZAPF:
About microtypography and hz-program.
In: Electronic publishing: origination, dissemination and design, vol. 6
Jahr: September 1993

»Darin entwarf Hermann Zapf bereits die Idee zu Open-Type und zeigt die Vorteile von computergenerierter Typografie im mikrotypografischen Bereich. Ich kenne diesen kurzen Text nur auf englisch. Es gibt aber sicherlich eine deutsche Version davon.« — [PP]

---

182 TEXTE ZUR TYPOGRAFIE

1993

▼ A407   Mac + PC   ITC Quorum®
▶ Black

The quick brown fox jumps over a Dog. Zwei Boxkämpfer jagen Eva durch Sylt portez ce vieux Whiskey blond qui fume

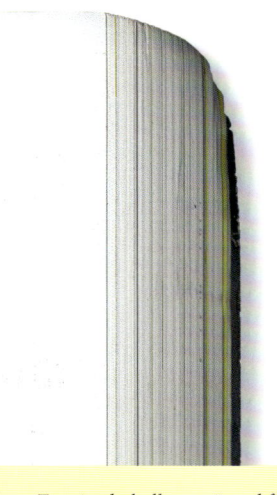

»Dieser Text ist deshalb so prägend für mich, weil eine meiner ersten typografischen Arbeiten als Student Schriftmuster für die H. Berthold AG waren. Die Berthold Exklusivproben waren Türöffner bei Erik Spiekermanns Meta-Design, wo ich dann am Berthold Corporate Design arbeitete. Später gestaltete ich mit Erik Spiekermann das Erscheinungsbild für FontShop – der Quick Brown Fox hieß jetzt Eva und boxte auf Sylt. Zu dieser Zeit begann ich mit der Arbeit an eigenen Alphabeten, das Schriftmustern ging also lustig weiter ...« — [AB]

© FSI 1993
Q 4

#156
Ed CLEARY
Jürgen SIEBERT
Erik SPIEKERMANN:
FontBook.
(95%)

100 Thesen zur Typographie

Typographie ist die Kunst des feinen Maßes.
1 Ein Zuwenig und Zuschwach entfernt sie ebenso von der Meisterschaft wie ein Zuviel und Zustark.

Typographie ist eine Dienstleistung. Die Kunst dabei ist
2 vor allem die Kunst, von sich selbst weitgehend absehen zu können, sich nicht zwischen Autor und Leser zu drängen. Schriftkunst ist anonym; sie hat ihre Kenner, aber sie hat kein Publikum.

Typographie hat schon vor Jahrhunderten ihre gültigen
3 Formen gefunden. Dafür haben sich Gebote und Regeln gebildet und bewährt, die dem Auge und der Hand dienen, dem Sehen und Begreifen. *Er*greifen zielt auf Besitz. *Be*greifen fördert Einsicht.

Typographie im Abendland arbeitet mit einem zweitau-
4 sendjährigen kaum zu verändernden Zeichenvorrat des römischen Alphabetes. Die Grundformen ihrer Anwendung sind so gültig wie die Formen von Beil, Sichel, Pflugschar. Das Rad muß nicht immer wieder neu erfunden werden.

Typographie setzt logisches Denken und psychologisches
5 Vermögen voraus. Das Lesen nacheinander geordneter Buchstaben und Worte setzt die Fähigkeit zum Folgedenken voraus. Das ist mühselig und kann nur durch gute Typographie erleichtert werden. Gestalterische Mätzchen sind Verrat am Text.

Typographie ist Umweltschutz der Augen, die es zwar
6 zu öffnen und zu interessieren, aber nicht zu verwirren und zu beleidigen gilt. Das Sichtbarmachen von Sprache in all ihrer Ausdrucksvielfalt ist an den Grundzeichenvorrat des Alphabetes, die Gesetze des Sehens und Verstehens und die Gewohnheiten des Lesens gebunden.

Typographie strukturiert Informationen und bereitet sie
7 nach ihrem Inhalt auf: nach sachlich-logischen und mit ästhetisch-emotionalen Gesichtspunkten. Schlechter Satz ist unsozial. Wissen und Können führen zur Erkenntnis. Erkenntnis führt zu Haltung und Stil. Haltung und Stil befähigen zur Überzeugung.

Typographie bildet durch Schrift. Schriftwahl ist Charak-
8 terwahl. Sie charakterisiert ihren Entwerfer, entlarvt Phrasen, falsches Pathos, Gemeinplätze, Anbiederungen. Selbstüberschätzung ist ein sicheres Zeichen für Dilettantismus. Mit der Wahrheit leben vermeidet Gedächtniskonflikte.

Typographie stellt so vielfältige Aufgaben, mit so unter-
9 schiedlichen Zielen, daß engstirnige Stilfanatiker in Konflikte kommen. Stilfanatismus endet in Routine. Routine ist kalt und abweisend. Etwas verstehbar machen ist erst die Vorstufe zum Erlebbarmachen.

Typographie kennt nur wenige Regeln und Meister,
10 die nicht zu *kopieren*, aber zu *kapieren* sind. Die Kunst, Sprache in der ihr angemessenen Form sichtbar, lesbar und verstehbar, also: einsichtig zu machen, ist alleiniges Ziel. In der Typographie gibt es so wenig grundsätzlich neu zu erfinden, wie in der Kochkunst oder im Bett.

Gott schütze uns vor der vagabundierenden Kreativität der Typomanen.

Kurt Weidemann

#160
Kurt WEIDEMANN:
Wo der Buchstabe das Wort führt.

1994

#160
Kurt WEIDEMANN:
Wo der Buchstabe das Wort führt. Ansichten über Schrift und Typographie.
Ostfildern: Hatje & Cantz
Jahr: 1994
—
Seiten: 367 S.
Format: 24,5×33,5 cm

→

#161
Richard FRICK
GDP (= Gewerkschaft Druck und Papier) Autorenkollektiv (Hrsg.):
Satztechnik und Typografie.
Bern: GDP-Verlag u. a.
Bd. 1: Typografische Grundlagen / Bd. 2: Satztechnik / Bd. 3: Avortext, Avor DTP / Bd. 4: Formenlehre: Satztechnik und Typografie / Bd. 5: Typografie am Bildschirm / Bd. 6: Typo mit Indesign / Bd. 7: Grundlagen des Zeitungsdesigns.
Jahr: 1995
—
Format: 21×29,5 cm

#162
Marija GIMBUTAS:
Die Sprache der Göttin. Das verschüttete Symbolsystem der westlichen Zivilisation.
Frankfurt a. M.: Zweitausendeins
Jahr: 1995
—
Seiten: 416 S.
Format: 17×24 cm

#163
Harald WANETZKY:
Typotektur. Architektur und Typografie im 20. Jahrhundert. Der Modellfall einer Zusammenführung.
Diss. Philosophische Fakultäten der Albert-Ludwigs-Universität.
Freiburg i. Br.: Univ. Diss
Jahr: 1995
—
Seiten: 504 S.

#164
Hans Rudolf BOSSHARD:
Sechs Essays zur Typografie, Schrift, Lesbarkeit.
Sulgen: Niggli
Jahr: 1996
—
Seiten: 193 S.
Format: 15,5×23,5×2 cm

»Schreibende, die glauben, mit der Fertigstellung ihres Manuskriptes sei die Botschaft endgültig formuliert, irren sich, denn die typografische Gestaltung wird den Sinn unausweichlich beeinflussen. Sie wird die Aussage verstärken oder abschwächen, im Extremfall sogar ins Gegenteil verkehren. Denn neutrale Typografie gibt es nicht und wird es nie geben.«

#165
Hans-Rudolf LUTZ:
Typoundso.
Zürich: Hans-Rudolf Lutz
Jahr: 1996
—
Seiten: 439 S.
Zitat: S. 87
Format: 23,6×30 cm

»Ich möchte allen das Buch ›Typoundso‹ von Hans-Rudolf Lutz ans Herz legen, denn das ist meines Erachtens eines der besten Bücher zur Typografie. Es befasst sich zwar mit Lehre, aber gibt auch darüber hinaus Anregungen zum Umgang mit Schrift und Zeichen und zeigt, wie politisch Typografie sein kann.« — [AnnaB]

#166
Brigitte ROBAK:
Vom Pianotyp zur Zeilensetzmaschine. Setzmaschinenentwicklung und Geschlechterverhältnis 1840–1900.
Marburg: Jonas
Jahr: 1996
—
Seiten: 296 S.
Format: 17,5×24 cm

#167
Geert SETOLA / Joep POHLEN:
Letterfontäne.
Roermond: Fontana
Jahr: 1996
—
Seiten: 447 S. + 2 CD-ROMS
Format: 17×24,4×4 cm

#168
Michael CAHN:
Die Rhetorik der Wissenschaft im Medium der Typographie. Zum Beispiel die Fußnote.
In: Rheinberger, Hans-Jörg (u.a.): Räume des Wissens. Repräsentation, Codierung, Spur.
Berlin: Akademie
Jahr: 1997
—
Seiten: S. 91–109

#169
Helmut SCHMID:
Der Weg nach Basel. Typographische Reflexionen von Schülern des Typographen und Lehrers Emil Ruder.
Tokyo: Rombundo Publishers
Jahr: 1997
—
Seiten: 94 S.
Format: 25,7×26,2 cm

#170
Hans Peter WILLBERG
Friedrich FORSSMAN:
Lesetypografie.
Mainz: Hermann Schmidt
Jahr: 1997
—
Seiten: 332 S.
Format: 22×30×3 cm

→

Kapitel 1 Lesearten Systematik der Buchtypographie

›Die Typographie‹ gibt es nicht.

Es gibt verschiedene Anforderungen an Typographie.
- Orientierungstypographie muß im Parkhaus oder im Fahrplan den richtigen Weg weisen,
- Werbetypographie soll den Blick einfangen, dazu sind alle Mittel recht,
- Designtypographie will innovativ, progressiv und risikobereit neue Wege beschreiten,
- Zeitungstypographie soll so schnell wie möglich zur Sache führen,
- Magazintypographie zum Schnuppern und Blättern verleiten,
- Dekorationstypographie soll schön sein, auf Lesbarkeit kommt es hier nicht an,
- Formulare sollen durchschaubar sein,

und ob das Kleingedruckte in Vertragsformularen lesbar sein oder untergehen soll, mag offen bleiben.

Jede Aufgabe verlangt andere Lösungsmethoden. Allgemeingültige Regeln kann es nicht geben.

Aber das Buch!

›Für die Buchtypographie gibt es **Regeln**, gegen die man nicht ungestraft verstoßen darf‹, so heißt es. ›Sie haben sich im Laufe der Jahrhunderte herausgebildet; sie begründen sich auf der Lese-Erfahrung von Millionen und Abermillionen von Lesern; sie sind durchdacht und kanonisiert; sie sind der Maßstab für die Bewertung von Buchgestaltung, und ihr Prophet heißt Jan Tschichold. Nur leider halten sich die jungen Buchgestalter nicht an diese Regeln, denn sie beherrschen sie nicht mehr.‹

Daran mag etwas sein, aber andererseits ist gerade der Glaube an **die alten Regeln** oft der Grund, warum Bücher mißlingen.

Man kann auch die gegenteilige Argumentation hören:

›Unsere Bücher sind langweilig; der Aufbruch der Neuen Typographie, des Bauhauses und seiner Nachfolger, ist von konservativen Kräften unterbunden worden; eigentlich müßten die Bücher unserer Zeit ganz anders aussehen.‹

Doch jedes Pauschalurteil ist falsch.

›Die Buchtypographie‹ gibt es nicht.

Was wir in der Setzerlehre und aus Fachbüchern gelernt haben, **die guten alten Regeln, sie gelten und sie gelten nicht**, und manchmal gelten sie zum Teil.

Die Argumentation der Buchtypographie-Lehrer ist oft so, als ob Bücher nur auf ein und dieselbe Art gelesen würden, als ob etwa die Forderung, Auszeichnungen müßten ›so zurückhaltend wie möglich‹ sein, für ›das Buch‹ schlechthin gälte.
Daß das nicht der Fall ist, erlebt jeder, der im fremden Land schnell die Erklärung für ein bestimmtes Wort in seinem Reisewörterbuch finden muß.

Bei welchen Büchern gelten die Regeln?
Das ist die falsche Frage.
Bei welcher Art des Lesens gelten die Regeln?
Oder präziser
Bei welcher Leseart gelten welche Regeln?
ist richtig gefragt.

Die Art, **wie gelesen wird**, ist der Maßstab für die Buchgestaltung, und nicht Typographen-Traditionen, Ideologien oder Meinungen.

Lesetypographie ist Buchgestaltung vom Leser und vom Lesen aus gesehen.

Unter diesem Aspekt führt die Analyse zu acht Gruppen von Lesearten, die jeweils ihre speziellen Anforderungen an die Typographie stellen:

Lineares Lesen

Informierendes Lesen

Differenzierende Typographie

Konsultierendes Lesen

Selektierendes Lesen

Typographie nach Sinnschritten

Aktivierende Typographie

Inszenierende Typographie

Die Systematik der Buchtypographie

Der Ansatz, die unterschiedlichen Lesearten zu systematisieren, ist keine theoretische Vorgabe, sondern eine Reaktion auf die typographische **Alltagspraxis**.

Die Argumentation gegenüber Kunden, das Gespräch mit Kollegen, die Erklärung bei der Arbeit mit Studenten erfordert möglichst präzise Aussagen, warum man dieses so und nicht anders gestaltet habe. Das führte zu gründlicherer Analyse und schließlich zur ›Systematik der Buchtypographie‹.

Während meiner Arbeit an dieser Systematik hat Albert Kapr 1982 seine ›Topografie der Typografie‹ vorgetragen und veröffentlicht, die viele Parallelen, aber auch Differenzen zu den hier dargestellten Punkten aufweist.
Es wird keinerlei Prioritätsanspruch auf die Begriffe erhoben (so habe ich den Begriff ›lineares Lesen‹ von Albert Hollreiser gehört, ›konsultierendes Lesen‹ [›Konsultations-Schriftgrad‹] von Adrian Frutiger, und ›selektierendes Lesen‹ von einem Referenten des Symposiums ›didaktische Typographie‹ in Leipzig).

Der Anschaulichkeit (und des Verfasservergnügens) halber sind die Texte zu den einzelnen Lesearten jeweils in der beschriebenen Form gestaltet.

Lesearten **15**

Lineares Lesen 16–21
Informierendes Lesen 22–27
Differenzierende Typographie 28–33
Konsultierendes Lesen 34–39
Selektierendes Lesen 40–45

Typographie nach Sinnschritten 46–51
Aktivierende Typographie 52–57
Inszenierende Typographie 58–63
Systematik der Lesearten? 64–65

Einschränkungen

Selbstverständlich kommen die verschiedenen Lesearten nicht nur ›rein‹ vor, im Gegenteil. Sobald man etwa im Lexikon ein Stichwort ›konsultierend‹ gefunden hat, kann man den Eintrag ›informierend‹ überfliegen, um zu sehen, ob er das bietet, was man sucht; der Beitrag kann so geschrieben sein, daß man ihn ›linear‹, Wort für Wort durchlesen muß; oder er ist so strukturiert, daß man seine Bestandteile differenzieren muß, um mit ihm arbeiten zu können.
Die Typographie muß jeder dieser Lesearten gerecht werden.

Auf Seite 64 wird ein Buch gezeigt, das ein Beispiel für zugleich drei oder vier Lesearten ist.

Keine Lesetypographie

›Lesetypographie‹ bezieht sich ausschließlich auf das **Gebrauchsbuch**.
Bücher, die nicht nur als Transportmittel für ihren Inhalt gedacht sind, sondern auch noch andere Ziele haben, gehören nicht in die Systematik der Lesearten, sie haben ihre eigenen Gesetze und Maßstäbe.

Das gilt für **Künstler-Bücher**, bei denen sich Inhalt, Form und Materialien total verbinden — sei es in der klassischen Bibliophilie oder dem Experiment, dem Versuch, die Grenzen zu verschieben; das gilt für die **visuelle Poesie**, bei der die typographische Form unveränderbarer Bestandteil der inhaltlichen Aussage ist; das gilt für die Typographie-Experimente, bei denen der Inhalt erst an zweiter Stelle steht; das gilt erst recht für das **kalligraphische Buch**, für künstlerische, manuelle Gestaltung mit Schrift, die sich schon immer neben der Typographie entwickelt hat und deren Rolle heute das Spiel mit der Schriftform und -farbe via Bildschirm fortsetzt.
Diese künstlerisch aktuelle ›**Computer-Typographie**‹ ist die Fortsetzung der Kalligraphie mit anderen Mitteln. Das hat mit Lesetypographie nichts zu tun.

Gehört unter diesen Aspekten die letzte Kategorie der Systematik, die ›**inszenierende Typographie**‹ noch zur **Funktionstypographie**? Ist nicht auch sie eine subjektive, in erster Linie künstlerische Form der Typographie? Vor einigen Jahrzehnten wäre das ein richtiges Argument gewesen, heute gehört die aktive typographische Interpretation zum **Handwerk**, das ein Typograph beherrschen muß, nicht nur ein Design- oder Werbetypograph, sondern auch ein Buchtypograph, wie ein Blick in ein ganz normales Schul-Lesebuch beweist.

Die Aussagen zu den verschiedenen Lesearten sollen nicht dauerhaft gültige Gesetze verkünden und festschreiben. Sie sind **nicht statisch** zu verstehen. Mit veränderten **Lesegewohnheiten** verändert sich auch das Aussehen der Bücher. Linear zu lesende Bücher kommen heute lockerer daher, didaktische Bücher werden appetitlicher hergerichtet, selbst bei der Wissenschaft wird mehr auf typographische Aktualität und Frische geachtet — doch das geht nicht an die Substanz, das kann sich unabhängig von der Prüfung der Frage entwickeln, um die es hier geht:

| Funktioniert das typographische Transportmittel?

Der Aufbau des ersten Kapitels

Zuerst wird auf der linken Seite an einem historischen Beispiel gezeigt, daß das typographische Thema nicht neu ist. Ebenso werden die weiteren Kapitel eingeleitet. Dann folgt die Darstellung der Leseart.

Der Buchtypen-Übersicht folgen jeweils einige **Beispiele aus der Praxis**, um an einigen Varianten die unendliche Breite der Möglichkeiten jedes Buchtyps zu skizzieren.

Die Systematik der Lesearten bezieht sich auf reine **Textbücher**, wenngleich viele Hinweise auch für Bücher mit Bildern gelten. Das Verhältnis von **Text und Bild** im Buch wird in den Kapiteln 10 bis 12 behandelt.

#170
Hans Peter WILLBERG
Friedrich FORSSMANN:
Lesetypografie.
(96%)

B

#171
Günter Karl BOSE:
Lesen/Schreiben.
Vortrag an der Hochschule für Grafik und
Buchkunst. In: Allaphbed #3.
Leipzig: Institut für Buchkunst
Jahr: 1998

Seiten: 35 S.
Format: 15×24×0,5 cm

→

»Die Spannung, die zwischen Mitteilung und Bild entsteht, umschreibt das Wesen der Typographie. Die Typographie verhält sich zur Schrift wie die Artikulation zur Sprache. Beide sind nicht ohne einander vorstellbar und ergeben das, was wir wahrnehmen.«

#172
Friedrich FRIEDL
Nicolaus OTT
Bernard STEIN:
Typographie: Wann Wer Wie.
Köln: Könemann
Jahr: 1998

Seiten: 592 S.
Format: 24,5×30,5×4 cm

»Kurz nach meinem Abschluss fand ich diesen schnellen historischen und lexikalischen knappen Überblick über die Geschichte der Typografie und Schrift sehr hilfreich.« — [PP]

»Von Adobe bis Piet Zwart – das Lexikon der Typografie« — [JB]

---

menschatz« richtig zu verwenden. Es ist deshalb nur folgerichtig, zunächst diejenigen für die »Schriftbewegung« zu gewinnen, die immer schon mit Schrift hantieren: Drucker und Setzer. Weil aber deren Vermögen längst keine natürliche Gabe mehr ist, sondern an technischen Standards gemessen wird, bleibt nur, ihnen zu vermitteln, was am meisten zu fehlen scheint: »Kunstempfindung«[55]. Schrift zu setzen, die einfach nur Schrift ist, kann weder Lesern noch Schreibern nützen: »Wir dürfen unseren Stolz nicht im Überwinden grosser technischer Schwierigkeiten suchen, sondern darin, dass wir unsern Arbeiten ein künstlerisches, individuelles Gepräge verleihen. Die Drucksache muss fix und fertig vor unserm Geiste stehen, ehe wir noch den ersten Buchstaben in den Winkelhaken setzen.«[56] Was Paul Ernst Poeschel 1903 im Hamburger Museum für Kunst und Gewerbe »Buchdruckergehilfen und älteren Lehrlingen«[57] mit auf den Weg gibt und als *Zeitgemässe Buchkunst* 1904 zusammenfaßt, erweist sich als Anleitung zu einer typografischen Hermeneutik, die jeder handwerklichen Arbeit voraus zu gehen hat. Wo technische Prozeduren sekundär werden, weil sie beherrschbar geworden sind, zählt nicht mehr allein manuelles Geschick sondern profiliertes Künstlertum. Wenn sich aber allein in der geforderten Genauigkeit typografischer Formungen die Konzeption von Texten erschließt, dann allerdings, wie Walter Benjamin es hellsichtig formulierte, ist der »Augenblick gekommen, da Quantität in Qualität umschlägt und die Schrift [...] mit einem Male ihrer adäquaten Sachgehalte habhaft wird.« Das aber heißt, daß Literatur zum Interpretandum von Typografie wird. An einer Schrift, die »immer tiefer in den graphischen Bereich ihrer Bildlichkeit vorstößt«, folgert Benjamin, »werden Poeten, die dann wie in Urzeiten vorerst und vor allem Schriftkundige sein werden, nur mitarbeiten können, wenn sie sich Gebiete erschließen, in denen (ohne viel Aufhebens von sich zu machen) deren Konstruktion sich vollzieht.«[58] Reicht es Jean Paul noch, »den Herrn Setzer« ein »Leben und setzen sie wol« unter die Bitten um Achtung von Orthographie zu schreiben und weiter kein Wort zu verlieren, muß Gerhard Hauptmann schon drei Tage kalkulieren, dem Verleger durch lautes Lesen ein Gefühl für Prosodie und Sinn seines *Till Eulenspiegel* zu vermitteln, bevor Emil Rudolf Weiß, dem die typografische Einrichtung des Werks obliegt, seine Anweisungen dem Setzer geben kann.[59] Wo solcher Luxus nicht zu treiben ist, müssen Handwerker entweder gebildet oder einfach vom Umgang mit Literatur ausgeschlossen werden. Nicht zufällig entsteht deutsche Buchkunst zwischen 1890 und 1930 vor allem in privaten Pressen. Die Einsicht, daß der »Gehalt die Gestalt« bestimme[60], wie F. H. Ehmcke das neue Credo bündig faßt, setzt zweierlei Wissen schon voraus, die Semantik typografischer Formen genauso wie die der Literatur – ein Zusammenhang, der erst einer neuen Generation aufgefallen ist, die das Wort »Formwillen«[61] aus ihrem Vokabular gestrichen hat und »Rücksicht auf ästhetische Vorurteile«[62] nicht mehr nehmen will: »Die Gegenstände der heute im Zenit befindlichen Generation leiden unter dem fatalen Kompromiß zwischen einer nur angenommenen ›künstlerischen‹ Absicht und den technischen Notwendigkeiten und Bindungen: an dem unselbständigen Zurückblicken auf historische Parallelfälle; dem Zwiespalt zwischen Wesen und Erscheinung. Statt die eigenen Gesetzmäßigkeiten der Maschinenproduktion zu erkennen und zu gestalten, begnügte sich diese Zeit mit der ängstlichen Nachfolge einer übrigens nur eingebildeten Tradition.«[63] Am Nullpunkt der Literatur, wo Texte nur noch Tatsachen, d.h. Information sind, werden alle Requisiten abgeräumt, die Künstler zu Künstlern machen: Feder, Tintenfaß und falsche Bärte. »Können Sie sich einen Flieger mit Vollbart vorstellen?«[64] Ästhetik, die ›angewandte Physiologie‹ ist, braucht weder Bildung noch Künstler. »Der Ingenieur ist der Gestalter unseres Zeitalters.«[65] Ausgerechnet in der *Festschrift des Gutenberg-Museums* erscheint 1925 El Lissitzkys ›z.B: Typographische Tatsachen‹.[66] »Sie verlangen klare Gebilde für ihre Augen. Die sind nur aus eindeutigen Elementen zusammengesetzt. Die Elemente der Buchstaben sind: die Waagerechte — , die Senkrechte | , die Schiefe / , der Bogen (.«[67] Das ist Klartext. – Das Wissen aus den Labors der Psychophysik ist angekommen. Schrift ist nur ein Medium unter Medien. »Medien aber gibt es nur als willkürliche Selektion aus einem Rauschen, das sie alle dementiert.«[68] Im »dichten Gestö-

#171
Günter Karl BOSE:
Lesen / Schreiben.

B

#173
Friedrich A. KITTLER:
Daten > Zahlen > Codes.
Vortrag an der Hochschule für Grafik
und Buchkunst Leipzig. In: Allaphbed 4.
Leipzig: Institut für Buchkunst
Jahr: 1998

Seiten: 56 S.
Format: 15×24×0,5 cm

#174
Willi KUNZ:
Typografie:
Makro- und Microästhetik.
Sulgen: Niggli
Jahr: 1998

Seiten: 161 S.
Format: 22,5×28 cm

#175
Walter NIKKELS:
Der Raum des Buches.
Köln: Tropen
Jahr: 1998

Seiten: 101 S.
Format: 14,5×21,5 cm

#176
Martin Z. SCHRÖDER:
Die Anmut des Unscheinbaren.
In: Berliner Zeitung (Berlin), 10./11.
Oktober 1998 [www.druckerey.de/pdf/
AnmutBZ1998.pdf]
Jahr: 1998

#177
Hans Peter WILLBERG
Daniel SAUTHOFF
Gilmar WENDT:
Schriften erkennen.
Eine Typologie der Satzschriften
für Studenten, Grafiker, Setzer,
Kunsterzieher und alle PC-User.
7. Aufl. Mainz: Hermann Schmidt
Jahr: 1998

Seiten: 72 S.
Format: 21×29,7 cm

»Das Buch ist mein erstes Buch über
Typografie und ich kann es nur jedem
Studenten, der sich für Typografie
interessiert, ans Herz legen. Zum
Grundwissen prima geeignet.« — [KH]

Die mythische Überlieferung will, daß Kadmos als Sohn des phönizischen Königshauses auf seiner Suche nach der verlorenen Schwester Europa aus Asien nach Europa gelangte. An genau der Stelle, wo eine Kuh, Europas Doppelgängerin also, vor Müdigkeit niedersank, gründete Kadmos die Stadt Theben. Um seine Gründung zu sichern, mußte er aber erst noch einen Drachen erschlagen und seine Zähne in die Erde säen, bis aus den Drachenzähnen jene Brut hervorging, die manche Mythologen als thebanische Adlige, andere jedoch als griechische Buchstaben gelesen haben.

In historischer Empirie dagegen steht das erste Vokalalphabet der Geschichte ohne Urheber da. Es war ein unbekannter Grieche, vermutlich aus dem ionischen Handelszentrum Milet, der die phönizische Konsonantenschrift nicht nur importierte, sondern umfunktionierte. Während nämlich semitische Wortwurzeln gemeinhin aus drei Konsonanten aufgebaut waren, von Konsonantenschriften also adäquat artikuliert wurden, waren an griechischen Wortstämmen und Wortendungen gerade die Vokale signifikant. Der Unbekannte ging hin und ernannte fünf Zeichen, die für semitische Konsonanten gestanden hatten, in Zeichen für Vokale um. Damit war Schrift zum erstenmal in ihrer Geschichte an die Rede oder Stimme gekoppelt, also zum erstenmal imstande, Sprachen und Poesien anzuschreiben. Denn wann immer die griechische Aussprache neue Laute hervorbrachte oder alte Laute verschluckte, wiederholte sich die Operation der Umcodierung. Als zum Beispiel das H im ostionischen Dialekt verstummte, zweckentfremdete das Alphabet sein redundantes Zeichen sehr umstandslos zum Zeichen eines neu aufgetauchten, nämlich langen und offenen E.

Die zweiundzwanzig Buchstaben, auf griechisch *stoicheia*, bildeten also eine ebenso vollständige wie abzählbare Menge, die vollständig oder systematisch mit der abzählbaren Menge griechischer Sprachlaute korrelierte. Deshalb ließ sich ihre Logik beileibe nicht bloß etymologisch auf die vier Elemente oder *stoicheia* der antiken Physik übertragen: Aus den Kombinationen oder Wörtern [wenn Sie so wollen] von Feuer und Wasser, Erde und Luft baute die ionische Naturphilosophie den mit Kadmos ja fast

8

homonymen Kosmos auf. Die wohl plausibelste Etymologie leitet das Wort *elementum* denn auch vom Alphabet, nämlich von der Konsonantenfolge *l*, *m*, *n* ab. Als Wirkungen und als Ursachen zeichentechnischer Übertragungen oder Metaphern waren die griechischen Buchstaben – im Unterschied zu ihren semitischen Vorläufern – also immer schon polyfunktional. Sie standen zugleich für Ziffern und, spätestens seitdem Pythagoras die Musiktheorie begründet hatte, auch für Noten. Alpha bezeichnete also gleichzeitig den Vokal A, die Zahl 1 und einen definierten Ton auf Saiteninstrumenten. Entsprechend standen Beta für 2, Gamma für 3, Iota für Zehn, Rho für Hundert und so weiter, bis schließlich mit Chi oder Tausend die Reihe dieser natürlichen Zahlen an ihren chiliastischen Grenzwert kam. Das haben die semitischen Schriften, die vordem über einen eigenen Satz von Zahlzeichen verfügt hatten, seit dem 2. vorchristlichen Jahrhundert mit dramatischen Folgen reimportiert: Die Kabbala als systematisches Spiel zwischen Lautwerten und Zahlenwerten ein und desselben Buchstabens wurde möglich.

Aber weder Vokalalphabet noch Kabbala – *honni soit qui mal y pense* – erlaubten Algorithmen, jene wundersam einfach und wundersam effizienten Rechenrezepte, die man nur buchstäblich zu befolgen braucht, bis in endlicher Zeit ein mathematisches Ergebnis dasteht. Wenn die Antike rechnete, verschmähte sie ihre eigene Innovation, die Identität zwischen Buchstaben und Zahlen, weil es viel zu umständlich gewesen wäre, griechische oder römische Ziffern auf einem der klassischen Buchstabenschreibstoffe addieren oder subtrahieren zu wollen. Statt dessen kamen weiterhin jene uralten Kügelchen oder Steinchen zum Einsatz, die im ersten Fall als Abakus und im zweiten als Kalkül Geschichte gemacht haben. Wenn die Antike dagegen Mathematik, also Theorie der Zahlen oder Flächen auf Schreibstoff trieb, kamen keine Algorithmen wie bei Babyloniern oder Chinesen heraus, sondern gerade umgekehrt jene berühmten Beweise, die etwas ohnehin Bekanntes noch einmal nachträglich erhärteten.

Dieses Bekannte aber will, zum Leidwesen oder Glück aller Redner von heute, niemand mehr wissen. Auch wenn die Alten,

#173
Friedrich A. KITTLER:
Daten > Zahlen > Codes.

B

#178
Aleida ASSMANN:
Erinnerungsräume. Formen und Wandlungen des kulturellen Gedächtnisses.
(C. H. Beck Kulturwissenschaft).
München: Beck
Jahr: 1999

Seiten: 424 S.
Format: 14×23 cm

#179
Hans Rudolf BOSSHARD:
Der typografische Raster.
The Typographic Grid.
Sulgen: Niggli
Jahr: 2000

Seiten: 197 S.
Format: 30×24×2 cm

#180
Susanne WEHDE:
Typografische Kultur.
Eine zeichentheoretische und kulturgeschichtliche Studie zur Typografie und ihrer Entwicklung
(Studien und Texte zur Sozialgeschichte der Literatur; Bd. 69).
Tübingen: Niemeyer, 2000 (zugl. Diss. Univers. München)
Jahr: 2000

Seiten: 496 S.
Zitat: S. 125
Format: 15,5×23 cm

→ [z]

#181
Wolfgang WEINGART:
Typography.
Baden: Lars Müller
Jahr: 2000

Seiten: 520 S.

#182
Hans Peter WILLBERG:
Erste Hilfe in Typografie. Ratgeber für den Umgang mit Schrift.
Mainz: Hermann Schmidt
Jahr: 2000

Seiten: 104 S.
Format: 21×29,8×1 cm

#183
Hans Peter WILLBERG:
Typolemik / Typophilie. Streiflichter zur Typographical Correctness.
2. Aufl. Mainz: Hermann Schmidt
Jahr: 2000

Seiten: 215 S.
Format: 13×19,5 cm

#184
Hans ANDREE:
Das letzte Relikt Gutenbergs. Vom Umgang mit der rechten Satzspalte.
In: Mittelweg (Hamburg / Hamburger Institut für Sozialforschung), 11. Bd., Juni/Juli 2002, H. 3.
Jahr: 2002

#185
Friedrich FORSSMAN
Ralf DE JONG:
Detailtypografie.
Mainz: Hermann Schmidt
Jahr: 2002

Seiten: 376 S.
Format: 21×31×4 cm

→ [ ]

»*Die Textanordnung vermittelt, noch bevor ein Text auch nur angelesen ist, (hypothetisches) Wissen über die Textsorte und definiert so den Interpretationshorizont des Lesers. Typografische Dispositive fungieren als Para-Text, insofern sie Eigenschaften des Textes ›ankommentieren‹.*«

#180
Susanne WEHDE:
Typografische Kultur.

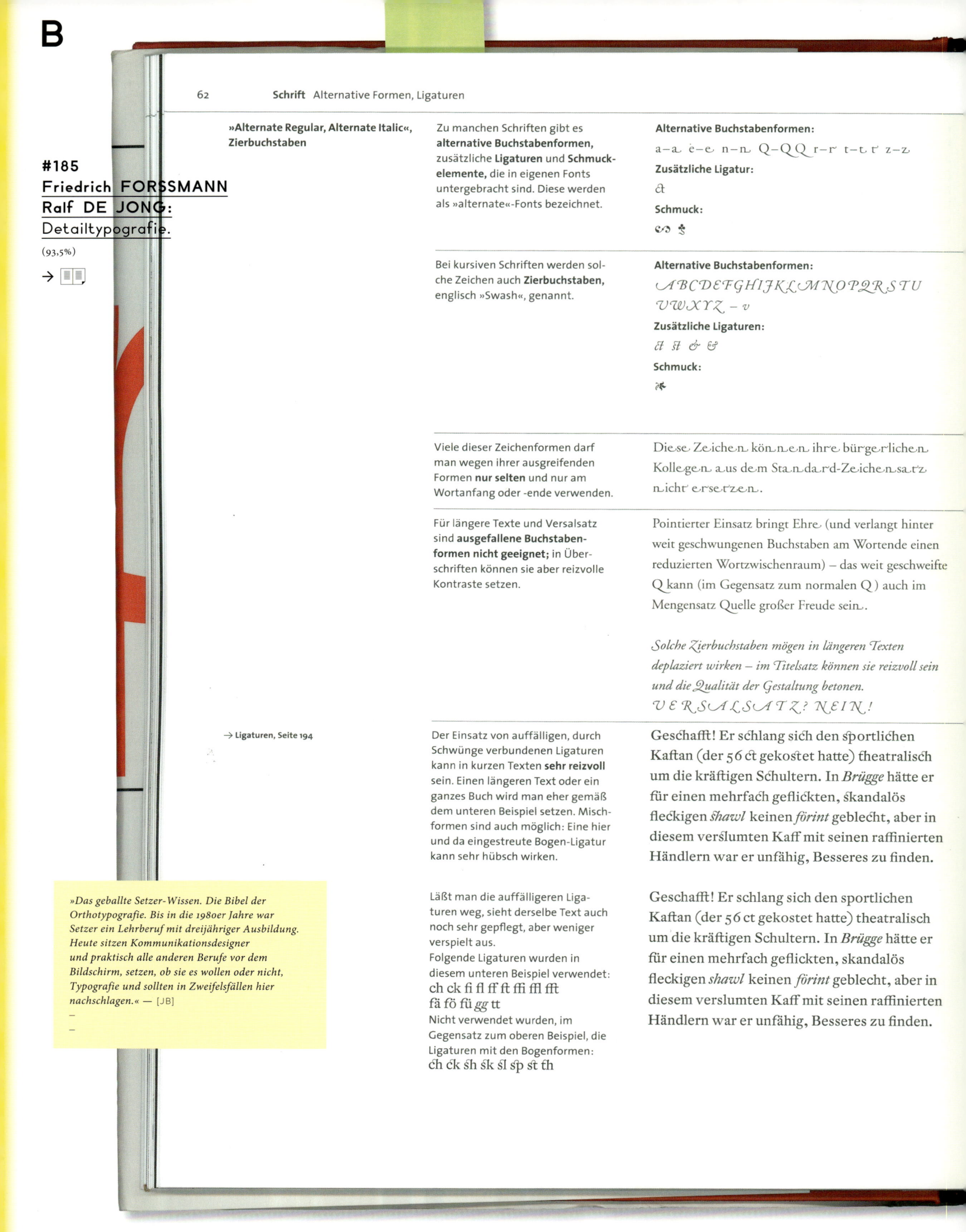

#185
Friedrich FORSSMANN
Ralf DE JONG:
Detailtypografie.
(93,5 %)

Schrift Alternative Formen, Ligaturen

»Alternate Regular, Alternate Italic«, Zierbuchstaben

Zu manchen Schriften gibt es **alternative Buchstabenformen**, zusätzliche **Ligaturen** und **Schmuckelemente**, die in eigenen Fonts untergebracht sind. Diese werden als »alternate«-Fonts bezeichnet.

Alternative Buchstabenformen:
a–a e–e n–n Q–QQ r–r t–t t' z–z

Zusätzliche Ligatur:
ct

Schmuck:
❦ ❧

Bei kursiven Schriften werden solche Zeichen auch **Zierbuchstaben**, englisch »Swash«, genannt.

Alternative Buchstabenformen:
ABCDEFGHIJKLMNOPQRSTU VWXYZ – v

Zusätzliche Ligaturen:
ct st & &

Schmuck:
❦

Viele dieser Zeichenformen darf man wegen ihrer ausgreifenden Formen **nur selten** und nur am Wortanfang oder -ende verwenden.

Diese Zeichen können ihre bürgerlichen Kollegen aus dem Standard-Zeichensatz nicht ersetzen.

Für längere Texte und Versalsatz sind **ausgefallene Buchstabenformen nicht geeignet;** in Überschriften können sie aber reizvolle Kontraste setzen.

Pointierter Einsatz bringt Ehre (und verlangt hinter weit geschwungenen Buchstaben am Wortende einen reduzierten Wortzwischenraum) – das weit geschweifte Q kann (im Gegensatz zum normalen Q) auch im Mengensatz Quelle großer Freude sein.

Solche Zierbuchstaben mögen in längeren Texten deplaziert wirken – im Titelsatz können sie reizvoll sein und die Qualität der Gestaltung betonen. VERSALSATZ? NEIN!

→ Ligaturen, Seite 194

Der Einsatz von auffälligen, durch Schwünge verbundenen Ligaturen kann in kurzen Texten **sehr reizvoll** sein. Einen längeren Text oder ein ganzes Buch wird man eher gemäß dem unteren Beispiel setzen. Mischformen sind auch möglich: Eine hier und da eingestreute Bogen-Ligatur kann sehr hübsch wirken.

Geschafft! Er schlang sich den sportlichen Kaftan (der 56 ct gekostet hatte) theatralisch um die kräftigen Schultern. In *Brügge* hätte er für einen mehrfach geflickten, skandalös fleckigen *shawl* keinen *förint* gebleckt, aber in diesem verslumten Kaff mit seinen raffinierten Händlern war er unfähig, Besseres zu finden.

Läßt man die auffälligeren Ligaturen weg, sieht derselbe Text auch noch sehr gepflegt, aber weniger verspielt aus.
Folgende Ligaturen wurden in diesem unteren Beispiel verwendet:
ch ck fi fl ff ft ffi ffl fft
fä fö fü gg tt
Nicht verwendet wurden, im Gegensatz zum oberen Beispiel, die Ligaturen mit den Bogenformen:
ch ck sh sk sl sp st fh

Geschafft! Er schlang sich den sportlichen Kaftan (der 56 ct gekostet hatte) theatralisch um die kräftigen Schultern. In *Brügge* hätte er für einen mehrfach geflickten, skandalös fleckigen *shawl* keinen *förint* gebleckt, aber in diesem verslumten Kaff mit seinen raffinierten Händlern war er unfähig, Besseres zu finden.

»Das geballte Setzer-Wissen. Die Bibel der Orthotypografie. Bis in die 1980er Jahre war Setzer ein Lehrberuf mit dreijähriger Ausbildung. Heute sitzen Kommunikationsdesigner und praktisch alle anderen Berufe vor dem Bildschirm, setzen, ob sie es wollen oder nicht, Typografie und sollten in Zweifelsfällen hier nachschlagen.« — [JB]

Schrift Kapitälchen, Schriftfetten, Displayschriften, Ornamente

Kapitälchen
→ Kapitälchen, Seite 264
→ Versalien, Seite 266

Kleine Großbuchstaben, die bis an die x-Höhe der Kleinbuchstaben (oder etwas darüber hinaus) reichen, nennt man Kapitälchen.

Kapitälchen haben eine **größere Laufweite** als Großbuchstaben. Ihre Strichstärke ist an die der Kleinbuchstaben angepaßt.

Wegen dieser Unterschiede in der Zeichnung **dürfen Kapitälchen keinesfalls durch verkleinerte Großbuchstaben ersetzt werden.**

==Auch verkleinerte Großbuchstaben eines kräftigeren Schnittes sind **kein Ersatz** für echte Kapitälchen.==

Kapitälchen entsprechen in ihren Formen den Großbuchstaben; zu vielen Kapitälchen gibt es auch Kursive. Hier wie dort gibt es **kein »scharfes s«**, es wird in beiden Fällen durch zwei »s« ersetzt.

Im Text fallen KAPITÄLCHEN zwar auf, aber nicht so stark und nicht so unangenehm wie große GROSSBUCHSTABEN dies tun.

KAPITÄLCHEN
GROSSBUCHSTABEN
(hier zur Demonstration auf die gleiche Höhe gebracht)

Werden KAPITÄLCHEN durch verkleinerte Großbuchstaben ersetzt, so spricht man von FALSCHEN KAPITÄLCHEN. Sie sehen auch dann noch falsch aus, wenn man sie elektronisch VERBREITERT.

Der Strichstärkenkontrast von ECHTEN KAPITÄLCHEN kann nicht durch FALSCHE KAPITÄLCHEN simuliert werden.

MIT FLEIß KEIN *PREIS*, falsch
MIT FLEISS EIN PREIS. richtig

MIT FLEIß KEIN *PREIS*, falsch
MIT FLEISS EIN PREIS. richtig

Fetten und Breiten – und Kombinationen daraus
→ Fette Schrift, Seite 272

Schriften mit Serifen werden in aufeinander abgestimmten Fetten angeboten; extraschmale oder extrabreite Zeichnungen sind selten.

Für serifenlose Schriften wird hingegen häufig das komplette Programm entworfen.

Wem die leichte Schrift zu hell ist, **der wählt die normale. Oder, wenn's immer noch nicht nachdrücklich genug ist, die Halbfette.**

Die Qual der Wahl ist um so größer, je mehr unterschiedliche Zeichnungen einer Schriftfamilie ***man zur Verfügung hat.***

Display-Schriften
→ Multiple-Master-Schriften, Seite 53
→ Schriftgrad und Schriftgröße, Seite 82

Digitale Schriften, die für den Einsatz in Lesegraden (8–12 pt) optimiert sind, sehen in den **Schaugraden** (ab 14 pt) selten gut aus.

Für diese Anwendungen sind die Display-Schriften gedacht, bei denen **Strichstärkenkontrast und Proportionen** auf die Schaugrade abgestimmt sind.

Es gibt auch Schriften mit bis zu vier **»Designgrößen«.**

In den Lesegraden sieht die »Normale« besser aus, weil sie kräftiger, weiter gezeichnet und im Idealfall auch weiter zugerichtet ist.

In den Schaugraden sieht die »Display« besser aus als die »Text«; sie ist schlanker und hat elegantere Proportionen.

Ornamente
→ Ornamente, Seite 285

Typoschmuck, Rahmen und Linien, die zur Ausgangsschrift passen und gut mit dieser zusammen verwendet werden können, werden gelegentlich auch digitalisiert.

{ Passend zur Schrift }

Offene Großbuchstaben
→ Elektronische Veränderung, Seite 283

Offene Versalien **funktionieren nur in großen Schriften.**

OFFENE VERSALIEN

Ziffernformen
jeweils als Tabellen- oder Proportionalziffern
→ Ziffern, Seite 196

Versalziffern   1234567890 *1234567890*
Mediävalziffern   1234567890 *1234567890*
Kapitälchenziffern   1234567890 *1234567890*

#185 / Friedrich FORSSMANN, Ralf DE JONG

B

#186
Indra KUPFERSCHMID:
Buchstaben kommen selten allein.
Ein typografisches Werkstattbuch.
3. Aufl. Weimar: Universitätsverlag
(Neuauflage Sulgen / Zürich: Niggli,
2003, 144 S.)
Jahr: 2002

Seiten: 144 S.
Format: 16 × 21 × 1,5 cm

#187
Dieter LEISEGANG:
Rotis in Rotis.
In: Barbara Baumann + Gerd Baumann:
Spiel-Räume.
Ostfildern-Ruit: Hatje & Cantz
Jahr: 2002

Seiten: 383 S.
Zitat: S. 158
Format: 25 × 27 × 4 cm

→ [Z]

#188
Erich SCHÖN:
Lineares und nichtlineares Lesen.
Ein Kapitel aus der Geschichte des
Lesens.
In: Über den Umgang mit der Schrift,
hrsg. von Waltraud Wende.
Würzburg: Königshausen & Neumann
Jahr: 2002

Seiten: S. 78–99
Format: 15 × 23 × 3 cm

#189
Max CAFLISCH:
Schriftanalysen. Untersuchungen
zur Geschichte typographischer
Schriften; Bd.1
St. Gallen: Typotron
Jahr: 2003

Seiten: 275 S.
Format: 23 × 28,7 cm

#190
Max CAFLISCH:
Schriftanalysen. Untersuchungen
zur Geschichte typographischer
Schriften; Bd.2
St. Gallen: Typotron
Jahr: 2003

Seiten: 268 S.
Format: 23 × 28,7 cm

»In jeder historisch gewachsenen Schriftform spiegeln sich Architektur, technische und kulturelle Errungenschaften (s.a. Schreibwerkzeuge, Materialien) wider, die eng verknüpft mit dem menschlichen Geist des jeweiligen Zeitalters erscheinen und einen sinnlich-ästhetischen Einblick der damaligen Zeit vermitteln. Schrift kann eigentlich nicht neu erfunden werden, sondern lediglich deren Modifikationen der äußeren Form und des Grundgerüsts.«

#191
Silja BILZ:
Introduction.
In: Klanten, Robert / Mischler, Michael:
Type One.
Berlin: dgv – Die Gestalten Verlag
Jahr: 2004

Seiten: 208 S.
Zitat: S. 4
Format: 24,4 × 30,5 × 2,3 cm

»Wir ersticken zunehmend in Fluten von Buchstaben, Worten, Texten, Bildern. Überall, kreuz und quer fallen sie über uns her. Solange wir mit offenen Augen durch die Welt gehen, können wir nicht wegschauen und müssen passiv zusehen. Eine Diktatur der Zeichen.
Sinnvoll oder sinnlos, richtig oder falsch, wahr oder unwahr, wichtig oder unwichtig, gut oder schlecht – das Selektieren, Differenzieren, Beurteilen und Auswerten von Mitteilungen wird zunehmend erschwert, wenn nicht unmöglich gemacht. Vereinbarungen, Regeln und Normen, die zu einer funktionierenden, gemeinschaftsbildenden Kommunikation nötig sind, lösen sich zunehmend auf. Geben wir damit unsere kulturellen Techniken auf, die wir über Jahrtausende verfeinert haben, und werden zu geschichtslosen Wesen? Entwickelt sich unsere Gesellschaft, die wir als informierte bezeichnen, zu einer unaufgeklärten, uninformierten?«

#187
Dieter LEISEGANG:
Rotis in Rotis.
→

B

#192
Lewis BLACKWELL:
Schrift als Experiment. Typografie im 20. Jahrhundert.
Basel / Boston / Berlin: Birkhäuser
Jahr: 2004
—
Seiten: 215 S.
Format: 22 × 28 cm

#193
Walter PAMMINGER:
Typografie des Singulären.
Neuere Annäherung des Körpers an die Schrift.
In: Postscript. Zur Form von Schrift heute, hrsg. von Martina Fineder, Eva Kraus und Andreas Pawlik.
Ostfildern-Ruit: Hatje & Cantz
Jahr: 2004
—
Seiten: S. 44–61
Format: 16,7 × 23,5 cm

#194
Erik SPIEKERMANN:
Über Schrift.
Mainz: Hermann Schmidt
Jahr: 2004
—
Seiten: 192 S.
Format: 14,4 × 21,6 cm

→ ▭

ÜBERSC
müssen groß sein & oben stehen

Titelschriften sollen die Produktvorteile draußen auf der Packung preisen.

Die Schrift in unseren Büchern hat sich nicht besonders geändert in den vergangenen 500 Jahren. Schließlich hat sich auch der Lesevorgang nicht sonderlich entwickelt. Mag sein, dass wir elektrisches Licht haben, bessere Brillen und bequemere Stühle, aber wir brauchen immer noch etwas Muße, eine ruhige Ecke und eine gute Geschichte. Paperbacks, bis an den Rand voll mit schlecht ausgeglichener Schrift, sind eine recht junge Erfindung und ganz aus der ökonomischen Not geboren, Profit zu machen. Je mehr wir für ein Buch heute bezahlen, desto wahrscheinlicher ist es aus einer klassischen Schrift gesetzt, die sich nicht viel unterscheidet von ihrer Vorgängerin aus der Renaissance. Als Erwachsene haben wir dann so viele dieser »klassischen« Schriften gelesen, dass wir natürlich Caslon, Garamond und Baskerville für die lesbarsten Schriften überhaupt halten.

Adobe Caslon Regular

Die Zeitungstypografie hat uns einige der scheußlichsten Schriften beschert, mit dem schlimmsten Satz und dem denkbar schlechtesten Umbruch. Trotzdem finden wir uns ab mit miserablen Trennungen, riesigen Wortabständen und hässlicher Schrift, weil wir es so gewohnt sind. Und man benutzt eine Zeitung ja auch nicht länger als unbedingt nötig. Und sähe sie besser aus, würden wir dann noch dem Inhalt trauen?

Swift Light

Das Kleingedruckte heißt fälschlich so, denn eigentlich ist ja nur die Schrift klein. Um der mangelnden Darstellungsgröße zu begegnen, haben sich Schriftgestalter einiges ausdenken müssen. Damit sich solche winzigen Buchstaben überhaupt noch voneinander unterscheiden, werden Teile von ihnen übertrieben dargestellt. Innenräume werden aufgebohrt, Konturen vergröbert und das Verhältnis von Mittellänge zu Versalhöhe geändert, sodass die Kleinbuchstaben unverhältnismäßig groß erscheinen. Andererseits dürfen sie nicht zu breit werden, weil sonst zu wenig Text in die Zeile passt. Häufig genug wird die Schrift allerdings absichtlich klein gedruckt, damit wir sie nicht so genau lesen können, zum Beispiel bei Versicherungsanträgen und Gesetzestexten.

Meta Book

HRIFTEN

Innerhalb von Sekundenbruchteilen entsteht bei uns der erste Eindruck einer gedruckten Seite. Alles kommt dabei zusammen: das Zusammenspiel der Elemente ebenso wie das Aussehen jedes einzelnen davon. Will heißen, dass unser Hirn schon etwas empfangen und verarbeitet hat, bevor wir überhaupt auch nur ein Wort gelesen haben. So ähnlich entsteht auch unser erster Eindruck von einem Menschen, bevor wir irgendetwas über ihn oder sie wissen. Später ist es dann schwer, sich von diesem Bild zu lösen.

Was wir am meisten lesen, lesen wir am besten. Selbst wenn es miserabel gesetzt ist, schlecht gestaltet und mies gedruckt. Was nicht heißen soll, dass es sich nicht lohnt, sauber zu drucken, sorgfältig zu setzen und gekonnt zu gestalten. Es heißt nur, dass gewisse Bilder sich tief ins Gedächtnis des Lesers eingraben. Daran sollten Grafiker, Setzer, Redakteure und Drucker immer denken und jeder, der sich mit Kommunikation befasst.

Manchmal ist es am besten, alle Regeln zu befolgen, mitunter jedoch muss man sie brechen, um Aufmerksamkeit zu erheischen. Gute Gestalter lernen die Regeln, bevor sie sie brechen.

.Handgloves
FUTURA EXTRA BOLD COND.
.Handgloves
ANTIQUE OLIVE BLACK
.Handglo
FF ZAPATA
.Handgloves
HOBO
.Handgloves
ADOBE CASLON REGULAR
.Handgloves
SWIFT LIGHT
.Handgloves
FF META BOOK

Ein wiederkehrendes Element auf diesen Seiten ist das Wort »Handgloves«. Es enthält genügend wichtige Buchstabenformen um ein Alphabet zu beurteilen. Es weicht angenehm ab vom Industriestandard »Hamburgefons«. Diese Handgloves (könnte man mit Handhandschuhen übersetzen) sammeln die Schriften, die in den Beispielen gezeigt oder im Text genannt werden.

Schriften ganz speziell für einen Zweck zu entwerfen ist viel weiter verbreitet als die meisten ahnen. Da gibt es Schriften für Telefonbücher, Kleinanzeigen, Zeitungen und sogar die Bibel. Und natürlich exklusiv für Unternehmen. Dann gibt es einige Schriften für besondere technische Anforderungen, z. B. niedrig auflösende Bildschirme und Drucker, nichtproportionale Schreibmaschinen und optische Buchstabenerkennung (OCR). Bis jetzt haben sich alle diese Sonderanwendungen am klassischen historischen Vorbild orientiert. Auch Bitmaps sind zu einem solchen Vorbild geworden, aus der Not geboren. Hier unten einige Schriften für spezielle Zwecke.

Bell Centennial
für Telefonbücher.
ITC Weidemann
ursprünglich als »Biblica« für eine Neuausgabe der Bibel gemacht.
Spartan Classified
für Kleinanzeigen in Zeitungen.
Corporate ASE
Daimler Chrysler's Hausschrift.
Sassoon Primary
für den Handschriftunterricht.

#194
Erik SPIEKERMANN:
Über Schrift.

B

#195
Günter Karl BOSE:
Das Gesetz und seine Buchstaben.
La loi et ses conséquences visuelles.
In: Das Gesetz und seine visuellen Folgen,
hrsg. von Ruedi Baur.
Wettingen: Lars Müller
Jahr: 2005

Seiten: 605 S.
Format: 16,5×24 cm

→

Weil durch den Druck jede Kopie der anderen gleicht, erscheint sie auch allen gleich. Da kohärente Bild, das Texte dadurch gewinnen, legt sie buchstäblich auf eine einmal gegeben Fassung fest und manifestiert eine Eindeutigkeit der Aussage, die handschriftliche Praktiken nu sehr bedingt erreichen konnten. Als Herkunftsbeweis sind nicht mehr Siegel nötig, sondern dere grafische Übersetzung in Signete. Mit der technischen Vermittlung von Information fällt auch di Ikonografie der Macht unter das Diktat typisierter grafischer Formen. Seit Mitte des sechzehnte Jahrhunderts betraf das in Deutschland eine Fülle konkurrierender Gemeinwesen, die jedes fü sich Souveränität und zu deren Schutz eine **»wohlgeordnete Policei«** beanspruchten. Von de Reichsstadt Nürnberg sind aus den Jahren 1534 bis 1537 allein achtzehn Aufträge an den Buc drucker und Papierhändler Jobst Gutknecht bekannt, »Reglemente« des Rats im Druck zu vervie fältigen. In Auflagen zwischen 60 und 250 Exemplaren erschienen so z. B. ein Mandat, **»da sich eins rats underthan in kein fremb gericht bewilligen sol«,** oder ein zweites, **»da sich niemand on vißen eins rats in fremde dienst bestellen lassen sol«.** Die gefordert Drucke belegen die fortschreitende Kodifizierung handlungsleitender Normen genauso wie di Abkopplung ihrer Distribution aus traditionellen Informationsstrukturen. 1539, als alle Bürge gefordert sind, an den Befestigungsanlagen der Stadt Fronarbeit zu leisten, werden in zwei Au lagen jeweils 7000 »Zettel« verteilt, mehr als es Haushalte in Nürnberg gibt.

Diese neue Disposition des Rechts zieht das Erscheinen eines bis dahin nicht beachtete Problems nach sich. Obwohl gelesen werden kann, was geschrieben steht, erschließt sich b der Lektüre nicht immer der gleiche Sinn. Man beginnt zu fragen, wie zu erkennen ist, dass ei Zeichen genau das bezeichnet, was es bedeutet; denn zwischen den Zeichen und ihren Inhalte lässt sich vermittelndes Element nicht ausmachen, zumindest keines, das mächtig genug wä auszuschließen, dass alles auch ganz anders gemeint sein könnte. Das Recht verlangt nach verbin licher Auslegung, die genausowenig jedem überlassen werden kann, wie die Wahl das eigen Leben selbst zu bestimmen.

Während in den Jahren zwischen 1480 und 1520 nur drei von hundert aller erscheinende Bücher Rechtstexte sind, sind es zwischen 1570 und 1599 schon zehn Prozent. Damit breitet sic eine Ebene der Wörter aus, die nichts als Effekt eines Diskurses der Beziehungen ist, die die Sprach zu sich selbst unterhält. Das juristische Wissen besteht darin, Sprache auf Sprache zu beziehen, all sprechen zu lassen, um das Gesetz wiederherzustellen. In dem Raum, der zwischen diesem erste Text und seinen Interpretationen klafft, siedelt sich eine Kunst der Auslegung an, nicht nur d Jurisprudenz, sondern aller vier Fakultäten. **»Es kostet mehr«,** klagt Montaigne, **»die Auslegun auszulegen als die Sache selbst, und es gibt mehr Bücher über Bücher als über irgen einen anderen Gegenstand. Wir machen nichts als Anmerkungen übereinander.«**

==Die Schrift führt das Recht in einen Abgrund der Sprache, der nicht zu überbrücken ist, we jeder Diskurs über das Recht nur dann mit einem definitiven Sprechen abzuschließen ist, wen dieses Sprechen ein Machtwort ist. Die Gesetze zu verstehen, bedeutet, unterhalb der Sprache, d man liest und entziffert, die Souveränität eines ursprünglichen Textes aufzuspüren und zu arreti ren. Aber per se kann kein Kommentar je an ein Ende gelangen. Deshalb und nur deshalb gilt, wa Thomas Hobbes 1651 bündig zu Papier bringt: **»Denn obwohl der Rat eines Rechtsgelehrte zur Vermeidung von Streit nützlich sein kann, so ist er doch nur Rat: Es ist Aufgabe de Richters, nach Anhörung des Streitfalles den Menschen zu sagen, was Gesetz ist.«**[6] Kei== 470 Gesetz, heißt das, kann jemals nur Text unter Texten sein, beides, Gesetze zu schreiben wie s u lesen, ist eine Funktion von Macht, ein Monopol des Souveräns. »**Die bürgerlichen Gesetze sind nichts anderes als die Gebote des mit der höchsten Gewalt im Staate Betrauten in Bezug auf die zukünftigen Handlungen der Bürger.**«[7] Über diesen Handlungen steht eine Macht, die jeder Hermeneutik verschlossen bleibt. Weil Verstehen seinem Anspruch zum Trotz eine Handlung unter anderen ist, kann es die Handlung, die es selbst eingesetzt hat, nicht hintergehen. Jeder Richter muss das Gesetz anwenden, weil er sonst selbst außerhalb des Gesetzes wäre. Konsequent legt deshalb der vierte Paragraf des »Code Napoléon« 1807 fest, die Richter für diesen Fall, das Gesetz nicht auszulegen, unter Strafe zu stellen: »**Le juge qui refusera de juger sous prétexte du silence, de l'obscurité ou de l'insuffisance de la loi, pourra être poursuivi comme coupable de déni de justice.**« (Jeder Richter, des es wegen des Schweigens, der Dunkelheit oder der Unvollständigkeit des Gesetzes ablehnt zu richten, fällt unter die Justiz und kann verhaftet werden.)[8] Im Gegensatz zu Texten, die Autoren haben und ihre Bedeutung imaginären Adressaten überlassen können, also Dichtung sind, steht hinter den Gesetzen eine Macht, die auf ihre Erfüllung dringt, selbst dann noch, wenn sich kein empirisches Signifikat oder strafbarer Körper finden lässt, sondern bloß geschriebene Wörter. Gesetze programmieren Menschen, ohne dass diese den Umweg gehen müssten, ihren Text auch zu verstehen.

»Eine Canzley hat mit keinen Materialien zu thun und wer nur Formen zu beachten und zu bearbeiten hat, dem ist ein wenig Pedantismus nothwendig. Ja sollte das Von Gottes Gnaden nur als Übung der Canzlisten in Fracktur und Canzleischrift beybehalten werden, so hätte es eine Absicht.« Wer hier seinem Herrn »Pedantismus« predigt, heißt Johann Wolfgang von Goethe und ist Geheimer Rat des Herzogtums Sachsen-Weimar.[9] Genau das gleiche Wort figuriert in der Tragödie um den Doktor und Magister Heinrich Faust vom gleichen Johann Wolfgang von Goethe als Attribut des Teufels. Wo, ach, zwei Seelen in einer Brust wohnen, muss eine finstere Macht den Gelehrten auf einen Text stoßen, an dem es nichts zu deuten und zu deuten gibt. Mephisto nötigt Faust, den Pakt zu unterschreiben. Unterschriften werden, das wissen wir, seit dem dreizehnten Jahrhundert *jetzt* gegeben und erfüllen ihre Fatalität *in futurum*. Gegenstand des Vertrages, auch das wissen wir, ist nichts anderes als Fausts Seele. »**Die Seele**«, schreibt Foucault, ist aber »**selber ein Stück der Herrschaft, welche die Macht über den Körper ausübt. Die Seele ist Effekt und Instrument einer politischen Anatomie, Gefängnis des Körpers.**«[10]

Was für das Gesetz scheinbar ohne Referenz bleibt und vom Gravitationsfeld der Macht nicht spürbar berührt wird, die grafische Textur des Gesetzestextes, diese oder jene Schrift, aus dem er gesetzt ist, und die Vagheit der Differenz ihre Effekte, schmuggelt dennoch manchmal in das Gewebe des Textes Spuren von Sinn ein, die gelesen werden können. Sicher nicht zufällig ist der erste Druck der neuen Verfassung der Deutschen Demokratischen Republik 1968 aus einer Schrift gesetzt worden, die »Faust-Antiqua« heißt.

---

[1] Thomas Hobbes: »Leviathan oder Form und Gewalt eines bürgerlichen und kirchlichen Staates« (Ed. Iring Fetscher). Neuwied, Berlin 1966, S. 209 [2] Ebd. S. 209. [3] Franz Kafka: »Sämtliche Erzählungen.« Frankfurt/Main 1973, S. 148. [4] Ebd. S. 148. [5] 5. Mose 11.19/31.12 [6] Hobbes: Leviathan a.a.O., S. 210 [7] Thomas Hobbes: »Vom Menschen. Vom Bürger.« Hamburg 1959, S. 135 [8] Code Napoléon: § 4. Paris 1807 [9] cf. Ernst Robert Curtius: »Goethes Aktenführung.«, »Die Neue Rundschau« 62, 1951, S. 110–121 [10] Michel Foucault: »Sexualität und Wahrheit.« Bd. 1 »Der Wille zum Wissen.« Frankfurt/M. 1976, S. 42

#195
Günter Karl BOSE:
Das Gesetz und seine Buchstaben.
(97%)

B

»Die Typografie als Bestandteil der kulturellen Tätigkeit und des kulturellen Gutes einer Gesellschaft zu begreifen, sie im Sinne einer bewusst auf den Inhalt bezogenen Fertigkeit anzuwenden, die technischen Gegebenheiten in dieser Hinsicht zu nutzen und die sich durch die Technik ergebenden Möglichkeiten nicht nur als ein unreflektiertes Spielen aufzufassen, wären also Forderungen, die an die Einrichtungen der Schul-, Aus- und Weiterbildung zu richten wären.«

#196
Albert ERNST:
Wechselwirkung. Textinhalt und typografische Gestaltung.
Würzburg: Königshausen & Neumann,
Jahr: 2005

Seiten: 287 S.
Zitat: S. 257
Format: 16×23 cm

#197
Ralf TURTSCHI:
Making of. Kreative Wege und Konzepte in der visuellen Kommunikation.
Sulgen: Niggli
Jahr: 2005

Seiten: 300 S.
Format: 23×29,7 cm

#198
Kurt WEIDEMANN:
Worte und Werte.
Mainz: Hermann Schmidt
Jahr: 2005

Seiten: 155 S.
Format: 13×22 cm

#199
Karen CHENG:
Designing Type. Anatomie der Buchstaben: Basiswissen für Schriftgestalter.
Mainz: Hermann Schmidt
Jahr: 2006

Seiten: 232 S.
Format: 22,5×28,5×8 cm

#200
Jost HOCHULI:
Das Geheimnis der »guten Schrift«. Die Kunst der Typographie folgt strengen Regeln.
In: Neue Zürcher Zeitung / NZZ (Zürich), 18. März 2006

#201
Richard HOLLIS:
Schweizer Grafik.
Die Entwicklung eines internationalen Stils 1920–1965.
Basel / Berlin / Boston: Birkhäuser
Jahr: 2006

Seiten: 272 S.
Format: 22×28 cm

»Beschreibt die Ursprünge der Neuen Typografie und deren Weiterentwicklung zum International Swiss Style bis in die 60er Jahre. Stichwort: Integrale Typografie.« — [JUV]

#202
Albert EINSTEIN:
(Ohne Titel)
In: Beyrow, Matthias / Kiedaisch, Petra / Daldrop, Norbert W.: Corporate Identity und Corporate Design. Neues Kompendium. Ludwigsburg: av edition
Jahr: 2007

Seiten: 192 S.
Format: 23,3×31,5×1,7 cm

#203
Thomas METTENDORF:
Von der Digital-Uhr zum Monitor – Matrixschriften und Anzeige-Technik.
In: Slanted #4 – The Grid Issue (Magma Brand Design Karlsruhe)
Jahr: 2007

Seiten: S. 12–17
Zitat: S. 14
Format: 21×27 cm

→ [z]

#204
Walter PAMMINGER:
Exzess des Buches.
In: Allaphbed #12, Leipzig: Institut für Buchkunst
Jahr: 2007

Format: 14,8×23,8 cm

#205
Jürgen SIEBERT:
Schrift und Urheberrecht. Drei Arten, eine Schrift zu schützen.
In: Es werde Schrift. Herstellung, Technik, Wirkung, Rechte.
Berlin: Font-Shop AG [http://www.fontshop.de/pdf/FontShop_Es_werde_Schrift.pdf]
Jahr: 2007

#206
Horst WÖHRLE:
Die Renaissance der Renaissance – Die Antiqua, ihre Herkunft und Geschichte.
In: Slanted #5 – The Antiqua Boom Issue (Magma Brand Design Karlsruhe)
Jahr: 2007

Seiten: S. 20–25
Format: 21×27 cm

#207
Hermann ZAPF:
Alphabetgeschichten. Eine Chronik technischer Entwicklungen.
Bad Homburg: Mergenthaler Ed. Linotype
Jahr: 2007

Seiten: 156 S.

#208
Florian COULMAS:
Die Zukunft der Schrift.
Lettern der Macht.
In: Süddeutsche Zeitung (München), 16. Mai 2008. [www.sueddeutsche.de/kultur/575/442315/text]
Jahr: 2008

#209
Sybille KRÄMER:
Medium, Bote, Übertragung. Kleine Metaphysik der Medialität.
Frankfurt a. M.: Suhrkamp
Jahr: 2008

Seiten: 379 S.
Format: 12,5×20,5 cm

#210
Victor MALSY
Lars MÜLLER (Hrsg.):
Helvetica forever –
Geschichte einer Schrift.
Baden: Lars Müller
Jahr: 2008

Seiten: 160 S.
Format: 19×26,5×1,5 cm

#211
Sarah POURCIAU:
Heideggers Bindestrich.
Blickbahnen eines neuen Lesens.
In: Die schönsten Schweizer Bücher 2007, hrsg. vom Bundesamt für Kultur (BAK) / Schweizerische Eidgenossenschaft.
Mainz: Hermann Schmidt
Jahr: 2008

Seiten: S. 76–87
Format: 23×30 cm

#212
Eckehard SCHUMACHER-GEBLER:
Ferdinand Theinhardt, die Akzidenz-Grotesk und die sächsische Großmutter der Helvetica.
In: Graß, Tino: Schriftgestalten. Über Schrift und Gestaltung. Sulgen: Niggli
Jahr: 2008

Seiten: S. 242–255
Format: 21×24×2 cm

→ [ ]

»Im Zuge der Technisierung und Urbanisierung unseres Lebens stiegen die Ansprüche an die Anzeigetechnik allerdings rapide. Waren es anfangs lediglich Anzeigen, die mit wenigen Symbolen arbeiteten, oder die Messtechnik mit ihren Ziffern und Skalen, mussten auf veränderlichen Informationsdisplays mehr und mehr ganze Alphabete, womöglich in unterschiedlichen Sprachen dargestellt werden. Um das zu bewerkstelligen, kommen wir bis heute nicht umhin, unseren Zeichenvorrat einer Abstraktion zu unterziehen, die den Darstellungsaufwand ökonomischer macht. Selbst das flexibelste existierende Anzeigefeld, unser Computermonitor, drückt der Schriftkultur immer wieder diesen Stempel auf, womit wir bei den Pixel-Fonts wären. Sie fallen genau genommen auch unter den Matrix-Begriff. Der Pixel hat allerdings einen Sonderstatus, denn er wird als kleinste Einheit in der Matrix des Computerdisplays angeordnet jene digitale Oberfläche, die inzwischen zur ›Mutter aller Matrizen‹ avanciert.«

#203
Thomas METTENDORF:
Von der Digital-Uhr zum Monitor –
Matrixschriften und Anzeige-Technik.

Aber war es tatsächlich die ›Akzidenz-Grotesk‹, auf die man bei Haas zurückgegriffen hatte? Um sich selbst ein Urteil bilden zu können, bleibt nur, alle betreffenden Schriften einmal miteinander zu vergleichen. Die ›Normal-Grotesk‹ ließ sich nach einigem Suchen in einer Mappe mit Schriftmusterblättern aufspüren, die die Haas'sche Gießerei etwa 1955 unter dem Titel »Alphabete«[10] veröffentlicht hatte. Dabei bekommt man gleich ein Rätsel mit auf den Weg: Im Inhaltsverzeichnis sind fünf Garnituren der ›Normal-Grotesk‹ aufgeführt, die Musterblätter enthalten auch fünf Schnitte, die eindeutig zusammengehören, allerdings sind drei davon als ›Akzidenz-Grotesk‹ deklariert. Alle fünf entpuppen sich als ein vielseitig bekannter Schnitt, der bei der Schriftgießerei Ludwig Wagner in Leipzig unter dem Namen ›Neue Moderne Grotesk‹[11] geführt wurde (jedoch nur in drei Schnitten). Und alle fünf haben nichts mit der ›Akzidenz-Grotesk‹ von Berthold zu tun, Ähnlichkeit mit dieser hat dafür eine weitere in der Mappe enthaltene Serifenlose, die als ›Französische Grotesk‹ bezeichnet ist. – Ludwig Wagner hatte sich bekanntlich darauf spezialisiert, Kollegenfirmen mit Matrizensätzen zu beliefern. Die Abnehmer besaßen dann zwar keine exklusiv geschaffenen Schriftschöpfungen, aber bei gängigen Gebrauchsschriften, die mehr oder weniger zum Standardprogramm jeder Gießerei gehörten, ließen sich auf diese Weise Einsparungen bei den verhältnismäßig hohen Kosten der Matrizenherstellung erzielen. Die ›Neue Moderne Grotesk‹ finden wir daher unter den verschiedensten Namen bei allen bekannten Schriftgießereien wieder; bei Trennert in Altona, bei Weisert in Stuttgart, bei Brüder Butter in Dresden etc., selbst bei der italienischen Gießerei Nebiolo taucht sie unter dem Namen ›Cairoli‹[12] auf.

Wie passt das aber alles zusammen, die unterschiedlichen Bezeichnungen der ›Normal-Grotesk‹ in der Mustermappe, die Aussage in der Jubiläumsschrift von Haas, wonach die ›Normal-Grotesk‹ die Basis der ›Neuen Haas Grotesk‹ gewesen sei, es aber offenbar doch nicht war? Alfred Hoffmann, Mitinhaber der Haas'schen Gießerei, hatte dazu einen Hinweis, für den ihm an dieser Stelle sehr herzlich gedankt sei. Er ließ durchblicken, dass es vielleicht bei der Abfassung der Texte für die genannten Publikationen doch ein wenig an der sonst sprichwörtlichen Schweizer Akribie gehapert habe, die wir Resteuropäer bei den Eidgenossen als naturgegeben voraussetzen. Die ›Normal-Grotesk‹ hieß früher offenbar ›Akzidenz-Grotesk‹, in der Übergangsphase seien wohl manchmal beide Namen verwendet worden. Auch bestätigt er, dass die Schrift von Ludwig Wagner bzw. Wagner & Schmidt stammte. Allerdings habe Haas zwischen den Garnituren ›Neue Moderne Grotesk‹, einem eher zarten Schnitt, und der Halbfetten einen »normalen« Schnitt eingefügt. Dieser habe vielleicht zu dem Namen ›Normal-Grotesk‹ für das ganze, das erweiterte Ensemble geführt. Die dreiviertelfette Version habe sein Vater später im Lager der Gießerei D. Stempel ausfindig gemacht, und sie, da man dort keine weitere Verwendung mehr dafür hatte, nach Münchenstein mitgenommen.

Wo aber bleibt nun die tatsächliche Ausgangsbasis für die ›Neue Haas Grotesk‹ und damit für die ›Helvetica‹? Auch dafür hatte Alfred Hoffmann eine Antwort: Keine andere Schrift, als die in den Musterblättern der ›Akzidenz-Grotesk‹ so verdächtig ähnelnde ›Französische Grotesk‹ sei es, die hier Pate gestanden habe. Der Clou allerdings kommt erst: Sie ist keineswegs eine Kreation unserer westlichen Nachbarn. Die Schrift stammt vielmehr aus der Druckstadt Leipzig und ist dort bereits 1890 bei der Schriftgießerei Schelter & Giesecke als ›breite halbfette Grotesk‹ erschienen. Wer hätte es jemals für möglich gehalten, dass die uns so durch und durch schweizerisch anmutende ›Helvetica‹ eine sächsische Großmutter hat?

Die breite halbfette Grotesk der Schriftgießerei Schelter & Giesecke in Leipzig. Bis auf kleine Details – zum Beispiel die Antiqua-Form des g – ist sie identisch mit der darunter abgebildeten Französischen Grotesk von Haas.

Hamburg

Hamburger

Normal-Grotesk der Haas'schen Schriftgießerei. Der auslaufende Strich des R ist einmal gebogen und einmal gerade.

ABCDEFGHIJKLMNOPQRST

abcdefghijklmnopqrstuvw

HIJKLMNOPQRSTUV

Die Neue Moderne Grotesk der Schriftgießerei Ludwig Wagner in Leipzig, bis auf kleine Details identisch mit der Normal-Grotesk von Haas

Kunst und Handwerk

Mode-Entwürfe

Reisebücher

Die Französische Grotesk der Haas'schen Schriftgießerei

abcdefghijklmnopqrstuvwxyz ABC

abcdefghijklmnopqr

GHIJKLMNOPQR

251

#212
Eckehard
SCHUMACHER-GEBLER:
Ferdinand Theinhardt, die
Akzidenz-Grotesk und
die sächsische Großmutter
der Helvetica.

→

B

#213
Fred SMEIJERS:
The Show Goes On... (2003).
Dt. Übersetzung in: Graß, Tino:
Schriftgestalten. Über Schrift und
Gestaltung. Sulgen: Niggli
Jahr: 2008
–
Seiten: 260 S.
Zitat: S. 63
Format: 21×24×2 cm

→ [z]

#214
Liner Notes.
Gespräche über das Büchermachen.
hrsg. von Markus Dressen, Lina Grumm,
Anne König und Jan Wenzel.
Leipzig: Spector Books
Jahr: 2009
–
Seiten: 247 S.
Format: 20,4×28×2 cm

→ [🟨]

»meiner meinung nach ziehen recht abrupte änderungen in der sozialen und kulturellen struktur auch veränderungen in der form und dem gebrauch von schrift nach sich – etwa die reform der geschriebenen schrift durch karl den großen, der aufstieg der serifenlosen in industrialisierten kulturen, die verordnungen der nationalsozialisten zur buchstabenform oder die verbreitung der kyrillischen schrift im zuge der ausweitung des russischen kommunismus.«

#213
Fred SMEIJERS:
The Show Goes On ... (2003).

B

Liner Notes
Gespräche über das Büchermachen
Leipzig z.B.

1. Tag: Ankommen ... 7
2. Tag: Sortieren ... 41
3. Tag: Kunstkataloge ... 49
4. Tag: Material ... 77
5. Tag: Haltungen/Attitüden ... 97
6. Tag: Zitieren ... 105
7. Tag: Autoren ... 127
8. Tag: Theorie ... 149
9. Tag: Typografie ... 161
10. Tag: Produzieren ... 233

Gesprächsprotokolle:

Markus Dreßen
Till Gathmann
Anna Lena von Helldorff
Christopher Jung & Tobias Wenig
Jakob Kirch
Annette Lux
Bettina Mönch
Nicola Reiter
Helmut Völter
Jan Wenzel

Nachwort:

LINER NOTES — Im Herbst 2007, als wir mit der Arbeit an diesem Buch gerade begannen, fiel uns ein Zeitungsartikel in die Hände, in dem es um Plattencover ging, oder genauer, um die Texte auf deren Rückseiten. Liner Notes – eine beiläufige Form, die Musikproduktion und damit die eigene Arbeit zu kommentieren. Das Buch, das wir vorbereiteten, sollte vom Büchermachen handeln. Deshalb schauten wir auch, was es in den verschiedenen Bereichen der Kunst für Formate gibt, über das eigene Produzieren zu reflektieren: im Film zum Beispiel Audiokommentare, Making-of-Trailer auf DVDs oder Poetikvorlesungen in der Literatur. Die Liner Notes begeisterten uns als Textgenre aber besonders. Als es an der Zeit war, einen Titel für unser Buch zu finden, mussten wir nicht lange überlegen und nannten es Liner Notes.
FUSSNOTEN ZUR EIGENEN PRODUKTION — In Liner Notes stellen wir eine Anzahl von Büchern vor, die in den vergangenen Jahren von Buchgestalterinnen und Buchgestaltern produziert wurden, die an der Leipziger Hochschule für Grafik und Buchkunst studiert haben. Dabei suchten wir nicht das Verbindende zwischen diesen Buchgestalterinnen, nicht die Konstruktion einer „Schule", sondern die ganz unterschiedlichen Ansätze und Haltungen, die in ihrer Arbeit sichtbar werden. Wobei die Formulierung „in ihrer Arbeit" etwas irreführend ist, denn zwei der Herausgeber – Lina Grumm und Markus Dreßen – haben selbst Buchkunst/Grafik-Design an der HGB studiert, und die anderen beiden - Anne König und Jan Wenzel – waren an mehreren der hier vorgestellten Publikationen als AutorInnen beteiligt. Liner Notes handelt deshalb auch von unseren eigenen Büchern und von den kommunika-

beschäftigt hat. Aber neben „analytischen" Aspekten war unsere Auswahl natürlich auch durch individuelle Vorlieben, Sympathien und den eigenen Geschmack geprägt.
FELDFORSCHUNG — Parallel zu den Vorbereitungen für das Fotoshooting führten wir längere Interviews mit einigen BuchgestalterInnen. Wir besuchten sie in ihren Arbeitsräumen und ließen uns von ihnen erzählen, wie ihr Alltag aussieht, was sie an Leipzig als Produktionsstandort schätzen und welche Zukunftspläne sie haben. Außerdem baten wir sie, uns von der Entstehung eines ihrer Bücher ausführlicher zu berichten. Uns interessierte, wie aus einem bestimmten Bild- und Textmaterial und einer Ausgangsidee am Ende ein Buch entsteht, welche gestalterischen Entscheidungen dabei getroffen werden und wie intensiv der Austausch mit Künstlern, Autoren und Auftraggebern während der Buchproduktion war. Das Material, das auf diese Weise gesammelt wurde, verdichteten wir zu Gesprächsprotokollen, die nun in Liner Notes eine eigenständige Textebene bilden: zehn Berichte über das Büchermachen.
WIEDERGABE EIGENER REDE DURCH FREMDE REDE — Die zweite Textebene des Buches bilden neun fiktive Dialoge, in die auch einige Beobachtungen und Gedanken aus den Interviews eingeflossen sind. In gewissem Sinne stellen diese Gespräche, in denen verschiedene gestalterische Haltungen und Arbeitsansätze zitiert werden, eine Mischform dar, die zwischen Fiktion und Dokument, zwischen Anspruch und Realität, zwischen Wunsch und Wirklichkeitssinn vermittelt. Man kann über die Fiktion Dinge ausdrücken, die sich anders nicht sagen lassen.

Buchgestaltung. Die Schrift Maxima entwarf Gert Wunderlich, ebenfalls Professor an der HGB, seit den 1960er Jahren als Auftragsarbeit für Typoart. Diese Schrift kombiniert relativ schmale Minuskeln mit Versalien in den Proportionen einer Renaissance-Antiqua. Nach ihrer Komplettierung wurde sie die am häufigsten eingesetzte serifenlose Schrift in der DDR. Die dritte Schrift, die Stahl, hat Annette Lux, Absolventin der HGB, 2009 neu interpretiert und digitalisiert, als Vorlage diente ihr dabei eine Schrift, die Hans Kühne 1939 für die Gebrüder Klingspor, Offenbach gezeichnet hatte.
DAS BUCH IM PLURAL — Wie gestaltet man ein Buch, das vom Buchgestalten handelt? – Liner Notes folgt keinem einheitlichen Konzept, sondern besteht aus mehreren sich überlagernden Konzepten. Durch sie soll ein Rhythmus entstehen, Momente der Synchronität wechseln mit Passagen, in denen die verschiedenen Ebenen weit auseinander laufen. Die Intensität, die aus diesen Wechseln resultiert, erscheint uns größer als die Faszinationskraft, die sich durch die Illusion einstellt, dass Text und Bild eine einheitliche Situation ergeben.
SOURCEBOOK — Wenn es nach uns geht, sollte man Liner Notes am besten als Sourcebook verstehen – ein Buch, das aus Büchern gemacht ist und dessen Gebrauchswert darin liegt, Ideen für neue Bücher zu liefern.

Unser Dank gilt der Kulturstiftung des Freistaates Sachsen für die Förderung dieses Projektes. Wir danken außerdem allen GestalterInnen, AutorInnen und Verlagen für die Möglichkeit, die abgebildeten Bücher zeigen zu können; besonders Gabriele Altevers, Philipp Arnold, Kay Bachmann,

---

Spector Books

LINER NOTES
Gespräche über das Büchermachen, Leipzig z.B.

2009

Vor hundert Jahren war Leipzig die bedeutendste Buchstadt in Deutschland. Die Hochschule für Grafik und Buchkunst hatte eine enge Verbindung zum hier ansässigen Buchgewerbe. Die Gestaltung von Büchern wurde so, nachdem sie jahrhundertelang vor allem ein Handwerk gewesen war, zur künstlerischen Arbeit: „Buchkunst" – Nach dem zweiten Weltkrieg und stärker noch nach 1989 verlor Leipzig seine Bedeutung als Verlagsstandort. Dass die Stadt sich trotzdem einen gewissen Ruf als Buchstadt erhalten konnte, liegt neben der Buchmesse im Frühjahr ganz sicher auch am Fachbereich Buchkunst/Grafik-Design an der HGB. Dort fand seit Mitte der 1990er Jahre ein Prozess der Neubestimmung statt, der durch Professoren wie Ruedi Baur, Günter Karl Bose, Detlef Fiedler und Daniela Haufe (cyan) sowie Volker Pfüller geprägt war. Stellvertretend für die letzten zehn Jahre an der HGB aus seiner Perspektive nachzuzeichnen, deshalb, für unser Buch die letzten zehn Jahre an der HGB aus seiner Perspektive nachzuzeichnen, baten wir Günter Karl Bose WAS BEDEUTET ES, EIN BUCH ZU GESTALTEN? — Da Gestaltung eine Sprache erzeugt, könnte man die Aufgabe von GestalterInnen mit der von ÜbersetzerInnen vergleichen. Da Gestaltung einen eigenen Text produziert, könnte man die Rolle von GestalterInnen mit der von AutorInnen vergleichen. Da Gestaltung eine inhaltliche Position markiert, könnte man den Handlungsrahmen von GestalterInnen mit dem von KritikerInnen vergleichen.
SCHRIFTKOFFER — Die drei verwendeten Schriften haben alle ihren Bezug zu Leipzig: An der Leipziger Antiqua hat Albert Kapr seit den 1960er Jahren gearbeitet. Veröffentlicht wurde diese moderne Form der Barock-Antiqua zwischen 1971–77. Kapr war Lehrer an der Hochschule für Grafik und Buchkunst und Gründer des Instituts für

Ricarda Löser, Andrej Loll, Annette Lux, Katrin Menne, Valerie Mohr, Daniel Mudra, Ralph Niese, Philipp Paulsen, Nicola Reiter, Susanne Richwien, Kerstin Riedel, Nella Rieken, Alexandra Rusitschka, Katja Schwalenberg, Claudia Siegel, Gesa Stang, Pascal Storz, Janine Thaler, Tom Unverzagt, Helmut Völter, Simone Waßermann, Tobias Wenig, Eva Winckler, Severin Wucher.

Für die Unterstützung unserer Arbeit gilt unser persönlicher Dank Tiziana Jill Beck, Günter Karl Bose, Nike von Eisenhart-Rothe, Loretta Fahrenholz, Till Gathmann, Anna Lena von Helldorff, Wiebke Helm, Alexander Hempel, Carsten Humme, Christopher Jung & Tobias Wenig, Jakob Kirch, Oliver Klimpel, Maria Magdalena Koehn, Hans-Christian Lotz, Bettina Mönch, Manuel Reinartz, Kerstin Riedel, Helmut Völter, Jutta Zimmermann sowie Annette Lux, deren Schrift *Stahl* in unserem Buch ihre Premiere hat.

Gefördert durch die Kulturstiftung des Freistaates Sachsen

richtige Modus, um das Aufdringliche, allzu Marketinghafte, was Selbstpräsentation oft mit sich bringt, konsequent zu vermeiden? Was könnte eine ästhetische Haltung sein, durch die man sich spielerisch-distanziert selbst beobachten kann? – In Bertolt Brechts Lehrstücken, vor allem in seiner in Dialogform formulierten Theatertheorie *Der Messingkauf*, fanden wir performative Modelle, um eigene und fremde Haltungen darstellbar zu machen. Uns gefielen Brechts Versuchsanordnungen, in denen alltägliche Sprechmuster und Verhaltensweisen vorgeführt werden. Wir wollten diese gestische Form zu widersprechen und zu bestätigen, sich zu zeigen und sich zu verbergen, zu vereinfachen und zu vervollständigen, denn durch sie wird ein äußerst komplexer Selbstentwurf ermöglicht.
DAS BUCH ALS BÜHNE — Die Szene zeigt drei Personen, die sich mit Büchern beschäftigen. Sie blättern, lesen, diskutieren und produzieren so aus dem Gespräch heraus. Spontan, miteinander improvisierend. Diese Situation als Totale, als Halbnahe, als Close-up. Dazwischen Großaufnahmen der Bücher. All das wurde in vier Tagen von Manuel Reinartz fotografiert. Mit Unterstützung von drei großartigen und großartig geduldigen Darstellern: Loretta Farenholtz, Jutta Zimmermann und Hans-Christian Lotz.
AUSWAHLKRITERIEN — Drei Kartons voller Bücher nahmen wir mit ins Fotostudio. Bücher, an denen sich bestimmte Gestaltungsprinzipien und -haltungen exemplarisch festmachen ließen und bei denen das Zusammenspiel von Inhalt, Gestaltung und Materialität des Buches zu einer besonders „gelungenen" Form geführt haben. Mehr als Originalität und Innovation interessierte uns dabei Angemessenheit. Ein Kriterium, über das sich erst entscheiden lässt, wenn man sich eingehender mit den Büchern

Fiktive Dialoge: Jan Wenzel
Gesprächsprotokolle: Anne König, Jan Wenzel
Gestaltung: Markus Dreßen, Lina Grumm
Fotografien: Manuel Reinartz
Zeichnungen: Tiziana Jill Beck
Bildbearbeitung: Carsten Humme
Lektorat: Wiebke Helm
Druck: Messedruck GmbH Leipzig
Bindung: Buchbinderei Mönch OHG Leipzig

Herausgegeben von
Markus Dreßen, Lina Grumm,
Anne König und Jan Wenzel
Spector Books 2009

© 2009 Spector Books sowie die jeweiligen AutorInnen, GestalterInnen und FotografInnen

Erschienen bei/Vertrieb über:
Spector Books
Harkortstraße 10, D-04107 Leipzig
+49 (0)341 212 24 11
www.spectormag.net

Spector Books

ISBN: 978-3-940064-83-7

Erste Auflage
Printed in Germany

A supplementary booklet with an english translation of all text is available from Spector Books upon request.
ISBN: 978-3-940064-84-4

#214
Liner Notes.
Gespräche über das
Büchermachen.

B

#215
Heidrun OSTERER
Philipp STAMM:
Adrian Frutiger Schriften.
Das Gesamtwerk.
Basel / Boston / Berlin: Birkhäuser
Jahr: 2009

Seiten: 460 S.
Format: 25×31,5 cm

#216
Gerard UNGER:
Wie man's liest.
Sulgen: Niggli
Jahr: 2009

Seiten: 214 S.
Format: 17×24,5 cm

→ 🟨

#217
Anita KÜHNEL (Hrsg.):
Welt aus Schrift.
Das 20. Jahrhundert in Europa
und den USA.
Kat. Staatliche Museen zu Berlin.
Köln: König
Jahr: 2010

Seiten: 255 S.
Format: 21,5×28,5 cm

#218
Alex NEGRELLI:
The Revolution won't be set in
Garamond.
In: Slanted #11 (Magma Brand Design
Karlsruhe)
Jahr: 2010

Seiten: S. 8f.
Format: 21×27 cm

→ 🟨

Abb. 3: Antiqua von Nicolas Jenson, Venedig 1470

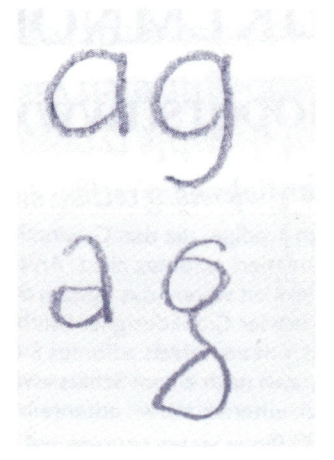

Abb. 4: Einstöckige (oben) und zweistöckige (unten) a und g

Sind diese Muster im Gehirn ein für allemal eingebrannt oder sind sie leicht zu verändern? Manche Typografen meinen, dass die Gesetze der Lesbarkeit wenig Spielraum zulassen und dass die Typografie im Sinne des Lesers gewissen Gestaltungsregeln folgen muss und sich deswegen nur langsam verändert. Demgegenüber steht die Meinung der Typografie-Reformer, die glauben, dass der Leser manchmal einen kleinen Kick gebrauchen kann und Lesbarkeit ein dehnbarer Begriff ist. Was soll man davon halten, wenn ein Buch von Nicolas Jenson – 1475 in Venedig gedruckt und herausgegeben – Schriften beinhaltet, die sich kaum von modernen Schriften unterscheiden *(Abb. 3)*? Der Inhalt eines solchen Buches und seine Sprache sind schwer zu durchschauen, wenn man kein Latein kann, aber die Schriften und die Typografie sind mühelos zu verarbeiten. Was ist in den letzten fünf Jahrhunderten passiert? Was bitte haben denn die Schriftgestalter und Typografen die ganze Zeit gemacht? Man könnte es auch so sehen: Wunderbar, dass sich die Typografie und die Formen der Buchstaben so lange halten konnten! Es ist jedoch nicht verwunderlich, dass sich neben der Anerkennung für diese Beständigkeit auch Widerstand gegen versteinerte und verstaubte Gewohnheiten regt. Im 20. Jahrhundert gab es deswegen mehrere heftige Auseinandersetzungen: Typografen warfen Regeln und Konventionen entweder über Bord oder erhoben sie zum Dogma.

Schon während meiner Ausbildung zum Grafiker wollte ich ergründen, wie gelesen wird und ob man dem Leser bessere Buchstaben und bessere Typografie

> »Gerard Unger vermag auf verblüffend unterhaltsame Weise den Weg nachzuzeichnen, den der Buchstabe nimmt: gezeichnet vom Schriftgestalter, gesetzt vom Gestalter und letztendlich vom Auge des Lesers aufgenommen. Getrieben von der Frage ›Wie man's liest‹ erkundet er den ausgesprochen komplexen Vorgang der Kulturtechnik Lesen aus Sicht derer, die ursächlich für das Gelingen zuständig sind: die Gestalter.« — [IN]

bieten könnte. Dabei entdeckte ich dieses faszinierende Phänomen, dass die meisten lesen, ohne die Buchstaben bewusst zu erkennen. Dazu habe ich einmal einen Versuch durchgeführt: Ich stellte mich an eine belebte Kreuzung in der Nähe des Amsterdamer Zoos und fragte die Leute, was sie zuletzt gelesen hatten, und ob sie so freundlich wären, mir das a und das g zu zeichnen, denen sie dabei begegnet waren. Die meisten schrieben in Schreibschrift und nicht in Druckschrift, andere malten Großbuchstaben oder zeichneten die simplen einstöckigen Formen der Buchstaben a und g *(Abb. 4)*. Die komplexeren zweistöckigen Varianten von a und g konnte nur ein Einziger wiedergeben. Details wie die Unterschiede zwischen dick und dünn, oder ob die untere Schleife des g offen oder geschlossen ist und das a einen kleinen oder großen Bauch vor sich her trägt, wurden völlig außer Acht gelassen.

==Von allen Dingen des Alltags werden wohl Buchstaben am häufigsten unbewusst verwendet, obwohl wir sowohl einen intensiven als auch intimen Umgang mit ihnen pflegen. Haben die Millionen von Zeichen, die jeder von uns gelesen hat, zu einem verborgenen typografischen Wissen geführt?== Die meisten Leser sind zwar Typo-Laien, haben aber durch den Umgang mit Abermillionen von Buchstaben wahrscheinlich eine umfangreiche typografische Kenntnis erworben.

Weitaus die meisten Leser haben keinen direkten Zugang zu diesem Wissen, obwohl es beim Lesen laufend abgefragt wird. Wenn man nicht gelernt hat, Schriften und Buchstabenteile bewusst zu erkennen und zu benennen, so wie das Typografen können, dann bleibt das Wissen hinter Schloss und Riegel. Das Unvermögen der Leser, fundiert über Schrift und Typografie zu sprechen, hat unter anderem zur Behauptung geführt, dass der Enthusiasmus der Typografen für Schriften und die subtilen Unterschiede zwischen ihnen nicht von den Lesern geteilt wird. Nur die wenigsten können sich an die Schrift des zuletzt gelesenen Buches erinnern (Zachrisson 1965, 88). Auf die Frage, was an einem Buch für den Leser wichtig sei, steht die Schrift aber an oberster Stelle, gefolgt von Papier, Seitengestaltung, Bindung, Illustration, Umschlag und der Titelseite (Zachrisson 1965, 92). Bis heute ist es der Forschung noch nicht gelungen, dem versteckten typografischen Wissen des Lesers auf die Schliche zu kommen. Das bedeutet aber nicht, dass es niemals gelingen kann, und schon gar nicht, dass es dieses Wissen nicht gäbe. Im Gegenteil: Die meisten Leser müssen über umfangreiche typografische Erfahrung und Kenntnis verfügen, denn sie können eine Vielzahl an verschiedenen Schriften und typografischen Variationen erkennen. Sonst würde ihnen ein Zeitungslayout wenig bedeuten.

14 15

#216
Gerard UNGER:
Wie man's liest.

→

TYPE ESSAYS —» P. 129

ESSAYS

THE REVOLUTION WON'T BE SET IN GARAMOND
--- ---------- ----- -- --- -- --------
Von Alex Negrelli

Die Schreibmaschine als politisches Instrument

Die Schreibmaschine nimmt in der Ikonografie politischer Bewegungen
eine besondere Rolle ein.
Ihr markantes Schriftbild taucht immer wieder als Abbildung geschichtlich
relevanter Texte auf und ist somit quasi zum Synonym der politischen
Äußerung einer bestimmten Epoche geworden.

So wie sich heute die Djihadisten der digitalen Formensprache bedienen –
und somit das gedruckte Wort im Bild verschwindet – so steht die Schreibmaschine für eine Ästhetik des radikalen Denkens im 20. Jahrhundert.

Natürlich ist sie als Instrument erheblich älter. Im 18. Jahrhundert
als Hilfsmittel für Blinde entwickelt, war sie zu Beginn als technische
Neuerung nur Privilegierten zugänglich. Aber dieser Moment der
Industrialisierung ist auch nicht zu trennen von der Zuspitzung sozialer
Konflikte und dem einhergehenden Wandel der Kommunikationsformen.
Und mit ihrer tiefen Verwurzelung im Industriellen war auch eine massen-
hafte Verbreitung als Medium nur eine Frage der Zeit.

==Diese Maschine repräsentiert die Industrialisierung im doppelten Sinne.
Einerseits selbst das Produkt einer Maschine ist sie somit schon im
Ansatz vom Prinzip des individuellen Handwerks gelöst. Andererseits als
Mechanisierung der Handschrift, dem vielleicht direktesten grafischen
Ausdruck menschlicher Gedankenarbeit, verleiht sie dem so geschriebenen
Text immer eine besondere Distanz.==

Eine entscheidende Rolle in der Entwicklung zum Massenphänomen spielt
hierbei die Bürokratie. Diese findet in ihr das ideale Instrument
zur formalen Standardisierung und beschleunigt so die Verwaltung und
deren Abläufe enorm. Was sich mit der entsprechenden Nachfrage wiederum
direkt auf den technischen Fortschritt auswirkt.

Doch die bürokratische Nutzung des Gerätes gilt nie der Repräsentation,
sondern allein der Informationsübermittlung.
Für die visuelle Präsentation eines Systems, das sich der Bürokratie
bedient, stehen andere Mittel zu Verfügung.
Wahlplakate werden nicht mit der Schreibmaschine gesetzt. Auch sind
wohl unverhältnismäßig mehr Formulare mit ihr ausgefüllt worden, als
damit literarische oder politische Texte verfasst worden wären.

Erst im Privaten wird die Maschine subversiv. Als leicht zugängliches
Instrument kann sich jeder dieser Form der Informationsübermittlung
bedienen – aber anders als beim handgeschriebenen Brief wird der Text
durch das Schreibgerät vom Individuum getrennt. Diese Anonymisierung
kann Schutz vor Entdeckung bieten, vor allem aber einen von verschiedenen
Personen gefassten Gedanken ausdrücken. Manifeste sind Gruppenarbeit.
Und oft kleinster gemeinsamer Nenner.

#218
Alex NEGRELLI:
The Revolution won't be
set in Garamond.

TYPE ESSAYS   Alex Negrelli   The revolution won't be set in Garamond   —» P. 129

ordnung   ordnung
ordnung   ordnung
ordnung   ordnung
ordnung   ordnung
ordnung   ordnung
ordnung   unordn g
ordnung   ordnung
ordnung   ordnung
ordnung   ordnung
ordnung   ordnung
ordnung   ordnung

B

#219
Hendrik WEBER:
Kursiv. Was die Typografie auszeichnet.
Sulgen: Niggli
Jahr: 2010

Seiten: 125 S.
Format: 16×23,5 cm

#220
Jean Ulysses VOELKER
Peter GLAAB:
READ + PLAY. Einführung in die Typografie.
Mainz: Designlabor Gutenberg
Jahr: 2010

Seiten: 141 S.
Format: 21×27,5 cm

→

#221
Johannes BERGERHAUSEN
Siri POARANGAN:
Decodeunicode.
Mainz: Hermann Schmidt
Jahr: 2011

Seiten: 656 S.
Format: 28×22 cm

»Heute verwenden Schreibkraft, Gestalter, Typograph, Schriftentwerfer, Student, Wissenschaftler, Firmenchef oder Politiker das gleiche Werkzeug: Tastatur und Maus. Damit ist jedoch noch nicht ›jeder ein Gutenberg‹, wie eine frühe DTP-Anzeige glauben machen wollte. Was nun fehlt, ist ein stärkeres Bewusstsein für die typographischen Schätze, die sich mittels Kurzbefehl und Glyphentabelle heben lassen.« — [FH]

→

#222
Dunja SCHNEIDER:
Worträume. Studien zur Funktion von Typografie in installativen Werken der Conceptual Art bis heute.
(Kunstgeschichte, Bd. 86), Berlin: LIT
Jahr: 2011

Seiten: 297 S.
Format: 14,5×21 cm

#220
Jean Ulysses VOELKER
Peter GLAAB:
READ + PLAY.
Einführung in die Typografie.

→

kationsprozessen ist dieser Vorwurf angesichts mancher Formverliebtheit sicher nicht ganz falsch. Andererseits können auch neue formale Ansätze Sichtweisen in Frage stellen und Diskussionen in Gang bringen. Schließlich kann nicht jedem Stil ein Manifest vorausgehen. Manchmal ist der Stil bereits das Manifest. Am Beispiel der Punk-Typografie ist das gut zu beobachten.
Dennoch: was der „gestalterischen Rebellion" zumeist fehlte, war die inhaltliche und somit politische Reflexion. Sie bewegte sich in einem Korridor „künstlerischer" und formaler Freiheit. Selten rebellierte sie wirklich, meist kratzte sie nur kokett an der visuellen Oberfläche des Status Quo. Dieser selbstreferentielle Gestus kann als ein Wesensmerkmal postmoderner Typografie bezeichnet werden.
Aber es gab auch wirkliche Rebellion, bei der es allerdings um gesellschaftspolitische Inhalte ging und bei der die Typografie als wirkungsvoller Transporteur von Meinung fungierte. Ein berühmtes Beispiel ist das französische Gestalterkollektiv *Grapus* (29)*, das in den 70er und 80er Jahren linkes politisches Sendungsbewußtsein mit anarchischem Spaß verband. Es entstand eine Symbiose aus inhaltlichen Positionen und einer Formensprache, die nachfolgenden Gestaltergenerationen über Frankreich hinaus als Vorbild diente. Weitere Gruppierungen, die vor allem mit den Instrumenten der Werbung oder der öffentlichen Kommunikation auf subversive Weise politische Inhalte platzierten, waren Künstlerinnen wie die *Guerrilla Girls* (USA), die Macher des Magazins *Adbusters* (Kanada) oder *The Yes Men* (USA) und eine Vielzahl weiterer Aktivisten und Gruppierungen, die sich unter dem Begriff *Kommunikationsguerilla* versammeln lassen (30, 31, 32, 33).

In den letzten Jahren ist die Reflexion über die Rolle von Gestaltern in Deutschland wieder stärker in den Vordergrund gerückt. Die Diskussionen, über welche Fähigkeiten ein Gestalter im aktuellen Berufsfeld verfügen muss und welche Rolle er für sich reklamieren sollte, kommen aus verschiedenen Richtungen. Sicher stehen sie auch im Zusammenhang mit der Einführung der Bachelor/Master-Struktur** in den Gestaltungshochschulen, die eine Revision bestehender Lehrinhalte zur Folge hatte und ein Nachdenken über den gesellschaftlichen Stellenwert von Gestaltung erneut in Gang setzte. Eine Reihe von Autoren, deren Beiträge in den letzten 15 Jahren bereits im angelsächsischen Raum veröffentlicht wurden, trugen zu dieser Diskussion bei. Zum Beispiel der bereits erwähnte Michael Rock (USA), der den in der Postmoderne geborenen Begriff des *Designers als Autor* aufgriff und weitere Beschreibungen des Berufs in die Diskussion einbrachte: der Designer als Übersetzer, der Designer als Performer, der Designer als Regisseur (1996) (34, 35).
Der Autor und Gestalter Jan van Toorn (Niederlande) fordert in seinem Buch *Design's delight* (2006), die Debatte über die soziokulturelle Rolle des Gestalters wieder zu eröffnen angesichts einer zunehmend „manipulierenden, kapitalistischen Kultur des Spektakels". Er propagiert die verantwortliche Rolle des Gestalters als *visueller Journalist* (36).

* Zum Zeitpunkt der Veröffentlichung dieses Readers gab es keinen umfassenden Werkkatalog von Grapus. Die Arbeiten einiger ehemaliger Mitglieder sind in dem empfohlenen Buch abgebildet.
** Über Sinn oder Unsinn der Reform zu debattieren, ist müßig, da der Prozess nicht umkehrbar ist. Unstrittig ist jedoch, dass die Abschaffung der Diplomstruktur zu Lasten der künstlerisch/kreativen Studieninhalte ging und geht.

WEITERE LITERATUR
27 **DAVID CARSON, THE END OF PRINT, BAND 1**
LEWIS BLACKWELL, DAVID CARSON
ISBN 978-3-925560-64-4

28 **FUCKED UP AND PHOTOCOPIED. INSTANT ART OF THE PUNK ROCK MOVEMENT**
BRYAN RAY TURCOTTE, CHRISTOPHER T. MILLER
ISBN 978-1-58423-083-0

WEITERE LITERATUR
29 **ENGAGEMENT & GRAFIK: POLITISCH / SOZIALES ENGAGEMENT & GRAFIK DESIGN**
HOLGER BEDURKE
ISBN 978-3-926796-62-2

WEITERE LITERATUR
30 **CONFESSIONS OF THE GUERRILLA GIRLS**
GIRLS GUERRILLA
ISBN 978-0-06-095088-0

WEITERE LITERATUR
LINK
31 **WWW.CULTURE-JAMMING.DE**

B

012

#221
Johannes
BERGERHAUSEN
Siri POARANGAN:
Decodeunicode.

Alle Zeichen auf einem Plakat:
decodeunicode: The Basic
Multilingual Plane (BMP) Poster,
erste Auflage, Mainz, 2004

decodeunicode. Unicode entwickelt sich zur Sammlung der Schriftzeichen der Welt. Eine Steilvorlage für Typografie und Semiotik.

Unicode ist zunächst eine wichtige technologische Errungenschaft. Ein Zeichencodierungsstandard für alle Schriftsysteme auf dem Computer. Aber diese Schriftzeichen gehören, gemeinsam mit der Sprache, darüber hinaus zu den wichtigsten kulturellen Errungenschaften der Menschheit. Deshalb ist Unicode und seine zukünftige Komplettierung mit allen Schriftsystemen der Welt eine zunehmend wichtige kulturelle Leistung. Der Unicode-Gründer Joseph D. Becker schrieb 1984 im *Scientific American* noch über eine Utopie: »Dennoch muss das letztendliche Ziel die multilinguale Textverarbeitung sein.« Wer hätte damals gedacht, dass schon 25 Jahre später diese Utopie Realität geworden ist?

Die Idee, alle Schriftzeichen der Welt in einem einzigen Codierungsstandard zu vereinen, ist sehr demokratisch. Alle Zeichen sind gleich! Es gibt keine ernst zu nehmenden konkurrierenden Standards und damit zumindest auf dieser Ebene keinen Krieg der Kulturen. Unicode hat sich in den letzten Jahren zu einer Art typografischer UN-Generalversammlung entwickelt. Jede Kultur sollte hier vertreten sein.

Um die kulturelle und typografische Dimension von Unicode deutlich zu machen, wurde 2004 im Studiengang Kommunikationsdesign an der Fachhochschule Mainz das Projekt decodeunicode gegründet. Mit einer Förderung des deutschen Bundesministeriums für Bildung und Forschung (BMBF) entstand 2005 eine Online-Plattform, auf der alle Zeichen und Daten des Standards vorgestellt werden.

Ein Kernfeature der Website sind die über 100.000 Bilddateien aller Zeichen, damit diese auch zu sehen sind, wenn auf dem heimischen Rechner kein passender Font geladen ist. Zudem kann man mit Volltextsuche nach einzelnen Begriffen wie »star« suchen und erhält zum Beispiel eine Liste aller in Unicode codierten Sterne. Der Überblick erlaubt einen komfortablen visuellen Vergleich der Zeichenkulturen, aber auch den Vergleich über Jahrtausende hinweg. Nebeneinander stehen ägyptische Hieroglyphen, rund 4.000 Jahre alt, und die neuesten Emojis, also Piktogramme, die erst in den 2000er Jahren für die japanischen Smartphones kanonisiert wurden.

Die IT-Welt hat durch den Unicode-Standard Tatsachen geschaffen, an denen sich Typografie und Semiotik noch eine Weile abarbeiten können. Die Zeichen der Welt sind aus typografischer und semiotischer Sicht noch zu wenig erforscht. Die Schnittmenge dieser beiden Disziplinen wird in den letzten Jahren immer deutlicher. Mit der vorliegenden Publikation möchten wir für dieses Forschungsfeld, das es schon lange gibt, das aber erst in letzter Zeit mehr und mehr in den Fokus rückt, den naheliegenden Namen **Typografische Semiotik** vorschlagen.

Zudem wirbt das Projekt für die Entwicklung von nicht-lateinischen Fonts. Zu vielen »Minority Scripts« gibt es leider oft nur recht grobe Schriftentwürfe, die zum Teil von Amateuren (lateinisch: amator = Liebhaber) entworfen wurden, aber nicht den Qualitätsansprüchen des modernen Schriftentwurfs genügen. In eigener Produktion entstand deshalb die digitale Keilschrift »decode Cuneiform«. decodeunicode ist seit 2010 ein Liaison-Member des Unicode-Konsortiums.

/
219-231
CHRONOLOGIE
/

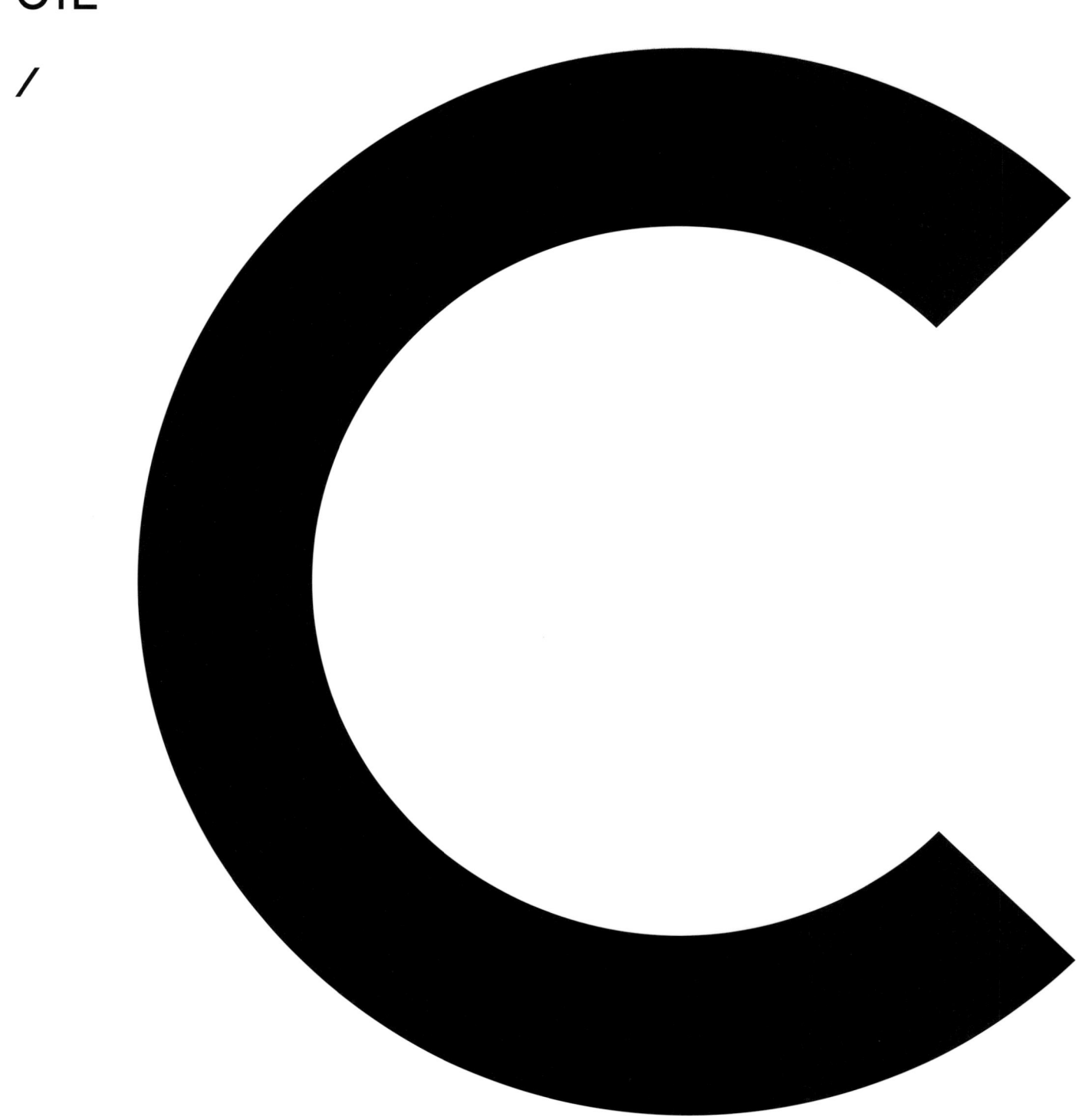

C

Franklin Gothic Morris F. Benton 1904
Behrens Schrift Peter Behrens 1901
Eckmann-Schrift Otto Eckmann

Walbaum Justus Erich Walbaum 1919
London Underground Type Edward Johnston 1916
Goudy Old Style Frederic Goudy 1915
Ehmcke Schwabacher F. H. Ehmcke 1914
Wieynck Fraktur Heinrich Wieynck 1912
Behrens Antiqua Peter Behrens 1908
News Gothic Morris F. Benton 1908

Erbar-Grotesk Jakob Erbar 1922
Koch-Antiqua Rudolf Koch 1922
Deutsche Zierschrift Rudolf Koch 1921
Cooper Black Bernd Möllenstädts

Neuland Rudolf Koch

Schablonenschrift Josef Albers (Entwurf)
Perpetua Eric Gill

1900

Otto ECKMANN:
Schriftmusterbuch.
#1

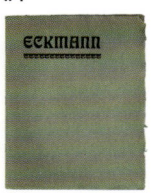

1902

Peter BEHRENS:
Von der Entwicklung der Schrift!
#2

1904

Rudolf von LARISCH:
Über Leserlichkeit von ornamentalen Schriften.
#3

Behrens Schrift
Bb

Carl Ernst POESCHEL:
Zeitgemässe Buchdruckkunst.
#4

1905

News Gothic
Nn

Rudolf von LARISCH:
Unterricht in ornamentaler Schrift.
#5

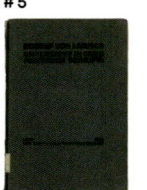

1910

Edward JOHNSTON:
Schreibschrift, Zierschrift und angewandte Schrift.
#6

Walbaum
Ww

1920

Walter PORSTMANN:
Sprache und Schrift.
#7

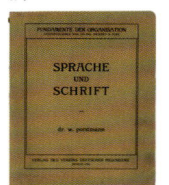

1922

Paul RENNER:
Typographie als Kunst.
#9

Cooper Black
Cc

Koch-Antiqua
Kk

Jakob ERBAR:
Zehn Leitsätze für die Jünger der Schwarzen Kunst.
#8

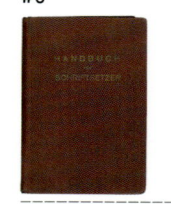

1923

Neuland
N

El LISSITZKY:
Topographie der Typographie.
#10

László MOHOLY-NAGY:
Die neue Typographie.
#11

1924

Kurt SCHWITTERS:
Thesen über Typographie.
#12

1925

Iwan TSCHICHOLD:
Die neue Gestaltung.
#21

Jan TSCHICHOLD:
Elementare Typographie.
#22

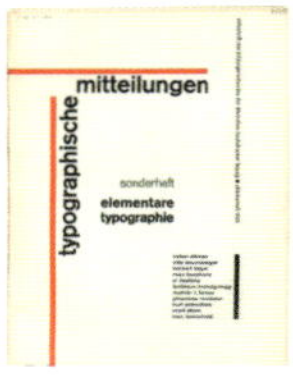

Paul RENNER:
Revolution der Buchschrift.
#20

El LISSITZKY:
Typographische Tatsachen.
#15

László MOHOLY-NAGY:
Bauhaus und Typographie.
#16

László MOHOLY-NAGY:
Typographie-Photographie. Typo-Photo.
#17

László MOHOLY-NAGY:
Typo-Photo.
#18

Ladislaus MOHOLY-NAGY:
Zeitgemässe Typographie – Ziele, Praxis, Kritik.
#19

Albers Schablonenschrift (Entwurf)
aa

Fritz Helmuth EHMCKE:
Schrift. Ihre Gestaltung und Entwicklung in neuerer Zeit.
#13

Fritz Helmuth EHMCKE:
Neuzeitliche Typographie.
#14

1900 Stempel Schriftgießerei wird exklusiver Schriftenlieferant für die von der deutschen Linotype-Gesellschaft vertriebenen Matrizen.
1900 Gründung Steglitzer Werkstatt
1901 ›Ein Dokument Deutscher Kunst‹, Ausstellung Mathildenhöhe Darmstadt
1903 Gründung Wiener Werkstätten

1907 P. Behrens; Chefdesigner bei AEG
1907 Gründung des Deutschen Werkbundes (DWB)
1914 Erste BUGRA in Leipzig, Ausstellung f. Buchgewerbe- u. Graphik
1914 Ausbruch des Ersten Weltkriegs
1917 Gründung des Normenausschuß der Deutschen Industrie
1918 Ende des Ersten Weltkriegs
1918 Gründung Arbeitsrat für Kunst
1919 Gründung des Staatlichen Bauhauses in Weimar

1920 Gründung Arts Directors' Club (ADC) New York
1922 Standardgrößen für Papierformate werden vom Deutschen Institut für Normung mit der DIN-Norm 476 festgelegt.

1923 Bauhaus-Ausstellung in Weimar // Ende der expressionistischen Phase
1924 Erscheinen der Zeitschrift ›Gebrauchsgraphik‹ im Juli
1924 Gründung Büchergilde Gutenberg
1924 DIN für Geschäftsbriefe, Briefumschläge und Zeitungen

1925 Umzug des Bauhauses nach Dessau
1925 Erste Reichsreklamemesse in Leipzig
1925 Große Plakatausstellung in Düsseldorf

Mitte der zwanziger Jahre setzen sich Schriftzüge aus Neonröhren in Deutschen Großstädten durch.

DIN 1451 Ludwig Goller **Kabel** Rudolf Koch **Koralleschrift** Herbert Bayer (Entwurf) **Universal** Herbert Bayer (Entwurf) **Wilhelm-Klingspor-Schrift** Rudolf Koch	**Futura** Paul Renner **Systemschrift** Kurt Schwitters (Entwurf)	**Gill Sans** Eric Gill **Memphis** Rudolf Weiss	**Iwan Stencil** Jan Tschichold **Lux** Jakob Erbar **Metro** W.A. Dwiggins	**Beton** Heinrich Jost **City halbfett** Georg Trump **Joanna** Eric Gill **Jan Tschichold** (Entwurf) **Wallau** Rudolf Koch
1926	**1927**	**1928**	**1929**	**1930**
– Wilhelm-Klingspor-Schrift **Ww**	– Futura **Ff**	Jan TSCHICHOLD: Die neue Typographie. Ein Handbuch für zeitgemäß Schaffende. #43 Jan TSCHICHOLD: Fotografie und Typografie. #44	–	Jan TSCHICHOLD: Noch eine neue Schrift. #51
Herbert BAYER: Versuch einer neuen Schrift. #26 Herbert BAYER: Vier Geschäftsformulare in DIN-Norm. #27	Herbert BAYER: Die Zukunft unserer Schrift. #30 Paul RENNER: Die Schrift unserer Zeit. #36 El LISSITZKY: Unser Buch. #32	Herbert BAYER: Typografie und Werbsachengestaltung. #38 Memphis **Mm**	–	Jan TSCHICHOLD: Die Entwicklung der Typographie im In- und Auslande. #50 Jan TSCHICHOLD: Was ist und was will die Neue Typografie? #52
L.(ászló) MOHOLY-NAGY: Zeitgemässe Typographie. Ziele, Praxis, Kritik. #28	László MOHOLY-NAGY: Die Zukunft unserer Schrift. #35 Rudolf Erhard KUKOWA: Fragen der modernen Typographie. #33 Rudolf Erhard KUKOWA: Konstruktion und Erscheinungsform. #34	Stanley MORISON: Typenformen der Vergangenheit und Neuzeit. #40 Gill Sans **Gg**	Theo VAN DOESBURG: Das Buch und seine Gestaltung. #45	Stanley MORISON: Grundregeln der Buchtypographie. #47 Jan Tschichold (Entwurf) **T**
Josef ALBERS: Zur Ökonomie der Schriftform. #23 Josef ALBERS: Zur Schablonenschrift. #24 Willi BAUMEISTER: Neue Typographie. #25	Kurt SCHWITTERS: Anregungen zur Erlangung einer Systemschrift. #37 Walter DEXEL: Was ist neue Typographie? #31 Konrad Friedrich BAUER: Die Zukunft der Schrift. #29	Kurt SCHWITTERS: Gestaltete Typographie. #42 Fritz Helmuth EHMCKE: Das Bauhaus in Weimar. #39 Joost SCHMIDT: Schrift? #41	– Metro **Mm**	Kurt SCHWITTERS: Die neue Gestaltung in der Typografie. #49 Fritz Helmuth EHMCKE: Wandlungen des Schriftgefühls. #46 Heinz und Bodo RASCH: Gefesselter Blick. #48
1926 Buchformate nach DIN 1926 Flugzeugingenieure entwickeln die Möglichkeit, mehrere Minuten lang anhaltende Kondensstreifen, sogenannte Rauchbuchstaben, per Flugzeug an den Himmel zu schreiben.	1927 Zum ersten Mal findet wieder die Internationale Buchmesse in Leipzig statt. 1927 ›Gebrauchsgraphik‹ erscheint mit dem Untertitel ›International Advertising Art‹ 1927 Gründung ring neue werbegestalter in Hannover	1927/1928 Ausstellung ›Neue Typografie‹ im Gewerbemuseum Basel 1928 ›Pressa‹-Ausstellung, Messegelände Köln-Deutz 1928 Kemal Atatürk führt die lateinische Schrift in der Türkei ein.	1929 ›Welt-Reklame-Kongress‹ in Berlin 1929 ›FiFo‹ in Stuttgart 1929 ›Schwarzer Freitag‹ an der New Yorker Börse // Weltwirtschaftskrise 1929 Ausstellung ›abstrakte und surrealistische malerei und plastik‹ im Kunsthaus Zürich 1929 In Zürich formiert sich eine neue typografische Szene.	

C

			Bell Gothic Chauncey H. Griffith 1938
			Schadow Antiqua Georg Trump 1938
		Candida Erbar Fraktur Jakob Erbar 1936	**City** Georg Trump
Times Stanley Morison	**Rockwell** Frank Hinman Pierpont 1934		**Peignot** A. M. Cassandre
	Times New Roman Stanley Morison	**Koch Kurrent** Rudolf Koch	**Trump Deutsch** Georg Trump

1931 | 1932 | 1935 | 1937 | 1939

Schriftentwicklung →

1931
Times
Tt

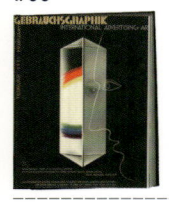

1932
Jan TSCHICHOLD:
Wo stehen wir heute?
#58

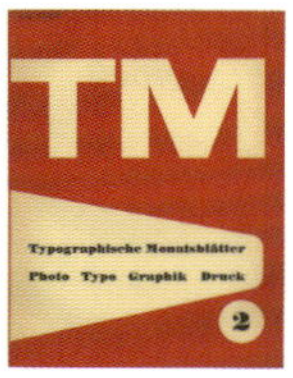

1935
Jan TSCHICHOLD:
Schriftmischungen.
#59

Jan TSCHICHOLD:
Vom richtigen Satz auf Mittelachse.
#60

1937
City
Cc

1939
Jan TSCHICHOLD:
Gebrochene Schriften als Auszeichnung zur Antiqua.
#64

Texte zur Typografie

Paul RENNER:
Mechanisierte Grafik. Schrift, Typo, Film, Farbe.
#55

Eric GILL:
Typographie. 1931
#54

Josef ALBERS:
Kombinationsschrift »3«
#53

Heinrich WIEYNCK:
Leitsätze für die Durchführung der Formatnormung in der graphischen Industrie.
#56

Rockwell
Rr

Friedrich SAMMER
Maximilian SCHLEGEL
Kurt FREITAG:
Der Kampf um die Deutsche Schrift.
#57

Times New Roman
Tt

Jan TSCHICHOLD:
Typographische Gestaltung.
#61

Max BILL:
o.T.
#62

Bell Gothic
Bb

Paul RENNER:
Die Kunst der Typographie.
#63

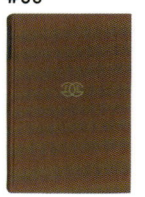

1940
Georg SCHAUTZ:
Typographisches Skizzieren und Drucksachenentwerfen.
#65

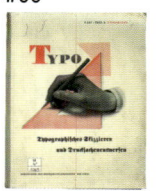

← designhistorische Eckdaten

1931 Werkbund-Ausstellung ›Neubühl‹ und Gründung der wohnbedarf ag in Zürich

1932 Joost Schmidt / Bauhaus Dessau: typografische Experimente für die Uher-Type-Setzmaschine, die erste Fotosetzmaschine der Welt.
1932 Umzug des Bauhauses nach Berlin
1933 Machtübernahme durch die Nazis
1933 Schließung des Bauhauses

1936 Ausstellung ›zeitprobleme in der schweizer malerei und plastik‹ im Kunsthaus Zürich

1937 Ausstellung ›Entartete Kunst‹ in München
1937 Gründung der allianz, eine Vereinigung moderner Schweizer Künstler.
1937 Walter Gropius und Marcel Breuer lehren an der Harvard Graduate School of Design.
1937 László Moholy-Nagy gründet das New Bauhaus ›American School of Design‹ in Chicago.
1938 Ausstellung ›Bauhaus 1919–1928‹ im MoMA, New York
1938 Erste Ausstellung der allianz in der Kunsthalle Basel: ›Neue Kunst in der Schweiz‹

1939 Beginn des Zweiten Weltkriegs

Palatino Hermann Zapf 1950
Max Bill (Entwurf) 1949
Trade Gothic Jackson Burke

1941	1942	1946	1947	1948
Jan TSCHICHOLD: Die Geschichte der Schrift in Bildern. #66	**Jan TSCHICHOLD:** Schriftkunde, Schreibübungen und Skizzieren für Setzer. #67	**Jan TSCHICHOLD:** Graphik und Buchkunst. #72 — **Jan TSCHICHOLD:** Glaube und Wirklichkeit. #73	—	**Jan TSCHICHOLD:** Wirken sich gesellschaftliche und politische Umstände in der Typografie aus? #77 — Trade Gothic **Tt**
—	—	—	**Paul RENNER:** Das moderne Buch. #74	**Paul RENNER:** Über moderne Typografie. #75 — **Paul RENNER:** Die moderne Typografie wird funktionell sein. #76 — Max Bill (Entwurf)
—	—	**Max BILL:** Über Typografie. #68	—	
—	—	**Hans NEUBURG:** Die Gegenwartsströmungen in einer schweizerischen Zweckgrafik. #71	—	**1949** **Walter KÄCH:** Schriften Lettering Ecritures. Die gezeichnete Schrift. #78
—	—	**Rudolf HOSTETTLER:** Zu Deutschlands Typographie in den letzten 12 Jahren. #69 — **Rudolf HOSTETTLER:** Typographische Strömungen in der Schweiz. #70	—	**1950** **Werner GRAEFF:** Prospekte wirksam gestalten. #79 — Palatino **Pp**

1941 ›Schrifterlaß‹: Verbot der Fraktur zugunsten der lateinischen Schrift als ›Normalschrift‹
1941 Erster programmgesteuerter Z3 von Konrad Zuse mit einer Speicherkapazität von einem Kilobyte.

1943 Hans und Sophie Scholl (Widerstandsorganisation Weiße Rose) werden von den Nationalsozialisten hingerichtet.
1945 Ende des Zweiten Weltkriegs
1945 Unmittelbar nach Kriegsende organisiert Otl Aicher in Ulm eine Reihe von Vorträgen über grundlegende philosophische und weltanschauliche Fragen.
1946 Der Computer ENIAC wird der Öffentlichkeit vorgestellt.

1946 Gründung der Ulmer Volkshochschule (vh) durch Otl Aicher und Inge Scholl, zusammen mit einem Kreis von Gleichgesinnten.
1946 Erstausgabe ›Hörzu‹

1947 Idee, eine Hochschule in Ulm zu gründen mit politischer und kultureller Ausrichtung.
1947 Erstausgabe ›Der Spiegel‹
1947 Hanns W. Brose eröffnet Werbeagentur in Frankfurt

1948 Erstausgabe ›Der Stern‹
1948 Max Bill besucht die Ulmer vh.
1949 In Zürich und anderen Schweizer Städten wird die Wanderausstellung ›Die gute Form‹ gezeigt; auch in Ulm.
Um 1950 bildet sich eine neue, anonyme Haltung im Design heraus, die sich schnell international verbreitet. Aus der Außenperspektive wurde dafür die Bezeichnung ›Schweizer Stil‹ entwickelt.

C

Folio Walter Baum / Konrad Friedrich Bauer 1957
Univers Adrian Frutiger 1957
Helvetica Max Miedinger 1957
Egyptienne Adrian Frutiger 1956
Optima Hermann Zapf 1954
Neue Hass Grotesk Max Miedinger / Eduard Hoffman 1953
Melior Hermann Zapf

	1951	1952	1958	1959	1960
Schriftentwicklung →	Jan TSCHICHOLD: Im Dienste des Buches. Buchherstellung als Kunst. #80	Jan TSCHICHOLD: Meisterbuch der Schrift. #81	—	—	Jan TSCHICHOLD: Zur Typographie der Gegenwart. #101
	—	Univers **Uu**	—	Emil RUDER: Univers: eine Neue Groteskschrift von Adrian Frutiger. #95	Jan TSCHICHOLD: Erfreuliche Drucksachen durch gute Typographie. Eine Fibel für jedermann. #102
	—	—	—	Emil RUDER: Ordnende Typographie. #96	
	—	Optima **Oo**	Theodor W. ADORNO: Satzzeichen. #83	Tomás MALDONADO: Kommunikation und Semiotik. #93	
	—	—	—	—	—
	—	—	—	Karl GERSTNER Markus KUTTER: Die neue Grafik. #89	—
Texte zur Typografie	—	1956 Josef KÄUFER: Das Setzerlehrbuch. #82	Richard Paul LOHSE: Der Einfluss moderner Kunst auf die zeitgenössische Grafik. #86	Karl GERSTNER: Integrale Typografie. #90	Josef MÜLLER-BROCKMANN: Systematische Grafikerausbildung. #98
	—	—	Armin HOFMANN: Ein Beitrag zur formalin Erziehung des Gebrauchsgrafikers. #84	Hans NEUBURG: Anmerkungen zu einer neuen Groteskschrift. #94	Hans NEUBURG: Eine neue Groteskschrift: Folio. #99
	—	Egyptienne **Ee**	Hans Eduard MEYER: Die Schriftentwicklung. #87		—
	—	Folio **Ff**	—	—	Paul SCHUITEMA: Neue Typografie um 1930. #100
	—	—	—	—	Carlo VIVARELLI: Die Prinzipien der Signetgestaltung. #103
	—	Helvetica **Hh**	Ernst SCHEIDEGGER: Experiment Ulm und die Ausbildung des Grafikers. #88	LMNV: Vorbemerkung. #92	LMNV: Eine Hochschulzeitung. #97
← designhistorische Eckdaten	—	—	Konstruktive Grafik. Arbeiten von Richard Paul Lohse, Hans Neuburg, Carlo L. Vivarelli. #85	Gérard IFERT: Grafiker der neuen Generation. #91	—

1953 Eröffnung der privaten HfG Ulm und Beginn des provisorischen Unterrichts in der Ulmer Volkshochschule.
1955 Erste Computer werden für zivile Zwecke verkauft.
1954 Kontakte zwischen der Firma BRAUN und der Ulmer HfG. In Folge Aufträge, neue Geräte zu entwickeln.
1954 Friedrich Vordemberge-Gildewart leitet an der Ulmer HfG die Abteilung Visuelle Kommunikation.
1955 Eröffnung des von Max Bill entworfenen HfG-Neubaus auf dem Oberen Kuhberg in Ulm.
1955 Gestalterisch revolutionärer BRAUN-Stand auf der Rundfunkausstellung in Düsseldorf.
1956 Erste Werbung im deutschen Fernsehen (B. Rundfunk) für das Waschmittel Persil.
1957 Russischer Sputnik-Satellit im Weltall
1957 System-Design an der HfG Ulm

1958 Zeitschrift ›ulm‹ erscheint

1960 Zeitschrift ›twen‹ erscheint

	Antique Olive Roger Excoffon	**OCR-A** Adrian Frutiger 1966	**Avant Garde** Herb Lubalin 1968	
	Eurostile Aldo Novarese	**Apollo** Adrian Frutiger 1964	**OCR-B** Adrian Frutiger 1968	
		Gerstner Programm Karl Gerstner 1964	**Syntax** Hans Eduard Meier 1968	
			Sabon Jan Tschichold	
			Serifa Adrian Frutiger	
			new alphabet Wim Crouwel	

1961   1962   1963   1967   1969

Emil RUDER:
Die Univers in der Typografie.
#105

Eurostile
Ee

OCR-A
Oo

Emil RUDER:
Typographie.
Ein Gestaltungslehrbuch.
#112

Hans Peter WILLBERG:
Schrift im Bauhaus.
Die Futura von Paul Renner.
#114

Karl GERSTNER:
Programme entwerfen.
#109

Sabon
Ss

Richard Paul LOHSE:
De 8 en opbouw.
#107

Josef MÜLLER-BROCKMANN:
Gestaltungsprobleme des Grafikers.
#104

1968

Gui BONSIEPE:
Visuell/verbale Rhetorik.
#110

Gui BONSIEPE:
Über eine Methode, Ordnung in der typografischen Gestaltung zu quantifizieren.
#113

Dolf SASS:
Werkbericht einer Studentengruppe der Hochschule für Gestaltung.
#108

1966

Konrad Friedrich BAUER:
Von der Zukunft der Schrift.
#111

Max BENSE:
Theorie der Texte.
#106

Syntax
Ss

1961 Doyle, Dane, Bernbrach (DDB) gründet in Düsseldorf eine eigene Agentur, die in der Folge zum Talentschuppen für die Werbebranche wird.
1961 In den USA werden 222 verschiedene Computertypen benutzt, davon 72 spezielle Rechnertypen für den militärischen Einsatz.

1962 entwicklungsgruppe 5 an der HfG Ulm (Otl Aicher / Hans Roehricht / Tomas Gonda) gestaltet das neue Erscheinungsbild der Lufthansa.

1963 Siliziumtransistoren erhöhen die Rechnergeschwindigkeit um ein Vielfaches.
1963 Wim Crouwel gründet zusammen mit Benno Wissing und Friso Kramer Total Design.
1964 Ken Garland veröffentlicht das Manifest ›First Things First‹.
1965 Die deutsche Firma Hell führt mithilfe der Kathodenstrahlröhre den Digitalsatz ein.

1967 Otl Aicher wird Gestaltungsbeauftragter der Olympischen Spiele.
1968 Schließung der Ulmer HfG
1968 Studentenproteste
1968 Konsum- u. Funktionalismuskritik
1968 Charles Wilp: Werbung für Afri-Cola mit dem Slogan ›Super-sexy-mini-flower-pop-op-cola – alles ist in Afri-Cola‹

1969 Woodstock Music and Art Festival
1969 Neil Armstrong betritt als erster Mensch den Mond.
1969 Joe Colombo: Visiona I

1951–1969

C

Maxima Gert Wunderlich		**Gridnik** Wim Crouwel 1974 **Concorde** Günter G. Lange **Polo** Georg Salden		**Basta** Georg Salden 1976 **Gridnik** Wim Crouwel 1976 **Frutiger** Adrian Frutiger 1976 **Zapf Book** Hermann Zapf 1976 **Bauhaus** Ed Benguiat	**Glypha** Adrian Frutiger 1979 **Bell Centennial** Matthew Carter 1978 **ITC Zapf Dingbats** H. Zapf 1978

1970 | 1971 | 1972 | | 1975 | 1977

Schriftentwicklung →

Jan TSCHICHOLD:
Kursiv, Kapitälchen und Anführungszeichen im Textsatz des Buches und in wissenschaftlichen Zeitschriften.
#122

Zapf Dingbats
✱

Concorde
Cc

Glypha
Gg

Texte zur Typografie

Karl GERSTNER:
Kompendium für Alphabeten.
#120

Albert KAPR:
Schriftkunst.
#118

Bauhaus
Bb

Albert KAPR
Walter SCHILLER:
Gestalt und Funktion der Typografie.
#124

Josef MÜLLER-BROCKMANN:
Geschichte der Visuellen Kommunikation.
#119

1978

Adrian FRUTIGER:
Der Mensch und seine Zeichen; Bd.1
#125

Herbert SPENCER:
Pioniere der modernen Typografie.
#117

1976

Typografische Monatsblätter TM / Schweizer Typografische Mitteilungen (SGM) / Revie Suisse de l'Imprimerie RSI
#123

1979

Adrian FRUTIGER:
Der Mensch und seine Zeichen; Bd.2
#126

Robert MASSIN:
Buchstabenbilder und Bildalphabete.
#116

Ruedi RUEGG
Godi FRÖHLICH:
Typografische Grundlagen.
#121

1980

Adrian FRUTIGER:
Type, Sign, Symbol.
#127

Kurt CHRISTIANS
Richard von SICHOWSKY:
Von den Möglichkeiten und den Notwendigkeiten künftiger Buchgestaltung.
#115

Frutiger
Ff

Gridnik
Gg

← designhistorische Eckdaten

1970 Verner Panton: Visiona 2
1970 Kritische alternative Umweltszene in den USA feiert ›Earth day‹.

1972 Olympische Spiele in München (Gestaltungskonzept Otl Aicher)
1972 Ausstellung ›Italy. The New Domestic Landscape‹ im MoMA, NY
1972/73 Wolfgang Weingart erarbeitet 14 Umschlagsgestaltungen für die ›Typografischen Monatsblätter‹, in denen er seine neuen Ideen vorstellt.
1973 Ölkrise
1974 Erste bundesdeutsche IKEA-Filiale wird eröffnet.
1974 Anti-Atomkraft-Bewegung

1975 Mitte der siebziger Jahre wird der Bleisatz zunehmend vom Fotosatz verdrängt.
1975 Punkbewegung in London
1976 Gründung Apple Computer Company
1976 Gründung Studio Alchimia

1977 Punk-Typografie, vor allem Plattencover und Szene-Zeitschriften
1979 Sony bringt den Walkman auf den Markt.
1979 Erik Spiekermann gründet MetaDesign zusammen mit Florian Fischer und Dieter Heil.
1980 Gründung der Zeitschrift ›i-D‹ in London
1980 ›Forum Design‹ in Linz // ›Design ist unsichtbar‹ (L. Burckhardt)

	Centennial Adrian Frutiger 1986			**Rotis** Otl Aicher
	Lucida Charles Bigelow / Kris Holmes 1985		**Avenir** Adrian Frutiger	**Swift** Gerard Unger
ITC Weidemann Kurt Weidemann 1983	**Chicago** Susan Kare	**Slimbach** Robert Slimbach	**Proforma** Petr van Blokland	**Utopia** Robert Slimbach
	Formata Bernd Möllenstädt			

1981   1984   1987   1988   1989

1987

Hans-Rudolf LUTZ:
Ausbildung in typografischer Gestaltung.
#141

1981

Florian COULMAS:
Schrift als Gegenstand.
#130

Hans Peter WILLBERG:
Buchkunst im Wandel.
#133

Rotis
Rr

Adrian FRUTIGER:
Der Mensch und seine Zeichen; Bd.3
#131

Otl AICHER:
Typographie.
#142

Roland BARTHES:
Ohne Adressen.
#128

Swift
Ss

1985

Friedrich FRIEDL:
Thesen zur Typografie; Bd.1
#134

Jost HOCHULI:
Das Detail in der Typografie.
#139

Phillip LUIDL:
Typografie. Herkunft, Aufbau, Anwendung.
#145

Proforma
Pp

1982

Erik SPIEKERMANN:
Ursache & Wirkung.
#132

Gerrit NOORDZIJ:
Das Kind und die Schrift.
#135

Vilém FLUSSER:
Die Schrift.
Hat Schreiben Zukunft?
#138

Gérard GENETTE:
Paratexte. Das Buch vom Beiwerk des Buches.
#144

Avenir
Aa

Hans BLUMENBERG:
Die Lesbarkeit der Welt.
#129

1986

Friedrich FRIEDL:
Thesen zur Typografie; Bd.2
#136

Knut ERICHSON
John DREYFUS
Bund Deutscher Buchkünstler (Hrsg.):
ABC – XYZapf. Fünfzig Jahre Alphabet Design.
#143

ITC Weidemann
Ww

Hans RICHTER (Hrsg.):
G. Material zur elementaren Gestaltung.
#137

Takenobu IGARASHI:
Igarashi Alphabets.
#140

1981 Memphis stellt erste Arbeiten vor
1981 ›Neues Deutsches Design‹
1981 Neville Brody wird Art Director der Zeitschrift ›The face‹.
1983 Zeitschrift ›Blueprint‹ erscheint

1984 Einführung des ersten Apple Macintosh
1984 Gründung des Magazins ›Emigre‹ (Rudy VanderLans, Zuzana Licko)
1984 CD-ROM

1987 ›Design‹ auf der documenta in Kassel
1987 Gründung Why Not Associates (Andy Altman / David Ellis / Howard Greenhalgh)

1988 Die Schweizer Zeitschrift ›Hochparterre‹ erscheint.

1989 Erik und Joan Spiekermann gründen die Firma FontShop, die PostScript-Schriften verschiedener Hersteller vertreibt.
1989 Kalle Lasn und andere gründen die Adbusters Media Foundation.
1989 Fall der Berliner Mauer

Ende der achtziger Jahre setzt sich der digitale Satz durch.

C

Corporate A Kurt Weidemann
Industria Neville Brody
Minion Robert Slimbach
Officina Erik Spiekermann
Quay Sans David Quay

Trixie Erik van Blokland
Vectora Adrian Frutiger

Blur Neville Brody
Myriad Carol Twombly / Robert Slimbach
Quadraat Fred Smeijers

TheMix, TheSans Lucas de Groot 1994
Interstate Tobias Frere-Jones
Meta Erik Spiekermann
Scala Martin Majoor
Zapfino Hermann Zapf

Base Zuzanna Licko
FF DIN Albert-Jan Pool
FF Dot Matrix S. Müller / C. Windlin
FF Magda Cornel Windlin
Jesus loves you Lucas de Groot

1990

Hans Peter WILLBERG
Christa KOCHINKE:
… in Szene, gesetzt.
#149

Officina

Oo

Luciano CANFORA:
Die verschwundene Bibliothek.
#146

Harald HAARMANN:
Universalgeschichte der Schrift.
#147

Friedrich VORDEMBERGE-GILDEWART:
Zur Geschichte der Typographie.
#148

1991

Otl AICHER:
Die Welt als Entwurf.
#150

Ivan ILLICH:
Im Weinberg des Textes. Als das Schriftbild der Moderne entstand.
#151

Trixi

Tt

Eckhard NEUMANN:
Frankfurter Typografie.
#152

1992

Quadraat

Qq

Günter BOSE
Erich BRINKMANN (Hrsg.):
Jan Tschichold. Schriften 1925–1974.
#154

Blur

Bb

Jan ASSMANN:
Das kulturelle Gedächtnis. Schrift, Erinnerung und politische Identität in frühen Hochkulturen.
#153

1993

Hans Peter WILLBERG:
Schrift und Typografie im dritten Reich.
#158

Hermann ZAPF:
About microtypography and hz-program.
#159

Albert KAPR:
Fraktur. Form und Geschichte der gebrochenen Schriften.
#157

Meta

Mm

Ed CLEARY
Jürgen SIEBERT
Erik SPIEKERMANN:
FontBook.
#156

Norbert BOLZ:
Am Ende der Gutenberg-Galaxis.
#155

1994

Kurt WEIDEMANN:
Wo der Buchstabe das Wort führt.
#160

1995

Marija GIMBUTAS:
Die Sprache der Göttin.
#162

Richard FRICK
GDP (= Gewerkschaft Druck und Papier) Autorenkollektiv (Hrsg.):
Satztechnik und Typografie.
#161

Harald WANETZKY:
Typotektur. Architektur und Typografie im 20. Jahrhundert.
#163

1990 Die US-amerikanische National Science Foundation beschließt, das Internet für kommerzielle Zwecke nutzbar zu machen.
1990 Rick Poynor gründet ›Eye‹-Magazine
1990 Zeitschrift ›Fuse‹ erscheint

1991 Tibor Kalman wird Herausgeber von ›Colors‹ und forcierte eine Debatte über die soziale Rolle von Werbung und Design.

1992 David Carson gestaltet die alternative Musik-Zeitschrift ›Raygun‹.

1993 Das Internet erhält rasanten Auftrieb durch grafikfähigen Webbrowser.

1995 Im Zusammenhang mit einer großen Carson-Werkschau erscheint sein Buch ›End of print‹.

				Didot l'ainé François Rappo 2001
				Eureka Peter Bil'ak 2001
Info Erik Spiekermann / Ole Schäfer		**Arnhem** Fred Smeijers		**Fago** Ole Schäfer
Filosofia Zuzana Licko				**Le Corbusier** Nico Schweizer
Mrs Eaves Zuzana Licko	**Hypnopaedia** Zuzana Licko	**Quadraat** Fred Smeijers	**Cholla** Sibylle Hagmann	**Siemens** Hans-Jürg Hunziker
				Simple Norm

1996　1997　1998　1999　2000

1996	1997	1998	1999	2000
Hans-Rudolf LUTZ: Typoundso. #165				
	Hans Peter WILLBERG / Friedrich FORSSMAN: Lesetypografie. #170	**Hans Peter WILLBERG / Daniel SAUTHOFF / Gilmar WENDT:** Schriften erkennen. #177		**Hans Peter WILLBERG:** Erste Hilfe in Typografie. #182
				Hans Peter WILLBERG: Typolemik / Typophilie. #183
		Günter Karl BOSE: Lesen/Schreiben. #171		
Hans Rudolf BOSSHARD: Sechs Essays zur Typografie, Schrift, Lesbarkeit. #164				**Hans Rudolf BOSSHARD:** Der typografische Raster. #179
Geert SETOLA / Joep POHLEN: Letterfontäne. #167	**Michael CAHN:** Die Rhetorik der Wissenschaft im Medium der Typographie. #168	**Friedrich FRIEDL / Nicolaus OTT / Bernard STEIN:** Typographie: Wann Wer Wie. #172		Fago **Ff**
Brigitte ROBAK: Vom Pianotyp zur Zeilensetzmaschine. #166		**Friedrich A. KITTLER:** Daten > Zahlen > Codes. #173	**Aleida ASSMANN:** Erinnerungsräume. Formen und Wandlungen des kulturellen Gedächtnisses. #178	**Susanne WEHDE:** Typografische Kultur. #180
		Willi KUNZ: Typografie: Makro- und Microästhetik. #174		
	Helmut SCHMID: Der Weg nach Basel. #169	**Walter NIKKELS:** Der Raum des Buches. #175		**Wolfgang WEINGART:** Typography. #181
Mrs Eaves **Mm**		**Martin Z. SCHRÖDER:** Die Anmut des Unscheinbaren. #176		

1996 Jan van Toorn: ›Design beyond Design‹

1997 ›Graphic Design After the End of Print‹ (Lewis Blackwell / David Carson)
1997 Die Suchmaschine Google geht online.

1999 Relaunch des ›First Things First‹-Manifests in der ›Emigre‹

2001 iPod

C

ABC Hans-Eduard Meier
Cargo Gilles Gavillet & David Rust
Fedra Peter Bil'ak
Neutraface R. Neutra / C. Schwartz
Whitman Kent Lew

Unit Erik Spiekermann / C. Schwartz

Akkurat Laurenz Brunner
Bello Underware
Fargo Bruno Maag

2002	2003	2004	2005	2006
Friedrich FORSSMAN / Ralf DE JONG: Detailtypografie. #185		Walter PAMMINGER: Typografie des Singulären. Neuere Annäherung des Körpers an die Schrift. #193		
Fedra **Ff**			Günter Karl BOSE: Das Gesetz und seine Buchstaben. #195	
Hans ANDREE: Das letzte Relikt Gutenbergs. #184	Max CAFLISCH: Schriftanalysen. Untersuchungen zur Geschichte typographischer Schriften; Bd.1 #189	Lewis BLACKWELL: Schrift als Experiment. Typografie im 20. Jahrhundert. #192		Jost HOCHULI: Das Geheimnis der »guten Schrift«. Die Kunst der Typographie folgt strengen Regeln. #200
Indra KUPFERSCHMID: Buchstaben kommen selten allein. #186	Max CAFLISCH: Schriftanalysen. Untersuchungen zur Geschichte typographischer Schriften; Bd.2 #190	*Bello* **Bb**	Ralf TURTSCHI: Making of. Kreative Wege und Konzepte in der visuellen Kommunikation. #197	
		Erik SPIEKERMANN: Über Schrift. #194	Albert ERNST: Wechselwirkung. Textinhalt und typografische Gestaltung. #196	Richard HOLLIS: Schweizer Grafik. Die Entwicklung eines internationalen Stils 1920–1965. #201
Neutraface **Nn**		Silja BILZ: Introduction. #191		Karen CHENG: Designing Type. Anatomie der Buchstaben. #199
Dieter LEISEGANG: Rotis in Rotis. #187			Kurt WEIDEMANN: Worte und Werte. #198	
Erich SCHÖN: Lineares und nichtlineares Lesen. #188		*Akkurat* **Aa**		

2004 Gründung facebook

Executive Gavillet & Rust	**History** Peter Bil'ak	**Corpus** Michael Mischler & Nik Thoenen **Graphik** Christian Schwartz **LL Replica** Norm **Planeta** Dani Klauser	**Apud** Dinos dos Santos **Eames Century Modern** Erik van Blokland **Larish Neue** Radim Peško **LL Brown** Aurèle Brown **Lyon** Kai Bernau	

2007 | 2008 | 2009 | 2010 | 2011

2007

—
—

Walter PAMMINGER:
Exzess des Buches.
#204

—
—

Hermann ZAPF:
Alphabetgeschichten.
Eine Chronik technischer Entwicklungen.
#207

—

Horst WÖHRLE:
Die Renaissance der Renaissance.
– Die Antiqua, ihre Herkunft und Geschichte.
#206

—

Jürgen SIEBERT:
Schrift und Urheberrecht.
#205

—
—

Thomas METTENDORF:
Von der Digital-Uhr zum Monitor – Matrixschriften und Anzeige-Technik.
#203

—
—

Albert EINSTEIN:
(Ohne Titel)
#202

2008

—
—

Florian COULMAS:
Die Zukunft der Schrift. Lettern der Macht.
#208

—

Victor MALSY
Lars MÜLLER (Hrsg.):
Helvetica forever – Geschichte einer Schrift.
#210

—
—

Sybille KRÄMER:
Medium, Bote, Übertragung.
#209

—

Sarah POURCIAU:
Heideggers Bindestrich. Blickbahnen eines neuen Lesens.
#211

—
—

Fred SMEIJERS:
The Show Goes On … (2003).
#213

—
—

Eckehard SCHUMACHER-GEBLER:
Ferdinand Theinhardt, die Akzidenz-Grotesk und die sächsische Großmutter der Helvetica.
#212

—
—

2009

—

Planeta

Pp

—

Liner Notes. Gespräche über das Büchermachen.
#214

—
—

Heidrun OSTERER
Philipp STAMM:
Adrian Frutiger Schriften. Das Gesamtwerk.
#215

—
—

LL Replica

Rr

—

Gerard UNGER:
Wie man's liest.
#216

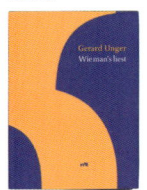

2010

—

Alex NEGRELLI:
The Revolution won't be set in Garamond.
#218

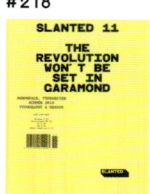

—

Hendrik WEBER:
Kursiv. Was die Typografie auszeichnet.
#219

—

Apud

Aa

—
—

Jean Ulysses VOELKER
Peter GLAAB:
READ + PLAY.
#220

—
—

Anita KÜHNEL (Hrsg.):
Welt aus Schrift – das 20. Jahrhundert in Europa und den USA.
#217

2011

—
—
—
—

Johannes BERGERHAUSEN
Siri POARANGAN:
Decodeunicode.
#221

—
—

Dunja SCHNEIDER:
Worträume.
#222

2007 iPhone
2007 Zum 50. Geburtstag der Schrift Helvetica erscheint der Film ›Helvetica - A Documentary‹ von Gary Hustwit.

2008 DIY-Thema wird immer stärker

2010 iPad
2010 Ausstellung ›Welt aus Schrift‹ in Berlin

/
233–237
**AN
HANG**
/

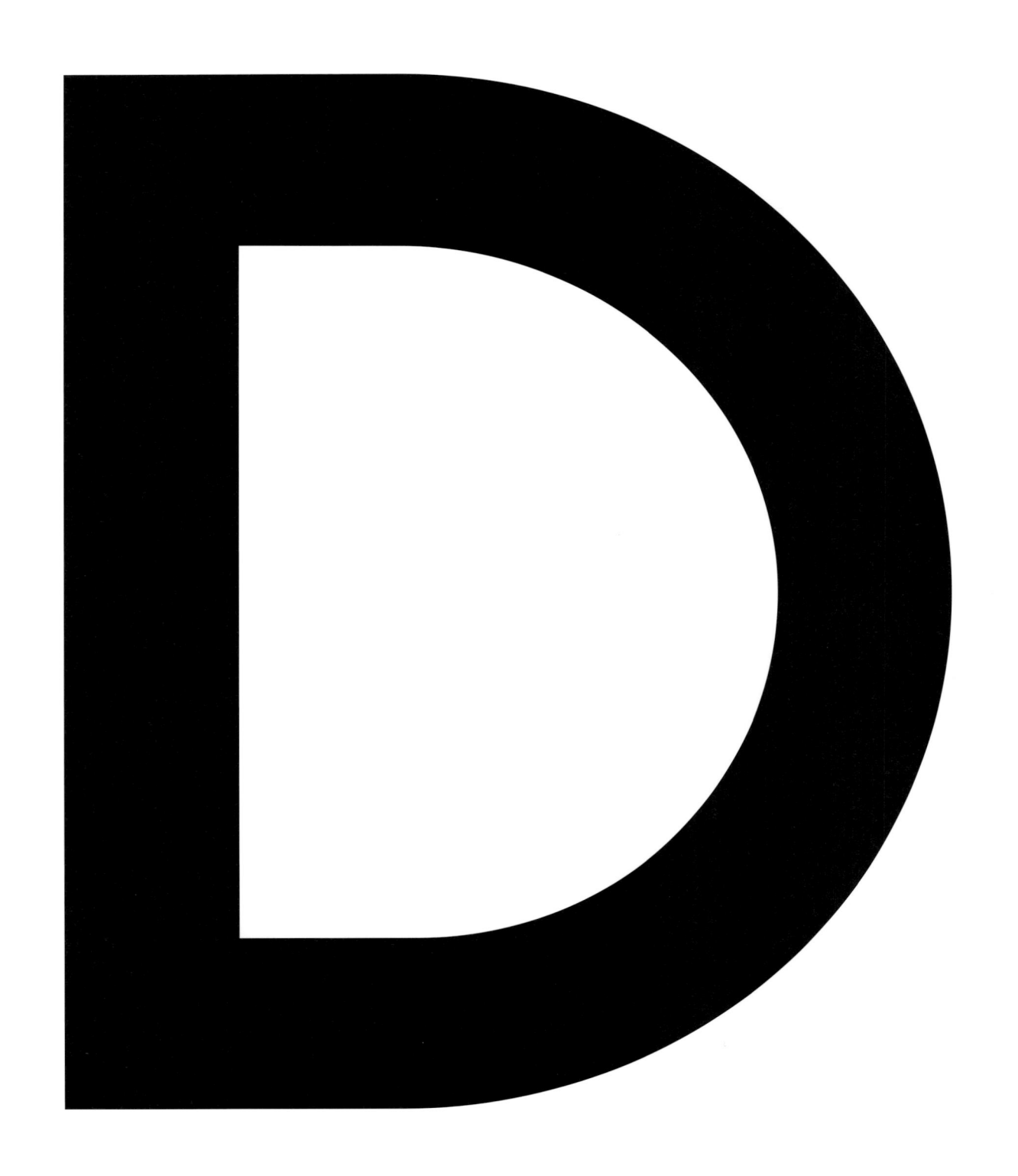

D

Autoren

ADORNO Theodor W. — 7
AICHER Otl
ALBERS Josef
ANDREE Hans
ASSMANN Aleida
ASSMANN Jan
BARTHES Roland
BAUER Konrad Friedrich
BAUMEISTER Willi
BAYER Herbert
BEHRENS Peter
BENSE Max
BERGERHAUSEN Johannes
BILL Max
BILZ Silja
BLACKWELL Lewis
BLUMENBERG Hans
BOLZ Norbert
BONSIEPE Gui
BOSE Günter Karl
BOSSHARD Hans Rudolf
BRINKMANN Erich
CAFLISCH Max
CAHN Michael
CANFORA Luciano
CHENG Karen
CHRISTIANS Kurt
CLEARY Ed
COULMAS Florian
DE JONG Ralf
DEXEL Walter
DOESBURG Theo Van
DRESSEN Markus
DREYFUS John
ECKMANN Otto
EHMCKE Fritz Helmuth
EINSTEIN Albert
ERBAR Jakob
ERICHSON Knut
ERNST Albert
FLUSSER Vilém — 6
FORSSMAN Friedrich
FREITAG Kurt
FRICK Richard
FRIEDL Friedrich — 5
FRÖHLICH Godi
FRUTIGER Adrian
GENETTE Gérard
GERSTNER Karl — 10
GILL Eric
GIMBUTAS Marija
GLAAB Peter
GRAEFF Werner
GRASS Tino
GRUMM Lina
HAARMANN Harald
HOCHULI Jost
HOFMANN Armin
HOLLIS Richard
HOSTETTLER Rudolf
IFERT Gérard
IGARASHI Takenobu
ILLICH Ivan
JOHNSTON Edward
KÄCH Walter
KAPR Albert — 6
KÄUFER Josef
KITTLER Friedrich A.
KLANTEN Robert
KOCHINKE Christa
KÖNIG Anne
KRÄMER Sybille
KÜHNEL Anita
KUKOWA Rudolf Erhard
KUNZ Willi
KUPFERSCHMID Indra

—— Buchempfehlung / **0** Anzahl Nennungen

Empfehlende

Hans ANDREE
Ruedi BAUR
BAUMANN+BAUMANN
Johannes BERGERHAUSEN
Anna BERKENBUSCH
Alexander BRANCZYK
Ute BRÜNING
Markus DRESSEN
Petra EISELE
Gerd FLEISCHMANN
Friedrich FRIEDL
Stephan FÜSSEL
Gabriele Franziska GÖTZ
Tino GRASS

TEXTE ZUR TYPOGRAFIE

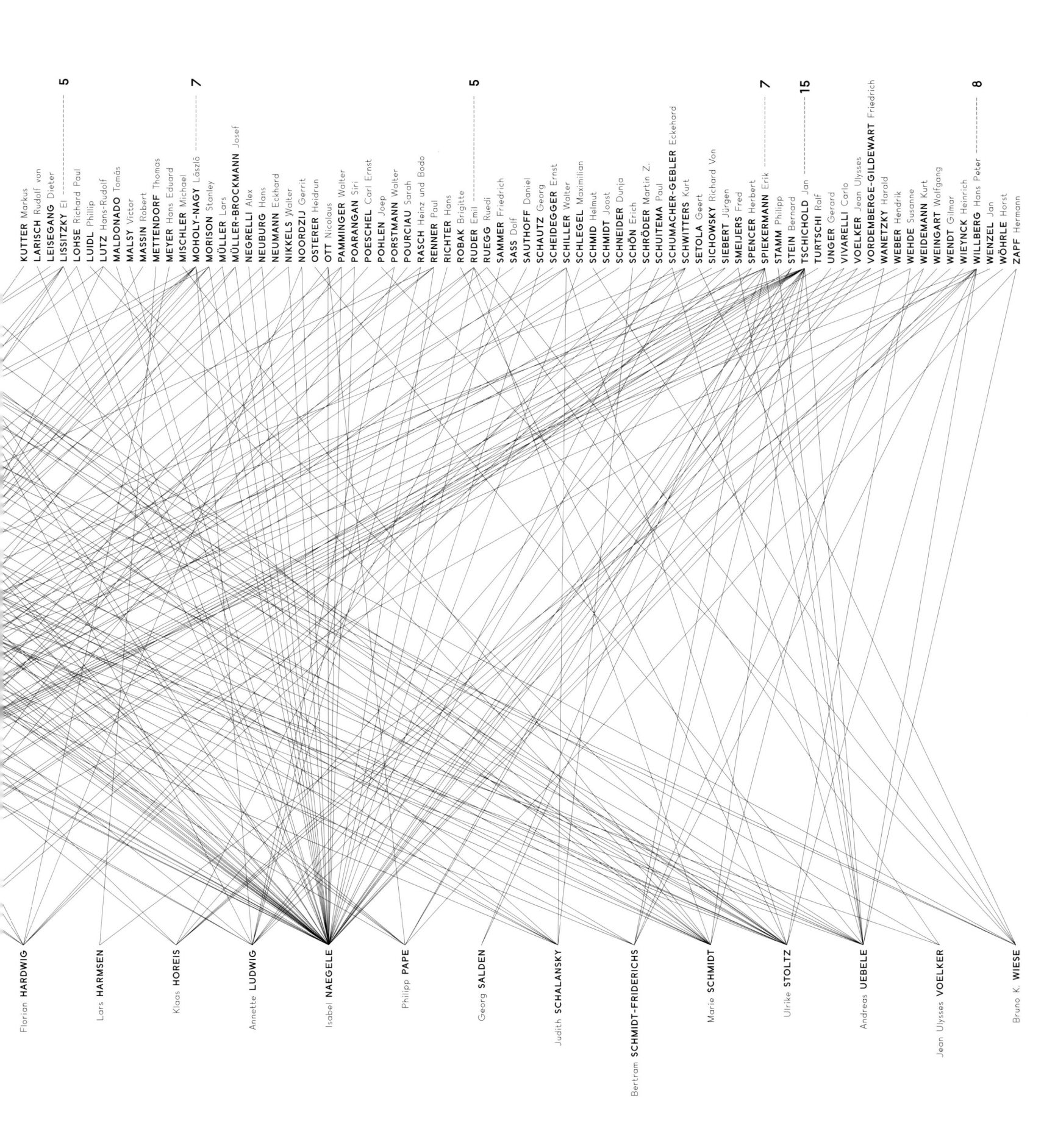

KUTTER Markus
LARISCH Rudolf von
LEISEGANG Dieter ------ 5
LISSITZKY El
LOHSE Richard Paul
LUIDL Philip
LUTZ Hans-Rudolf
MALDONADO Tomás
MALSY Victor
MASSIN Robert
METTENDORF Thomas
MEYER Hans Eduard
MISCHLER Michael
MOHOLY-NAGY László ------ 7
MORISON Stanley
MÜLLER Lars
MÜLLER-BROCKMANN Josef
NEGRELLI Alex
NEUBURG Hans
NEUMANN Eckhard
NIKKELS Walter
NOORDZIJ Gerrit
OSTERER Heidrun
OTT Nicolaus
PAMMINGER Walter
POARANGAN Siri
POESCHEL Carl Ernst
POHLEN Joep
PORSTMANN Walter
POURCIAU Sarah
RASCH Heinz und Bodo
RENNER Paul
RICHTER Hans
ROBAK Brigitte
RUDER Emil ------ 5
RUEGG Ruedi
SAMMER Friedrich
SASS Dolf
SAUTHOFF Daniel
SCHAUTZ Georg
SCHEIDEGGER Ernst
SCHILLER Walter
SCHLEGEL Maximilian
SCHMID Helmut
SCHMIDT Joost
SCHNEIDER Dunja
SCHÖN Erich
SCHRÖDER Martin Z.
SCHUITEMA Paul
SCHUMACHER-GEBLER Eckehard
SCHWITTERS Kurt
SETOLA Geert
SICHOWSKY Richard Von
SIEBERT Jürgen
SMEIJERS Fred
SPENCER Herbert
SPIEKERMANN Erik ------ 7
STAMM Philipp
STEIN Bernard
TSCHICHOLD Jan ------ 15
TURTSCHI Ralf
UNGER Gerard
VIVARELLI Carlo
VOELKER Jean Ulysses
VORDEMBERGE-GILDEWART Friedrich
WANETZKY Harald
WEBER Hendrik
WEHDE Susanne
WEIDEMANN Kurt
WEINGART Wolfgang
WENDT Gilmar
WIEYNCK Heinrich
WILLBERG Hans Peter ------ 8
WENZEL Jan
WÖHRLE Horst
ZAPF Hermann

Florian HARDWIG
Lars HARMSEN
Klaas HOREIS
Annette LUDWIG
Isabel NAEGELE
Philipp PAPE
Georg SALDEN
Judith SCHALANSKY
Bertram SCHMIDT-FRIDERICHS
Marie SCHMIDT
Ulrike STOLTZ
Andreas UEBELE
Jean Ulysses VOELKER
Bruno K. WIESE

Autoren und Empfehlende   235

D

Kurzbiografien
Literaturhinweise, Kommentare und Einschätzungen verdanken wir folgenden Kolleginnen und Kollegen

ANDREE Hans
#10, #12, #17, #22, #25, #31, #47, #68, #74, #90
—

*1937 in Danzig. Nach einer Schriftsetzerlehre arbeitete und studierte er ab 1958 in der Schweiz. 1962 folgte ein Studium der Typografie, Fotografie und Grafik an der Werkkunstschule Bielefeld. Mitbegründer des Materialverlags an der HfbK Hamburg.
1975 wurde er an die Fachhochschule Bielefeld berufen (für Grafikdesign). 1977 kehrte er als Professor für Typografie an die HfbK Hamburg zurück und wurde 2003 emeritiert.
Seit 1964 gibt es von Hans Andree ein umfangreiches Programm freier und angewandter künstlerischer Arbeiten. Er ist im Weiteren durch seine Vortragstätigkeit und publizistische Arbeit bekannt.

BAUMANN Barbara und Gerd
Baumann+Baumann
#187, #202
—

*1951, *1950
Barbara und Gerd Baumann studierten an der Hochschule für Gestaltung in Schwäbisch Gmünd. Seit der Gründung Ihres Büros für Gestaltung im Jahr 1978 entwickeln und gestalten sie umfassende Corporate Design- und Kommunikationsprojekte für kleine und große Unternehmen, Institutionen und Kommunen. Neben zahlreichen nationalen und internationalen Auszeichnungen, Veröffentlichungen, Vorträgen und Gastprofessuren lehrten beide mehrere Jahre als Honorarprofessoren an der Musashino Art University Tokyo.
www.baumannandbaumann.com

BAUR Ruedi
#195
—

*1956 in Paris, erwarb er 1979 an der Schule für Gestaltung in Zürich ein Diplom in Grafikdesign. Nachdem er 1983 in Lyon das Atelier Bbv gegründet hat, wurde er 1989 Mitbegründer des interdisziplinären Netzwerkes Intégral Concept und leitet seither die Ateliers Intégral Ruedi Baur in Paris, Zürich und Berlin. 1995 wurde er Professor an der Hochschule für Grafik und Buchkunst in Leipzig, deren Rektor er von 1997 bis 2000 war. Im Jahr 2004 gründete er das Forschungsinstitut Design2context an der Zürcher Hochschule der Künste. Darüber hinaus lehrt er an der Pariser École des Arts Décoratifs und regelmäßig in China an der Luxun Academy in Shenjang, der Cafa in Peking sowie an der École Internationale de Percé, die ihm 2007 den Ehrendoktortitel verliehen hat.
www.ruedi-baur.eu

BERGERHAUSEN Johannes
#22, #120, #125, #126, #131, #132, #158, #185
—

*1965, studierte Kommunikationsdesign an der Fachhochschule Düsseldorf. 1993 bis 2000 arbeitete er in Paris, zunächst bei den Grapus-Gründern Gérard Paris-Clavel und Pierre Bernard, dann selbstständig. 1998 war er Stipendiat des Französischen Centre National des Arts Plastiques mit einer typografischen Forschungsarbeit über den ASCII-Code. Seit 2000 ist er zurück in Deutschland und hat sein Büro in Köln. 2000 bis 2002 war er Lehrbeauftragter an der Fachhochschule Düsseldorf. Seit 2002 hat er eine Professur für Typografie am Fachbereich Gestaltung der Fachhochschule Mainz. Seit 2004 arbeitet er am Forschungsprojekt www.decodeunicode.org, gefördert vom Bundesministerium für Bildung und Forschung (BMBF), seit 2005 online. www.decodeunicode.org

BERKENBUSCH Anna
#165
—

*1955 in Erwitte, studierte in Düsseldorf Visuelle Kommunikation. Von 1979 bis 1982 war sie Designerin bei MetaDesign in Berlin und London. Nach fünf Jahren als Gesellschafterin und Geschäftsführerin bei der Denk Neu! Gesellschaft für Kommunikation gründete sie 1987 Anna B.Design in Berlin. Für ihre Arbeiten erhielt Anna Berkenbusch zahlreiche nationale und internationale Auszeichnungen, sie ist Herausgeberin und Autorin. Nach ihrer Tätigkeit an der Hochschule für Künste in Bremen, der Hochschule Anhalt sowie der Universität Essen lehrt sie als Professorin für Kommunikationsdesign an der Burg Giebichenstein Hochschule für Kunst und Design Halle.
www.annabdesign.de

BRANCZYK Alexander
#156
—

*1959, absolvierte er sein Studium der Visuellen Kommunikation an der Hochschule für Gestaltung Offenbach. Er lebt seit 1998 in Berlin. 1994 gründete er mit zwei Partnern das Designbüro xplicit mit Niederlassungen in Berlin und Frankfurt a. M. Als Art Direktor der Musikzeitschrift Frontpage (1992–1997) und als Corporate Designer der Love Parade prägte er den Stil der deutschen Techno-Szene. Er ist Mitbegründer des Typografiekollaboratoriums Face2Face und Entwerfer zahlreicher Hausschriften für deutsche Kultur- und Wirtschaftsunternehmen. Von 2003 bis 2005 war Branczyk Gastprofessor für Typografie an der Bauhaus-Universität Weimar.
www.czyk.de

BRÜNING Ute
#11, #17, #43, #67, #124
—

Von Hause aus Kunsterzieherin, studierte sie später Kunstgeschichte. Seit 1982 ist sie in Berlin freiberuflich als Kunsthistorikerin, seit 2001 auch als Webdesignerin tätig. Sie forscht vorwiegend zur Geschichte des Grafikdesign.

DRESSEN Markus
#10, #11, #15, #43, #139, #171, #173, #175, #178, #193, #214
—

*1971 in Münster, studierte von 1993 bis 1999 Buchkunst / Grafikdesign bei Prof. Günter Karl Bose, Prof. Ruedi Baur und Prof. Volker Pfüller an der Hochschule für Grafik und Buchkunst in Leipzig. Seit 2006 ist er Professor für Grafikdesign an der Hochschule für Grafik und Buchkunst in Leipzig. Er ist Mitglied der Alliance Graphique Internationale (AGI). Als Mitbegründer der Arbeitsgemeinschaft Spector ist er seit 2001 Mitherausgeber der Zeitschrift ›Spector cut+paste‹.

EISELE Petra
#2, #6, #7, #9, #10, #11, #13, #14, #16, #18, #19, #20, #22, #23, #25, #26, #27, #28, #31, #32, #36, #37, #38, #39, #40, #41, #42, #43, #45, #47, #48, #50, #52, #53, #55, #60, #61, #62, #68, #70, #71, #72, #73, #76, #77, #79, #84, #89, #94, #96, #97, #98, #101, #102, #103, #104, #105, #108, #109, #110, #112, #115, #134, #138, #143, #148, #155, #162, #163, #164, #180, #201, #219, #220, #221, #222
—

*1966, Studium der Kunstgeschichte und Germanistik; vierjähriges Forschungsprojekt zum Thema ›bauhaus medial – zur medialen Rezeption des Bauhauses‹, Universität Trier; Promotion an der Universität der Künste Berlin zur postmodernen Designentwicklung seit den sechziger Jahren (Stipendium der IKEA-Stiftung); 2000–2003: Wissenschaftliche Mitarbeiterin für Geschichte und Theorie des Design an der Bauhaus-Universität Weimar; Forschungsaufenthalt in den Archives of American Art, Smithsonian Institution, Washington, D.C.; seit 2006 Professorin für Designgeschichte und -theorie an der FH Mainz; 2008 Gründungsmitglied und Vorstand der Gesellschaft für Designgeschichte (GfDg): gfdg.org; 2011 Mitglied des Instituts designlabor gutenberg; zahlreiche Gastvorträge und Publikationen, zuletzt: Design Anfang des 21. Jhd., Diskurse und Perspektiven (hrsg. zus. m. Bernhard E. Bürdek). www.designlabor-gutenberg.de

FLEISCHMANN Gerd
#10, #11, #12, #18, #47, #63, #120, #122, #130, #152
—

*1939 in Nürnberg. Er studierte zunächst Physik und Mathematik in Erlangen und besuchte den Abendakt an der Akademie der Bildenden Künste in Nürnberg, ehe er 1962 das Studium der Kunst- und Werkerziehung und der Fotografie an der Hochschule der Künste in Berlin aufnahm. An der Freien Universität Berlin studierte er weiter Mathematik.
Er war Lehrer an Berliner Gymnasien und Grundschulen und arbeitete als Autor, Fotograf und Grafikdesigner. Von 1971 bis 2003 lehrte er am Fachbereich Gestaltung der Fachhochschule Bielefeld Typografie, arbeitete weiter freiberuflich als Buchgestalter, Ausstellungsmacher und Planer und nahm Gastprofessuren und Lehraufträge im In- und Ausland wahr.

FRIEDL Friedrich
#112, #116, #117, #119, #120, #121, #124, #127, #142, #174, #179, #192, #197
—

*1944, absolvierte in Stuttgart eine Schriftsetzerlehre und arbeitete danach als Schriftsetzer. Von 1968 bis 1972 studierte er Grafikdesign in Darmstadt und war dort ab 1972 Dozent für Typografie. Seit 1982 Professor für Typografie. Zunächst an der FH Hildesheim, seit 1983 bis 2009 an der Hochschule für Gestaltung in Offenbach am Main. Für Linotype veröffentlichte er ab 1985 drei Bände ›Thesen zur Typografie‹. 1998 erschien ›Typografie: Wann, Wer, Wie‹. Er schrieb regelmäßig Artikel für ›Novum‹, ›Graphis‹, ›design-report‹, ›form‹, ›Page‹ und ›Eye‹.

FÜSSEL Stephan
#4, #43, #120, #132, #149, #165, #172, #196
—

*1952, Leiter des Instituts für Buchwissenschaft und Sprecher des Forschungsschwerpunktes ›Medienkonvergenz‹ der J. Gutenberg Universität in Mainz. Er publizierte zur Buch-, Bibliotheks- und Verlagsgeschichte vom 15. bis zum 20. Jh. sowie zur Zukunft der Kommunikation. U. a. ist er Herausgeber des Internationalen Gutenberg-Jahrbuchs, der Mainzer Studien zur Buchwissenschaft und des Lexikons des Gesamten Buchwesens.
www.buchwissenschaft.uni-mainz.de

GÖTZ Gabriele Franziska
#128, #193, #211
—

*1954 in Berlin, lebt in Amsterdam. Studierte Visuelle Kommunikation an der Hochschule der Künste Berlin [UdK] und am California Institute of the Arts, Los Angeles. 1987 Diplom-Designerin, 1988 Meisterschülerin an der UdK. 1988–1990 freiberufliche Gestalterin in Amsterdam. 1991 Gründung ambulant design. 1991–2001 Professor für Visuelle Kommunikation an der Merz-Akademie, Hochschule für Gestaltung Stuttgart. 2001–2007 Kerndocent für Visuelle Kommunikation an Avans Hogeschool, AKV/St. Joost Academie Breda/Den-Bosch, NL. Seit 2008 Professor für Visuelle Kommunikation an der Universität Kassel, Kunsthochschule. Diverse Gastlehraufträge und Vorträge im In- und Ausland. www.ambulantdesign.nl

GRASS Tino
#68, #78, #124, #136, #212, #213
—

*1979 in Köln. 2001–2002 im Auftrag der Nato als Schriftsetzer und Fotoredakteur in Prizren, Kosovo.
Ab 2002 Studium Visuelle Kommunikation an der Fachhochschule Düsseldorf, Fachbereich Design; 2007 Diplom. Seit 2007 eigenes Büro für Visuelle Kommunikation und Zusammenarbeit mit Philippe Apeloig, Paris und seit 2010 mit buero uebele, Stuttgart.
2007 Organisation des 22. Bundestreffen Forum Typografie in Düsseldorf. 2008 Lehrauftrag an der Hochschule der Bildenden Künste Saar und seit 2010 an der Fachhochschule Düsseldorf. Seit 2007 Mitglied im TDC New York.
—

HARDWIG Florian
#49, #87, #120, #135, #176, #184, #200, #205

*1980 in Bayern. Lebt in Berlin und arbeitet dort als freischaffender Gestalter von Büchern und Websites. Seit 2007 unterrichtet er Typografie und Schrift an der Hochschule für Bildende Künste in Braunschweig. Er schreibt regelmäßig Artikel für Typographica.org und MyFonts.de. Für sein Buch über die Formen internationaler Schulschriften und die ›Dialekte‹ der Handschrift wurde er 2008 mit dem Walter-Tiemann-Preis ausgezeichnet.

HARMSEN Lars
#203, #206

*1964 in Hannover. 1996 gründete er mit Ulrich Weiß die Agentur MAGMA Brand Design, Karlsruhe und den Schriftenverlag Volcano-Type. Schwerpunkte seiner Arbeit sind Corporate- und Editorial-Design. Er ist Autor von Design- und Typografie-Büchern. Er rief 2004 den Blog slanted.de ins Leben; seit 2005 gibt es das gleichnamige Typo-Magazin. Lars Harmsen referiert auf nationalen und internationalen Designkonferenzen und war Dozent an der Hochschule für Gestaltung in Karlsruhe. Er ist Mitglied im ADC Deutschland. Seit 2011 Professur an der Fachhochschule Dortmund. www.magmabranddesign.de

HOREIS Klaas
#160, #177, #185, #194

*1979 in Cuxhaven. 2000–2003: Ausbildung zum Mediengestalter Digital- und Printmedien in Hamburg; 2004–2008 Studium Illustration / Kommunikationsdesign an der HAW-Hamburg. Seit 2004 diverse freiberufliche Projekte für Klein-, Mittel- und Großkunden. 2005–2006 freier Mitarbeiter der Agentur Glasmeyer, Jung, Schreiter. Seit Oktober 2008 freier Mitarbeiter des Designbüros FARGO in Hamburg. fargostudios.de; 2011 Gründung des Designbüros vingervlug. www.vingervlug.com

LUDWIG Annette
#7, #14, #19, #29, #30, #33, #35, #39, #43, #48, #66, #114, #117, #137, #148

*1963 in Karlsruhe. Studium der Kunstgeschichte, Baugeschichte und Neueren Deutschen Literaturwissenschaft, Magister über den russischen Avantgardisten Wladimir von Zabotin; Dissertation über die Architekten, Designer, Typografen und Werbegestalter Heinz und Bodo Rasch. Langjährig tätig in Institutionen und Museen, zuletzt als Kuratorin an den Städtischen Museen Heilbronn. Publikations-, Ausstellungs- und Jurytätigkeit, seit 2008 Lehrbeauftragte am Zentrum für Angewandte Kulturwissenschaft der Universität Karlsruhe (KIT). Seit Mai 2010 Direktorin des Gutenberg-Museums Mainz. www.gutenberg-museum.de

NAEGELE Isabel
#1, #5, #8, #10, #15, #17, #19, #21, #22, #23, #24, #31, #34, #47, #49, #51, #53, #54, #56, #57, #63, #65, #69, #70, #90, #91, #94, #99, #106, #107, #110, #134, #135, #138, #139, #142, #143, #170, #172, #175, #181, #193, #210, #216, #217, #220, #221

*in Plainfield NJ / USA. 1982 Studium der Visuellen Kommuniaktion an der HfG-Offenbach. 1983 Wechsel zur Humanmedizin in Frankfurt a. M. und Promotion an der Goethe-Universität. War zunächst als Ärztin im Elisabethenstift, Innere Medizin in Darmstadt tätig, bevor sie sich zur Wiederaufnahme des Designstudiums an der HfG Offenbach entschied. Nach Abschluss als Diplom-Designerin waren ihre Arbeitsstationen bei Intégral Ruedi Baur, Paris und Studio Dumbar, Den Haag. Dozententätigkeit an der HGB-Leipzig Fachklasse ›Corporate Design‹. Seit 1999 intensive Zusammenarbeit mit dem Ausstellungskonzept ›Dialog im Dunkeln‹, Hamburg und seit 2005 mit dem Dialogmuseum Frankfurt zu Fragen der barrierefreien Gestaltung und Wahrnehmung. Seit 1999 Professorin für Typografie und Gestaltungsgrundlagen an der Fachhochschule Mainz. 2004 Publikation ›Scents of the City – das Aroma der Stadt‹ (hrsg. zus. m. Ruedi Baur). Gründungsmitglied des Instituts designlabor gutenberg. www.designlabor-gutenberg.de

PAPE Philipp
#120, #138, #154, #159, #172

*1966 in Kiel. Machte 1988 eine Ausbildung zum Verlagshersteller / Verlagskaufmann in Berlin und gründete 1989 den Verlag Stop Over Press, Berlin. 1990 bis 1996 studierte er an der HdK Berlin bei Valie Export, Heinz Emigholz und Joachim Sauter. 1993 Studienaufenthalt am Central Saint Martins College of Art and Design in London. 1999 künstlerischer Mitarbeiter an der HfbK Hamburg. Seit 2002 ist er Professor für Konzeptionelles Gestalten an der FH Mainz.

SALDEN Georg
#67, #132

*1930 in Essen. 1950–1954 Werbegrafik-Studium an der Folkwang Schule, Essen. 1955–1972 selbstständiger Werbedesigner für Industrie und Kultur. 1961–1966 Dozent für Schrift in Abendkursen mit Jugendlichen, 1964–1969 in Abendkursen der Folkwang Hochschule. Seit 1972 Entwurf, Herstellung und Nutzungsvergabe von Satzalphabeten, bis 1985 für Fotosatz-, später für digitale Techniken. Bis 2010 etwa zwei Dutzend Schriftfamilien, darunter Polo. (1972–2009) mit mehr als 120 Fonts-Varianten. 1973–1993 Mitglied der ATYPI, Gründungsmitglied des GSTKreises, der Context Gesellschaft für Satztechnik und Typografie, des Forum Typografie e. V. www.typemanufactur.com

SCHALANSKY Judith
#83, #124, #138, #144, #168, #188, #208

*1980 in Greifswald, studierte Kunstgeschichte sowie Kommunikationdesign, unterrichtete Typografische Grundlagen an der Fachhochschule Potsdam und lebt heute als freie Schriftstellerin und Buchgestalterin in Berlin. 2006 veröffentlichte sie ihr typografisches Kompendium ›Fraktur mon Amour‹, das mit der Silbermedaille des ADC Deutschland und dem TDC New York Award for Typographic Excellence ausgezeichnet wurde. 2008 erschien ihr literarisches Debüt, der Matrosenroman ›Blau steht dir nicht‹. Für ihren ›Atlas der abgelegenen Inseln‹ wurde sie 2009 mit dem 1. Preis der Stiftung Buchkunst ausgezeichnet. 2011 erschien ihr Bildungsroman ›Der Hals der Giraffe‹ im Suhrkamp Verlag.

SCHMIDT-FRIDERICHS Bertram
#142, #154, #170, #183, #194, #198

*1959, nach Abitur Schriftsetzerlehre (Bleisatz!), Studium Kunstgeschichte und Buchwesen an der Uni Mainz. 1979 Studium FH Druck Stuttgart, Wirtschaftsingenieur Druck. 1986 Eintritt in das elterliche Unternehmen Universitätsdruckerei und Verlag Hermann Schmidt Mainz. Seit 1992 zusammen mit Karin Schmidt-Friderichs Aufbau des Fachverlags für Typografie, Grafikdesign und Werbung. Er wurde als Druckereimanager des Jahres 2008 ausgezeichnet und ist Gründungsmitglied des Forum Typografie, Mitglied des TDC of New York, der AtypI und der Society of Typographic designers, GB. www.typografie.de

SCHMIDT Marie
#81, #112, #118, #145, #147, #163, #181, #185, #186, #199

*1978 in Freiberg a. N. Studierte zunächst Ethnologie, Soziologie und Psychologie in München. 2004 Studium Kommunikationsdesign an der HTWG Konstanz. Ihre Abschlussarbeit ›Basilica – von alter Architektur zu neuer Schrift‹ erhielt den Designpreis in Gold der HTWG Konstanz. Sie lebt und arbeitet als Grafikdesignerin in Konstanz.

STOLTZ Ulrike
#82, #124, #129, #141, #144, #146, #151, #153, #161, #162, #165, #166, #180, #189, #190, #209

*1953. Studium an der Goethe-Universität in Frankfurt a. M. und an der Hochschule für Gestaltung Offenbach am Main. Von 1986 bis 2001 war sie Mitglied der Gruppe Unica T (›eine fiktive Person, die reale Bücher macht‹), seit 2002 Fortsetzung der buchkünstlerischen Arbeit mit Uta Schneider als Duo usus. Von 1991 bis 1999 Professorin für Typografie an der FH Mainz und seit 1999 Professorin für Typografie und Buchgestaltung an der Hochschule für Bildende Künste Braunschweig. www.boatbook.de

UEBELE Andreas
#132, #142, #150, #185, #207, #212, #215

*1960, Studium Architektur und Städtebau an der Universität Stuttgart und Freie Grafik an der Kunstakademie Stuttgart. 1996 Gründung des eigenen Büros für Visuelle Kommunikation in Stuttgart und seit 1998 Professor für Visuelle Kommunikation an der Fachhochschule Düsseldorf, seit 1998 Mitglied im Forum Typografie, seit 2002 Mitglied im Type Directors Club New York, Art Directors Club New York, seit 2007 Mitglied der agi, alliance graphique internationale und seit 2009 Mitglied im BDG, Berufsverband der Deutschen Kommunikationsdesigner. www.uebele.com

VOELKER Jean Ulysses
#112, #201

*1956, absolvierte zunächst eine Ausbildung zum Zimmermann. Anschließend studierte er Kommunikationsdesign an der Hochschule für Künste in Bremen. Nach Abschluss des Studiums war er für Designbüros in Bremen und Düsseldorf tätig. 1996 bis 2002 war er Mitgründer und Mitinhaber des Designbüros form 5 mit Standorten in Bremen, Düsseldorf und Regensburg.
1995 bis 1999 lehrte er Typografie an der FH Düsseldorf und an der Universität Essen. Seit 2000 ist er Professor für Typografie und Editorial Design an der Fachhochschule Mainz. Leiter des Instituts designlabor gutenberg.

WIESE Bruno Karl
#120, #121, #140, #167, #169

*1922 in Berlin, †2011 in Hamburg. Studierte von 1945 bis 1949 an der Staatlichen Hochschule für bildende Künste in Berlin, hauptsächlich in der Klasse Tektonik bei Prof. O.H.W Hadank. Er war anschließend Mitarbeiter in dessen Hamburger Atelier bis zur Gründung des eigenen Büros für Visual Design 1954 in Hamburg. Neben seiner Arbeit für Industrie und Institutionen, Tätigkeit als Gutachter und in Prüfungsgremien. Mitglied der AGI, ATypI, des Deutschen Werkbundes und des BDG.
1978 Übernahme eines Lehramtes für Kommunikationsdesign an der Fachhochschule in Kiel, seit 1980 Professor.

/
239-244
INDEX
/

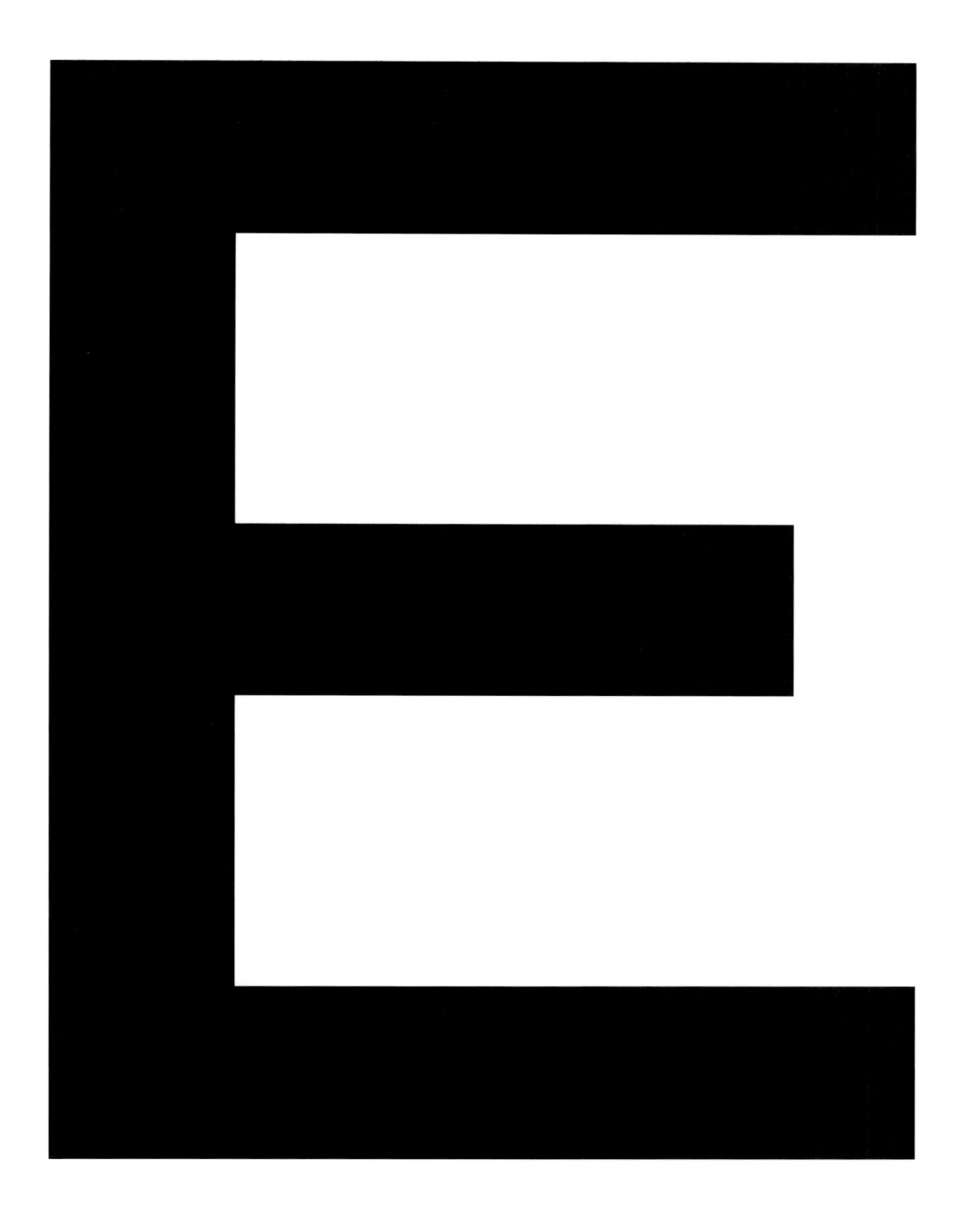

E

Personenregister

A
ADBUSTER 227
ADORNO Theodor W. 128f., 224, 234
AICHER Otl 23, 176-180, 225-228, 234
ALBERS Josef 14, 68, 77f., 109, 112, 220ff., 234
ANDREE Hans 192, 230, 234, 236
ARP Hans 56, 69
ASSMANN Aleida 192, 229, 234
ASSMANN Jan 180, 228, 234

B
BARTHES Roland 158, 227, 234
BAUER Konrad Friedrich 15, 90f., 148, 221, 225f., 234
BAUMANN & BAUMANN 196, 234, 236
BAUMEISTER Willi 14, 78-81, 221, 234
BAUR Ruedi 200, 209, 234, 236f.
BAYER Herbert 13ff., 78, 82-87, 92, 95, 221, 234
BEHRENS Peter 10, 38ff., 220, 234
BENJAMIN Walter 188
BENSE Max 146f., 225, 234
BERGERHAUSEN Johannes 214, 216f., 231, 234, 236
BERKENBUSCH Anna 234, 236
BILL Max 17, 19-23, 116, 118-121, 124, 222ff., 234
BILZ Silja 196, 230, 234
BLACKWELL Lewis 198, 229f., 234
BLUMENBERG Hans 166, 227, 234
BOLZ Norbert 180, 228, 234
BONSIEPE Gui 24, 148, 152-155, 225, 234
BORMANN Martin 18
BOSE Günter Karl 180, 188f., 200f., 228ff., 234
BOSSHARD Hans Rudolf 185, 192, 229, 234
BRANCZYK Alexander 234, 236
BRINKMANN Erich 180, 228, 234
BRÜNING Ute 234, 236
BRUNNER Laurenz 30, 230
BURCHARTZ Max 56, 72, 74

C
CAFLISCH Max 102, 196, 230, 234
CAHN Michael 185, 229, 234
CANFORA Luciano 176, 228, 234
CHENG Karen 202, 230, 234
CHRISTIANS Kurt 152, 226, 234
CLEARY Ed 182f., 228, 234
COULMAS Florian 166f., 202, 227, 231, 234
CYAN (Fiedler / Haufe) 209

D
DE JONG Ralf 192, 194f., 230, 234
DERRIDA 167
DEXEL Walter 16, 92f., 221, 234
DOESBURG Theo van 14, 100, 221, 234
DRESSEN Markus 206, 209, 234, 236
DREYFUS John 176, 227, 234

E
ECKMANN Otto 10, 36f., 40, 220, 234
EHMCKE F.H. 54, 58f., 96, 100, 188, 220f., 234
EINSTEIN Albert 202, 231, 234
EISELE Petra 6f., 10, 234, 236
ERBAR Jakob 50f., 220ff., 234
ERICHSON Knut 176, 227, 234
ERNST Albert 202, 230, 234

F
FLECKHAUS Willy 26
FLEISCHMANN Gerd 234, 236
FLUSSER Vilém 172f., 227, 234
FORSSMAN Friedrich 182, 185ff., 192, 194f., 229f., 234
FREITAG Kurt 116, 222, 234
FRICK Richard 186, 228, 234
FRIEDL Friedrich 168, 170, 188, 227, 229, 234, 236
FRÖHLICH Godi 156, 226, 234
FRUTIGER Adrian 21, 30, 132-139, 145, 158, 164f., 168, 210, 224-231, 234
FÜSSEL Stephan 234, 236

G
GENETTE Gérard 176, 227, 234
GERSTNER Karl 22ff., 130, 148, 156ff., 224ff., 234
GILL Eric 112, 220ff., 234
GIMBUTAS Marija 185, 228, 234
GLAAB Peter 214f., 231, 234
GOEBBELS Joseph 18
GÖTZ Gabriele Franziska 234, 236
GRAEFF Werner 128, 223, 234
GRAPUS 215, 236
GRASS Tino 234, 236
GROPIUS Walter 11, 71, 222
GROSZ George 14
GRUMM Lina 206, 208f., 234
GUERILLA Girls 215
GUGELOT Hans 23
GUTENBERG Johannes 6, 167

H
HAARMANN Harald 176, 228, 234
HARDWIG Florian 235, 237
HARMSEN Lars 235, 237
HAUPTMANN Gerhard 188
HAUSMANN Raoul 14
HEARTFIELD John 14
HITLER Adolf 17f., 21, 124, 157
HOCHULI Jost 26, 174f., 202, 227, 230, 234
HOFFMANN Alfred 204
HOFFMANN Eduard 22
HOFMANN Armin 128, 224, 234
HOLLIS Richard 202, 230, 234
HOREIS Klaas 235, 237
HOSTETTLER Rudolf 124, 223, 234

I
IFERT Gérard 130, 224, 234
IGARASHI Takenobu 174, 227, 234
ILLICH Ivan 180, 228, 234

J
JOHNSTON Edward 43f., 220, 234

K
KÄCH Walter 128, 223, 234
KAPR Albert 26, 152, 158, 182, 209, 226, 228, 234
KÄUFER Josef 128, 224, 234
KAUFMANN Hermann 58
KITTLER Friedrich A. 190f., 229, 234
KLANTEN Robert 196, 234
KOCH Rudolf 18, 220ff.
KOCHINKE Christa 180f., 228, 234
KÖNIG Anne 206, 208f., 234
KRÄMER Sybille 202, 231, 234
KRAUS Karl 129
KÜHNE Hans 208
KÜHNEL Anita 210, 231, 234
KUKOWA Rudolf Erhard 92, 221, 234
KUNZ Willi 190, 229, 234
KUPFERSCHMID Indra 196, 230, 234
KUTTER Markus 22, 130, 224, 235

L
LARISCH Rudolf von 10f., 40f., 44-47, 220, 235
LEBIUS Rudolf 19
LEISEGANG Dieter 196f., 230, 235
LISSITZKY El 14, 52ff., 56, 60-63, 67, 70, 74, 92, 189, 220f.
LMNV 130, 132, 224
LOHSE Richard Paul 19, 21, 128, 130, 132, 148f., 224f., 235
LUDWIG Annette 6f., 235, 237
LUIDL Phillip 176, 227, 235
LUTHER Martin 10
LUTZ Hans-Rudolf 26, 174, 185, 227, 229, 235
LUX Annette 209

M
MALDONADO Tomás 23f., 132, 224, 235
MALEWITSCH Kasimir 14, 70
MALSY Victor 202, 231, 235
MASSIN Robert 152, 226, 235
McLUHAN Marshall 167
METTENDORF Thomas 202f., 231, 235
MEYER Hans Eduard 130f., 224, 235
MIEDINGER Max 22, 224
MISCHLER Michael 196, 231, 235
MOHOLY-NAGY László (Ladislaus) 11f., 14ff., 54f., 64-68, 71, 88ff., 92, 220ff.
MONDRIAN Piet 14
MORISON Stanley 19, 96, 102f., 221f., 235
MÜLLER-BROCKMANN Josef 21, 23, 130, 132, 142f., 152, 224ff., 235
MÜLLER Lars 202, 231, 235

N
NAEGELE Isabel 6f., 235, 237
NEGRELLI Alex 210, 212f., 231, 235
NEUBURG Hans 21, 124, 128, 130, 132f., 223f., 235
NEUMANN Eckhard 180, 228, 235
NIKKELS Walter 190, 229, 235
NOORDZIJ Gerrit 170f., 227, 235

O
OSTERER Heidrun 210, 230, 235
OTT Nicolaus 188, 229, 235

P
PAMMINGER Walter 198, 202, 230f., 235
PAPE Philipp 235, 237
PAUL Jean 188
PEŠKO Radim 30, 231
PFÜLLER Volker 209, 236
PLATON 167
POARANGAN Siri 214, 216f., 231, 235
POESCHEL Carl Ernst 10f., 42, 188, 220, 235
POHLEN Joep 185, 229, 235
POPPER Karl 167
PORSTMANN Walter 12ff., 46, 48f., 109, 220, 235
POURCIAU Sarah 202, 231, 235

R
RAND Paul 21
RASCH Heinz und Bodo 17, 102, 221, 235, 237
RAY Man 71
RENNER Paul 14, 17, 52, 68, 94, 109, 112f., 122-125, 152, 176, 220-223, 225, 235
RICHTER Hans 56, 71, 170, 227, 235
ROBAK Brigitte 185, 229, 235
ROCK Michael 215
RUDER Emil 22, 27, 132f., 136-139, 144f., 148, 150f., 185, 224f.
RUEGG Ruedi 156, 226, 235

S
SALDEN Georg 226, 235, 237
SAMMER Friedrich 116, 222, 235
SASS Dolf 148, 225, 235
SAUTHOFF Daniel 190, 229, 235
SCHALANSKY Judith 235, 237
SCHAUTZ Georg 122, 222, 235
SCHEIDEGGER Ernst 130, 224, 235
SCHILLER Walter 158, 226, 235
SCHLEGEL Maximilian 116, 222, 235
SCHMID Helmut 185, 229, 235
SCHMIDT-FRIDERICHS Bertram 235, 237
SCHMIDT Joost 96, 221f., 235
SCHMIDT Marie 235, 237
SCHNEIDER Dunja 214, 231, 235
SCHÖN Erich 196, 230, 235
SCHOLL Inge 23, 223
SCHRÖDER Martin Z. 190, 229, 235
SCHUITEMA Paul 132, 224, 235
SCHUMACHER-GEBLER Eckehard 202, 204f., 231, 235
SCHWITTERS Kurt 6, 14, 54, 56f., 69, 95f., 102, 104-107, 109, 220f., 235
SETOLA Geert 185, 229, 235
SICHOWSKY Richard von 112, 148, 152, 226, 235
SIEBERT Jürgen 182f., 202, 228, 231, 235
SMEIJERS Fred 206f., 228, 231, 235
SPENCER Herbert 152, 226, 235
SPIEKERMANN Erik 157, 168f., 182f., 198f., 227-230, 235
SPITZMÜLLER Jürgen 26
STAMM Philipp 210, 231, 235
STEIN Bernard 188, 229, 235
STOLTZ Ulrike 235, 237

Schlagwortregister

T
The Yes Men 215
TOORN Jan van 215, 229
TSCHICHOLD Iwan 68, 70, 72, 74, 220
TSCHICHOLD Jan 11–17, 19f., 48, 58, 68–75, 96–101, 108–111, 116f., 122, 124, 126ff., 132, 156, 180, 220–226, 228, 235
TURTSCHI Ralf 202, 230, 235
TZARA Tristan 69

U
UEBELE Andreas 235, 237
UNGER Gerard 210f., 227, 231, 235
USADEL Georg 18

V
VIVARELLI Carlo 21, 128, 130, 132, 140f., 224, 235
VOELKER Jean Ulysses 214f., 231, 235, 237
VORDEMBERGE-GILDEWART Friedrich 12, 23, 176f., 224, 228, 235

W
WALBAUM Justus Erich 17, 220
WANETZKY Harald 185, 228, 235
WEBER Hendrik 214, 231, 235
WEHDE Susanne 192f., 229, 235
WEIDEMANN Kurt 184f., 202, 227f., 230, 235
WEINGART Wolfgang 27f., 158–163, 192, 226, 229, 235
WEISS Emil Rudolf 189, 221
WENDT Gilmar 190, 229, 235
WENZEL Jan 206, 208f., 235
WIESE Bruno Karl 235, 237
WIEYNCK Heinrich 112, 114f., 220, 222, 235
WILLBERG Hans Peter 18, 25ff., 152, 168, 180ff., 185ff., 190, 192, 225, 227ff.
WILLIMANN Alfred 137
WÖHRLE Horst 202, 231, 235
WUNDERLICH Gert 208, 226

Z
ZAPF Hermann 182, 202, 223f., 226, 228, 231, 235

A
Akkurat 30, 230
Akzidenz-Grotesk 19, 21, 28f., 202, 204f., 231
Allgemeiner Verein für Altschrift 11
Alphabet 13f., 18f., 125, 172f., 176, 183, 191, 199, 202f., 227, 231
Anführungszeichen 129, 156, 226
Antiqua 10f., 13, 17ff., 22, 40ff., 48f., 58f., 109, 113, 122, 176, 198f., 202
Antiqua-Fraktur-Streit 10, 40f.
Apple 226f.
Architektur 196
Arts-and-Crafts 11, 44f.
Ästhetik 11f., 29, 103, 155ff.
Asymmetrie 20, 22, 79ff., 98–101
Autorschaft 29, 208f., 215

B
Bastarda 10
Bauhaus 11, 13, 15ff., 23, 27, 48, 54f., 64ff., 69ff., 77, 88f., 91, 96, 152, 156f., 220ff., 225f., 236
Bild- und Textverhältnis 26, 64–67, 104–107, 172f.
Bleisatz 22, 28, 150f., 226
Buchgestaltung 6, 19f., 27, 53, 152, 166ff., 208f., 226
Buchstabe 11, 13–17, 20, 23ff., 26–30, 43, 95, 117, 125, 132–135, 137ff., 142f., 146f., 170–173, 177, 184, 197, 202, 211, 230
Buchstabenform 43, 207
Buchstabenreform 170f.
Bund für deutsche Schrift 18

C
Code 28, 172f., 190f., 216f., 228f., 231
Computer 27ff., 148, 157, 182, 203, 223–226

D
Dadaismus 11, 14, 69ff.
Desktop Publishing (DTP) 28
De Stijl 69, 149
Deutscher Werkbund 10ff., 220, 222f.
Digitalisierung 27f., 164f., 172, 203, 216f.
Digitalsatz 225, 227
DIN-Format 12, 74, 78, 86f., 220f.
Druckverfahren 64–67, 142f.

E
Eckmann-Schrift 10, 220
Egyptienne 17, 92f., 224
Elementare Gestaltung 69ff.
Elementare Typografie 6, 12, 20, 72–75
Erbar 21, 220
Experimental Jetset 29
Expressionismus 69ff., 220

F
Farbwirkung 122f.
Film 15, 26f., 64ff., 69ff., 112f., 222
Formatierung 142f.
Fotografie 15, 21, 24, 26, 55, 64ff., 72–76, 97–101, 149, 221
Fotosatz 16, 27, 150f., 226
Fraktur 10f., 13, 18f., 24, 40f., 48f., 58f., 112f., 156f., 182, 223, 228
Frakturverbot 19
Fugue 30
Futura 14, 18, 21, 30, 144f., 152, 180, 221, 225
Futuretro 29
Futurismus 69ff.

G
Garamond 17
geometrische Formen 12, 14
Geschichte 7, 10, 22, 29, 64ff., 116, 188
Geschwister-Scholl-Stiftung 23f.
Goldener Schnitt 79ff.
Gotenburg 18
Grotesk 13f., 16ff., 21f., 24, 28ff., 42, 72–75, 79–84, 92ff., 116, 132–135, 137ff., 144f., 156ff., 176, 204f., 220, 224, 230
Gutenberg-Galaxis 180

H
Handsatz 17, 51, 142f.
Handschrift 94, 212f.
Helvetica 21f., 28f., 202, 204f., 224, 231
HfG Ulm 23f., 153ff.

I
Impressionismus 69ff.
Integrale Typografie 22f., 130, 202, 224
Internet 26, 28f., 228

J
Jugendstil 10, 36–39

K
Kapitälchen 195, 226, 156
Kleinschreibung 12f., 17, 19, 48f., 72–75, 79–84, 86f., 109ff., 125
Kombinationsschrift 14, 112, 222
Kommunikation 8, 21, 23f., 28, 159, 163, 197
konkrete Kunst 19f., 23, 124
Konstruktive Grafik 21, 128, 224
Konstruktivismus 11, 14ff., 53, 60ff., 67, 69ff., 88f.
Kubismus 69ff.
Kunstgewerbe 21, 51
Kurrentschrift 131, 222
Kursiv 17, 156, 214, 226, 231

L
lateinische Schrift 10, 13, 171, 221, 223
Lautschrift 14
Layout 15, 21, 26, 79ff., 180
Lesbarkeit 11, 16f., 29, 40f., 44–47, 55, 92f., 146f., 180f., 184f., 188f., 198, 210f., 229
Leseergonomie 79ff.
Lesen 10, 20, 146f., 180, 188f., 196, 210ff., 229ff.
Leserichtung 79ff., 92f., 97
Leserlichkeit 11, 40f., 60ff., 133ff., 220
Lesevorgang 79, 146, 170f., 180, 186ff., 193, 198f.
Ligatur 131, 194
Lineares Lesen 167, 186ff., 196, 230
Linguistik 24, 146f.
Linotype 220, 236
Lumitype-Fotosetzmaschine 21

M
Majuskel 125
Makrotypografie 155, 193ff.
Manifest 6f., 24, 48, 215, 225, 229
Maschinensatz 142f.
Matrixdrucker 27
Minuskel 125
Mitteilung 11, 14f., 23, 142f., 188, 197
Mittelachsensatz 19f., 116f., 222
Monotype Grotesk 21f.

N
Nationalsozialismus 17ff., 207, 223
Neoplastizismus 14, 69ff.
Neue Haas Grotesk 22, 132–135, 224
Neue Typografie 11f., 14, 16f., 20f., 23, 53–57, 60ff., 64–71, 77–81, 88ff., 91ff., 97–101, 104–111, 122ff., 132, 142ff., 221, 224
Neue Typografie, Kritik 91, 114f.
Normenausschuß der Deutschen Industrie 12, 220
Normierung 12, 86f.

O
optische Gesetze 11, 174f.
Organische Typografie 21
Ornament 11, 13, 19, 23, 29, 38–41, 51, 142f., 195
Orthotypografie 124, 184, 186f., 194f., 198f.

P
Penguin Books 21
phonetisches Alphabet 14
phonetische Schreibweise 14, 48f., 109ff.
Pixel-Font 203
Plakat 15, 18f., 26, 55ff., 76f.
Pop-Art 26
Postmoderne 24, 27, 215
Print on demand 29
Programmierung 153ff., 157
Punktion 132

R
Rechtschreibung 48, 125
Reformästhetik 11, 38f., 58f.
Regeln 12, 19, 26–29, 102f., 124, 184, 197, 221
Reklame 13, 15ff., 20, 56f., 60ff., 64–67, 104–107, 142f., 220
ring neue werbegestalter 17, 100, 104–107, 221

Schlagwortregister

S

Satz 11f., 22, 27, 51, 77, 97, 103, 116, 124, 128, 142f., 180, 222, 225ff., 228
Satzbild 14, 17, 19ff., 51, 97, 153ff., 188f.
Satzspiegel 12, 51, 97, 153ff., 177, 188f.
Satztechnik 16, 64ff., 97, 142f., 150f., 185
Satzzeichen 28, 129
Schablonenschrift 14, 78, 220f.
Schaftstiefelgrotesk 18
Schreibmaschinenschrift 212f.
Schrift 7, 10-24, 26-30, 36-39, 77, 91, 137ff., 220-231
Schrift, geometrische 180
Schriftbild 14, 27, 29, 44f., 122f., 131, 142f., 228
Schrifterlass 18f., 223
Schriftgeschichte 48f., 190f.
Schriftgestaltung 10, 36-39, 46f., 77, 82ff., 91, 109ff., 114f., 122f., 128, 133ff., 137ff., 164f., 168ff., 174ff., 180
Schriftgießerei 14, 29, 133ff., 204f.
Schriftmischung 17, 19f., 42, 55, 122, 194f.
Schriftmuster 133ff., 137ff., 144f., 182f.
Schriftreform 125, 207
Schriftstreit 11
Schriftwahl 26, 51, 153-158, 168f., 184
Schriftwirkung 198f.
Schriftzeichen 18, 28, 131, 196, 211
Schulausbildung 202
Schweizer Typografie 19ff., 27, 137ff., 140f., 144f., 150f., 159-163
Semantik 156f., 168, 181, 185
semiotische Ressource 24, 26
Signet 140f.
Sprachlaut 190f.
Standardisierung 12, 212f.
Stil 20-24, 29, 146ff., 173, 215, 223
Suprematismus 14, 69ff.
Systemschrift 14, 221

T

Technik 16f., 137ff., 142f., 150f., 164f., 202f.
Text 6f., 14ff., 18, 21-24, 26-29, 146f., 181, 193, 197, 225
twen 26, 224
Typisierung 12, 17
Typo-Foto 15, 31, 64-67, 69ff., 97
Typografie; Definition 103, 149, 159, 163, 184, 186ff., 215
Typografische Handarbeiten 29
Typografische Semiotik 216f.
Typographic Turn 28

U

Überschrift 198f.
Uher-Type-Setzmaschine 17, 117, 222
Unicode 214, 216f., 228, 231, 236
Univers 21f., 28ff., 132-135, 137ff., 144f., 224f.
Universal 14, 82ff., 221

V

Venus-Grotesk 14
Völkischer Beobachter 18f.

W

Wahrnehmung 15, 174
Walbaum 17, 220
Werkzeug 27f., 196, 214
WoodtliUnivers 30
Wort 13-16, 20, 23f., 26f., 142f., 197

Z

Zahlen 190f., 229
Zeichen 13ff., 28f., 146f., 158, 168, 185, 190f., 197, 203, 226f.
Zeilen 12, 17, 22, 26, 117, 131, 167
Zukunftsvisionen 53

Danksagung

Die Herausgeberinnen danken allen, die dieses Projekt ermöglicht und unterstützt haben, insbesondere den Kolleginnen und Kollegen, die mit ihren Literaturhinweisen, Kommentaren und Einschätzungen eine wichtige Grundlage für dieses Projekt gelegt haben → **D**.

Wir danken der Direktorin des Gutenberg-Museums, Dr. Annette Ludwig, für die konstruktive und vertrauensvolle Zusammenarbeit, aber natürlich auch den Mitarbeiterinnen und Mitarbeitern im Gutenberg-Museum und der dortigen Bibliothek – namentlich Frau Dr. Juliane Schwoch, Frau Dana Wipfler und Frau Natallia Lurye. Für das engagierte Lesen und die konstruktive Kritik danken wir Walter und Christine Naegele. Vonseiten der Hochschule haben uns der Präsident, Herr Prof. Dr. Gerhard Muth, sowie Frau Dr. Hartel-Schenk und Herr Ludgar Maria Kochinke mit Rat und Tat zur Seite gestanden – auch ihnen: herzlichen Dank.

Zudem danken wir Stephan Günther, der sich begeistern ließ, im Rahmen seines Diplomprojektes 2010 einen ersten Gestaltungsentwurf für die Dokumentation ›Texte zur Typografie‹ zu erarbeiten, sowie Simon Störk, Lukas Wezel und Benedikt Wöppel für ihre zeitintensiven Scanarbeiten und die Organisation der Daten.

Nicht zuletzt danken wir den Studierenden des Studiengangs Kommunikationsdesign, namentlich Natalia Chekonina, Sara Ellinger, Katrin Ewert, Stephan Günther, Sabine Koops, Anna Kostina, Johann Kruschinski, Julia Spranger, Johannes Wilhelm für die Vorrecherchen.

Für die tolle Mitarbeit bei der Umsetzung der Ausstellung ›ON-TYPE – Texte zur Typografie‹ danken wir Marcel Häusler, Andreas Kulp, Franziska Haube, Lisa Bader, Sven Kirchgeßner, Steffen Henschel, Marius Becker und Frank Obitz. www.on-type.de

Ganz besonders möchten wir uns bei Kerstin Forster vom Niggli Verlag bedanken, die schon früh an unser Buchprojekt geglaubt hat. Zudem danken wir allen Schriftgestaltern für die Abdruckerlaubnis ihrer Fonts.

Unser herzlicher und ganz besonderer Dank gilt Stephanie Kaplan für die überzeugende gestalterische Umsetzung und typografische Leidenschaft.

Bildnachweis

Die Herausgeberinnen und der Verlag haben sich nach besten Kräften bemüht, sämtliche Reproduktionsrechte einzuholen. Sollten uns dennoch Fehler unterlaufen sein, bitten wir um entsprechende Hinweise und werden diese in nachfolgenden Auflagen berücksichtigen.

#72, Seite 126f., mit freundlicher Genehmigung von Lilo Tschichold-Link;
#95, Seite 136f., mit freundlicher Genehmigung durch Susanne Ruder-Schwarz;
#103, Seite 140f., © Nachlass Carlo Vivarelli, Kunsthaus Zürich;
#105, Seite 144f., mit freundlicher Genehmigung durch Susanne Ruder-Schwarz;
#106, Seite 146f., mit freundlicher Genehmigung der Erbengemeinschaft Max Bense;
#107, Seite 149, © 2012, Pro Litteris, Zürich;
#113, Seite 153ff., © Gui Bonsiepe, 1969, 2011;
#123, Seite 159-163, mit freundlicher Genehmigung durch Wolfgang Weingart;
#127, Seite 164f., Abdruck mit freundlicher Genehmigung des Rechtsinhabers: Linotype GmbH, Werner-Reimers-Str. 2–4, 61381 Bad Homburg, Deutschland;
#132, Seite 168f., mit freundlicher Genehmigung des Verlag Hermann Schmidt, Mainz;
#135, Seite 170f., © 1985 by Typografische Gesellschaft München;
#138, Seite 172f., mit freundlicher Genehmigung durch European Photography / Editon Flusser und das Flusser-Archiv;
#139, Seite 174f., mit freundlicher Genehmigung von Jost Hochuli;
#142, Seite 178f., Abdruck mit Genehmigung von Florian Aicher;
#156, Seite 182f., mit freundlicher Genehmigung durch Fontshop, www.fontbook.com;
#160, Seite 184, © Nachlass Kurt Weidemann
#170, Seite 186f., mit freundlicher Genehmigung des Verlag Hermann Schmidt, Mainz;
#171, Seite 188, © Günter Karl Bose / Institut für Buchkunst Leipzig;
#173, Seite 190f., © Friedrich Kittler / Institut für Buchkunst Leipzig;
#185, Seite 194f., mit freundlicher Genehmigung des Verlag Hermann Schmidt, Mainz;
#194, Seite 198, mit freundlicher Genehmigung des Verlag Hermann Schmidt, Mainz;
#195, Seite 200f., © Günter Karl Bose;
#214, Seite 208, mit freundlicher Genehmigung von Jan Wenzel, Spector Books;
#218, Seite 212f., mit freundlicher Genehmigung durch Slanted Magazin;
#221, Seite 216f., mit freundlicher Genehmigung des Verlag Hermann Schmidt, Mainz;

E

Impressum

Konzeption / Projektleitung
Dr. Isabel Naegele, Dr. Petra Eisele;
institut designlabor gutenberg,
Fachhochschule Mainz

Grafische Konzeption und Gestaltung
Stephanie Kaplan, Isabel Naegele

Satz
Stephanie Kaplan

Lektorat
Kerstin Forster

Scans
Simon Störk, Lukas Wezel

Druck
Heer Druck AG, Sulgen

Bindearbeit
Buchbinderei Burkhardt, Mönchaltorf

Schriften
Minion Pro von Robert Slimbach und
Planeta von Dani Klauser

Papier
Tatami White, 135g/m²
Lessebo Smooth White, 400g/m²

Mit freundlicher Unterstützung
Fachhochschule Mainz,
Gutenberg-Museum Mainz,
Ministerium für Bildung, Wissenschaft,
Weiterbildung und Kultur Rheinland-
Pfalz, Landeshauptstadt Mainz und
Förderverein Gutenberg e.V.

**›Texte zur Typografie‹ erscheint
in Kooperation mit dem
Gutenberg-Museum Mainz.**

© 2012 by Verlag Niggli AG,
Sulgen | Zürich, www.niggli.ch
sowie den Herausgeberinnen und
Autorinnen.

ISBN 978-3-7212-0821-4